W0176504

Roman Deininger
Uwe Ritzer

Markus Söder –
Der Schattenkanzler

Biographie

Besuchen Sie uns im Internet:
www.droemer.de

Aus Verantwortung für die Umwelt hat sich die Verlagsgruppe
Droemer Knaur zu einer nachhaltigen Buchproduktion verpflichtet.
Der bewusste Umgang mit unseren Ressourcen, der Schutz unseres Klimas
und der Natur gehören zu unseren obersten Unternehmenszielen.
Gemeinsam mit unseren Partnern und Lieferanten setzen wir uns für eine
klimaneutrale Buchproduktion ein, die den Erwerb von Klimazertifikaten
zur Kompensation des CO_2-Ausstoßes einschließt.
Weitere Informationen finden Sie unter: www.klimaneutralerverlag.de

Überarbeitete Neuausgabe Oktober 2020
© Droemer Verlag
Ein Imprint der Verlagsgruppe Droemer Knaur GmbH & Co. KG, München
Alle Rechte vorbehalten. Das Werk darf – auch teilweise – nur mit Genehmigung
des Verlags wiedergegeben werden.
Der vorliegende Band ist die umfassend überarbeitete und erweiterte Neuausgabe
des 2018 erschienenen Buches »Markus Söder – Politik und Provokation«.
Covergestaltung: ZERO Werbeagentur, München
Coverabbildung: © picture alliance / Sueddeutsche Zeitung Photo / Metodi Popow
Satz: Adobe InDesign im Verlag
Druck und Bindung: CPI books GmbH, Leck
ISBN 978-3-426-27856-7

5 4 3 2

Inhalt

Prolog
Der Märchenkönig

Hat Markus Söder das Zeug zum Kanzler? Diese Frage hat ein Journalist gerade gestellt, und Angela Merkel weiß, dass nun jedes Wort von ihr Schnappatmung auslösen kann im politischen Deutschland. Am zweiten Rednerpult, rechts von dem der Kanzlerin, steht grinsend der Mann, um den es geht: ihr Gastgeber, der bayerische Ministerpräsident Markus Söder. Hinter den beiden, am Ende eines majestätischen Spaliers aus Buchen, glitzert der Chiemsee in der Sonne. Merkel macht sich eine Notiz, als wolle sie Zeit zum Nachdenken gewinnen. Dann sagt sie: »Ja.«

Sofort schiebt sie hinterher, dass dieses »Ja« natürlich die Antwort auf eine zweite offene Frage sei, die der Journalist bei dieser Pressekonferenz gestellt hat – nämlich die, ob Europa eine eigene digitale Infrastruktur brauche. Ja, unbedingt, findet Merkel. Aber für digitale Infrastruktur haben die Journalisten gerade keinen Kopf. Söder, Kanzler, kann der das? Wieder setzt Merkel an.

Es ist der Moment, auf den dieser ganze strahlende Julitag zustrebt. Der See und die Berge, der Dampfer und die Kutsche, der Schlosspark und der Spiegelsaal: alles Kulisse, die weiß-blau-goldene Bühne für – wenn schon nicht eine Märchenhochzeit, dann doch wenigstens ein Jawort. Aber wie das halt oft so ist mit dieser Art Theaterdonner: Es grollt und tost und kracht, aber am Ende schlägt der Blitz nicht ein.

Sie bitte um Verständnis, sagt Merkel, dass sie sich bei der Frage nach ihrem Nachfolger »eine besondere Zurückhaltung auferlege«. Sie könne nur sagen: »Bayern hat einen guten Ministerpräsidenten.« Mehr werde man von ihr dazu nicht hören.

Es ist der 14. Juli 2020, und man sollte, auch wenn es schwer-
fällt auf der herrlichen Schlosswiese von Herrenchiemsee, kurz
die Augen schließen und sich zurückversetzen in den Sommer
2018. Es ist nur zwei klitzekleine Jahre her, dass Söders CSU
das Land im erbitterten Asylstreit mit Merkels CDU an den
Rand einer Staatskrise rückte. Gleich nach Horst Seehofer galt
Söder als Schurke der Nation. Als einer, dem man nicht traut.

Wie komplett grotesk wäre damals die Vorstellung gewesen,
dass dieser Söder im Sommer 2020 in sämtlichen Umfragen als
aussichtsreichster Anwärter auf Merkels Job gelten könnte.
Und dass dieser Zustand auch nur ansatzweise Merkels Billi-
gung finden könnte. Sie sagt zwar nicht »ja« zu einem Unions-
Kanzlerkandidaten Söder, aber sie sagt auch nicht »nein«. Und
sie adelt ihn mit geradezu royalen Bildern zu zweit.

Ein Dampfschiff hat die beiden zur Herreninsel gebracht,
wobei man sich angesichts von Söders aktueller Form fast fragte, warum er nicht einfach übers Wasser läuft. Zum Schloss
wurden Merkel und Söder allen Ernstes mit einer Kutsche gefahren, ganz das Königspaar, wobei Söders Leuten der Hinweis wichtig ist, dass die Kutsche nun mal das bevorzugte Ver-
kehrsmittel auf der Insel sei und im Übrigen auch kaum mehr
als ein besserer Leiterwagen. Söders Ministern tritt man hof-
fentlich nicht zu nahe, wenn man feststellt, dass sie vor und
nach der Kabinettssitzung, die der formale Anlass für Merkels
Besuch war, wie Statisten durch die prächtige Szenerie laufen.

Herrenchiemsee ist ein Ort, an dem Wirklichkeit, Traum
und Wahn aufs Trefflichste verschwimmen. König Ludwig II.,
der Bauherr des Schlosses, wünschte sich ein Klein-Versailles,
sein Vorbild war Ludwig XIV., Frankreichs Sonnenkönig. Irgendwann ist dem »Kini« freilich das Geld ausgegangen – all
der Marmor, all das Gold, imposant, aber nicht immer echt.
Ludwig II. ist hier nie eingezogen, der Ort erzählt von Ehrgeiz
und Sehnsucht, aber auch von grandiosem Scheitern.

Sein und Schein, das ist auch in Söders Karriere ein zentrales
Thema. Symbolpolitisch ist Söder auf Herrenchiemsee ein

Wiederholungstäter. Als bayerischer Finanzminister war er auch »Schlösser-Minister«, es war, als hätte ihm sein damaliger Chef Seehofer einen gigantischen Spielzeugkoffer in die Hand gedrückt. Einmal gab der Minister Söder hier auf der Insel der »Bunten« ein Interview, in dem er erklärte, Seehofer sei selbstverständlich die Nummer eins und bleibe es auch. Für das Foto dazu posierte er im Spiegelsaal, der eine Kopie des Spiegelsaals von Versailles ist, nur noch länger: Markus Söder, gerahmt in Gold. Wenn es nicht der König war, der sich hier dem Volk zeigte, war es auf jeden Fall der Kronprinz.

Und genau das ist ja der Gedanke, an dem selbst der phantasieloseste Zeitgenosse nicht vorbeikommt an diesem möglicherweise denkwürdigen 14. Juli 2020: dass da die Bundeskanzlerin von ihrem Nachfolger empfangen wird. Im Schloss des Märchenkönigs, an der Wiege des Grundgesetzes, das hier 1948 vorformuliert wurde. Markus Söder war nie ein Freund subtiler Botschaften, und wer gedacht hatte, das würde sich mit den Jahren geben, muss jede Hoffnung fahren lassen. Söders Inszenierungen sind jedoch nicht nur plump. Sie sind auch meistens erfolgreich.

Markus Söder ist schamlos, und er ist clever, er ist schamlos clever. Diese furchterregende Kombination hat ihn weit gebracht. Man kennt Söder in Herne und in Husum, auch wenn man ihn lange, sehr lange nicht unbedingt mochte. Er war schon als kleiner Landesminister eine große Provokation, er hat Feinde fast mit Lust gesammelt. Und trotzdem hat er sich nach oben gekämpft, zum Ministerpräsidenten und CSU-Chef. Heute hat Söder auf einmal Freunde, immer mehr Freunde sogar. Er ist endgültig ein Hauptdarsteller im bayerischen Welttheater, das in ganz Deutschland die Zuschauer fesselt. Bloß, welche Rolle er tatsächlich spielen möchte, das ist noch offen.

Politiker wachsen in Ausnahmesituationen oder sie schrumpfen. 1962 wurde der Hamburger Innensenator Helmut Schmidt zum »Herrn der Flut«, der Ruhm trug ihn bis ins Kanzleramt.

2002 spülte das Elbe-Hochwasser den Bundeskanzler Gerhard Schröder zur Wiederwahl. Schmidt im Helikopter, Schröder in Gummistiefeln, Söder mit Schutzmaske: Söder ist in der Corona-Krise gewachsen. Aber macht das Virus Söder auch zum Kanzler? Zum bejubelten Krisenmanager hat es ihn in jedem Fall gemacht und zur nationalen Figur. Daran wird auch die peinliche Panne bei den bayerischen Corona-Tests für Urlaubsrückkehrer nichts ändern, für die Söder im August nicht zu Unrecht viel Häme einstecken muss. Den vormaligen Hallodri und Provokateur nehmen laut Umfragen immer mehr Menschen als Staatsmann wahr – nur Merkel ist noch beliebter. Natürlich hat Söder die Pandemie nicht herbeigebetet. Aber wenn das Virus sein Timing mit irgendwem genauer abgestimmt haben sollte, dann mit Markus Söder.

Schon am Morgen hatte sich am Hafen in Prien eine wohlwollende Menschenmenge zu seiner und Merkels Begrüßung versammelt. Söder entdeckte einen Mann mit einem Pappschild. »Ich kann's schlecht lesen«, behauptete Söder. Er ging rüber, die Fotografen und Kameraleute natürlich im Schlepptau. Der Mann sagte: »Herr Dr. Söder, Sie waren sehr beeindruckend.« Auf seinem Schild rief er Söder zum Kanzlerkandidaten aus. Eine Sekunde lang wirkte es so, als würde Söder den Filzstift nehmen, den ihm der Mann darbot. Aber wie hätte das ausgesehen? Eine Unterschrift unter der Kanzlerkandidatur, schwarz auf weiß? »Das gibt nur Ärger, wenn ich das jetzt mache«, sagte Söder.

So geht das seit Monaten. Söder sagt ständig: »Mein Platz ist in Bayern.« Er sagt mal dazu, dass er das sehr ernst meint. Aber was er nie sagt: Ich stehe als Kanzlerkandidat *nicht* zur Verfügung. Stattdessen übt er sich in eindeutiger Uneindeutigkeit: »Nur wer Krisen meistert, hat einen moralischen Führungsanspruch.« Oder: »Ich kann mir gut vorstellen, auch mal in den Norden zu fahren.« Er fängt seine Sätze erst ein, wenn jemand fragt. Führungsanspruch? Er habe die Kanzlerin gemeint, wen sonst. In den Norden? Nur im Urlaub. Söder, 53 Jahre alt, wirkt in diesen Monaten wie ein kleiner Bub, der mit dem brennenden Feuerzeug in der Hand beteuert, er wolle ganz gewiss nichts anzünden.

Es gibt da diesen Satz, den Ludwig II. vor beinahe 150 Jahren seiner Erzieherin schrieb: »Ein ewig' Rätsel will ich bleiben.« Der Märchenkönig war ein Herrscher, bei dem man nie wusste, ob er wirklich regieren wollte – oder einfach nur glänzen. Bei Söder ist das nun ein klein wenig auch so: Will er wirklich Kanzler sein? Oder will er nur, dass ganz Deutschland in ihm den Mann sieht, der eigentlich Kanzler sein müsste? Wenn Söder und der »Kini« noch etwas gemeinsam haben, dann, dass sich nun auch Söder mit Lust den Schleier der Rätselhaftigkeit überwirft.

Wahrscheinlich weiß Söder in diesem Sommer selbst noch nicht so genau, was er wollen soll. Auch die Parteiahnen Franz Josef Strauß und Edmund Stoiber haben elendig lange gezaudert, bevor sie als Kanzlerkandidat der Union antraten. »Ein ewig' Rätsel will ich bleiben«, der Satz geht noch weiter: »mir und anderen«.

Vor Corona waren sie in der CSU überzeugt: Markus Söder muss nichts mehr werden. Er ist schon alles, was er jemals werden wollte: Ministerpräsident. Kanzler, das war in seiner Karriereplanung erst mal nicht vorgesehen. Ob das noch gilt? Ein ewiges Rätsel wird Söder nicht bleiben können. In seinem Umfeld geben sie inzwischen zu, dass die Versuchung größer und größer wird. Soll er springen? Die einen sagen, er würde damit alles aufs Spiel setzen, was er in Bayern erreicht hat. Die anderen sagen: Wenn man Kanzler werden kann, muss man Kanzler werden.

Der Schattenkanzler ist er in jedem Fall, der starke Mann der Union. Egal, ob er im Kanzleramt sitzt oder nicht.

Einleitung
Im Fieber

Deutschland wird im Jahr 2020 eigentlich von zwei Pandemien erfasst, eine davon ist das Corona-Virus. Die andere könnte man die »Fränkische Grippe« nennen oder auch das »Söder-Fieber«. In kurzer Zeit infizieren sich viele Millionen Bundesbürger mit dem Söder-Fieber, das bei den Betroffenen zu völlig unerwarteten Ausbrüchen von Begeisterung für die Arbeit des bayerischen Ministerpräsidenten führt. Im ZDF-Politbarometer sagen im Sommer 64 Prozent aller Befragten und 78 Prozent der Unionsanhänger, dass Söder das Zeug zum Bundeskanzler habe. Man wartet fast darauf, dass sich von Garmisch bis Flensburg Selbsthilfegruppen gründen – mit Menschen, die diesen Mann bisher ziemlich uneingeschränkt furchtbar fanden und jetzt entgeistert feststellen, dass sie sich von keinem anderen als ihm durchs Corona-Tal führen lassen wollen. Der »Spiegel« widmet ihm eine achtseitige Titelgeschichte: »Der Erbschleicher«. Unterzeile: »Warum Markus Söder beste Chancen auf die Merkel-Nachfolge hat.«

Bundeskanzler Markus Söder: Das wäre noch vor zwei Jahren höchstens Kabarettisten eingefallen, und auch das nur mit Grausen und einigen geistigen Verrenkungen. Corona, heißt es immer, würde die Welt verändern. In Söders Fall trifft das ohne Zweifel zu. In seiner Karriere hat er schon viele unschöne Etiketten getragen, alle mehr oder minder zurecht: Spaßpolitiker und Ellbogentyp, Ehrgeizling und Egoist, Machtmensch und Scharfmacher.

Von 2003 bis 2007 war er ein selbst für die Verhältnisse seiner Partei rustikaler CSU-Generalsekretär. So machte er sich bekannt, wenngleich nicht beliebt. Danach wurde er bayerischer

Europaminister (»bayerischer Außenminister«, wie er das nannte), dann Umweltminister und schließlich Finanzminister. Er nutzte diese Ämter, um auf Staatsmann umzuschulen, doch es war ein quälend langer Prozess ohne befriedigendes Ergebnis. Als er im März 2018 Ministerpräsident wurde, nach einem erbitterten Machtkampf mit Horst Seehofer, sagten selbst in der CSU noch einige, dem Polarisierer Söder hätte man das Land nie anvertrauen dürfen. Nur weniger Monate später, in den dunkelsten Stunden des Asylstreits, schienen sich die schlimmsten Befürchtungen zu bestätigen. Bei seiner rhetorischen Anbiederung an die rechtspopulistische AfD erkundete Söder moralische Grenzregionen.

Dann geschah etwas, was der begabte Erzähler Markus Söder als Geschichte von Einsicht und Umkehr beschreibt. Er schwor der verbalen Zündelei ab, attackierte die AfD mit großer Härte und rettete so bei der dramatischen Landtagswahl 2018 seine Karriere. Eine »politische Nahtoderfahrung« nennt er jenen Wahlkampf im Rückblick. Danach erfand er sich neu: als milder Landesvater und seriöser Bundespolitiker, als Öko-Aktivist und Frauenförderer. Schon das funktionierte ziemlich gut, und man fragte sich: Kann das alles wahr sein? Ist das noch der Mann, der seine politische Lebensreise als einen einzigen Kampf verstand? Dann kam Corona über Deutschland.

Gerade einmal gut zwei Jahre sind seit der Erstausgabe unseres Buches »Markus Söder – Politik und Provokation«, erschienen im April 2018, vergangen. Aber im Leben des Markus Söder ist – genau wie in der bayerischen und deutschen Politik – so viel geschehen, dass eine umfassend aktualisierte und erweiterte Neuausgabe angemessen ist. Markus Söder hat diese Biographie nicht autorisiert und vor ihrem Erscheinen auch nicht gelesen. Er stand uns aber für mehrere lange Gespräche zur Verfügung, bei denen er seine Sicht der Dinge darstellen und zu etwaigen Vorwürfen Stellung nehmen konnte. Für den Bildteil dieses Buches hat er zudem einige Privatfotos zur Verfügung gestellt.

Wenn man 2018 als Journalist Freunden oder Kollegen erzählte, man gehe jetzt zu einem Termin, bei dem Söder – nur so als Beispiel – die Patenschaft für einen Bernhardiner übernehmen wird, schauten einen alle an, als hätte man gesagt, man gehe zur Wurzelbehandlung zum Zahnarzt. Wenn man heute von einem Söder-Termin erzählt (wobei kaum noch patenlose Bernhardiner übrig sind), gucken die meisten aufgeschlossen und sagen, dass der Mann sich ja enorm gewandelt habe und bestimmt auch ein ordentlicher Kanzler wäre.

Was die Wandlung betrifft, haben die Leute natürlich recht, doch gewandelt hat sich nicht nur Söder selbst, sondern auch der Blick auf ihn. Söder war schon immer ein herausragender politischer Handwerker, ein guter Redner und ein witziger Mensch, was viele bloß lange nicht wahrgenommen haben, weil sie sich mit Empörung und Spott über seine Schrecklichkeit begnügten. Söder ist mehr als drei Jahrzehnte in der Politik, aber für viele Deutsche ist er jetzt eine Entdeckung. Manche Neugierige fragen Journalisten nach Söder, wie sie Tierpfleger im Zoo nach einem Panda fragen würden: Wie weich ist das Fell? Braucht er viel Schlaf? Isst er auch gut? Ja, er isst gut, da kann man den Bundesbürgern alle Sorge nehmen. Der Mann vertilgt einen Cheeseburger schneller, als Armin Laschet »Fleischfabrik Tönnies« sagen kann. Selbst Kritiker geben zu, dass Söder als Ministerpräsident deutlich an Statur gewonnen hat.

Wenn man sich zurückversetzt ins Jahr 1994, als der junge Söder mit dem Fahrrad durch seinen ersten Nürnberger Landtagswahlkampf fuhr, ist die Vorstellung, dass er einmal als Kanzler gehandelt werden könnte, gleichermaßen grotesk wie einleuchtend. Grotesk, weil sogar Parteifreunde bei Journalisten Schlange standen, um Söder die charakterliche Eignung für jedwede politische Betätigung abzusprechen. Einleuchtend, weil er alles mitbrachte für eine steile Laufbahn: das Talent, den Fleiß, die Ambition und nicht zuletzt die Härte.

Mit 16 Jahren trat Markus Söder in die CSU ein, über seinem

Bett hing ein Plakat von Franz Josef Strauß. Schon damals betrieb er an 365 Tagen im Jahr Politik, fast wie heute von morgens halb sechs bis Mitternacht. Den »Immer-da-Söder« nannten sie ihn bei der Jungen Union, er war immer da, selbst bei der kleinsten Veranstaltung – wenn sie seinem Fortkommen diente. In Nürnberg erzählen sie diese Geschichte: Der junge Wahlkämpfer Söder rief bei einem Kleingartenverein an, er habe da von einem Grillfest gehört. Ob er da nicht das Fass anstechen könne? Die Kleingärtner meinten, das sei ein nettes Angebot, aber man habe beim Grillfest kein Fass. Söder sagte, er werde das Fass mitbringen.

»Blöd, blöder, Söder«, das war vor langer Zeit ein Spruch von Roten und Grünen. Schon da begann das Missverständnis: Söder mag unsympathisch gewesen sein. Aber blöd war er nicht. Er hat immer und überall seine Netzwerke geknüpft, Alliierte für sich gewonnen und Abhängigkeiten geschaffen. Er hat sich in alle seine Ämter schnell eingearbeitet und sich in der Sachpolitik kaum eine Blöße gegeben. Er hat stets auf den eigenen Nutzen geschaut, aber schon auch auf einen Kollateralnutzen fürs ganze Land. Er hat nie aufgehört, an sich zu arbeiten, er hat sich etwa einen Charme angeeignet, der ihm nicht in die Wiege gelegt war.

Als ausgebildeter Fernsehjournalist hat Söder verstanden, dass man mit Bildern Politik machen kann. Söder mit großem Hund, Söder mit kleinem Hund: Er ist ganz alte Schule, aber bei Instagram. Er hat die Gabe, seine Standpunkte in einprägsamen Formeln zu verdichten. Bei ihm haben sogar Faschingskostüme stets eine politische Botschaft. Er ist schmerzfrei, wenn es um billige PR geht und um krasse inhaltliche Vereinfachung, was gewiss keine Tugend ist, aber in der politischen Debatte oft ein Vorteil. Er weiß, dass man absurde Dinge nur oft genug wiederholen muss, bis die Leute sie glauben.

Er erkennt und bedient die Bedürfnisse der Wähler oft früher als andere – Bedürfnisse, aber früher auch Ressentiments. Bevor er sich als Bienen- und Menschenfreund neu erfand, differenzierte er selbst da kaum, wo Differenzierung dringend nötig gewesen wäre, etwa in der Flüchtlingspolitik. Söder ist hochintelligent, aber kein Intellektueller. Bis seine wundersamen Wandlungen einsetzten, sprach er konsequent die sogenannten kleinen Leute an und scherte sich um die großen einfach nicht. Er machte Politik für jene und nur für jene, die ihn wählten. Er machte Beute für Bayern und für niemanden sonst.

Der alte Söder, daran muss man jetzt schon fast erinnern, ließ niemanden kalt, er provozierte Abscheu oder Bewunderung. Für die einen war er ein eiskalter Opportunist, für die anderen ein heißblütiger Konservativer, der aufweckt, statt einzuschläfern. Auf jeden Fall verkörperte Söder wie kaum ein anderer die CSU, deren Faszination sich von jeher auf aufreizende Selbstgewissheit und unverhohlene Rauflust gründet. Er ist Kind und Produkt dieser Partei, er hat ihre Geschichte eingesogen und angenommen. In gewisser Weise rückte der alte Söder die CSU sogar ins Extreme, er merkelte nicht lange umeinander. Er bemühte sich gar nicht erst um rote oder grüne Wähler, er wollte schlicht: die bürgerliche Mehrheit. Er stand für die CSU, die ihre Fans von Herzen lieben, und er stand für die CSU, die ihre Gegner von Herzen hassen.

Söder hat zwar nie – wie der Sozialdemokrat Gerhard Schröder am Zaun des Kanzleramtes – am Tor der Bayerischen Staatskanzlei gerüttelt und gebrüllt: »Ich will da rein.« Aber im Grunde war seine ganze Karriere ein einziges Rütteln und Brüllen. Er ist meistens gegen das Establishment der CSU aufgestiegen, schon als junger Schlaks in Nürnberg gab er den Rebellen in Cowboystiefeln. Er suchte immer den Konflikt, er suchte Gegner. Und er besaß die Robustheit und die Disziplin, sich am Ende durchzusetzen. »Narben sind die Orden der Politik«, das war sein Credo. Ein CSU-Mann hat vor ein paar Jahren gesagt: »Er hat den Schuss Brutalität, der es leichter macht.« Man wird eines Tages dem Politikrentner Söder kaum nachsagen können, dass er an dieser oder jener Wegscheide zu weich gewesen war.

So ist er der Unverhinderbare geworden in der CSU. Mit 27 Jahren zog er als damals jüngster Abgeordneter in den Bayerischen Landtag ein. Mit 36 wurde er Generalsekretär, mit vierzig Minister und mit 51 Ministerpräsident, der jüngste in der bayerischen Nachkriegsgeschichte. Nicht einmal der vergleichbar wehrhafte Horst Seehofer hat ihn aufhalten können, obwohl er es jahrelang fieberhaft versuchte. Markus Söder hat die Macht bekommen, weil er sie mehr wollte als jeder seiner Konkurrenten. Er hat sich seiner Partei und dem Land regelrecht aufgezwungen, bis er am Ziel war: Ministerpräsident, davon hatte er geträumt im Bett unter dem Strauß-Plakat. Aber Ziele ändern sich mit den Möglichkeiten: Wenn ein Ministerpräsident es zum gefühlten Spitzen-Krisenmanager der Nation bringt, dann hat er zumindest auch die Möglichkeit, Bundeskanzler zu werden. Die Möglichkeit: nicht mehr, aber auch nicht weniger.

Jetzt, in der Corona-Krise, bekommt Markus Söder gerade viel Licht ab, aber der Schatten der Vergangenheit ist lang. Der neue Söder bemüht sich redlich, dass der alte Söder in ihm nur noch in ganz feinen Partikeln nachweisbar ist. Über Söders persönliche Abgründe wurde früher viel geraunt, in der CSU und in der bayerischen Verwaltung, etwa über seinen Jähzorn, seine Derbheit und die unangemessene Art, mit der er bisweilen Mitarbeiter und speziell Mitarbeiterinnen behandelt haben soll. Söder, der Rüpel – lange her, sagen seine Unterstützer, der Mann sei heute ein Muster der Selbstbeherrschung. Haben die hässlichen Bilder von einst noch Bedeutung? Sollten sie Bedeutung haben, jetzt, wo Söder das Kanzleramt im Blick hat?

Es bleiben Fragen. Warum hat er das Wort »Asyltourismus« überhaupt in den Mund genommen, bevor er sich korrigierte? Warum hat er seine Liebe zu Bäumen und Bienen erst kürzlich entdeckt? Warum haben ihn »Stil, Anstand und Respekt« nicht schon immer geleitet? Wie viel Relevanz das Gestern besitzt, dieser Grundfrage entrinnt niemand, der sich mit Söder heute beschäftigt. Söder, sagt ein erfahrener CSU-Mann, habe sich für jedes Amt »einen neuen Anzug schneidern lassen«, manchmal sogar für jede politische Großwetterlage. Stets passgenau und ohne Rücksicht darauf, welchen Anzug er vorher getragen hat. Vielleicht hat sich Söder damit ja selbst verwirrt. Vielleicht weiß er gar nicht mehr, was er unter den wechselnden Anzügen getragen hat.

Wenn man auf Söders Laufbahn blickt und seine Positionen zu einem Weltbild zusammennagelt, hat man am Ende ein schiefes Bild. Erst war er ein Cheerleader der Kernkraft, dann ließ er 2011 als Umweltminister praktisch über Nacht den Atommeiler Isar 1 abschalten. Er war hier mal konservativ und dort mal liberal, er warnte hier vor der Scharia und forderte dort sexuelle Toleranz. Im Zweifel hatte, wie immer bei Söder, der Gottvater Strauß das Wort: »Man muss die Grundsätze so hoch hängen, dass man bequem unten durchkann.« Mit Visionen ist Söder jedenfalls noch nie aufgefallen, er macht auch gar keinen Hehl aus seiner Anpassungsfähigkeit, er sieht darin eine Tugend: »Den Wind können wir nicht ändern«, sagt er gern. »Aber wir können das Segel richtig setzen.«

Der Zeitgeist hat es, so wendig er ist, noch selten geschafft, Söders festem Griff zu entkommen. Bayern habe sich verändert, sagt er, sei bunter geworden, also müsse sich auch die CSU verändern. Seit Anfang 2019 ist er ihr Vorsitzender und begreift es als seinen Auftrag, sie unter widrigen Bedingungen als Volkspartei zu erhalten. Dafür will er die CSU nun weiblicher, digitaler, grüner, überhaupt moderner machen. Er sucht seine Mehrheit jetzt so sehr in der Mitte, in der Merkel-Mitte, dass sich auf einmal auch weite Teile der CDU von ihm repräsentiert fühlen. Und angezogen von seiner Stärke. Die Corona-Krise hat ganz akut die Frage aufgeworfen, ob Markus Söder nicht der richtige Typ sein könnte für diese Zeiten. Das heißt nicht unbedingt, dass die große CDU der kleinen CSU die Kanzlerkandidatur überlassen müsste. Aber es heißt, dass Söder in der Bundespolitik zu einem Faktor geworden ist, den niemand mehr ignorieren kann.

Die Union denkt nach über einen Mann mit großen Stärken in der Kommunikation und im Management, einen Mann von fulminantem politischem Instinkt, aber auch von verstörender Flexibilität. Einen Mann mit Hang zur Großsprecherei, an dessen Glaubwürdigkeit es weiterhin Zweifel gibt. Söder hat immer davon geträumt, eines Tages in einer Reihe zu stehen mit seinem Idol Franz Josef Strauß und seinem Mentor Edmund Stoiber. Eines freilich wird er den verehrten CSU-Ahnen eher nicht nachmachen wollen: eine Kanzlerwahl zu verlieren.

Aber um ermessen zu können, wie weit Markus Söder noch kommen kann, muss man erst einmal verstehen, wie er überhaupt so weit kommen konnte.

Teil I
Lehrjahre eines politisch Halbstarken

1. Strauß überm Bett
Eine Aufstiegserzählung

Nach und nach trudeln sie ein, die meisten huschen erst im letzten Moment in den Bernhardsaal. Muggenhof gehört zu den ungemütlichen Ecken von Nürnberg, manche sagen, es sei ein Viertel zum Durchfahren. Der Bernhardsaal liegt in einem Hinterhof, in dem sich der Lärm der vierspurigen Fürther Straße fängt. An ihr entlang reihten sich einst große Namen des deutschen Wirtschaftswunders wie Perlen an einer Schnur: AEG, Quelle, Triumph-Adler, die Mopedwerke von Zündapp und Hercules. Zwischen all die Fabriken setzten Zisterzienser-Mönche in den Fünfzigerjahren den Bernhardsaal, einen schmucklosen, eingeschossigen Zweckbau mit Flachdach, für die katholische Jugendarbeit in der Pfarrei Zum Heiligen Schutzengel. Mit einer großen Fensterfront seitlich und einem mächtigen Kruzifix vorne an der Wand. Das ist der Ort, an dem eine streitbare, aber unbestreitbar große politische Karriere beginnt.

Es ist der 12. Oktober 1993, ein Dienstag. Die 77 Männer und Frauen, die sich an jenem Abend im Bernhardsaal versammeln, ahnen nicht, dass man sich einmal ihrer Zusammenkunft erinnern wird. Als Delegierte ihrer CSU-Ortsverbände sollen sie den Direktkandidaten der Partei für die Landtagswahl 1994 im Stimmkreis Nürnberg-West nominieren. Der bisherige Amtsinhaber Heinz Leschanowsky ist im Alter von 59 Jahren gestorben. Um seine Nachfolge kandidieren CSU-intern drei Bewerber: Karin Goller, fünfzig Jahre alt und aktiv in der Frauen-Union. Ihr wird nicht der Hauch einer Chance eingeräumt. Ganz im Gegensatz zu Franz Gebhardt, ebenfalls fünfzig Jahre alt, seit 15 Jahren Mitglied des Nürnberger Stadtrates und ein profilierter Kommunalpolitiker. Gebhardt ist der klare Favorit, er weiß das ganze Nürnberger CSU-Establishment hinter sich. Und dann ist da noch ein weiterer Außenseiter: Markus Söder, 27 Jahre alt, Fernsehjournalist. Er hat in der Jungen Union, der CSU-Nachwuchsorganisation, schon für einigen Wirbel gesorgt. Er gilt als ehrgeizig und fleißig, aber auch als etwas unangenehm.

Ein forscher Typ, dieser Söder. Ein paar Jahre zuvor, im Frühjahr 1986, hatte die Nürnberger »Abendzeitung« Abiturienten gefragt, was sie denn anfangen wollen mit ihrem Leben. Fünf von sechs jungen Leuten sagten, was man von Menschen um die zwanzig erwartet. Dass sie erst einmal reisen oder jobben wollen, dass sie hoffen, einen Studienplatz oder eine Lehrstelle zu bekommen. Nur einer redet gleich vom großen Ganzen, als fühle er sich irgendwie dafür zuständig. Für den Abiturienten Markus Söder, 19, gehört beides untrennbar zusammen – der eigene Lebenslauf und der Lauf der Welt. Also diktiert er der Reporterin in den Block: »Zuerst einmal ruft die Bundeswehr. Anschließend werde ich Jura und Geschichte studieren. Mein Berufswunsch ist es, Staatsanwalt oder Angestellter der NATO zu werden. Ich bin der Meinung, dass aufgrund unseres Gesellschaftssystems das Problem der Arbeitslosigkeit in den Griff zu bekommen ist. Man muss nur genügend Engagement für seinen Beruf mitbringen.«

Da spricht einer, der es gar nicht erwarten kann, hineinzuwachsen ins System. 1986 ist das Jahr des Reaktorunglücks in Tschernobyl, europaweit fürchten die Menschen die nukleare Katastrophe. Bei Wackersdorf, nur hundert Kilometer von Nürnberg entfernt, protestieren mehr als 100 000 Menschen gegen die geplante atomare Wiederaufbereitungsanlage. Zeitweise kommt es an fast jedem Wochenende zu gewalttätigen Auseinandersetzungen zwischen meist jungen Kernkraftgegnern und der Polizei. Ökologie und Frieden sind die großen Themen der Zeit, Friedensdemos sind Massenevents.

All das markiert den Mainstream unter Jugendlichen Mitte der Achtzigerjahre. Wer sich politisch engagiert, tut das eher links. Jedenfalls definitiv links von der NATO und der bayerischen Justiz, wo Markus Söder seine Zukunft sieht, der Abiturient vom Albrecht-Dürer-Gymnasium in Nürnberg. Acht Jahre später wird der Journalist Jan Engelhardt im linksalternativen Nürnberger Stadtmagazin »Plärrer« im ersten nennenswerten Söder-Porträt bei dem Jungpolitiker »einen Hang zur Biederkeit« feststellen und von ihm Argumente hören »wie von einem Siebzigjährigen, dem nach einem entbehrungsreichen Leben die Welt gedanklich mehr und mehr aus dem Ruder läuft«.

»SPD bedeutet Ärger«

Markus Thomas Theodor Söder wird am 5. Januar 1967 in Nürnberg geboren. Als Sohn von Max, Jahrgang 1930, und seiner acht Jahre jüngeren Frau Renate Söder. Die Familie lebt im Stadtteil Sündersbühl unweit der Stadtgrenze zu Fürth in einer Doppelhaushälfte, die sie gekauft und ausgebaut hat. Für Max Söder kein Problem, schließlich ist er vom Fach. Dem Maurermeister gehört eine kleine Baufirma. Fünf bis zehn Arbeiter beschäftigt er, je nach Auftragslage, und ist spezialisiert auf Abbruch- und Renovierungsarbeiten. Nach Sündersbühl war die Familie aus der Nürnberger Südstadt gezogen, nachdem Heike geboren und die vorherige Wohnung zu klein geworden war. Heike Söder, das ist Markus' jüngere Schwester.

Das Wohngebiet, in dem die Söders nun leben, ist damals ein Kleineleuteviertel. Kleine Leute allerdings, die es schon zu etwas gebracht haben und stolz darauf sind. Sie müssen nicht mehr zur Miete wohnen, sie haben ihr eigenes Häuschen, für das die meisten von ihnen hart geschuftet haben. Das ist das Milieu, das den Politiker Markus Söder sein Leben lang prägen wird. Das er auch dann weder vergisst noch abschüttelt, als er längst in Dienstlimousinen chauffiert und von Leibwächtern begleitet wird und mit einer reichen Frau aus bestem Nürnberger Industrieadel in einem großen, schönen Haus lebt, im Osten der Stadt.

Der Politiker Markus Söder macht nicht viel Aufhebens um seinen sozialen Aufstieg, er protzt nicht, nicht mit Kleidung, nicht mit teuren Hobbys, nicht mit fetten Autos. Es heißt, er gehe akribisch mit Abrechnungsbelegen um, trenne selbst bei kleinsten Beträgen penibel zwischen Ausgaben für Privates, Ministeramt und Partei. Er zahle im Zweifel lieber etwas aus eigener Tasche, als sich angreifbar zu machen. Nichts würde er sich weniger verzeihen, als über so einen Fehler zu stolpern. Und er leidet auch nicht erkennbar daran, dass die feine Gesellschaft der vormaligen Reichs- und Kaiserstadt Nürnberg lange mit ihm fremdelt. Die Arrivierten sehen in ihm den Emporkömmling und Straßenkämpfer. Aber um materiellen und sozialen Aufstieg geht es Markus Söder nicht, das ist für ihn nur ein angenehmer Nebeneffekt. Es geht ihm immer um Macht.

Dazu gehört auch die Macht über seine eigene Geschichte. Die Geschichte, die der Politiker Söder mit viel erzählerischer Freiheit Stück für Stück zusammenpuzzelt, ist die vom wundersamen Aufstieg eines Maurersohns aus Nürnberg-West. Wenn man ein wenig Zeit mit ihm verbringt, hört man von ihm vermutlich den Satz: »Der kleine Markus aus der Westvorstadt, und jetzt sitze ich hier als Ministerpräsident.« – »Dafür bin ich dankbar«, sagt Söder. »Das war nicht vorgesehen.« Seinen Weg in die Münchner Staatskanzlei will er besonders gewürdigt sehen, weil er im biederen Sündersbühl begann: »Hier kriegt man nichts geschenkt. Hier gibt es keinen billigen Schnaps.«

Söder tut in Wahlkämpfen alles, um seine Version seiner Geschichte unter die Leute zu bringen. Er will sein Image als Machtmensch korrigieren, deshalb erlaubt er mehr private Einblicke als die meisten anderen deutschen Politiker. Seine Kinder hält er zwar strikt vor der Öffentlichkeit verborgen, aber er spricht über seine Eltern und seine Frau, seinen Glauben und seinen Hund.

Mit Politik hat man im Hause Söder in der Manteuffelstraße wenig am Hut. Sich einmischen bringe nur Ärger, predigt der

Großvater mütterlicherseits, ein Autohändler. Geradezu demonstrativ unpolitisch ist die Familie. Es wird nicht groß debattiert, dennoch ist vollkommen klar, dass ein Söder niemals Sozialdemokrat oder – Gott bewahre – Kommunist sein könnte. Markus Söder erzählt die Geschichte, wie er als Bub vom Spielen einmal einen roten Aufkleber heimbrachte, »Willy wählen« stand darauf, es lief der Bundestagswahlkampf 1972. Sein Vater, sagt Söder, habe ihn so richtig ins Gebet genommen: »Seitdem weiß ich: SPD bedeutet Ärger.« Max Söder ist überzeugter CSU-Wähler, Ehefrau Renate ist sogar Mitglied der Partei, wenn auch passiv. Sie wird den Aufstieg ihres Sohnes bis zu ihrem frühen Tod mit mehr Euphorie und Stolz begleiten als der Vater.

Wenn Markus Söder seine Kindheit und Jugend schildert, dann überzieht er die kleinbürgerliche Welt mit weichen Farben. »Ich wuchs sehr behütet auf«, sagt er. Seine Mutter sei eine fürsorgliche und liebevolle Frau gewesen. Seinen Vater habe er »eigentlich immer arbeitend erlebt«. Aber immerhin habe der ihm seine ersten »Fix und Foxi«-Comics geschenkt und ihn die ersten beiden Male ins Fußballstadion »zum Club« mitgenommen, zum 1. FC Nürnberg. Beides, Fan von Comics und vom 1. FC Nürnberg, ist Söder bis heute. Beim »Club« saß er sogar einige Jahre im Aufsichtsrat.

Wer Söders Erzählungen mit den Erinnerungen alter Bekannter, Freunde und Nachbarn abgleicht, erhält ein vielschichtiges, härteres Bild vom Leben im Hause Söder. Dort sind demnach die Rollen klar verteilt, gesellschaftliche Umwälzungen machen vor der Haustür halt. Studentenbewegung und Hippies, überhaupt die neue gesellschaftliche Liberalität, sind auch gedanklich weit, weit weg von Nürnberg-Sündersbühl. Renate Söder, eine gelernte Bankkauffrau, kümmert sich um Familie und Haushalt. Max Söder verlässt frühmorgens nach Kaffee und der Lektüre der Lokalzeitung das Heim in Richtung Betrieb oder Baustelle. Abends kommt er selten vor 19 Uhr nach Hause.

Der Vater ist der Patriarch. »Chef« soll ihn die Mutter genannt haben, wenn sie vor den Kindern über ihn sprach. Es heißt, Max Söder wäre am liebsten Lateinlehrer geworden. Er war selbst Schüler am Dürer-Gymnasium wie später sein Sohn, doch auf ihn warteten – wie auf viele junge Menschen seiner Zeit – unmittelbar nach dem Krieg andere Aufgaben. Nürnberg war zerbombt, was reichlich Aufbauarbeit für den elterlichen Maurerbetrieb bedeutete. Also stieg Max Söder nach der Schule in das Geschäft ein.

»Markus stammt nicht aus so kleinen Verhältnissen, wie er immer behauptet«, sagt einer, der ihn lange kennt. Der Familienbetrieb sei während des Wirtschaftswunders ziemlich gut gelaufen. Nürnbergern sagt man nach, ihre Pelzkragen in protestantischer Bescheidenheit nach innen zu tragen, um nur ja nicht zu zeigen, wie gut es ihnen geht. Auch die Söders führen ihren Wohlstand nicht vor. Unter der Woche wird gearbeitet, am Sonntag geht es hinaus ins Umland. Zu Verwandten, zum Spazierengehen in die Wälder bei Heroldsberg und zum Abendessen im Gasthof »Rotes Ross«, bevorzugt zu fränkischem Sauerbraten oder Stadtwurst. Einmal im Jahr steht Familienurlaub an, in Aschau im Chiemgau und selbstverständlich immer im selben Hotel.

Markus Söder erzählt viel und gerne davon, wie es so mit 16, 17 Jahren bei ihm daheim zuging – über seine Kindheit erzählt er fast nichts. Auch Jugendfreunde und Bekannte geben sich verschlossen. Manche sagen, der kleine Markus sei ein Einzelgänger gewesen, ein Außenseiter gar, pummelig, unsicher, verhätschelt von der gütigen Mutter und streng angefasst vom rauen Vater. Viele Jahre später wird »Die Zeit« frühere Nachbarn zitieren: Der kleine Markus sei auffallend zappelig gewesen, habe sich nie dreckig gemacht, selten mit anderen Kindern gespielt und sich überhaupt um Spielkameraden bemühen müssen.

Ein Rätsel ist bis heute das Verhältnis zu seiner jüngeren Schwester Heike. Lange schon ist sie aus Nürnberg fortgezogen und lebt heute mehrere Hundert Kilometer entfernt. Selbst bei gründlicher Recherche findet man kein Foto der Geschwister, nicht einmal einen Schnappschuss. Nichts deutet darauf hin, dass Heike Anteil nahm oder nimmt an der Karriere des Bruders. Umgekehrt wird Markus Söder – der gern redet und am liebsten über sich selbst – einsilbig, wenn er auf seine Schwester angesprochen wird. Sie habe mit seiner politischen Arbeit nichts zu tun, wolle Privatperson bleiben, und das solle man respektieren. Jede Nachfrage blockt er kategorisch ab. Es gibt alte politische Freunde, die sich nicht daran erinnern, Heike Söder jemals gesprochen zu haben. Andere versichern, sie wüssten nicht, was aus ihr geworden sei. »Er tut manchmal so, als gäbe es Heike gar nicht«, sagt einer.

Weit komplizierter noch als das Verhältnis unter Geschwistern ist bekanntlich jenes zwischen Vätern und Söhnen. Psychologen kennen unzählige Beispiele bedeutender Männer, die als Kinder unter ihren dominanten Vätern litten oder ehrfurchtsvoll zu ihnen aufblickten. Für sie waren die Väter Hassobjekte oder Helden, gegen die sie aufbegehrten oder denen sie es einfach beweisen wollten. Oft mussten diese Söhne hart um die Anerkennung der Alten ringen und litten darunter, dass genug in ihrem Fall nicht genug war, und gut nie gut genug. Es geht da auch um verletzten Stolz, um wechselseitig unerfüllte Erwartungen. Auch bei Markus Söder ist in seinem Verhältnis zum Vater ein Schlüsselthema seines Lebens zu sehen, das naturgemäß in die politische Karriere abstrahlt. Und das zum Teil seinen unbändigen Ehrgeiz und Fleiß, seine Ungeduld und Umtriebigkeit erklären könnte, die ihm keine Ruhe gelassen haben, bis er zum Ministerpräsidenten aufstieg. Söder hat das Bild seines Vaters immer wieder auf Facebook oder Instagram gepostet, er hat ihn in Reden und Interviews erwähnt, ungewöhnlich oft für die Sitten der deutschen Politik, die das Private weitgehend aus dem öffentlichen Raum verbannen.

Für eine besondere Rolle des Vaters spricht auch, dass ein einziger, alter Zeitungsartikel Markus Söder bis heute empört.

Zwar kann er sich über negative Medienberichte kolossal aufregen, aber als einer, der gern austeilt, ist er schon auch hart im Nehmen. Bevor er 2020 zum liebsten Krisenmanager der Deutschen aufstieg, musste er ja praktisch pausenlos Unfreundliches über sich lesen, sehen und hören. Söder beteuert, er wandle Angriffe in positive Energie um. Er wolle sich mediale Kritik wirklich nicht auf den Buckel laden, denn dann würde er irgendwann ja gebeugt durchs Leben gehen, sagt er oft. Mit einer Ausnahme: Das »SZ-Magazin« karikierte im Januar 2005 in einem scharfen Beitrag am Beispiel des damaligen Stoiber-Adlaten Söder, »wie man in der bayerischen Staatspartei ganz nach oben kommt«. Die entsprechende »Anleitung in zehn Schritten« war satirisch und ernst zugleich, und sie enthielt eine Passage, die Söder nicht abhaken kann. Es geht ihm da nicht um den boshaften Hinweis auf seine karrierefördernde Heirat mit einer Frau aus bestem Hause – geschenkt. Es geht ihm um einen Halbsatz, sechs Worte, die ihn bis heute auf die Palme treiben: »Ihr Vater nannte Sie einen Taugenichts«, stand da, auf Söder gemünzt. Bodenlos, eine Unverschämtheit, unter Gürtellinie und Geschmacksgrenze, überhaupt das Übelste, was jemals über ihn verbreitet wurde, wütet Söder, wenn das Gespräch darauf kommt. Niemals habe ihn sein Vater für einen Taugenichts gehalten.

Nun gibt es aber Menschen in Nürnberg, die behaupten, der Vater habe im handwerklich unbegabten Sohn zumindest ein Weichei gesehen. Weshalb der Sohn dem dominanten Vater sein Leben lang das Gegenteil beweisen wolle, sogar posthum noch. Max Söder starb 2002, ein Jahr, bevor sein Sohn CSU-Generalsekretär wurde und damit zum Spitzenpolitiker aufstieg. War der Vater womöglich der Grund dafür, dass der Junge irgendwann in der Pubertät den Ehrgeizturbo anwarf und seither Unmengen an Kraft für etwas freisetzt, das dem Vater suspekt war?

Richtig näher kommen sich Vater und Sohn wohl erst in der letzten Lebensphase von Max Söder, als er bettlägerig war. Auf einer Reha hätten er und sein Vater die ersten tiefgründigen Gespräche geführt, sagt Markus Söder. Freunde aus der Jungen Union, die den Halbwüchsigen zu Hause besuchten, beschreiben Max Söder als einen »toughen, handfesten Handwerker vom alten Schlag«. Was in dieser Zeit hieß: Leistung zeigen, etwas aus sich machen, etwas Sichtbares schaffen – das seien Werte gewesen, die im Hause Söder ungeheuer präsent gewesen seien. Der Vater sei keiner gewesen, der lachend mit den Kindern im Garten spielte. Kein Kumpel-Daddy, sondern einer dieser Väter, die den Söhnen vom Wohnzimmersessel aus befahlen, aufzustehen und das Fernsehprogramm umzuschalten. Keiner, der seine Kinder mit seinen Gefühlen wärmte. Sondern eben: der Chef. Viele aus dem Umfeld des Sohnes sagen heute, das sei für den Jungen prägend gewesen.

Ob sich der Patriarch insgeheim tatsächlich wünschte, dass der Sohn ins Baugeschäft einsteigt und die Firma übernimmt, trotz dessen fehlender handwerklicher Begabung? Der Junior selbst erinnert sich nur daran, dass das Baugeschäft vom möglicherweise erstrebenswerten Ziel sogar zum Druckmittel degradiert wird, als die Schulnoten in der achten, neunten Klasse pubertätsbedingt schwanken. »Entweder du schaffst die Schule, oder du gehst auf den Bau«, soll der Vater gesagt haben.

»Er hat mir letztlich beruflich keine Vorgaben gemacht oder gesagt, was ich werden soll. Aber Leistung war ihm wichtig«, sagt Markus Söder. Für ihn selbst – schnell im Kopf und nicht flink mit den Händen – war der elterliche Betrieb nie ernsthaft ein Thema. Max Söder raunzte manchmal mehr oder weniger liebevoll, Markus könne ja mal Pfarrer werden. Oder Politiker, denn die reden ja auch dauernd. Als der Sohn älter wird, so mit 17, 18 Jahren, und das Nachfolgethema erledigt ist, darf Markus bei Familienfeiern schon mal anstelle des wortkargen Vaters kurze Ansprachen halten. Sogar bei der Trauerfeier für den verstorbenen Großvater.

Zwischen Knast und Brauerei

Abseits der Familie stolziert der junge Söder in Jeans, Cowboystiefeln und weiten Hemden durch die Nürnberger Weststadt. Fotos seines damaligen Styles hat der Politiker Söder später gewohnt freigiebig bei Instagram geteilt – zur Begeisterung und zum Entsetzen des Publikums gleichermaßen. Die Cowboystiefel, sagt ein alter Bekannter, habe Söder noch lange getragen, was nicht zwingend nur modische Gründe gehabt haben muss: »Er hat bei der Jungen Union sicher auch Stimmen gekriegt, weil er cooler rüberkam als die anderen.«

Am Wochenende hängt der Teenager Söder im »Dröhnland« ab oder im »Boot«, einem Discoschiff mit ausrangierten Kinosesseln und hölzernen Barhockern, das im Nürnberger Binnenhafen vor Anker liegt. Er ist ein Rockabilly-Typ, der gern alte Rockmusik hört und Neue Deutsche Welle. Mit seinen knapp zwei Metern fällt er auf im »Boot«. Ein Vorteil, den Söder später auch in der Politik zu schätzen weiß: »Ich bin groß gewachsen, mit 1,94 Meter und über hundert Kilogramm erkennt man mich sofort.«

Als Jugendlicher spielt er Tennis, damals der Sport der bürgerlichen Aufsteiger. Fußball soll der Mutter zu gefährlich gewesen sein, zu dreckig vielleicht und womöglich sogar zu proletarisch. Wie Schwester Heike schwingt Markus Söder den Schläger beim ATV Nürnberg, gibt zeitweise sogar Tennisstunden und bringt es immerhin bis in die vierthöchste Liga in Bayern. Natürlich wird Boris Becker einer seiner Helden, der 17-jährige Wimbledon-Sieger des Jahres 1985. Und er hat etwas für den Amerikaner Brad Gilbert übrig, der bekannt dafür ist, seine Gegner zu zermürben. Gilbert wird nach seiner Karriere ein Buch schreiben, es heißt: »Winning Ugly«, hässlich gewinnen.

Ein anderer Held ist Lothar Matthäus, der im Nachbarort Herzogenaurach geborene Mittelfeldmotor der deutschen Fußball-Nationalmannschaft, der auf dem Spielfeld mehr mit

Willen und Strategie erreicht als mit Technik und Eleganz. Und dann ist da noch Michael Groß, der vielfache Weltmeister und Olympiasieger im Schwimmen, bewundernd »Albatros« genannt. Kein Idol aber ist so groß wie jenes, dessen Poster sich der Teenager Markus Söder an die Dachschräge über sein Bett hängt: Franz Josef Strauß.

Markus Söder wird später selbst zu Protokoll geben, eine Kundgebung von Franz Josef Strauß am Nürnberger Hauptmarkt sei sein persönlicher politischer Urknall gewesen. Ein Urknall, der ihn direkt in die Politik katapultiert, aus seinem Schülerleben heraus, in dem er es nie zum Klassensprecher bringt und erst recht nicht zu einem der Schülersprecher des Dürer-Gymnasiums. Dafür ist er einfach zu unbeliebt und zu sehr Außenseiter.

Das Gymnasium, 1833 als Gewerbeschule gegründet, liegt zwischen einer Justizvollzugsanstalt, einer Brauerei und dem Pegnitzufer. Das Sagen unter den politisierten Schülerinnen und Schülern haben zu Söders Schulzeit jene mit Palästinensertuch um den Hals, die zu Friedensdemos oder zum Protestieren nach Wackersdorf fahren. Nicht selten argumentativ und intellektuell unterstützt von ihren Lehrern.

Linke Lehrer gehen Markus Söder auf die Nerven, mehr noch als seine Mitschüler. Aber er sieht in diesen Lehrern auch eine Herausforderung, altersmäßig überlegene Kontrahenten, die es in der Diskussion niederzuringen gilt. Sie zwingen ihn, präzise zu argumentieren, seine Positionen klar zu fassen und auch gegen Widerstände zu verteidigen. Gegenwind drückt ihn nicht nieder, Gegenwind richtet ihn auf. Da kämpft einer um Anerkennung, indem er seine Außenseiterrolle pflegt. Da lebt einer am liebsten im Konflikt.

In den letzten Schuljahren bis zum Abitur 1986 findet er sich in einem dauernden ideologischen Wettstreit mit dem linken Mainstream wieder, obwohl »das Dürer« in Nürnberg sicher kein radikalisierter Ort ist. Den Noten nach ist Söder ein Musterschüler. Der »Zeit«-Journalist Henning Sußebach wird drei

Jahrzehnte später für ein ausführliches Söder-Porträt einen seiner alten Lehrer besuchen, der dessen »hohes intellektuelles Potenzial« und seine exzellenten schulischen Leistungen über den grünen Klee lobt. Der Söder aber auch »einen Mangel an Empathie« bescheinigt. Am meisten habe sich der Schüler Söder gefreut, wenn zwischen seinem Einser und den Noten der anderen ein möglichst großer Abstand gewesen sei. Die Mitschüler hätten ihn auch nie um Hilfe gebeten, womöglich, weil sie gar nicht erwarteten, dass er ihnen hilft. Von Sußebach darauf angesprochen, sagt Söder, die Darstellung des Lehrers sei Quatsch.

Das Dürer-Gymnasium selbst scheint die Ära des Schülers Markus Söder aus seinen Annalen gestrichen zu haben. Nein, lässt die Schulleitung auf Anfrage mitteilen, es gebe nichts im Archiv, was das Schülerleben des prominenten Absolventen etwas transparenter machen würde. Keinen Jahresbericht, keine Abiturzeitung, nichts. Der Direktor lässt sich gar nicht erst sprechen, und die Reaktionen seiner Mitarbeiter erwecken den Eindruck, dass die Schule sich nicht wirklich damit schmücken möchte, einen späteren Ministerpräsidenten zum Abitur geführt zu haben.

2. Der Unverhinderbare
Wie Söder sich der CSU aufzwingt

Markus Söder ist elektrisiert: Sein Held Franz Josef Strauß wird leibhaftig am Nürnberger Hauptmarkt sprechen, dort, wo wenige Wochen zuvor noch die Buden des Christkindlesmarktes standen. Andere in seinem Alter hängen Poster von Popstars, Fußballspielern oder dem Revolutionär Che Guevara in ihr Jugendzimmer. Bei Markus Söder hängt Strauß überm Bett. Jahre später wird er Aufsehen erregen, als er ein Foto aus jener Zeit ins Internet stellt. Im Hintergrund zeigt es Strauß, der vom Poster an der Dachschräge lächelt, und davor den jungen, sauber frisierten Söder in blauem Sakko, weißem Hemd und mit akkurat gebundener Krawatte. Mit einem Finger deutet er auf Strauß, den Daumen der anderen Hand reckt er für die Kamera nach oben.

Strauß kommt an jenem Tag Anfang 1983 als Wahlkämpfer nach Franken. Er wirbt um Stimmen für die vorgezogene Bundestagswahl am 6. März. Markus Söder steht gleich in der ersten Reihe hinter dem Absperrgitter am Hauptmarkt. Schon Stunden vor Beginn ist er da, um sein Idol aus größtmöglicher Nähe zu erleben. Das Wetter ist schlecht, aber das stört ihn nicht. Er ist hibbelig, voller Vorfreude. Wie fast überall, wo der CSU-Chef, bayerische Ministerpräsident und gescheiterte Kanzlerkandidat des Jahres 1980 auftritt, erwarten Strauß allerdings auch in Nürnberg nicht nur glühende Verehrer, sondern viele Gegner, die seinen Auftritt mit Pfiffen, Buhs und Zwischenrufen begleiten. Strauß stachelt das an. Es gehört zum Inventar jeder Strauß-Rede, demonstrierende Gegner als Chaoten, Anarchisten, Linksradikale, Idioten oder Gesindel zu beschimpfen. Ein Ritual, das die Gegner in Rage versetzt und die eigenen Leute noch enger zusammenbringt.

Auch der Teenager in der ersten Reihe jubelt ihm frenetisch zu. Noch Jahre später wird Markus Söder von der »fulminanten Rede« schwärmen, die er an jenem Januartag am Nürnberger Hauptmarkt gehört haben will. Sie hat ihn angefixt, ihm Stichworte für den Kampf gegen Sozis und Grüne geliefert: Ja zur NATO, zur deutschen Wiedervereinigung und zum Bündnispartner USA, nein zur Sozialdemokratie und zu Krawallmachern. Die übliche Strauß-Palette. Wenige Wochen später holt die CSU bei der Bundestagswahl 59,5 Prozent der Stimmen in Bayern. Die Union wird stärkste Partei im Bundestag, regiert weiter mit der FDP, und Helmut Kohl bleibt Kanzler.

Man kann, wie bei Söders Beziehung zum Vater, auch hier

spekulieren, weshalb ein Teenager ausgerechnet einen Mann von damals bald siebzig Lebensjahren als Vorbild anhimmelt. Gewiss, Strauß ist seit Jahrzehnten ein Großkaliber der deutschen Politik, das Idol aller Konservativen, autoritär, rücksichtslos, hochgebildet, rhetorisch brillant. Er lässt niemanden gleichgültig, und er kennt beim Durchsetzen seiner Ziele und auch eigener Interessen keine Schranken, wie man heute weiß und damals schon wissen konnte. Mag sein, dass es genau das war, was den jungen Markus Söder beeindruckt hat. Dass da einer war, der allen Anfeindungen zum Trotz stehen blieb. Der sich von Gegnern und Medien nicht umwerfen ließ.

Wenige Tage vor der Kundgebung ist Markus Söder 16 Jahre alt geworden. Alt genug, um nicht nur in die Junge Union (JU), sondern auch die CSU einzutreten. Also geht er ins »Meisterlein«, ein Nürnberger Gasthaus, das auch die JU-Geschäftsstelle beherbergt, und wird Doppelmitglied. In den folgenden Jahren wird er innerhalb der Jungen Union und der Nürnberger CSU einen Aufstieg hinlegen, der sich als Blaupause für seinen späteren Weg an die Spitze des Freistaats erweisen wird. Wie er sich nämlich in der großen Politik nach oben boxt, das wird dem gleichen Drehbuch folgen wie einst in Nürnberg. Unbändiger Fleiß und bedingungsloser Einsatz, ein unglaublich geschicktes Knüpfen von Netzwerken und Seilschaften, ein uneingeschränkter Wille zur Macht und die fast völlige Abwesenheit von Skrupeln: Das sind die Zutaten der Ursuppe, in welcher der Politiker Markus Söder gedeiht.

Und dann ist da noch etwas, eine ganz eigene Spielart von Rebellentum. Söder gehört zunächst weder in Nürnberg noch in München zum Establishment seiner Partei. Er reibt sich an bestehenden Strukturen, er ist immer der stürmische Junge, der die Alten so lange nervt, bis sie endlich den Weg frei machen. Nur ein einziges Mal in seiner Karriere wird Markus Söder ein politisches Amt erhalten, weil er protegiert wird – von CSU-Chef Edmund Stoiber, der ihn 2003 zum CSU-Generalsekretär beruft. Stoiber leistet zwar auch bei späteren Karrieresprüngen

Hilfe, aber da nährt sich Söder schon von seiner eigenen Stärke. Die CSU kommt nicht mehr an ihm vorbei. Es ist immer die Parteibasis, die ihn trägt, die er auch lange genug beackert hat dafür. In diese Einsicht wird sich 34 Jahre nach dem Parteieintritt des Markus Söder auch Horst Seehofer fügen, als er 2017 nach einem schier ewigen Machtkampf kapituliert und Söder das Amt des bayerischen Ministerpräsidenten überlässt. Im CSU-Vorstand sitzen zu dieser Zeit viele, die Söder nicht mögen und seinen Politikstil ablehnen. Aber sie kommen nicht an ihm vorbei.

Im Juni 1983 besucht das Neumitglied Markus Söder erstmals eine Hauptversammlung des JU-Ortsverbandes Gostenhof-Schweinau. Der Neuling setzt sich nach hinten – und landet gleich vorne. Als noch Beisitzer für den Vorstand gesucht werden, fragt einer den schlaksigen Neuen, ob er nicht Lust hätte. Natürlich hat er – und wird gewählt. Man ist ja froh um jeden Mann.

JU-Ortsvorsitzender ist damals Peter Dilling, sieben Jahre älter als Markus Söder. Er wird bis heute häufig als dessen »Mentor« bezeichnet, was Dilling mit gemischten Gefühlen hört. »Irgendwie stimmt das schon«, sagt er dreieinhalb Jahrzehnte später. Aber er sei es leid, »ständig auch von CSU-Mitgliedern angesprochen zu werden und den Vorwurf zu hören: Du hast uns den eingebrockt.« Denn Peter Dilling, ein gestandener Mann mit großem politischem Wissen und Interesse, der klar und pointiert zu argumentieren weiß, hat längst mit Markus Söder gebrochen. »Ich halte ihn für einen skrupellosen Machtmenschen, Intriganten und Opportunisten«, sagt Dilling. Und dieser Eindruck gründe sich wesentlich auf Erfahrungen in den Untiefen der Jungen Union Nürnbergs in den Achtziger- und Neunzigerjahren.

Der JU-Ortsverband Gostenhof-Schweinau und der JU-Kreisverband Nürnberg-West werden die erste Spielwiese, auf der Markus Söder sich all das antrainiert, was auch später als Spitzenpolitiker seinen Instrumentenkasten füllen wird. Dass er schon als Teenager eine politische Karriere fest geplant hatte, glauben Weggefährten von damals indes nicht. Die Entscheidung, Berufspolitiker zu werden, war wohl vielmehr ein Prozess über einige Jahre hinweg. Und für Söder doch ein logischer Schritt. Ihn nerven die Friedensbewegten und die Ökos, er findet ihr Nein zum NATO-Doppelbeschluss und ihre Angst vor der Kernkraft schlicht naiv. Sein CSU-Beitritt ist auch ein Schritt der persönlichen Abgrenzung: In der Schule steht er als Strauß-Fan auf einsamem Posten.

Der Immer-da-Söder

Max Söder reagiert reserviert, als er vom Eintritt des Sohnes in JU und CSU erfährt, aber er lässt ihn gewähren. Er hätte es lieber gesehen, wenn sich der Sohn mehr um die Schule kümmern würde. Stattdessen hackt Markus nun in seinem Mansardenzimmer bevorzugt abends politische Texte, Briefe, Pressemitteilungen oder Anträge in eine mechanische Schreibmaschine. Oder er hängt am Telefon. Mobile Apparate gibt es damals noch nicht, aber immerhin verfügt man im Hause Söder über zwei feste Telefone, eines im Büro des Vaters und eines im elterlichen Schlafzimmer. Eines davon nimmt nun ständig der Sohn in Beschlag, um Gespräche über Politik zu führen.

»Die Junge Union war der politische Sandkasten, in dem wir alle übten«, sagt Roland Fleck. Er ist nur wenige Jahre älter als Söder, auch er hat aus der JU heraus Karriere gemacht. Fleck wird später Wirtschaftsreferent in Nürnberg und Chef der Messegesellschaft. Söder fällt ihm schon in JU-Zeiten als umtriebig und fleißig auf. »Markus hat schnell einen Plan für sich entwickelt, wie er in JU und CSU etwas werden kann. Schon damals hat er sich auf die Landesebene konzentriert.«

»Er war bald der Immer-da-Söder«, erinnert sich Peter Dilling. Präsent bei jeder Sitzung, beim JU-Bowlingwettbewerb und auch beim JU-Minigolfturnier. Selbst bei bestem Freibadwetter – auf Söder ist Verlass. Und wenn niemand anderer die

Würste für das Grillfest besorgen will, dann macht er das eben. Papiere schreiben, Veranstaltungen organisieren – der Maurersohn ist stets bereit. »Solche Leute waren bei der JU wie in jeder Organisation dünn gesät«, sagt Dilling, froh über den eifrigen Neuling, der einige Male auch seine Schwester Heike mitbringt und sie sogar zur Mitgliedschaft überredet.

In den folgenden Jahren wird Markus Söder Peter Dilling beerben, als Kreisvorsitzender und als Schatzmeister der JU. Jeweils auf Vorschlag von Dilling selbst. Persönliche Freunde seien sie allein schon des Altersunterschiedes von sieben Jahren wegen nicht gewesen, sagt Dilling. »Wir hatten aber ein Vertrauensverhältnis aufgebaut, und ich war überzeugt, dass er ein loyaler Mitstreiter ist. Sonst hätte ich ihn nicht nachgezogen.«

Und fleißig ist dieser Söder ja. Schreibt und verschickt Pressemitteilungen, ruft in der Redaktion der Stadtteilzeitung »Stadtanzeiger« an, um auf Themen und natürlich auch auf sich aufmerksam zu machen. Mit der Zeit erwirbt er sich in der Redaktion den Ruf, nahe an den Menschen im Nürnberger Westen und ihren Problemen zu sein. Auch in der CSU bringt er sich zunehmend ein, und nicht einmal sein erster Abend im Ortsverband St. Leonhard-Schweinau kann ihm den Enthusiasmus rauben.

Die Versammlung findet im »Schloss Egg« statt, einer Arbeiterkneipe. Die CSU tagt dort in einem verrauchten Hinterzimmer, und Söder erlebt zu seinem Entsetzen, wie eine Gruppe fast ausschließlich alter Männer, die laut Tagesordnung die Kindergartensituation in Schweinau diskutieren soll, ziemlich schnell zum Ergebnis kommt, dass der Gaddafi an allem schuld sei, der libysche Diktator. Woraufhin das Neumitglied Söder für sich nur eine Alternative sieht: Sein lassen – oder selber machen. Also legt er los.

Zunächst aber steht noch das Abitur an. Eine lästige Angelegenheit, denn Politik ist jetzt sein großes Hobby. Also hält er im Sozialkunde- und Geschichtsunterricht immer hartnäckiger dagegen, legt sich mit allen an, die links von ihm stehen –

also den meisten. Ob in der Schule, bei JU oder CSU – Söder hat am meisten Spaß, wenn er Sozis und Grüne ärgern kann. Je lauter sie aufschreien, desto besser. Für die letzten beiden Jahre am Gymnasium wählt er Mathematik und Geschichte als Leistungskursfächer. Sein Abitur legt er mit Notendurchschnitt 1,3 ab. »Das war harte Arbeit«, sagt er, »in der Mittelstufe sah es noch schlechter aus.« Am Ende der achten Klasse etwa standen am Jahresende vier Vierer (in Mathe, Englisch, Latein und Sport) und kein einziger Einser im Zeugnis. »Verhalten: lobenswert, Mitarbeit: anerkennenswert«.

Die Abifeier schwänzt er, weil gleichzeitig der Arbeitskreis Entwicklungspolitik der JU tagt. Ausgerechnet im »KOMM«, dem linksalternativen Jugendzentrum Nürnbergs gleich gegenüber dem Hauptbahnhof, dessen bloße Namensnennung dem Bürgertum Stresspickel ins Gesicht treibt. Dort eine JU-Veranstaltung abzuhalten, ist die Provokation schlechthin, Ärger mit linken Gruppen vorprogrammiert. Als ein JUler eine Ohrfeige von einem Linken kassiert, rückt die Polizei an. Der junge Söder verbucht die Sache trotzdem als Erfolg. Die Provokation war ja gelungen.

Nach dem Abitur schlägt Söder den Weg ein, den er bei der Umfrage der Nürnberger »Abendzeitung« skizziert hatte. Er tritt seinen Wehrdienst an, den er hauptsächlich beim Transportbataillon 270 in Nürnberg absolviert. Er tauscht Benzinfilter bei schweren Lastwagen und sorgt sich, dass ihm beim Kuppeln eines Zehntonners das Knie wegspringt. Im Nachhinein muss er die Bundeswehr als verlorene Zeit empfunden haben, denn 1989, als er für die Nürnberger CSU-Parteizeitung den damaligen Bundesverteidigungsminister Rupert Scholz (CDU) interviewt, hält er diesem vor, »als Wehrpflichtiger am eigenen Leib erfahren« zu haben, was bei der Armee falsch laufe. Selbstbewusst beklagt er »Mängel in der inneren Führung« sowie bei der »Ausbildung der Rekruten« und mahnt beim Minister »Verbesserungsbedarf« an. Immerhin: Eine Beziehung aus der Zeit »beim Bund« überdauert die Jahrzehnte: Söders

Truppenarzt Andreas Zapf wird 2020 als Chef des bayerischen Landesamtes für Gesundheit einer der wichtigsten Ratgeber des Ministerpräsidenten Söder in der Corona-Krise sein.

Nach dem Wehrdienst schreibt sich Markus Söder an der juristischen Fakultät der Friedrich-Alexander-Universität in Erlangen ein und erhält ein Stipendium der CDU-nahen Konrad-Adenauer-Stiftung. Seine Eltern haben ihm nur vorgegeben, dass es kein Studium sein dürfe, das in die Arbeitslosigkeit führe. Jura passt. Umso entsetzter wird Renate Söder später reagieren, als ihr Sohn nach dem ersten Staatsexamen 1992 und einem halben Jahr als wissenschaftlicher Mitarbeiter am Erlanger Lehrstuhl für Staats-, Verwaltungs- und Kirchenrecht auf Journalismus umsattelt. Am 1. November 1992 beginnt er ein Volontariat, eine Ausbildung zum Rundfunk- und Fernsehredakteur beim Bayerischen Rundfunk (BR).

Nach wie vor ist es aber die Politik, die Söder am meisten fasziniert. Er lernt schnell und viel in jenen Jahren, er verlässt sich nicht auf Parteiführer und -apparat, sondern immer nur auf sich selbst. Und er schlägt erst dann zu, wenn der Moment gekommen ist. Sein Mentor Dilling muss das am eigenen Leib erfahren.

Dilling sagt heute einen Satz, der mit Blick auf eine mögliche Kanzlerkandidatur interessant ist: Söder würde sich niemals in eine politische Schlacht stürzen, wenn er sich nicht sicher sei, diese auch zu gewinnen. Er komme erst aus der Deckung, wenn er keine Niederlage mehr fürchten müsse. Einen eindrucksvollen Beleg für diese Einschätzung liefert Jahre später der Machtkampf mit Horst Seehofer um die Führung in Freistaat und Partei. Söder geht es stets darum, als unentbehrlich dazustehen und als einer, den man nicht verhindern kann. So funktioniert auch sein Aufstieg in der JU und der CSU Nürnbergs. Präsent sein wie kein anderer. Fleißig sein. Die eigenen Leute beeindrucken, motivieren und mitreißen. Verbündete suchen. Netzwerke knüpfen und Koalitionen schmieden. Loyalitäten und Abhängigkeiten schaffen. Mögliche Gegner kaltstellen, sobald sie einen Moment der Schwäche zeigen. Öffentlich um jeden Preis auffallen. Den Populisten geben, Themen hochziehen nur für die PR. Ungeniert Provokationen wagen und so Bewunderer gewinnen. Und auch Feinde sind in diesem Kosmos wichtig, denn viel Feind bedeutet bekanntlich viel Ehr'. Feinde hat Söder immer in seiner Karriere. Aber was ist mit Freunden? Kann er so was überhaupt: Freundschaft?

Gute Freunde kann niemand trennen – oder doch?

Die Suche nach Menschen, die sich ohne jeden Vorbehalt als Freunde von Markus Söder bezeichnen, gerät für dieses Buch schwierig. Die Zahl ist klein, sehr klein. Söder widerspricht und verweist auf seltene, aber regelmäßige Treffen mit alten Freunden aus JU oder Bundeswehr, die heute teilweise weit weg wohnen. Auch sein Schwiegervater, der 2017 gestorbene Unternehmer Günter Baumüller, sei ein väterlicher Freund gewesen. Er nennt auf Nachfrage auch Namen, doch nicht jeder der Betreffenden mag sich über den vermeintlich engen Kumpel äußern, und schon gar nicht öffentlich.

Einer, der im Gespräch hin- und hergerissen wirkt, ist Michael Frieser. Ja, sagt er, der Markus und er seien seit anfänglichen Rivalitäten in gemeinsamen JU-Zeiten »freundschaftlich verbunden«. Sie spielen ab und zu Tennis miteinander, wobei die Stimmung hernach eindeutig besser sei, wenn Söder als Sieger vom Platz gehe. Sie reden über private und persönliche Dinge, sie mögen die gleichen Filme: »Star Trek«, »Star Wars«, »Herr der Ringe«. Söder nennt Frieser einen »sehr verlässlichen Freund« und »sehr ehrlichen Ratgeber«.

Politisch kamen sich die beiden nur einmal in die Quere, als es in jungen Jahren um den JU-Bezirksvorsitz in Nürnberg ging. Anschließend brachte es Frieser über den Nürnberger Stadtrat in den Deutschen Bundestag. Söder wiederum strebte nicht nach bundes- oder kommunalpolitischen Ämtern, ihn zog es von Anfang an in die Landespolitik. Was es den beiden prinzipiell leichter machte, Konkurrenzsituationen zu vermeiden. »Markus hat seine Freundschaften innerhalb der Politik gesucht«, sagt Frieser. Was er am Menschen Söder schätze? Loyalität, Verlässlichkeit und Vertraulichkeit, sagt Frieser. Und dass er ehrlicherweise nie einen Hehl aus seinem Ehrgeiz und seinen Zielen gemacht habe. Negative Eigenschaften? »Er kann unbeherrscht sein und abgehen wie ein Tsunami, wenn ihm etwas nicht passt. Dann will er auch mal mit dem Kopf durch die Wand.«

»Richtige Freunde hat er nur ganz wenige«, sagt einer, der Söder seit JU-Zeiten kennt und so manchen Abend mit ihm verbracht hat. Freundschaften seien für Söder schon damals stets auch Bündnisse gewesen. »Die Partei und der parteinahe Bereich waren schon immer auch sein persönliches Umfeld.« Gut, sein Science-Fiction-Fimmel, seine Begeisterung für den 1. FC Nürnberg – das sei schon echt. Im Grunde aber, sagt der alte Gefährte, verfolge Söder »seinen Plan nicht sechs, sondern sieben Tage die Woche, rund um die Uhr, das ganze Jahr über. Er lebt das.« Da bleibe nun einmal wenig Kapazität für Freundschaften. Aber interessiert er sich überhaupt für andere Menschen? Oder sieht er in ihnen wirklich nur ein Mittel zum eigenen Zweck? Der Kumpel überlegt lange. »Wenn er sich mit jemandem umgibt, ist die Frage, ob der ihm nutzen kann, schon ein wesentliches Kriterium.«

Einer seiner engsten Freunde aus JU-Zeiten ist bis heute der Lobbyist Klemens Joos, der mit seiner Firma Eutop Kunden hilft, ihre Interessen durchzusetzen, vor allem bei der EU. 2019 zeichnet der Ministerpräsident Söder Joos mit dem Bayerischen Verdienstorden aus, der exklusivsten Auszeichnung im Freistaat.

So vermischt sich, wie in der Freundschaft mit Frieser, Politik und Privates. Nun wird der Begriff »Freundschaft« in der Politik, in öffentlichen Reden zumal, inflationär gebraucht. Oder zumindest großzügiger verwendet als im wirklichen Leben. Bisweilen sind scharfe Abgrenzungen schwierig, ja: unmöglich.

Günther Beckstein und Markus Söder treffen sich ab und an auch privat mit ihren Frauen. Die Familien Stoiber und Söder kennen sich ebenfalls gut. In gewisser Weise sind das zweifellos auch Freundschaften, erwachsen aus politischen Beziehungen. Frage an Edmund Stoiber: Was wäre, wenn Sie mit einem persönlichen Problem auf Markus Söder zukämen und ihn um Rat fragen würden? Antwort Stoiber: »Er wäre überrascht, weil er meint, ich habe keine Probleme.«

Ganz besondere Erfahrungen mit seinem Freund Markus Söder macht im März 2018 Ludwig Spaenle, bis dahin Bayerns Kultusminister. Spaenle ist Taufpate eines Söder-Sohns, was den neuen Ministerpräsidenten nicht daran hindert, den Patenonkel aus dem Kabinett zu kegeln. Für Spaenle ist der Rausschmiss eine Demütigung; für Söder ist er ein Signal, das er in seine Partei und ins Land sendet: Seht her, die Politik schlägt bei mir das Private.

Womöglich ist es so, dass Markus Söder bei seinem Aufstieg Freunde gar nicht brauchte. Unterstützer, ja. Aber Freunde? Was er tatsächlich immer braucht, sagt ein Söder-Deuter, sind Gegner. »Er wächst an Widerständen. Wenn alles butterweich läuft, dann wird er nervös oder langweilt sich.«

Die Nürnberger Mauer

Michael Frieser sagt, ganz abgesehen vom Thema Freundschaft sei der Markus schon als junger Kerl ein »unglaublicher Generator für politische Themen« gewesen. Einer, der in Bildern denkt. Der einen politischen Inhalt, ein Thema, eine Idee, darauf abklopft, welche Reaktionen er damit bei möglichst vielen Menschen provozieren kann.

Ein wunderbares Beispiel liefert der 13. August 1995, der 34. Jahrestag des Mauerbaus. Obwohl zu diesem Zeitpunkt die Berliner Mauer schon fast sechs Jahre gefallen und Deutschland wiedervereinigt ist, stapeln JU-Aktivisten in der Nürnberger Fußgängerzone zwanzig Kartons zu einer »Mauer« und kleistern sie mit Tapetenleim zusammen. Die Bilder des Tages zeigen den jüngsten bayerischen Landtagsabgeordneten und JU-Landeschef Markus Söder, wie er im Stil eines Graffiti-Künstlers mit einer Spraydose »Nie wieder PDS« auf die Karton-Mauer schreibt. Parallel werden Unterschriften gegen die SED-Nachfolgepartei PDS gesammelt, die spätere Linke. 200 solcher Unterschriften stehen am Ende dieses heißen August-tages 1995 auf den Listen, völlig überflüssige Unterschriften natürlich, denn was sollen sie wo bewirken? Egal, die Jungunio-nisten sind begeistert, im Zweifel einfach von sich selbst.

Vor allem aber bleiben die Bilder von Söder hängen, der die Pappdeckelmauer besprüht. Und nebenher kann er auch ein paar Parolen unter die Leute bringen. »Die PDS könnte zu ei-ner Dreh- und Kontaktscheibe für den Terrorismus in Deutsch-land werden, zum verlängerten Arm von Terrorgruppen wie der PKK«, warnt Söder in einem Zeitungsinterview am Rande der Aktion.

Nicht nur die linke politische Konkurrenz schäumt, auch in Kirchenkreisen schüttelt man über Söder den Kopf. Völlig überzogen, die Aktion, so das ziemlich einhellige Urteil. Mar-kus Söder aber hat sein Ziel erreicht: Schlagzeilen, Fotos und eine JU-Truppe, die ihren Coup feiert. »Wir dachten an die In-halte, die wir zum Anlass des Mauertages vermitteln wollten«, sagt ein JU-Gefährte von damals. »Der Markus dachte von An-fang an in Bildern, wie wir das inszenieren und umsetzen kön-nen. Das hat er dann auch perfekt gemacht, während wir ande-ren noch mühsam an komplizierten Papieren formulierten.«

Söder habe die große Gabe, zu erkennen, wer die Empfänger seiner Botschaften sind, sagt auch Michael Frieser, der sich selbst im Bundestag einen Namen als Sachpolitiker für Inneres und Justiz gemacht hat. Nur schafft man es mit fundierter Sacharbeit allein weder in die Schlagzeilen noch auf Presse-fotos und erst recht nicht in Talkshows. Diese Plätze hat sich Markus Söder erobert, weil er »weiß, wie er Menschen in ihrem Fühlen und Denken ansprechen muss«, sagt Frieser durchaus bewundernd. Söder habe »ein untrügliches Gespür dafür, wo und wie er die Menschen abholen muss, und hinterlegt das auch mit entsprechenden Handlungen. Es gibt kaum einen Politiker, der so vom Kunden her denkt, wie er.«

Die Nürnberger JU ist Söders politische Schule, und die Mauer-Aktion das Modell für spätere PR-Erfolge. Nach diesem Muster wird er auch Jahrzehnte später noch agieren. Er hat gelernt, dass es die Bilder sind, die bleiben. So manche Sachinformation, die er sich anliest, hat schließlich selbst er bald wieder vergessen. Seine Mitarbeiter heute attestieren ihm zwar eine superschnelle Auffassungsgabe, aber das Fachwissen zu einem speziellen Thema halte oft nicht lang, wenn eine Rede oder ein Talkshow-Auftritt erst mal rum seien. Wenn es schon Söder so geht, wie soll es dann den Zuhörern gehen?

Markus Söder ist gnadenlos in seiner Selbstvermarktung. »Er wäre ein erfolgreicher Chef einer Werbeagentur geworden«, sagt einer, der ihn lange aus der Nähe beobachten konnte. Weil er weiß, wie man Bilder erzeugt. Etwa mit Tieren, die er dann bis zum Abwinken streichelt oder herzt. Als Minister ist er Stammgast auf dem Berchinger Rossmarkt, auch beim Schäferfest im Altmühltal schaut er gern vorbei. Er denkt dann vorher schon durch, welche Situation er schaffen muss, damit es die schönen Bilder gibt. Also setzt er einen Schäferhut auf, wirft einen Schäfermantel über und trägt Lämmer durch die Gegend. Oder er packt zwei Rösser, eines links, das andere rechts, fest am Zaum, was dem Betrachter der Fotos später Tierliebe und Entschlossenheit gleichermaßen suggeriert. Andere Politiker verschicken lange Erklärungen und wundern sich, warum keiner ihre Aussendungen nachdruckt.

Innerhalb von JU und CSU lernt Söder früh, wie man die Dinge so in die Hand nimmt, dass sie einem nicht mehr entgleiten. Auch da gibt es Muster, die sich in der späteren Karriere wiederholen. In einem neuen Amt strebt er als Erstes Kontrolle an, weil ihn nichts mehr verunsichert und beängstigt als die Vorstellung von Kontrollverlust. Also macht er schnellstmöglich und unmissverständlich klar, wer die neue Nummer eins ist. »Mir war es immer lieber, die Hand am Steuer zu haben, als nur Beifahrer zu sein«, sagt Söder. »Lieber Captain Kirk als Mister Spock.« Wobei Letzterer ja eigentlich der Schlauere ist.

Söder erklimmt in Nürnberg in rasantem Tempo eine kleine Karrierestufe nach der anderen, er ist überall zehn Jahre früher dran als die meisten anderen. Mit 22 Jahren wird er Vorsitzender seines CSU-Ortsverbands. Söder ist fleißig, aber auch unkompliziert, jedes Anliegen eines Bürgers hört er sich genau an. Es könnte ja ein brauchbares Thema dahinterstecken. Er zieht von Grillfest zu Grillfest, macht Station beim Kleingartenverein »Stiller Winkel«, bei Pfarrfesten, Diskussionsrunden und den Veranstaltungen der vielen Vereine im Nürnberger Südwesten. Er saugt alles auf, was er hört, und münzt das in politische Aktivitäten um. Dann ruft er beim »Stadtanzeiger« an, um die Redaktion auf ein Thema aufmerksam zu machen. »Er hatte die Nase im Wind und war sehr nah dran an den Themen, welche die Menschen in diesen Stadtvierteln gerade bewegten«, erinnert sich Reinhard Schmolzi, viele Jahre Redakteur beim »Stadtanzeiger«. »Wir bekamen von ihm sehr oft sehr gute Tipps für interessante und lesernahe Geschichten. Aber er war auch ein Populist, der genau wusste, wie er welches Thema setzen und spielen musste, damit auch er etwas davon hatte.«

Söder lässt sich auch nicht davon abschrecken, dass die sozialdemokratisch ausgerichteten »Nürnberger Nachrichten« (»NN«), das Mutterblatt des »Stadtanzeigers«, seine Pressemitteilungen weitgehend ignorieren. Bestenfalls die kleinere und konservative »Nürnberger Zeitung« übernimmt einige, wenige Zeilen, wenn überhaupt. Das gespannte Verhältnis zu den »NN«, der mit weitem Abstand größten Tageszeitung in Nürnberg, wird sich durch Söders weitere Karriere ziehen. Wenn er später als Minister über »Widerstände« spricht, die er auf seinem Weg nach oben überwinden musste, meint er auch die Skepsis seiner Heimatzeitung. »Selbst als der Markus schon lange Abgeordneter war«, sagt ein Nürnberger CSU-Mann,

»hat schon viel passieren müssen, dass die ›NN‹ ein Foto von ihm druckten.«

Wenn die Presse ihm nicht hilft, hilft er sich eben selbst. Weggefährten vermuten, dass der Jurastudent Markus Söder Ende der Achtziger- und Anfang der Neunzigerjahre endgültig einen Plan entwickelt, in der Partei und über die Partei Karriere zu machen, anstatt Staatsanwalt zu werden. Als »völlig zerfressen vom Ehrgeiz« haben ihn die einen in Erinnerung, ein Eindruck, den viel später auch sein großer Rivale Seehofer teilen wird. Andere sagen, er sei »motiviert bis in die Haarspitzen« gewesen und habe förmlich »gebrannt für das, was er politisch tat«. Vielleicht geht ja beides zusammen.

Söder erhöht die Schlagzahl. Kaum eine Woche vergeht, in der sich der CSU-Orts- und JU-Kreisvorsitzende nicht zu irgendeinem Thema zu Wort meldet, mit einer Forderung oder einem Hinweis auf einen angeblichen oder tatsächlichen Missstand irgendwo im Nürnberger Südwesten. Es ist wie Jahrzehnte später in seinen Ministerämtern: Söder rennt voraus, die anderen hecheln hinterher. Er organisiert Umfragen in der Nachbarschaft des Westparks, einer von der Stadt vernachlässigten Grünanlage, und macht die Forderungen der Anwohner zu seinen Forderungen: mehr Bänke und Mülleimer, Hecken pflanzen, überhaupt mehr Sauberkeit.

In Briefen und Pressemitteilungen fordert er eine Lärmschutzwand entlang der viel befahrenen, vierspurigen Von-der-Tann-Straße und legt sich mit Begeisterung mit dem städtischen SPD-Baureferenten an, der sie lange ablehnt. Am Ende kommt die Lärmschutzwand doch. Wenn der Minister Söder später Journalisten »sein« Nürnberg zeigt, dann ist die Lärmschutzwand ein fester Punkt auf der Sightseeing-Tour.

Immer häufiger gerät Söder nun auch in das Blickfeld der Nürnberger Parteioberen, die sich ansonsten vom Geplärre des Nachwuchses ziemlich unbeeindruckt zeigen. Günther Beckstein, selbst gerade erst zum Innen-Staatssekretär aufgestiegen, erinnert sich daran, »dass mir Markus etwa um 1989/

1990 zum ersten Mal wirklich auffiel«. Mit seinem Eifer, aber auch deshalb, weil andere in JU und CSU immer häufiger über den omnipräsenten Jurastudenten redeten. »Die JU war damals klar aufgeteilt, für oder gegen Söder, dazwischen gab es nix«, sagt Beckstein. »Er polarisierte bereits als junger Kerl.« Aber in einer Partei wie der CSU seien andere Eigenschaften für eine Karriere entscheidender, sagt Beckstein und zählt auf: Einsatz, Präsenz und vor allem Eigeninitiative. »Und die hat er schon damals gezeigt.«

Der »Immer-da-Söder« mag den einen oder anderen in den eigenen Reihen mit seinem ungezügelten Ehrgeiz gewaltig nerven – er ist aber auch ein strammer und zuverlässiger Fußsoldat. Auf Leute wie ihn ist eine Partei angewiesen. Mit seiner JU-Truppe chartert er im Europawahlkampf 1989 ein Partyschiff und organisiert eine »südeuropäische Nacht« mit Jazz und Magier-Auftritt. CSU-Spitzenkandidat Fritz Pirkl ist dankbar: Ohne die Bühne, die Söder ihm bot, hätte der 64-Jährige niemals 400 junge Partygänger erreicht.

Ein zerstrittener Haufen

Neun Monate nach der Europawahl stehen in Bayern am 18. März 1990 die Kommunalwahlen an. Diesmal nutzt Markus Söder den Wahlkampf, um auf sich aufmerksam zu machen und sich für höhere Aufgaben zu empfehlen, obwohl er selbst nicht für den Stadtrat kandidiert. Wieder zündet er ein schier pausenloses Themenfeuerwerk. Doch sosehr sich Markus Söder abstrampelt – das allein wird ihm bei seinen Karriereambitionen nicht helfen. Die wirklich interessanten Ämter und Posten werden nicht im JU- und auch nicht im CSU-Ortsverband vergeben. Wer als Nachwuchspolitiker etwas werden will, muss sich höheren Orts profilieren.

Man muss sich den Nürnberger CSU-Nachwuchs damals als einen ziemlich zerstrittenen Haufen vorstellen. Es wird ähnlich erbittert um Posten gekämpft wie bisweilen in der großen

CSU. In der Regel rivalisierten die christsozialen Nachwuchspolitiker aus dem wohlhabenderen Osten der Halbmillionen-
stadt mit denen in Söders Westen. Der Ton war wenig zimperlich und noch weniger waren es die Methoden. Söder galt als
einer, der bei den Gegnern im Osten mit seinen rüden Sprüchen ziemlich aneckte. Aber, das wurde Freund und Feind
schnell klar, er war kein Mann für die zweite Reihe – und würde sich auch niemals auf Dauer damit zufriedengeben.

Ein Schlüsselposten ist der JU-Bezirksvorsitz Nürnberg-
Fürth-Schwabach. Er gilt als Eintrittskarte zumindest in den
Vorhof der größeren Politik. Der spätere Bundeswohnungs-
bauminister Oscar Schneider sowie der spätere bayerische Ministerpräsident Günther Beckstein nutzten ihn als Rampe für
ihre Karrieren, und genau das hat Markus Söder auch vor. Einfach wird das für ihn nicht werden. Söder hat zwar den Nürnberger JU-Westen hinter sich, nicht aber den zahlenmäßig starken JU-Osten. Und dort schickt sich ebenfalls ein ehrgeiziger
und ambitionierter Nachwuchspolitiker an, Bezirkschef zu
werden, nämlich Michael Frieser, der spätere Bundestagsabgeordnete. Das größte Hindernis jedoch ist der Amtsinhaber: Peter Dilling, Söders JU-Mentor.

Was nun geschieht, darüber klaffen die Darstellungen weit
auseinander. Dilling spricht rückblickend von »der größten
menschlichen Enttäuschung überhaupt«. Söder habe sich ihm
gegenüber als loyal gegeben, in Wahrheit aber hinter seinem
Rücken gegen ihn intrigiert. Als er, Dilling, beruflich immer
wieder einige Wochen wegmusste aus Nürnberg, habe Söder
dort gestreut, Dilling kümmere sich als Vorsitzender zu wenig
um die Bezirks-JU, er sei ja nie da. »Er ist ein hemmungsloser
Intrigant, wenn er etwas werden will«, sagt Dilling rückblickend über Söder. Als er gemerkt habe, was da hinter seinem
Rücken alles lief, sei es zu spät gewesen. Dilling trat nicht mehr
zur Wahl an, um einer drohenden Niederlage zuvorzukom-
men. Damals, erzählt er viele Jahre später, sei ihm »klar geworden, dass der Aufstieg Söders nicht zu verhindern sein wird

und dass das nicht mehr meine politische Welt ist«. 1995 trat er aus der CSU aus und kehrte der Politik den Rücken.

Markus Söder erzählt die Geschichte anders. Dilling sei ein kluger Kopf gewesen, der seine Stellung bei den eigenen Leuten aber selbst geschwächt habe: durch mangelnde Präsenz und durch eine desaströse Kandidatennominierung für die Nürnberger Stadtratswahl, bei der Dilling selbst auf der CSU-Liste weit nach hinten durchgereicht wurde. Eine Intrige, so darf man Söders Version wohl deuten, sei gar nicht nötig gewesen.

Söders Freunde sagen bis heute, dass Söder eben die Härte habe, im politischen Wettbewerb zu bestehen. »Bei einer Wahl gewinnt der, der die Mehrheit der Leute hinter sich hat«, sagt einer. »So einfach ist das.«

Mit Dillings Rückzug ist das erste Hindernis für Söder auf der politischen Karriereleiter aus dem Weg geräumt. Allerdings steht nun noch ein zweiter Gegner im Weg, Michael Frieser, der mit der starken Hausmacht im Nürnberger Osten. Es läuft auf einen Showdown zwischen den beiden hinaus, die damals noch vieles sind, aber ganz sicher keine Freunde. Nicht einmal politische. Zwei unversöhnliche Lager haben sich um sie herum gebildet, und es ist klar: Sollte es zu einer Kampfabstimmung kommen, wird es knapp. Denn Söder hat inzwischen außer den Jungunionisten im Nürnberger Westen auch jene in Fürth-Stadt und Fürth-Land hinter sich gebracht. Typisch für ihn, hatte er sie längst als Unterstützer gewonnen, als Michael Frieser das erste Mal dort anklopfte.

Damit hat sich Markus Söder in eine Position manövriert, in der an ihm kein Weg vorbeiführt, außer um den Preis eines gespaltenen JU-Bezirksverbands. So ähnlich wird es 2017 auch in der großen CSU sein: Söder ist so stark, dass Seehofer ihn nicht mehr als seinen Nachfolger verhindern kann, ohne damit die Partei zu spalten. Genau wie sich 2017 Seehofer und Söder verständigen, einigen sich auch 1991 die JU-Streithähne im Vorfeld der Wahl. Sie schließen einen Burgfrieden und vereinbaren: Markus Söder wird JU-Bezirksvorsitzender, Frieser sein

Stellvertreter. So kommt es dann auch – nachdem sich die ehemaligen Kontrahenten gegenseitig zur Wahl vorgeschlagen haben.

»Letztlich war es damals so, dass Markus den Posten in letzter Konsequenz mehr gewollt hat als ich«, sagt Frieser heute.
Ein Satz, den im Herbst 2017 auch Joachim Herrmann sagen
könnte – der Innenminister, der bis zur letzten Minute als Söders Gegenkandidat gehandelt wird und dann auf eine Bewerbung verzichtet.

Im März 1993 konsolidiert Markus Söder seine Macht. Er
wird als Bezirkschef bestätigt und freut sich über das angeblich
»beste Ergebnis eines Nürnberger JU-Bezirksvorsitzenden seit
den Sechzigerjahren«. Zu diesem Zeitpunkt hat er längst ein
Amt im Blick, das den Einstieg in eine hauptberufliche politische Karriere bedeuten würde. Er will Abgeordneter im Bayerischen Landtag werden. Und wie es der bittere Zufall will, tut
sich dafür am 22. Mai 1992 eine Chance auf. An jenem Tag
stirbt der Abgeordnete Heinz Leschanowsky.

Sensation im Bernhardsaal

Lange Zeit waren drei der vier Landtags-Stimmkreise in der
Arbeiterstadt Nürnberg fest in sozialdemokratischer Hand gewesen. Nur im bürgerlich-konservativen Osten der Stadt hatte
die CSU das Direktmandat gewonnen. Dann aber waren in den
Achtzigerjahren die Grünen aufgekommen und hatten eigene
Kandidaten zur Wahl gestellt. Die Vertreter der Ökopartei hatten vor allem den roten Bewerbern Stimmen weggenommen,
davon hatte die CSU profitiert. Auch im Stimmkreis West, wo
Heinz Leschanowsky 1986 das Direktmandat für die CSU erobert hatte.

Würde er noch leben, wäre seine Wiederwahl zum Kandidaten im Oktober 1993 vermutlich reine Formsache gewesen. Als
Abgeordneter hatte sich der gelernte Metallfacharbeiter nie etwas zuschulden kommen lassen. Leschanowsky galt als seriö-

ser Parlamentarier, allerdings auch als unauffälliger Hinterbänkler. Was in den letzten Jahren womöglich auch seiner
Krankheit geschuldet war, die ihn zunehmend zeichnete.

Als die 77 Delegierten der CSU-Ortsverbände im Landtags-
Stimmkreis Nürnberg-West nun, am Abend des 12. Oktober
1993, im schmucklosen katholischen Bernhardsaal in Muggen-
hof zusammenkommen, um den Kandidaten der Partei für die
Wahl am 25. September 1994 zu nominieren, scheinen die
Fronten klar. Drei Bewerber treten an: der haushohe Favorit
Franz Gebhardt und die beiden Außenseiter Karin Goller und
Markus Söder. Jeder von ihnen stellt sich den Delegierten kurz
vor, dann wird sofort abgestimmt.

Dass Söder kandidieren würde, war so nicht abzusehen gewesen. Hinter ihm liegen anderthalb einschneidende Jahre:
Nach dem ersten juristischen Staatsexamen 1992 arbeitet er
sechs Monate als wissenschaftlicher Mitarbeiter am Lehrstuhl
für Staats-, Verwaltungs- und Kirchenrecht. Kein Job, der ihn
elektrisiert. Die Juristerei erweist sich zunehmend als falscher
Weg für ihn. Den Plan, Staatsanwalt zu werden, hat er längst
verworfen. Umso bemerkenswerter, dass Söder noch eine
rechtswissenschaftliche Dissertation schreiben und sechs Jahre
später zum Dr. jur. promoviert werden wird, wobei von den
besonderen Umständen noch eigens die Rede sein wird.

In jenem Jahr 1992 reift in ihm – wohl auch durch die Pres-
searbeit für sich und die CSU – die Idee, Journalist zu werden.
Und für einen Jungunionisten, der Journalist werden will, liegt
damals in Bayern kaum etwas näher, als zum Bayerischen
Rundfunk zu gehen. Denn anders als heute, wo auch viele un-
abhängige, kritische Journalisten und Sendeformate beim BR
ihren Platz haben, folgen in jenen Jahren vor allem TV-Beiträ-
ge des öffentlich-rechtlichen Senders einem festen Muster: Irgendein Problem wird beschrieben – und am Ende taucht ein
CSU-Minister auf und verkündet die Lösung.

Söder bewirbt sich beim BR um ein Volontariat. Das wollen
viele, doch nur zwölf Bewerber erhalten einen der Ausbil-

dungsplätze zum Redakteur. Söder ist einer davon. Drei Jahre zuvor hatte er als JU-Funktionär noch »mehr fränkische Themen im BR-Hörfunk« verlangt; den wackeren Franken-Lobbyisten wird er auch in reiferen Jahren noch geben und unter anderem einen Nürnberger »Tatort« fordern. Nun zieht er für das Volontariat nach München. In Giesing hat er ein kleines Zimmer; Dusche und WC am Gang. Die Arbeit gefällt ihm, zumindest besser als die Juristerei. »Kurzzeitig dachte ich darüber nach, ganz mit der Politik aufzuhören und eine Zukunft als Journalist anzupeilen«, sagt er rückblickend.

Ausbildung und Redakteursjob beim BR geht Markus Söder mit dem ihm eigenen Selbstvertrauen an. Als Ende 1993 die BR-Volontäre zu Übungszwecken ein dreißigminütiges Fernsehmagazin mit dem Titel »Nah! Dran« produzieren, ist er der Moderator. Im dunklen Pulli und hellen Sakko moderiert der Schlaks, der seine Gesprächspartner um Haupteslänge überragt, nicht nur die ganze Sendung, sondern auch ein Podiumsgespräch, bei dem es um die Zukunft des Fernsehens an sich geht. Söders Körpersprache ist für einen Fernseh-Rookie verblüffend selbstsicher; er ist unbestritten der Chef am Pult. Seine Fragen kommen schnell auf den Punkt, sie sind kurz und von angenehmer Forschheit. Nervosität vor der Kamera scheint er nicht zu kennen.

Eines aber ist auch klar: Kehrt er Nürnberg dauerhaft den Rücken, um beim BR in München Karriere zu machen, wird er seine JU- und CSU-Posten nicht mehr lange behalten. Denn in politischen Rudeln lauern viele nur darauf, dass ihnen der Leitwolf die Chance gibt, ihm die Führungsrolle streitig zu machen. Wer wüsste das besser als Söder selbst? Er treibt auf eine Entscheidung zu: Politik in Nürnberg oder Fernsehen in München?

Leschanowskys Tod verändert die Situation über Nacht. Ausgerechnet im Nürnberger Westen, von Söder politisch durchpflügt, ergibt sich eine Karrieremöglichkeit. Er trifft sich zu einem kurzen Gespräch mit Günther Beckstein, dem CSU-

Bezirksvorsitzenden und mächtigsten Mann der Partei im Städtedreieck Nürnberg-Fürth-Schwabach. Beckstein bringt auch eine Bundestagskandidatur ins Spiel, doch Söder lehnt ab. Berlin interessiert ihn als Arbeitsplatz nicht, damals zumindest. Also kündigt er kurz vor Ende der Meldefrist seine Bewerbung für den Landtag an.

Sonderlich ernst scheint Favorit Franz Gebhardt seinen jungen Gegner nicht genommen zu haben. Gebhardt ist damals eine wichtige Figur in der Nürnberger CSU. Ein anerkannter Stadtrat im besten Alter und mit viel politischer Erfahrung, einen wie ihn belohnt die Partei gerne, wenn sie höhere politische Würden verteilt. Gebhardt hat auch die volle Unterstützung des CSU-Stadtrats-Fraktionschefs Ludwig Scholz, der aus demselben CSU-Ortsverein Eibach kommt und später der erste schwarze Oberbürgermeister Nürnbergs werden wird.

Siegessicher sei Gebhardt in die Abstimmung am 12. Oktober 1993 im Bernhardsaal gegangen, erzählen Zeugen des Schauspiels. »Er hatte nicht den Hauch eines Zweifels, dass er Landtagskandidat werden würde«, erinnert sich ein Parteifreund. Niemals habe er damit gerechnet, dass ihm der Jungspund Söder gefährlich werden könnte. Und noch weniger Karin Goller, die dritte Bewerberin des Abends, die aus seinem eigenen Ortsverband kommt. Vielleicht hätte Gebhardt da stutzig werden müssen. Es war klar, dass Goller ihm zwar nicht viele, aber womöglich entscheidende Delegierten-Stimmen wegnehmen würde. Und das würde nur einem nutzen: Söder.

Dieser hatte – BR-Volontariat in München hin oder her – vor der Delegiertenkonferenz eine monatelange Charmeoffensive gestartet. Er besuchte CSU-Ortsverbände, machte sich beliebt und baute sich vor allem unter den jüngeren Parteigängern eine Gefolgschaft auf. Im Gesamtgebilde der Nürnberger CSU war dieser Söder aber immer noch eine ganz kleine Nummer. Er fiel als fleißig und hungrig auf, das ja, aber bei großen Personalentscheidungen hatten ihn die Mächtigen noch nicht auf dem Schirm. Sie waren auch überzeugt davon, dass die Botschaft nicht verfangen würde, mit der Söder warb. Denn es war die Platte, die Jungpolitiker immer auflegen: dass doch mal ein Junger zum Zug kommen müsse, der die Dinge anders sehe und frischer.

»Neu in der Nürnberger CSU war, dass jemand so strategisch gezielt an die Sache rangeht: Wo muss ich hin, mit wem muss ich reden, damit er am Ende meinen Namen ankreuzt?«, sagt ein christsozialer Söder-Zeitgenosse. Gebhardt habe auf sein Renommee und die Unterstützung des Parteiestablishments gesetzt. Auch er hatte eine Tour durch die Ortsverbände absolviert, aber das sei eher pflichtschuldig gewesen. »Söder dagegen zog das rigoros und mit äußerster Perfektion durch.« Dieser Mix aus Zielstrebigkeit und dem unbedingten Willen zur Macht sei »bis heute eine der hervorstechendsten Eigenschaften von Markus Söder«.

Es ist eine Art innerparteilicher Guerillakrieg, wie Söder ihn an den Nahtstellen seiner Laufbahn immer wieder führen wird. Er legt sein Schicksal nicht in die Hände der Partei-Eliten, sondern sammelt Unterstützung an der Basis. So viel Unterstützung, dass seinen verblüfften Gegnern nur die Kapitulation bleibt. Auch Franz Gebhardt unterschätzt die Wirkung, die Söders wuseliger, penetranter Aktionismus entfaltet. Gebhardts Unterstützern geht es genauso. Ludwig Scholz etwa wird sich hernach bittere Vorwürfe machen, dass er im Bernhardsaal nicht persönlich für seinen Eibacher Parteifreund in die Bütt gegangen ist.

Also kommt es so, wie es nach Söders Kalkül kommen muss. Er, der Ungeliebte, ist plötzlich der Unverhinderbare. Als am Abend des 12. Oktober 1993 Wahlleiter Engelbert Heider das Ergebnis der geheimen Abstimmung über den CSU-Landtagskandidaten im Stimmkreis Nürnberg-West vorliest, ist das nicht weniger als eine Sensation: Von 77 abgegebenen Stimmen entfallen auf Karin Goller sieben, auf Franz Gebhardt 28 – und auf Markus Söder 42. Er muss nicht einmal in die Stichwahl. Er hat es im ersten Durchgang geschafft.

3. Ein Kopf größer
Der erste Wahlkampf
des Markus Söder

Einige Tage nach der Sensation im Bernhardsaal veröffentlicht die Nürnberger CSU-Mitgliederpostille ein Foto aller vier Landtagskandidaten der Partei. Söder sticht hervor, allein der Größe und seiner Jugendlichkeit wegen. Die anderen drei – Beckstein, Christl Schweder und Karl Freller – lächeln professionell-routiniert in die Kamera. Söders Blick verrät gleichermaßen Genugtuung und Angriffslust.

Dabei bedeutet seine Nominierung keineswegs, dass die Landtagswahl am 25. September 1994 für ihn ein Spaziergang wird. Zumal die CSU landesweit gerade von einer schweren Krise erschüttert wird. Am 27. Mai 1993 war Ministerpräsident Max Streibl, der Nachfolger von Franz Josef Strauß, zurückgetreten. Er stolperte darüber, dass er sich von einem Flugzeugbau-Unternehmer zu zwei Privaturlauben nach Brasilien und Kenia hatte einladen lassen, dem er auf politischer Ebene bei öffentlichen Aufträgen und Fördermitteln geholfen hatte. Den Unmut über die »Amigo-Affäre« trieb Streibl selbst auf die Spitze, als er beim politischen Aschermittwoch der CSU das Publikum in Passau mit »Saludos Amigos« begrüßte. Was augenzwinkernd gemeint war, kam arrogant rüber. In den Wochen danach stürzten Streibl und die CSU in den Umfragen ab. Also tauschte die absolute CSU-Mehrheit im Landtag Streibl gegen Edmund Stoiber aus, der nun, 1994, erstmals als Spitzenkandidat in die Landtagswahl gehen sollte.

So ein Sturz kann bei Bedarf rasant gehen in der CSU. Nichts macht diese Partei schneller und heftiger nervös als Anzeichen, dass ihre Vorherrschaft in Gefahr ist. Das gilt vor allem für die Landtagsfraktion, die sich selbst als »Herzkammer der CSU« fühlt und deren Abgeordnete rigoros handeln, wenn ihre eige-

nen Wahlchancen von einem angeschlagenen Frontmann getrübt werden.

Als wäre das nicht genug, kommt für die Nürnberger CSU
hinzu, dass aufseiten der SPD die fünfzigjährige Renate Schmidt
als Spitzenkandidatin in den Wahlkampf zieht. Die in der Bevölkerung beliebte, volksnahe, kluge und eloquente Sozialde-
mokratin aus dem Nürnberger Norden wechselt dafür vom
Amt der Bundestagsvizepräsidentin in die bayerische Landespolitik. Meinungsforscher machen einen Renate-Schmidt-Ef-
fekt aus, nicht nur in ihrer Heimatstadt. Alles scheint gegen die
CSU zu laufen, die bei einer Umfrage im Frühjahr 1994 bei für
damalige Verhältnisse trostlosen 38 Prozent landet. In diesem
Moment beginnt in der CSU die Angst zu sprießen, bei den
Wahlen im Herbst ein Debakel zu erleiden.

Im Rückblick sagt Markus Söder, er habe 1994 seine »Chancen, in den Landtag zu kommen, auf bestenfalls 50:50 geschätzt«. Tatsächlich trauen ihm auch in der CSU nur wenige
zu, den Stimmkreis zu gewinnen. Gewiss, in den beiden Wahlen
zuvor hatte mit Leschanowsky ein CSU-Mann das Direktmandat geholt. Doch die SPD nominiert diesmal mit dem boden-
ständigen Manfred Scholz einen schon von seiner Biographie
her starken Gegenkandidaten. Scholz – nicht verwandt mit dem
Namensvetter Ludwig – ist ein Facharbeiter, der sich auf dem
zweiten Bildungsweg Diplome als Volkswirt und Wirtschafts-
ingenieur erarbeitet hat, tief verankert in SPD, IG Metall, Ar-
beiterwohlfahrt und den Vereinen im Nürnberger Westen.

Manfred Scholz sagt, er sei auf Söder erst aufmerksam geworden, als der sich um die Stimmkreis-Kandidatur bei der
CSU bewarb. »Ich kannte Gebhardt und stufte ihn, wie eigentlich alle im politischen Nürnberg, als klaren Favoriten ein«,
erinnert sich der Sozialdemokrat. »Aber es war im Vorfeld
schon auch erkennbar, wie zielstrebig Söder ans Werk ging.
Gebhardt hat das unterschätzt.« Schon damals nahm Scholz
Söder als extrem ehrgeizig wahr. »Er strebte erkennbar nach
Höherem«, erinnert er sich mehr als zwei Jahrzehnte später.

Doch zunächst muss Söder die Wahl gegen Scholz gewinnen. Selbstverständlich setzt er sich nach seiner Nominierung hin und schreibt eine Pressemitteilung, die von seinem Triumph über den Nürnberger CSU-Adel handelt. »Die CSU hat eine große Chance genutzt«, attestiert Söder seiner Partei, denn sie habe »ein Zeichen für Erneuerung und Verjüngung« gesetzt. Die folgenden Passagen sind eine kaum verklausulierte Abrechnung mit der örtlichen CSU. Die Christsozialen bräuchten »wieder Mut zur Ehrlichkeit, neue Ideen«, zudem »Glaubwürdigkeit« und »die Bereitschaft und Freude, den Menschen zuzuhören und nicht von vorneherein alles besser wissen zu wollen«, heißt es da. Was den Umkehrschluss zulässt, dass die Partei bis dahin unehrlich, ideenlos, unglaubwürdig und zu arrogant war, den Menschen zuzuhören. Nun, schreibt Söder weiter, sei »ein neuer oder eigentlich wieder der klassische Abgeordnetentyp gefragt«. Einer, der die Menschen ernst nehme und für sie kämpfe. Soll wohl heißen: einer wie er.

Der Egoshooter verlässt sich wieder ganz auf sich selbst. Und auf einen Trupp von zwei bis drei Dutzend Anhängern aus der JU, die ihm mit erstaunlicher Motivation folgen. Für den CSU-Nachwuchs ist der 27 Jahre alte Bezirkschef eine Leitfigur. Mit Erstaunen registriert Jan Engelhardt, Reporter des Stadtmagazins »Plärrer«, dass Söder nur eine Order ausgeben müsse, wie viele Leute er wann wo brauche, »dann folgen seine Anhänger ohne Murren«.

Unter dem Titel »Becksteins Wunderwaffe« schreibt Engelhardt 1994 ein kluges und weitsichtiges, fast schon zeitloses Porträt. Er begleitet den damals jüngsten Direktkandidaten für die bayerische Landtagswahl auf seiner Wahlkampftour durch den Nürnberger Westen und legt filigran das Prinzip Söder frei. Etwa, als dieser bei einer Podiumsdiskussion über Familienpolitik mit Freundin Diana im Schlepptau zwar gescheit daherredet, mangels einschlägiger Lebenserfahrung aber in Wahrheit nur wortgetreu wiederkäut, was Bundesarbeitsminister Norbert Blüm (CDU) tags zuvor auf einer Wahlveranstaltung in Nürnberg zum Thema vom Stapel gelassen hat. Offenkundig hat der Jungspund gut vom Altmeister abgeschaut. Nur dass das bei Söder alles doch etwas hölzern klingt.

»Die große Stärke von Markus Söder zeigt sich aber erst nach der Diskussion«, notiert Engelhardt. Dann nämlich, als sein SPD-Kontrahent Scholz und die anderen Direktkandidaten gleich nach dem offiziellen Teil weiterziehen. »Während für sie der Wahlkampf-Auftritt beendet ist, fängt er für Markus Söder erst an«, schreibt der Journalist. »Seine lächelnde Freundin Diana an der Seite arbeitet er sich von Biertisch zu Biertisch.« Söder quatscht die Kirchweihbesucher freundlich an, verteilt Visitenkarten, macht ein bisschen Small Talk – und vor allem Werbung für sich.

Freundin Diana, eine attraktive Sächsin, hat offenbar ihren eigenen Spaß am Wahlkampf, auch wenn sie dem Vernehmen nach einmal fallen lässt, sie finde die PDS eigentlich auch nicht so schlecht. Für das Wahlkampf-Flugblatt posiert sie aber mit ihrem Freund Markus; verliebt blicken beide durch einen Rettungsring. »Sie halten zusammen, sie verstehen sich«, steht als Text dabei. Gleich neben dem Bild teilt der Kandidat dem Wahlvolk mit, dass es für ihn kein politisches Feld gebe, wo der Handlungsbedarf größer sei als bei der Förderung der Familie. Von einer solchen ist er selbst gerade weit entfernt. In JU-Kreisen gilt Markus Söder damals als Frauenheld.

Monatelang wahlkämpft er sich, mal mit, mal ohne Diana, von Biertisch zu Biertisch. Seine Strategie ist der Häuser- und Straßenkampf. Dabei inszeniert er sich geschickt als »Anwalt der Zukurzgekommenen«, wie es im »Plärrer«-Porträt heißt. »Die Mühe, in zähen Verhandlungen politische Kompromisse durchzusetzen, macht sich Söder nicht. Seine Lösungsvorschläge folgen einem anderen Gesetz: Einfach müssen sie sein und dem ermittelten Bürgerwillen entsprechen.«

Im Kampf um Wählerstimmen schreckt er vor keinem Thema zurück, das seinen Zwecken dient. Auch nicht vor solchen, die von einem demokratischen Politiker besondere Sensibilität erfordern. Der »hoch aufgeschossene Schwarm aller Schwiegermütter mit der nach hinten geföhnten Tolle« (so der »Stadtanzeiger«) kämpft keineswegs nur mit jugendlichem Charme, sondern reitet auch wild und haarscharf an der rechten politischen Kante.

Ein Asylbewerberheim in Nürnberg

Im Januar 1994 wird bekannt, dass die Bezirksregierung von Mittelfranken im ehemaligen Verwaltungsgebäude der Firma Triumph-Adler 260 Asylbewerber einquartieren will. Markus Söder glaubt darin eine Steilvorlage für seinen Wahlkampf zu erkennen. Binnen weniger Tage organisiert er eine Informationsversammlung, die in Wahrheit eine Protestveranstaltung ist. Söder will sich die Sorgen der Bürger zunutze machen. Was man unter anderem daran sieht, dass der Kandidat zur Versammlung schon vorbereitete Unterschriftslisten gegen das Asylbewerberheim mitbringt und an dem Abend sogleich eine Bürgerinitiative gegründet wird – »nicht zuletzt auf Betreiben des CSU-Ortsverbandschefs Markus Söder«, wie ein »NN«-Reporter notiert. Ein Sozialdemokrat aus dem Viertel, der an der Versammlung teilnimmt, sagt im Anschluss, Söder selbst habe nicht gegen die Asylbewerber gewettert. Wohl aber habe ein anderes CSU-Mitglied dort den Einpeitscher gegeben, und der Kandidat habe nichts dagegen unternommen.

Rein zahlenmäßig ist die Versammlung ein großer Erfolg. Im überfüllten Wirtshaus »Brauner Hirsch« drängen sich 120 Leute, zusätzliche Stühle müssen herangeschafft werden. Die Mehrheit der Besucher ist gegen die Flüchtlingsunterkunft, die Stimmung zeitweise hitzig. Es gibt zahlreiche Wortmeldungen, die weniger von Sachlich- als von Fremdenfeindlichkeit geprägt sind. Markus Söder gibt den Kümmerer. All seinen Einfluss werde er nutzen, verspricht er, um das Asylbewerberheim zu verhindern, das er »sozial unverträglich« nennt, allein deshalb, weil in dem Stadtteil auch viele ältere Menschen leben. Im

Übrigen seien doch an allem die SPD und die Grünen schuld mit ihrer »schlechten Asylpolitik«.

Solche Töne bringen ihm Zustimmung und Beifall, sie können in aufgeregten Situationen aber auch von den Falschen als Ermutigung verstanden werden. Diese Erfahrung macht Söder an jenem Abend. Die Stimmung droht so umzuschlagen, wie es einem CSU-Mann mit Karriereambitionen nun auch wieder nicht recht sein kann. Als im »Braunen Hirsch« immer schärfere, rechte Töne laut werden, warnt selbst Söder einige Redner: »Fremdenfeindlichkeit bringt Ihnen gar nichts.« Lieber sollen sie ganz ihm vertrauen, dem CSU-Kandidaten mit dem guten Draht nach oben. Kein Geringerer als der bayerische Innenminister Günther Beckstein habe ihm gegenüber »große Zuversicht vermittelt, dass das Ding da nicht hinkommt«, sagt Söder.

Das Ding. Leserbriefschreiber empören sich in den Tagen danach allein solcher Wortwahl wegen über »Rassismus« und »dumpfes Gedankengut«, wobei der Vorwurf vor allem auf Söder zielt. Von Nürnberger Medien dazu befragt, schwört Beckstein Stein und Bein, niemals von einem »Ding« gesprochen zu haben. Nun steht Söder auch noch als unglaubwürdig da und als einer, der sich wichtiger macht, als er wirklich ist.

Die ganze Debatte ist in mehrfacher Hinsicht heikel für die CSU. Denn sie sieht sich weit über Nürnberg hinaus der Konkurrenz der Republikaner (REP) ausgesetzt und weiß nicht recht, wie sie damit umgehen soll. Bei der Europawahl 1989 hatten die vom früheren BR-Fernsehjournalisten Franz Schönhuber angeführten REP mit sieben Prozent der Stimmen den Einzug in das Europaparlament geschafft. Die Republikaner waren aus einer Abspaltung mehrerer CSU-Mitglieder hervorgegangen. Nun stellt sich die Frage: Wie können die Christsozialen abspenstige Wähler zurückgewinnen?

Es sind Überlegungen, denen die CSU sich auch etwa 25 Jahre später stellen muss, als die AfD in die deutsche Parteienlandschaft einbricht. Soll die CSU ihr konservatives Profil schärfen, nach rechts rücken und den neuen Gegner durch Umarmung in die Knie zwingen? Oder soll sie sich mit aller Deutlichkeit abgrenzen und die Scharfmacher hart bekämpfen?

Die Angelegenheit verlangt Sensibilität, schließlich stuft der Verfassungsschutz die Republikaner als rechtsextreme Partei ein. Was den gerade zurückgetretenen Ministerpräsidenten Max Streibl allerdings nicht daran hindert, in seiner verbliebenen Eigenschaft als Vorsitzender des größten und mächtigsten CSU-Bezirksverbands Oberbayern besagten Franz Schönhuber zu einem mehrstündigen Gespräch in sein Privathaus einzuladen. Streibl plädiert für die Umarmungsstrategie, gegen die sich intern aber sein Nachfolger als Ministerpräsident, Edmund Stoiber, und Parteichef Theo Waigel energisch wehren. Das Treffen zwischen Streibl und Schönhuber sorgt für Aufsehen und Empörung. Es findet im November 1993 statt, doch die Öffentlichkeit erfährt davon erst im Februar 1994, mitten in den aufgeheizten Nürnberger Debatten um das Flüchtlingsheim an der Kunigundenstraße.

Markus Söder, gerade noch rechts außen auf Stimmenfang unterwegs und deswegen mit immer neuen Rassismus-Vorwürfen konfrontiert, nutzt nun ebenso schnell wie geschickt die öffentliche Aufregung um das Streibl-Schönhuber-Treffen zur Imagekorrektur. Als ein gestandener Konservativer und Interessenvertreter der »einheimischen Bevölkerung« will er schon wahrgenommen werden, aber keineswegs als ein Rechtsaußen oder Rassist.

Es ist der gleiche Spagat, den er nach 2015 in der Flüchtlingsdebatte versucht. Er klingt 1994, als rede er schon von Flüchtlingen und der AfD: »Es geht darum, die Sorgen der Anwohner ernst zu nehmen, verträgliche Lösungen für alle zu finden. Deshalb driften doch viele Bürger zu extremen Parteien ab, weil sie überhaupt nicht mehr angesprochen werden.« Streibl schließlich wirft er die »Torheit eines älteren Mannes« vor und rät ihm zum Abschied aus der Politik.

Angetrieben von Söder, startet die JU wenige Wochen nach der Versammlung im »Braunen Hirsch« eine Kampagne gegen

Fremdenhass und warnt plötzlich: »Erst sind Asylbewerber betroffen, dann generell Ausländer, schließlich Juden und am Ende der politische Gegner.« So nützlich sein Vorstoß zur Mobilisierung rechter Wähler auch gewesen sein mag, so gefährlich ist nun der Rassismus-Vorwurf für Söder. Denn wertkonservative und christliche CSU-Wähler wollen mit Rechtsextremen nichts zu tun haben. Zugleich erlebt Söder erstmals massiven Widerstand politischer Gegner und erntet heftige Kritik der Medien.

Beides ist von völlig anderer Kraft als die – vergleichsweise – harmlosen Kabbeleien mit linken oder grünen Mitschülern und Lehrern im Klassenzimmer des Dürer-Gymnasiums. Als offizieller CSU-Kandidat für ein Parlament muss Söder die Balance in Verhalten und Wortwahl finden, damit er im Kampf um rechte Stimmen bürgerlich-liberale Schichten nicht verschreckt. Und gleichzeitig darf und will er nicht als Umfaller dastehen, der keinen Widerspruch aushält.

Also legt Markus Söder eine erstaunliche Wendigkeit an den Tag. Anfang Februar war er noch klarer Gegner des Flüchtlingsheimes, Anwalt besorgter Bürger und Angler in trüben Gewässern. Mitte Februar ist er scharfer Streibl-Kritiker und aufrechter Kämpfer gegen Fremdenfeindlichkeit. Es ist ein krasser Rollentausch, der aus heutiger Sicht in Inhalt und Form frappierend an Söders Kurswechsel in der Asyldebatte im Sommer 2018 erinnert. Markus Söder selbst wird später sagen, er habe durch seine Aufklärungsversammlung in Sachen Kunigundenstraße »den Zorn der Bürger deutlich abgeschwächt und die Lage im Stadtteil deeskaliert«. Seine Gegner jedoch werfen ihm vor, das Flüchtlingsthema schamlos für seinen Wahlkampf genutzt zu haben. Hinzu kommt aber noch etwas: Söder macht erstmals, wenn auch nur sehr subtil, die Erfahrung, dass es in stürmischen Zeiten nicht weit her ist mit der Unterstützung durch die eigenen Parteioberen. Als der Nürnberger SPD-Abgeordnete Ralf Langenberger das Verhalten des CSU-Kandidaten Söder im Landtag zum Thema macht und ihm vorwirft, eine »Antistimmung zu stimulieren und anzuspornen«, widerspricht ihm kein CSU-Parlamentarier explizit.

Der Schwarzfunker

Als 1994 der Gegenwind für den Kandidaten Söder beim Thema Flüchtlingsunterkunft immer heftiger wird und sich sogar eine neue Bürgerinitiative gründet, die sich für gute Nachbarschaft und Integration der Flüchtlinge einsetzt, erklärt der Kritisierte sich zum Missverstandenen und Opfer einer Medienkampagne. Das ist insofern bemerkenswert, als er ja selbst in den Medien arbeitet.

Der BR hat Söder am 1. Januar 1994 als festen freien Mitarbeiter und dann am 1. Mai 1994 als Redakteur für sein Fernsehmagazin »Zeitspiegel« übernommen (das spätere »Kontrovers«), mitten im Landtagswahlkampf. Die »NN« und andere Medien wittern versteckte Wahlkampfhilfe des BR für die CSU und Söder. Der Journalist Söder, schreibt »NN«-Kolumnist Walter Schatz, komme sich offenbar »nicht komisch vor, wenn er über Politik, Wirtschaft und Aktualitäten aus einem Raum berichtet, in dem er gleichzeitig an seiner politischen Karriere strickt«. Und auch seine Vorgesetzten »haben gegen diese Doppelrolle beim weißblauen, öffentlich-rechtlichen Sender nichts einzuwenden«, wundert sich Schatz. Immerhin gehe es nicht so weit, dass der Journalist Söder auch noch über den Wahlkampf des Kandidaten Söder berichten dürfe.

So weit kommt es tatsächlich nicht, aber der Kandidat berichtet als Journalist durchaus weiter über politische Themen. Etwa über die Folgen des Abzuges der US-Armee aus Bad Tölz, über die nächtlichen Jagden bayerischer Grenzpolizisten auf serbische Rechtsextremisten, die über die österreichisch-deutsche Grenze ins Land kommen, oder über den damals ernsthaft diskutierten Einsatz von Wehrpflichtigen beim Bundesgrenzschutz. Wogegen übrigens ein Gewerkschaftsvertreter im Interview massive Bedenken äußert, während der CSU-

Innenpolitiker Johannes Gerster dem Zuschauer über das Mikrofon seines Parteifreundes Söder erklärt, man wolle doch nur Polizei und Grenzschutz vom Schreibkram entlasten »und die Sorgen der Bürger ernst nehmen und endlich mehr Polizeipräsenz schaffen«.

Manches, was der BR-Reporter Söder berichtet, trägt sogar Spurenelemente von investigativem Journalismus in sich. Etwa ein Beitrag über germanische »Wotansjünger«, die mit einem dubiosen und rechtsextrem getränkten Germanenkult rund um den Starnberger See ihr Unwesen treiben. Neben anderen Demonstranten spricht auch der dort wohnhafte Vicco von Bülow, besser bekannt als Loriot, seinen Unmut in die Kamera des söderschen BR-Teams. In einem anderen »Zeitspiegel«-Stück stellt Söder die Praxis des Max-von-Pettenkofer-Instituts infrage, Zehntausende Blutproben ohne Wissen und Einwilligung der betroffenen Patienten auf Aids-Viren hin zu untersuchen. Es sind kurzweilig gemachte, nach den üblichen journalistischen Kriterien ausbalancierte und kritische TV-Berichte. Parteipolitische Färbung schimmert indes bei einem Beitrag über die FDP durch, deren Lack nach Ansicht des Reporters Söder ab sei und die gerade zwischen »liberalem Gewissen und machthungrigem Wendeverein« changiere.

Doch da sind auch Beiträge, für die der BR-Reporter Söder tief in dem ideologischen Becken fischt, in dem der CSU-Kandidat Söder schwimmt. Zum Beispiel, wenn er Lauschangriffe im Kampf gegen Organisierte Kriminalität ziemlich gut findet oder Forderungen einiger SPD-Politiker nach Schließung der Stasi-Akten ziemlich schlecht. Beides ist ganz im Sinne seiner Partei. Richtig peinlich gerät jedoch ein knapp drei Minuten langer Beitrag, den Söder für den »Zeitspiegel« vom 19. Dezember 1993 dreht. Es geht um Kritik an der EU, und der Kronzeuge heißt Edmund Stoiber.

Mit triefender Häme fällt Reporter Söder über die europäischen Regierungschefs und speziell Bundeskanzler Helmut Kohl von der CDU her. Der träume mit seinen Kollegen von

Europa, während die Brüsseler Bürokraten ungehemmt »ständig neue Richtlinien und Verordnungen« erließen. »An der Spitze der Bewegung« (Söder) offenkundig entrückter Staatsmänner stehe Kohl. »Er marschiert, marschiert und marschiert.« Aber Gott sei Dank nähert sich Rettung – in Gestalt von Edmund Stoiber. Der bayerische Ministerpräsident und spätere Ziehvater des Politikers Söder schimpft dem Reporter Söder angesichts des kohlschen Europaeifers in die Kamera: Man könne doch nicht »mit der Dampfwalze illusionäre Visionen« durchsetzen wollen, die untauglich seien, »um ein Europa der Bürgerinnen und Bürger zu bauen«. Auch Euro-Kritiker Peter Gauweiler (CSU) kommt in dem Beitrag zu Wort, jedoch kein einziger Befürworter der Staatengemeinschaft. Während der Herzenseuropäer Kohl als träumerisch, ja geradezu naiv dargestellt wird, freut sich der Reporter Söder in seinem Fazit am Ende des knapp dreiminütigen Films über »mehr Realität« bei seiner Partei. »Die CSU will nicht mehr alle Europa-Illusionen mitmachen«, stellt er erleichtert fest.

Gut möglich, dass Söder, wäre er nicht Politiker geworden, Karriere beim BR gemacht hätte. Nicht nur wegen seiner politischen Ausrichtung, die ihm bei einer Laufbahn im Sender damals zweifellos geholfen hätte. Sondern auch, weil seine Vorgesetzten mit ihm zufrieden sind. Sein Volontariat wird um vier Monate verkürzt. Kurz darauf erhält er eine Redakteursstelle, auf die altgediente BR-Haudegen oft lange warten müssen. »Eine besondere Stärke von Herrn Söder liegt in der Moderation«, steht im Arbeitszeugnis zum Ende des Volontariats. Weiter heißt es: »Herr Söder erwies sich als flexibler, selbstständiger, zuverlässiger, ideenreicher, schneller und belastbarer Journalist, der sowohl über einen bemerkenswerten politischen Sachverstand als auch enormes Geschick bei der Herstellung von Magazinbeiträgen verfügt.«

Doch zunächst einmal muss Reporter Söder kurzzeitig dem Bildschirm entsagen. Entsprechend dem BR-Verhaltenskodex darf vor dem Wahltag sechs Wochen lang nicht selbst ans Mikrofon treten, wer für ein politisches Amt kandidiert. Also wird Markus Söder von August bis Ende September 1994 vom BR freigestellt. Nach seiner Wahl in den Landtag ist die Frage nach einer Rückkehr zum BR für Söder obsolet.

Fahrradwahlkampf

Seine Energie lenkt Markus Söder fortan ausschließlich in die Politik. Er stürzt sich von früh bis spät in den Wahlkampf, nicht im übertragenen Sinne, sondern im tatsächlichen. Unterwegs ist er bevorzugt mit dem Fahrrad – den Fahrradwahlkampf wird er als Markenzeichen pflegen, selbst als Finanzminister noch. Für das Rad hat er sich ein kleines Wägelchen als Anhänger zugelegt, auf dem nun unübersehbar sein Name steht und der Aufruf, ihn in den Landtag zu wählen. Freunde, Unterstützer, neutrale Beobachter, politische Gegner von damals – sie alle erzählen dieselben Geschichten vom Wahlkampf 1994 im Nürnberger Westen.

Sie handeln vom fröhlichen Radler Markus, der immer stehen bleibt, wenn er an einer Menschengruppe vorbeikommt oder wenn ihn jemand anspricht. Der dann vom Rad absteigt, ein wenig plaudert, auch mal kontrovers diskutiert und immer seine Visitenkärtchen und Wahlkampfflyer an Frau und Mann bringt. Der Passanten zum kostenlosen Gulasch einlädt, in Friseurläden Rosen an Frauen verteilt oder frühmorgens an U-Bahn-Haltestellen frische Croissants an Pendler. Samstags baut er seinen Wahlkampfstand auf den Parkplätzen vor Supermärkten, Einkaufszentren und Heimwerkermärkten auf. Und nachts zieht er, der selbst fast nie Alkohol trinkt, durch die Kneipen der Süd- und der Weststadt. Rund um die Uhr lächelt er von unzähligen Plakaten. Drei Tage lang hat er mit zwei JU-Kumpels bei Söders in der Manteuffelstraße aus Holzlatten und Pressspanplatten zusätzliche Plakatständer gezimmert, weil ihm die vorhandenen nicht ausreichten.

Söder, überall Söder. Und zwar nur Söder. Wenn er redet,

erweckt er den Eindruck, »als habe die Partei in den letzten Jahren alles falsch gemacht«, wie eine Stadtteilzeitung schreibt. Die Parteifreunde scheinen die Kritik zu überhören, oder sie nehmen sie ihm nicht krumm. In der CSU sind es vor allem die jüngeren Mitglieder, die sich von Söder mitreißen lassen. Den älteren nötigt es zumindest Respekt ab, dass er dahin geht, wo es wehtut. Bei aller verbalen Schärfe in der Auseinandersetzung hat er keine Berührungsängste bei Gruppen, die der CSU skeptisch gegenüberstehen.

»Sein Einsatz ging weit über das übliche Maß hinaus«, erinnert sich sein damaliger SPD-Gegenkandidat im Stimmkreis Nürnberg-West, Manfred Scholz. »Er hat einen furiosen Wahlkampf betrieben«, sagt sein damaliger CSU-Bezirkschef Günther Beckstein. »Er hatte ständig Ideen und konnte aus Fliegen Elefanten machen, um aufzufallen.« Er gestaltet nicht nur seinen eigenen Flyer, sondern auch den von Beckstein, der im Stimmkreis Nürnberg-Nord im direkten Duell mit SPD-Spitzenkandidatin Renate Schmidt antritt.

Spätestens der Trubel um das Flüchtlingsheim hat den 27-Jährigen auch über seinen Kiez hinaus einer breiteren Öffentlichkeit bekannt gemacht. Und nicht wenige im Nürnberger CSU-Parteivolk loben seine konservative Grundhaltung, die Tatsache, dass sich der junge Kerl traut, auch unbequeme Dinge auszusprechen. Diplomatie ist dem jungen Söder ziemlich fremd, und er lernt sie erst sehr spät in seinem Politikerleben. Für manche in der Nürnberger CSU avanciert Markus Söder zum neuen Hoffnungsträger. Die Partei befördert ihn sogar hinter ihrer großen Galionsfigur Beckstein zum stellvertretenden Bezirksvorsitzenden.

Es gibt aber auch Parteifreunde, denen Söders Aktionismus zu viel wird. Die beklagen, da sei einer mehr auf einem Egotrip als am Gesamterfolg der Partei interessiert. Geschichten über die schlechten Manieren und üblen Methoden des Polityuppies machen die Runde. Das Magazin »Plärrer« schreibt, Söder fahre »gegen missliebige, interne Gegner einen knallharten Kurs«.

Ein CSU-Ortsvorsitzender habe angeblich sogar empfohlen, ihn bei der Landtagswahl nicht zu wählen. Markus Söder hat also schon als 27-Jähriger das politische Nürnberg polarisiert wie später ein Millionenpublikum in TV-Talkshows.

Fakt ist: Da machte ein junger Mann ohne nennenswerte Hilfe des Parteiestablishments einen Wahlkampf zwischen Unbedarftheit und Kalkül, nassforsch einerseits und hochprofessionell andererseits. Den Wahlkämpfer Söder treibt in diesem Entscheidungsjahr 1994 vor allem der unerschütterliche Glaube an sein Durchsetzungsvermögen. Dieses schier grenzenlose Selbstbewusstsein mischt sich mit einer alarmierenden Rücksichtslosigkeit, die Bedenkenträger in den eigenen Reihen oder Gegner aller Art zu spüren bekommen. Söder ist angriffslustig und machtbesessen, aber er ist auch verletzlich. »Er versucht, seine Schwächen mit Härte zuzudecken«, so hat das ein alter Söder-Gefährte für sich analysiert. Viel wird sich an alledem im Laufe der Jahrzehnte nicht ändern, auch wenn er an politischer Routine und Schlachtenerfahrung zulegt.

Eine Aktion aus dem Wahlkampf 1994 gibt es, die erwähnt werden muss, weil sie so kreativ, schlau und dreist zugleich ist. Sie spielt im Stadtteil Reichelsdorf, wo SPD-Kandidat Manfred Scholz wohnt. Schon seit vielen Jahren organisiert Scholz dort im Spätsommer zur Stadtteilkirchweih einen Umzug. Er hat eine Gewohnheit dabei: Vor dem Start inspiziert er immer persönlich jeden Motivwagen. 1994, wenige Wochen vor der Landtagswahl, tut er dies besonders gründlich. Schließlich hat sich auch sein Kontrahent von der CSU angekündigt. Söder mischt irgendwie bei einem neuen Bürgerverein mit, der auch einen Motivwagen stellen soll, fast am Ende des Umzuges. Scholz schaut vorbei, entdeckt nichts Beanstandungswertes – und geht wieder nach vorne, um den Zug anzuführen.

Doch kaum setzt sich der Zug in Bewegung, zieht an dessen Ende jemand eine Plane von einem zusätzlich herangeschafften Wagen des Bürgervereins. Unter der Plane steht in großen Lettern: »Markus Söder für Reichelsdorf«. Oder so ähnlich: An den genauen Wortlaut erinnern sich Beteiligte unterschiedlich. Wie dem auch sei: Ausgerechnet Scholz' Heimspiel wird zur Werbeplattform für seinen Gegenkandidaten Söder, der sich auch noch per Megafon an die Menschen am Straßenrand wendet.

Manfred Scholz schäumt. Überhaupt ist das Verhältnis der beiden Kandidaten jahrelang alles andere als gut. Sie treffen oft aufeinander, bei Veranstaltungen von Vereinen oder Kirchengemeinden. »Er war sehr präsent«, erinnert sich Scholz, obendrein »frech« und »immer auf Angriff gebürstet.« Einmal habe Youngster Söder ihn bei einer Podiumsdiskussion persönlich angegangen. »Sie brauchen gar keinen so roten Kopf kriegen«, habe er geraunzt. Das fällt Scholz wieder ein, als Söder viele Jahre später bei einer TV-Talkshow denselben Satz einem anderen Roten entgegenschleudert. »Ich meine mich zu erinnern, dass es Oskar Lafontaine war«, sagt Scholz.

Manfred Scholz hat Markus Söder als »draufgängerisch und selbstbewusst« in Erinnerung. Im Wahlkampf 1994 hat er aber vor allem ein Problem: Wo immer Scholz und seine Genossen auch hinkommen – Söder ist schon da. Er unterläuft Scholz' Auftritte ganz einfach. Wenn der Sozialdemokrat einen Stadtteilspaziergang ankündigt, dabei öffentliche, kirchliche oder soziale Einrichtungen besuchen und das Gespräch mit Bürgern suchen will, kommt es vor, dass Söder schon am Tag zuvor in dem Viertel Fragebögen verteilt. Mit eher rhetorischen, populistischen Fragen dieser Art: »Sind Sie dafür, dass Obdachlose Parks säubern sollen, ja oder nein?« Söder, erinnert sich Scholz, brachte sich so ins Gespräch und setzte sein Thema, dem sich Scholz nicht mehr entziehen konnte, wenn er am nächsten Tag dort aufkreuzte.

Auf diese Weise läuft der schwarze Newcomer der SPD und ihrem Kandidaten den Rang ab. Trotzdem sind auch in der CSU anfangs nur wenige von Söders Aussichten in seinem Stimmkreis überzeugt. Er habe daraus gelernt, sagt ein CSU-Mandatsträger heute, »dass es nicht reicht, nur eine Idee, Inhalte oder Ziele zu haben. Man muss auch bereit sein, sich 150-prozentig dahinterzustellen.«

Ein anderer Christsozialer, damals Mitglied in der JU und heute »überzeugter Söderianer«, räumt ein, Söder damals »unmöglich« gefunden zu haben. Weil er rigoros »alles auf sich ausgerichtet« habe und dabei »sehr bestimmend« aufgetreten sei – eine Beobachtung, die im Jahr 2020 auch aus dem Mund eines bayerischen Kabinettsmitglieds stammen könnte. Wenn Söder mal nicht dabei war, schimpften andere JUler über den eitlen Spinner und eingebildeten Fatzken. In seiner eigenen Erinnerung kommt Söder besser weg. »Ich bin immer den Weg über die Basis gegangen«, sagt er. Noch heute sei der Applaus etwa bei Parteitagen für ihn in den ersten Reihen mit den Partei-Honoratioren weniger stark als hinten im Saal bei den einfachen Delegierten. Doch die seien wichtig, denn: »One man, one vote«, eine Person, eine Stimme.

Der Sozialdemokrat Manfred Scholz, inzwischen über achtzig Jahre alt, attestiert seinem damals oft verfluchten Gegner im Rückblick einen »tollen Wahlkampf«. Mit dem langen zeitlichen Abstand gibt Scholz sogar zu, dass er seinen Gegner heimlich für seinen Einsatz und seine Chuzpe bewundert habe. Scholz zog am Ende über die Liste in den Landtag ein, wo Söder und er zeitweise im Wirtschaftsausschuss nebeneinandersaßen. Als Scholz viele Jahre später einen schlimmen Schlaganfall erlitt, schickte Söder ihm ein Buch mit Texten von Pater Anselm Grün und persönlicher Widmung: »Alles Gute und bitte bald wieder mitmischen. Ihr alter Kollege.« Scholz sagt, er sei menschlich sehr gerührt gewesen über die Geste. Sie hat sicher dazu beigetragen, dass der alte Sozialdemokrat seinen Frieden gemacht hat mit dem Gegner von einst.

Auch Markus Söder muss mit einem schweren Schicksalsschlag leben, und das kurz vor seiner ersten Landtagswahl. Überraschend stirbt seine Mutter Renate im Alter von nur 56 Jahren. Viele Jahre war sie schwer zuckerkrank gewesen, in der letzten Phase ihres Lebens musste sie dreimal wöchentlich zur

Dialyse. Eine Spenderniere fand sich nicht. Als Markus Söder Gesundheitsminister wird, erzählt er oft davon und sagt, er habe ihr eine Niere spenden wollen, was sie aber abgelehnt habe. Ihr Tod kommt dennoch überraschend, wie der Wahlkämpfer Söder wenige Tage danach der »Abendzeitung« sagt: »Die Todesnachricht traf uns völlig unvorbereitet.«

Markus Söder berichtet später, das Krankenzimmer seiner Mutter sei so etwas wie sein Wahlkampfbüro gewesen, so viel Zeit wie möglich habe er bei ihr verbringen wollen. An der Wand habe ein Plakat von ihm gehangen, seine Mutter habe das so gewollt. Nach ihrem Tod holte der Sohn ihre Sachen ab. »Ich kam ins Zimmer, und da war dann all ihr Hab und Gut in zwei Taschen gepackt. Ein ganzes Leben in zwei Taschen. Das hat mich tief berührt, das habe ich lange nicht verdaut. Mein Plakat stand eingerollt daneben.«

Den Wahlkampf setzt er dennoch ungebremst fort. Seine Mutter hätte es so gewollt, sagt er dem »Abendzeitung«-Reporter. »Es war ihr größtes Ziel, dass ich in den Landtag komme.«

4. Sturm und Drang

Landtagsabgeordneter und Chef der Jungen Union

Als 15-Jähriger war er schon einmal hier gewesen. Mit einer Abordnung seines Nürnberger Tennisvereins hatte er da auf der Besuchertribüne gesessen, während unten eine überschaubare Zahl von Abgeordneten über Laichmöglichkeiten für bayerische Frösche debattierte. Was für ein Schmarrn, hatte sich der junge Markus Söder gedacht. Und nun sitzt er selbst dort unten. Im Plenarsaal des Bayerischen Landtags in München, gewählt als einer von 120 Abgeordneten der CSU. Markus Söder ist am Ziel. Und doch nur einer von vielen. Vorerst.

In der konstituierenden Sitzung des 13. Bayerischen Landtags am 20. Oktober 1994 spielen Neulinge wie er keine nennenswerte Rolle. Natürlich schon gar nicht, als der im Amt bestätigte Ministerpräsident Edmund Stoiber sein Kabinett bastelt. Immerhin: Im Wahlkampf hat Stoiber diesen Markus Söder zum ersten Mal wahrgenommen. Unter anderem hatte der junge Kandidat den Ministerpräsidenten bei einer Veranstaltung interviewen dürfen. Auch bei JU-Landesversammlungen war man sich schon über den Weg gelaufen. Vom späteren Mentor-Mentee-Verhältnis ist man jedoch noch weit entfernt.

Mit 52,8 Prozent hat die noch wenige Monate zuvor totgesagte CSU die absolute Mehrheit in Bayern verteidigt, ein Comeback, das Söder im Lauf seiner Karriere immer gern erwähnt, wenn er seiner Partei Mut machen will. Die SPD kommt auf 30 Prozent, die Grünen erreichen 6,1 Prozent. Sowohl die FDP als auch die von der CSU gefürchteten Republikaner haben es nicht in den Landtag geschafft. Die Nürnberger CSU hat drei von vier Direktmandaten in der Stadt erobert. Es gibt allerdings einen Schönheitsfehler: Ihr mächtigster Mann, Bezirkschef und Landesinnenminister Günther Beckstein, hat im Stimmkreis Nürnberg-Nord gegen SPD-Spitzenfrau Renate Schmidt verloren.

Dafür hat sich der Neuling durchgesetzt. 27 780 Wählerinnen und Wähler wählten im Stimmkreis Nürnberg-West Markus Söder, 26 679 den SPD-Kandidaten Manfred Scholz. Macht 1101 Stimmen Vorsprung für den Sieger Söder. Bei der Stimmenauszählung der einzelnen Wahlbezirke lag Scholz lange vorne, ehe Söder mit den Briefwählern doch noch an ihm vorbeizog. Söders Vater Max soll seinem Sohn in fränkischem Understatement so gratuliert haben: »War ja knapp, aber bassd scho.«

Vier Wochen später ist Markus Söder damit beschäftigt, sich in München und in seinem neuen Job einzurichten. Einen Spitznamen hat er unter seinen Fraktionskollegen bald weg:

»Staatssekretär« nennen sie ihn hinter seinem Rücken, seines schneidigen Auftretens wegen. So gibt sich der Anfänger nach außen auch wichtiger, als er im Landtag tatsächlich ist. Er wolle »a weng Schwung in den ganzen Laden bringen«, sagt er in schönstem Fränkisch der »Abendzeitung«. Doch das Sagen haben in München andere. Also landet der jüngste Landtagsabgeordnete dort, wo viele Anfänger sich ihre ersten Meriten verdienen müssen: im Petitionsausschuss, einem Gremium, an das sich jeder Bürger und jede Bürgerin mit Eingaben wenden darf. Unter Abgeordneten ist der Petitionsausschuss nicht beliebt, allein schon deshalb nicht, weil man sich dort kaum für höhere Weihen empfehlen kann. Anders sieht es mit dem Ausschuss für Wirtschaft, Verkehr und Grenzland aus, dem Söder ebenfalls zugeteilt wird.

Anfang Februar 1995, nach etwa hundert Tagen im Landtag, wird der Parlamentsnovize nach seinen ersten Erfahrungen gefragt. »Unglaublich schwer« sei der Job, erzählt Söder der »Nürnberger Zeitung«. Die richtige Mischung aus der Arbeit im Parlament und der Präsenz im Stimmkreis wolle ihm noch nicht gelingen. Der Novize rudert offenkundig noch etwas orientierungslos durch die neuen politischen Gewässer. Der »Süddeutschen Zeitung« verrät Söder, dass er mit seiner ersten Rede im Landtag noch warte, vorher müsse er »noch a bisserl was lernen«. Und überhaupt sei der Redebedarf der anderen 119 CSU-Abgeordneten so groß, dass da keiner seinem Debüt entgegenfiebere. Völlig unerwartet lässt er Sympathie für die Grünen erkennen. »Ich finde es gut, dass sie wieder im Landtag sind. Bei denen sehe ich einige Gemeinsamkeiten zu unserer Politik; aber da stehe ich womöglich in meiner Fraktion alleine da.« Falls irgendwann alle Stricke reißen, gibt Markus Söder noch zu Protokoll, wolle er wieder beim BR-Fernsehen arbeiten. Schließlich sei der Journalismus für ihn »das Schönste, was es gibt«.

Das ist Koketterie. Schließlich hat er wie ein Berserker gearbeitet, um in der Berufspolitik anzukommen. Er wolle sich nicht von einer politischen Karriere abhängig machen, beteuert er. Aber einfach nur Abgeordneter sein, ist auf Dauer auch nicht seins. Markus Söder hat nicht vor, sich mit einer Rolle als Mitläufer abzufinden und zu warten, bis irgendwann ein höherer Parteikader ihn befördert. Einer wie er baut sich seine eigenen Startrampen. Bei Markus Söder ist dies der Landesvorsitz der Jungen Union. Max Streibl, Theo Waigel, Otto Wiesheu, Gerd Müller – viele bayerische JU-Landeschefs stiegen später politisch auf.

Zunächst arbeitet Söder allerdings noch zielstrebig daran, sich in den Reihen der Nürnberger CSU eine politische Feindin für den Rest beider Leben zu machen. Renate Blank, seit vier Jahren Abgeordnete im Bundestag, will CSU-Kreisvorsitzende im Nürnberger Westen werden – im Söderland. Söder reagiert prompt und drastisch. Über Nürnberger Zeitungen lässt er Blank wissen, dass er sie mit ihren 53 Jahren schlicht für zu alt hält für den Posten. Eine Frau zwischen 25 und vierzig Jahren wäre viel geeigneter. »Ob dieser Posten aber für ein politisches Auslaufmodell geeignet ist, bezweifle ich«, ätzt er. Blank keilt zurück, Söder wolle den Posten nur für sich selber haben. So geht das hin und her, mit einem winzigen Makel: Den Amtsinhaber Engelbert Heider hat niemand gefragt. Er will eigentlich weitermachen.

Blank und Söder tragen ihre Rivalität fortan offen aus, bei jeder Gelegenheit. Die Abneigung aufseiten Blanks hält auch an, als sie längst im politischen Ruhestand ist. Anruf bei ihr im Jahr 2018. Ein paar Fragen zu Markus Söder? »Nein«, sagt sie höflich, aber mit schneidender Stimme. »Ganz sicher nicht.« Kein Treffen, nicht einmal ein Telefongespräch, überhaupt kein Wort mehr. »Meine Lebenszeit ist zu kostbar, als dass ich auch nur noch eine Minute an den verschwende.« Renate Blank reichen aber auch wenige Sekunden, um in ein paar Halbsätzen alles zu sagen. »Egomane«, »hat sich nicht im Griff«, »machtgierig«, »denkt nur an sich«. Selbst als sie einen Atemzug lang schweigt, hört man Verachtung. »Fragen Sie doch den Beckstein, warum er so blöd war, den Söder zu unterstützen.« Damit ist das Gespräch vorbei.

Blank hält es für einen historischen Fehler, ja eine grenzenlose Dummheit des Nürnberger CSU-Chefs Beckstein, dass er Söder protegiert, ihn zu seinem Stellvertreter im Bezirksvorstand gemacht hat und ihm später sogar noch den Vorsitz überlässt. Beckstein begründet seine Unterstützung für Söder damit, dass eine Volkspartei wie die CSU breit aufgestellt sein und alle Strömungen, Altersgruppen und politischen Charaktere repräsentieren müsse. Und dass Markus Söder ein großes politisches Talent sei, das müssten ja wohl selbst seine Gegner einräumen.

Breitbeinig

Kaum ist Söder 1994 in den Landtag gewählt, keimt in der Nürnberger CSU Kritik auf, der Jungabgeordnete mit dem exorbitanten Selbstvertrauen käme – spektakulärer Wahlerfolg hin oder her – nun doch etwas zu breitbeinig daher. Bei einer echten Größe der Nürnberger Kommunalpolitik taucht der junge Söder eines Tages unangemeldet im Büro auf. »Söder war damals noch gar nichts, nicht im Landtag, nicht JU-Landeschef«, erinnert sich der Mann. »Aber er hat sich bei mir in den Stuhl gefläzt und gesagt, ich wolle doch sicher den kommenden Mann der Nürnberger CSU kennenlernen.«

Was Parteifreunde gut finden, solange es der politische Gegner abbekommt, löst alles andere als Begeisterung aus, sobald es die eigenen Leute trifft. Söder kostet seine gewachsene Bedeutung in der Partei zu sehr aus, auch Leute aus der JU beschweren sich über seine Überheblichkeit. Die Quittung folgt. Erntete er bei den beiden bisherigen Wahlen zum JU-Bezirkschef jeweils hohe Zustimmung, fällt das Resultat Anfang 1995 schlecht aus: Ohne Gegenkandidaten stehen 23 »Ja«- 17 »Nein«-Stimmen gegenüber. Als wenige Wochen später auch der CSU-Bezirksverband seine Spitze neu wählt und den Vorsitzenden

Günther Beckstein mit 100 von 106 Delegiertenstimmen im
Amt bestätigt, fährt Markus Söder mit nur 67 Stimmen das
schlechteste Ergebnis aller Vorstandsmitglieder ein. Ist sein
politischer Stern womöglich bereits nach kurzer Zeit am Ver-
glühen?

Natürlich nicht. Der junge Abgeordnete Söder hat einen
Plan, wie er ein zweites, ein überregionales Karrierefundament
legen kann. 1995 will er JU-Landesvorsitzender werden. Bald
hat er – zumindest hinter den Kulissen – Ministerpräsident
Stoiber auf seiner Seite. Söder hat sich bei ihm beliebt gemacht,
indem er in Fraktionssitzungen Stoibers Redebeiträge ziemlich
wortgenau wiederholt und dann noch für genial erklärt. »Ich
gebe zu, dass ich ihn ziemlich klasse finde«, solche Dinge sagt
Söder über Stoiber. Andere Abgeordnete halten das für peinliche Anbiederung, aber das ficht Söder nicht an. Er hat sich
entschieden, mit wem er in den Aufzug steigt, und das ist Stoiber. Das wiederum macht CSU-Chef und Bundesfinanzminister Theo Waigel misstrauisch, der sich mit Stoiber ein Macht-
gerangel liefert, das sich bis zu Waigels Abschied nach der
Bundestagswahl 1998 ziehen wird. Waigel, heißt es heute in der
CSU, habe 1995 im Rennen um den bayerischen JU-Vorsitz
diskret für Söders Mitbewerber Bernd Edelmann aus Hof ge-
trommelt.

Am 14. Juli 1995 setzt sich Söder bei der Landesversammlung der CSU-Nachwuchsorganisation in Aschaffenburg mit
141 Delegiertenstimmen gegen Edelmann durch, der auf 110
Stimmen kommt. Wieder einmal funktioniert das System Söder. Noch ehe sein Gegenkandidat sichs versieht, hat Söder im
Hintergrund ein Netz an Unterstützern geknüpft und fünf
von zehn bayerischen JU-Bezirksverbänden für sich gewonnen. Darunter auch den mitgliederstärksten: Oberbayern. Angeführt wird dieser in jenen Jahren von einer Frau, die eigentlich seine Konkurrentin ist und es noch lange bleiben wird: Ilse
Aigner. Obwohl Aigner bereits stellvertretende JU-Landes-
vorsitzende ist, traut sie sich nicht, gegen Söder anzutreten. So

wie 2017, als es um die Seehofer-Nachfolge in Bayern geht. Söder bereitet es bis heute höchsten Genuss, zu erzählen, dass Aigner ihn damals in Aschaffenburg ja persönlich zur Wahl vorgeschlagen habe.

Edmund Stoiber ist auch im Saal, als Söder gewählt wird. »Markus hielt damals eine leidenschaftliche Rede und hatte erkennbar das Talent, die Mitglieder zu erreichen und mitzunehmen«, sagt der Altministerpräsident heute. Und zwar vor allem emotional. Ohne Emotionen gebe es keine Politik, findet Stoiber. Und Emotionen zu bedienen sei auch nicht zwingend Populismus. Stoiber gefällt besonders, dass Söder sich nicht mit dem Für und Wider einer Sache aufhält, sondern klar Position bezieht: »Er war immer ein Mann der Hauptsätze«, sagt er.

Auch in der Landes-CSU hat nicht jeder so einen Narren am JU-Chef Söder gefressen wie Stoiber. Söder ist schnell bekannt für seinen ruppigen Umgang mit Parteifreunden, die ihm im Weg stehen oder mit denen er einfach nichts anfangen kann. Markus Sackmann ist so einer, sein Vorgänger als JU-Vorsitzender, der später Staatssekretär wird und zeit seiner Karriere als kundiger und integer Sachpolitiker gilt. Söder verabschiedet Sackmann 1995 mit kaum verhohlenen Beschimpfungen: Der JU-Landesverband habe »manches verschlafen« und müsse unter neuer Führung sein lädiertes Image aufpolieren. Gemeinsame Wegbegleiter berichten von der »unglaublichen Penetranz«, mit der sich Söder auch später über den Fraktions- und Kabinettskollegen Sackmann lustig macht, nur weil der halt eher nicht der Cowboystiefel-Typ ist. »Das grenzte an Mobbing«, sagt ein CSU-Mann. »Ich habe Markus Sackmann dafür bewundert, wie souverän er das wegsteckt.« Leider kann man Markus Sackmann zu alldem nicht mehr befragen; er ist 2015 im Alter von 54 Jahren gestorben.

Nürnberger Verhältnisse

In Nürnberg gibt Söder nach der Wahl zum Landeschef seinen JU-Bezirksvorsitz ab – an seinen alten Rivalen und neuen Kumpel Michael Frieser. Ein kleines Dankeschön dafür, dass Frieser einige Jahre zuvor zu seinen Gunsten auf den Job verzichtet hatte. Söders Nürnberger Hausmacht ist nun einigermaßen gefestigt, auf Jahrzehnte hinaus.

»Bei uns hängen fast alle an Söders Tropf«, sagt 2017 einer aus der Nürnberger CSU, ein halbes Jahr bevor Söder in die Staatskanzlei umzieht. »Er hat fast alle eingefangen. Ganz am Anfang hätte es noch die Chance gegeben, ihn wegzudrücken. Aber den Mut hatte keiner.« Und einen Ministerpräsidenten drückt natürlich keiner mehr weg.

Von zwei Söders wird erzählt, von dem gescheiten, hochtalentierten Politiker mit blitzschneller Auffassungsgabe. Aber auch von dem, der sich selbst treuen Parteifreunden gegenüber schroff, abweisend, mitunter cholerisch verhält. Der einerseits ungeheuer fleißig sei und sich nicht zu schade, eigens aus München die 170 Kilometer nach Nürnberg zu fahren, um vor wenigen Mitgliedern eines Ortsverbandes zu sprechen. Und der anderseits in Sitzungen auch mal in Wuttiraden ausbreche, »dass man fürchtet, er haut gleich alles kurz und klein«. Die Dinge müssen so laufen, wie er das will, dafür sorgt er.

Söder, sagen die Kritiker, sei brillant und unbeherrscht. Er belohne oder schüchtere ein. Mit Blicken, Worten und seinen gefürchteten SMS, die er selbst während Sitzungen massenweise versendet. »Du musst durchhalten, ihm in die Augen schauen, sonst bist du verloren«, sagt ein Nürnberger CSU-Vorständler. »Nur nicht einschüchtern lassen, sonst macht er dich fertig.« Jemand vergleicht Söder gar mit einem »nicht domestizierten Tier, das wie wild um sich schlägt und beißt, wenn es sich in die Ecke getrieben fühlt«. Markus Söder und Kritik – »er kann schwer damit umgehen. Er wertet sie erst einmal als persönlichen Angriff und geht bisweilen in die Luft – um drei

Tage später wieder anzurufen, weil er sich beruhigt hat.« Entweder sehe er die Sache dann wirklich differenzierter. Oder er tue einfach so, als sei nichts gewesen.

Söder ist Nürnberger aus Überzeugung. Gut, mal im Winter unter arabischer Sonne urlauben, das tut er gern. Aber woanders leben, das kann Söder sich nicht vorstellen. Als er in Nürnberg sein Heimatministerium beziehen durfte, war er ganz ergriffen, nicht zuletzt von sich selbst. Heute prangt an dem Gebäude ein zusätzlicher Schriftzug: »Bayerische Staatskanzlei. Außenstelle Nürnberg«. München, nur eine ICE-Fahrstunde entfernt, ist für ihn kaum mehr als ein Arbeitsplatz. Nur wenn es sein muss, übernachtet der Ministerpräsident in seiner kleinen Stadtwohnung. In seinen Ministerjahren ging er noch öfter mal in ein Restaurant oder führte jüngere Abgeordnete auf ein Cola light im »Schumann's« aus. Mittlerweile ist seine größte Münchner Freude eine frühmorgendliche Schwimmrunde in einem See.

Obwohl er selbst nie in die Niederungen der Kommunalpolitik hinabstieg, wollte er in Nürnberg aber doch mitreden. Fuchsteufelswild sei er schon geworden, erzählt einer aus der Rathaus-CSU, wenn man seinen Vorstellungen von einer harten Opposition gegen den langjährigen, populären SPD-Oberbürgermeister Ulrich Maly nicht gefolgt sei. Mit dem roten Nürnberg im Allgemeinen und dem roten Maly im Besonderen hat Söder eh lange gehadert. Eine Weile war der eloquente, charmante Maly für Söder sogar so etwas wie ein zweiter Karl-Theodor zu Guttenberg: Wie dieser führte Maly ihm lange vor Augen, was ihm selbst fehlte, Leichtigkeit und Lässigkeit. Was Söder erst lernen musste, war bei Maly einfach da. Aber: Söder hat es gelernt. Heute pflegt er wie Maly einen ironischen, hintersinnigen Witz. Größere Veranstaltungen in Nürnberg lohnten lange schon allein deshalb den Besuch, weil Söder und Maly ihre Grußworte als satirischen Wettkampf verstanden.

Zum Wohl der Stadt arbeiteten die beiden aber meistens gut zusammen. Wobei Söder neben dem Wohl der Stadt schon auch immer seinen persönlichen Ruhm im Auge hat. Den Nürnberger Flughafen nach Albrecht Dürer zu benennen – seine Idee. Einen Ableger des Deutschen Museums in Nürnberg anzusiedeln – seine Idee. Und dass bei der Kommunalwahl im März 2020, zu der Maly nicht mehr antrat, mit Marcus König sensationell ein CSU-Politiker zum Oberbürgermeister des roten Nürnberg gewählt wurde – natürlich sein Erfolg.

Stahlbürste und Greisenkammer

Der neue JU-Landeschef Söder legt im Sommer 1995 sofort los. Der Posten ist ein Karrieresegen für ihn, denn er garantiert ihm eine Beachtung durch die Presse, die er als einfacher Landtagsabgeordneter selbst bei größtem Fleiß und höchstem Geschick nie und nimmer hätte. Wenn man sich Söders Pressemitteilungen von damals so anschaut, meint man, da habe einer seine Sätze vor Versand mit der Stahlbürste von allem gereinigt, was nach Max Weber einen guten Politiker ausmacht: Sachlichkeit, Verantwortungsgefühl, Augenmaß. Ein typischer Söder ist die Forderung, den neuen Bundesländern den Solidaritätszuschlag zu streichen, wenn sie bei der Stimmabgabe von seinen persönlichen Parteipräferenzen abweichen: »Wer die PDS wählt, braucht keine D-Mark.«

Innerhalb der CSU wird dem Chef des Nachwuchses ebenso traditionell wie zähneknirschend zugestanden, eine vorlaute Nervensäge sein zu dürfen – ein Gewohnheitsrecht, das Söder entgegenkommt. Ab und an findet er zum Nerven auch mal ein Thema von Relevanz: Die CSU müsse grüner werden, ökologischer, sagt er, denn Umweltpolitik sei für junge Menschen ein absolutes Zukunftsthema. Das bringt ihm Schlagzeilen ein – und vom damaligen CSU-Generalsekretär einen Rüffel. »Kurzfristige Effekthascherei« sei das, mehr nicht, schimpft Bernd Protzner. Söder weicht keinen Millimeter zurück, wobei man nicht weiß, ob das an grünen Einsichten oder taktischen Erwägungen liegt. Wieder einmal gewinnt er im Konflikt mit einem

Parteioberen an Profil. Er beweist Stehvermögen und, wie er selber sagen würde, »eine gewisse Respektlosigkeit vor den Thronen«. Zumindest für die, auf denen er nicht selbst sitzt.

Söder überrumpelt Protzner mit der öffentlichen Forderung nach einem Stellvertreter für den CSU-Generalsekretär, da dieser unbedingt »entlastet« werden müsse. Ein keineswegs besorgter, gut gemeinter Vorschlag, sondern ein vergifteter Pfeil, eine Spezialität aus der Politikmanufaktur Söder. Der neu zu installierende Vize-General, so Söder, müsse »für die Jugend« da sein – der Rest der CSU braucht also auch nicht lange zu rätseln, wen Söder da für einen qualifizierten Kandidaten hält.

Während dieser Wunsch noch nicht gleich in Erfüllung geht, trägt Stoiber-Jünger Söder doch sein Scherflein zum schleichenden Autoritätsverlust des Waigel-Mannes Protzner bei. Protzner wird als Generalsekretär nicht mehr glücklich, nach einer privaten Steueraffäre scheidet er ganz aus der Politik aus. Er ist einer von denen, die Markus Söder von seiner unangenehmen Seite erlebt haben, aber auch er ist des Redens müde. »Ich kann mich an all das nicht mehr erinnern«, sagt er knapp am Telefon. Söder, die alten Zeiten, alles vorbei. Wenig später, im Dezember 2018, stirbt Bernd Protzner im Alter von 67 Jahren. Politik kann ein brutales Geschäft sein, und nicht jeder fühlt sich darin so wohl wie Markus Söder.

Er steht gern im Wind, und zwei Themen geben ihm reichlich Gelegenheit dazu. Beim ersten Thema legt er sich wieder mal mit dem Establishment an, auch dem der eigenen Partei: Er zählt zu den schärfsten Stimmen, die die Abschaffung des bayerischen Senats verlangen, der zweiten Volksvertreterkammer neben dem Landtag, einer Art Berufsstände-Vertretung. Der Senat spiegle nicht mehr die moderne Gesellschaft wider, argumentiert Söder, was auch viele in der Opposition teilen. Dass er den Senat als »Greisenkammer« verhöhnt, empört all jene in der CSU, denen an Anstand und Stil gelegen ist. So mancher wird noch gut zwanzig Jahre später sagen, dass der Greisen-Spruch der Punkt war, an dem Söder sich in ihren Augen dauerhaft diskreditiert hat. Andere ließen mehr Milde walten: »Lasst ihn nur, der ist doch noch jung.«

Noch heftiger geraten allerdings die Reaktionen auf ein JU-Plakat, das der Landeschef Söder im Januar 1996 veröffentlicht. »Die rote Kolonne marschiert wieder«, ist es überschrieben und zeigt die auf schreitende Strichmännchen montierten Köpfe des damaligen SPD-Vorsitzenden Oskar Lafontaine und der bayerischen SPD-Chefin Renate Schmidt in einer Reihe mit Josef Stalin und Erich Honecker.

Was Söder als »reine Satire« verteidigt und als »überzeichnet und pointiert« rechtfertigt, erregt bundesweites Aufsehen und provoziert wütende Proteste. Renate Schmidt fühlt sich massiv verunglimpft und schreibt in einem Brief an CSU-Chef Theo Waigel von einem »infamen Hetzplakat« in schlimmster »Nazi- und Stürmer-Mentalität«. Selbst in konservativen Medien fallen die Kommentare kritisch aus.

Der Vergleich führender Sozialdemokraten mit Stalin sei schon »ein bisschen hart«, räumt Söder damals ein. Aber: »Ich will eine klare Antwort von Oskar Lafontaine und von Renate Schmidt, wie die SPD es mit der PDS hält.« Eine aus seiner Sicht mehr als berechtigte Frage. Stattdessen aber rüffeln ihn nun selbst die ansonsten nicht zimperlichen CSU-Granden. »Ich gehe davon aus, dass das Plakat nicht weiterverbreitet wird«, sagt CSU-Landtagsfraktionschef Alois Glück, der Söder ohnehin schon mit wachsendem Argwohn beobachtet.

Spätestens nach dieser Aktion ist Söder in der gesamten CSU ein Begriff. Bei aller Kritik am »Rote Kolonne«-Plakat imponiert vielen auch, dass Söder dem öffentlichen Druck weitgehend standhält. Dass er nicht sofort kleinlaut einknickt, sondern seine Sache verteidigt, so fragwürdig sie auch sein mag.

Wiederholungssieger

1998 radelt der Wahlkämpfer Markus Söder wieder eifrig durch den Nürnberger Westen, diesmal, um ihn zu verteidigen. Am 13. September ist Landtagswahl. Sein knapper Vorsprung von 1101 Stimmen gegenüber SPD-Gegenkandidat Manfred Scholz vier Jahre zuvor ist kein sicheres Polster, das sich quasi nebenbei verteidigen ließe. Für die »Süddeutsche Zeitung« begleitet ihn damals der Landtagskorrespondent Alexander Gorkow auf einer seiner Touren. Gorkows Reportage zeichnet ein sehr unmittelbares Bild des Jungpolitikers Söder. »Markus Söder findet sich selbst gut«, liest man da. »Man muss sogar sehr lange suchen, um Leute zu treffen, die sich selbst für so wunderbar halten.« Söder wird mit dem schwer zu schlagenden Satz zitiert: »Ich weiß, dass ich gut bin.« Gorkow schreibt: »Ausgestattet mit diesem sensationellen Selbstbewusstsein, einem forschen Lächeln und einer dunkel bollernden Stimme radelt Söder durch seinen Stimmkreis von einem Termin zum anderen, beschwatzt die Leute und lässt sich beschwatzen.«

Der Terminkalender des Wahlkämpfers Söder nimmt sein ziemlich irres Pensum in späteren Ämtern vorweg: »Zehn Termine pro Tag im Stundentakt: Bieranstich beim Sportfest, Bieranstich bei der Kirchweih, Bieranstich im Kleingartenverein, Grillfest der Banater Schwaben, Pfarrfest St. Bonifaz, Pfarrfest St. Konrad, Diskussion im Gehörlosenzentrum und so weiter.« Vor allem Frauen haben es Söder beim Stimmenfang angetan. »Sie reden viel und ziehen dadurch mehr Wähler mit als andere Zielgruppen«, erklärt er dem »SZ«-Reporter und präzisiert: »Bei Frauen zwischen 25 und 40 stehe ich hervorragend da.« Also verrenkt er sich mit der Damen-Jazztanzgruppe des TV Eibach zur Musik. Was nicht bedeutet, dass Söder nicht auch beim »Tag der älteren Generation« großes Stehvermögen beweist und so lange durch das brütend heiße Festzelt wahlkämpft, bis er 600 seiner kleinen Faltblätter plus Bonbons an die Senioren verteilt und dabei mindestens genauso viele Hände geschüttelt hat. Dass Linke und Journalisten ihn für einen durchgeknallten Yuppie halten, störe ihn gar nicht, verrät Söder dem Reporter. »Solang es richtig scheppert, ist alles im Lot, da ist man Stadtgespräch. Hauptsache, der Name ist richtig geschrieben.«

Die Landtagswahl 1998 wird für Söder ein dreifacher Erfolg. Er gewinnt wieder das Direktmandat im Nürnberger Westen und kann seinen Vorsprung zu SPD-Herausforderer Manfred Scholz mit 2700 Stimmen mehr als verdoppeln. Landesweit verbessert die CSU ihr Ergebnis von 1994 leicht und kommt auf 52,9 Prozent, eine kraftvolle Bestätigung für Söders persönlichen Helden Stoiber. Gleichzeitig mit der Landtagswahl schaffen die bayerischen Wähler in einem Volksentscheid mit einer Mehrheit von 69,2 Prozent den Senat ab. Markus Söder darf sich als der Mann fühlen, der das Ende des Senats mit eingeleitet hat.

Für Söder selbst stellt sich nun immer akuter die Frage, was er noch werden kann. Er wird als Nachfolger von CSU-Generalsekretär Bernd Protzner gehandelt, der 1998 abtritt. Der Job geht dann aber an Thomas Goppel, den Sohn des früheren Ministerpräsidenten Alfons Goppel. Immerhin werden Söders Posten im Parlament einflussreicher. Er muss sich nicht mehr im Petitionsausschuss mit Bürgereingaben herumplagen. Nach der Wahl 1998 wird er Mitglied in den wichtigen Parlamentsausschüssen für Wirtschaft, Verkehr und Infrastruktur sowie für Hochschule und Forschung. Die CSU-Fraktion entsendet ihn auch in die Enquetekommission mit dem klangvollen Titel »Mit neuer Energie in das neue Jahrtausend«. Söders Beitrag dort wird auch von Vertretern anderer Parteien als konstruktiv gelobt. Er hat den Nachweis erbracht, dass er auch zu politischer Tätigkeit ohne Kamerabegleitung fähig ist.

Der Herr Doktor: Zweifel an Söders Titel

Der junge Abgeordnete Söder ist mit der Landtagsarbeit und seinem zeitraubenden Job als JU-Landeschef ziemlich ausgelastet. Dennoch findet er offenbar noch Zeit für ein echtes Großprojekt. Obwohl er sich von der Juristerei bereits 1992 nach dem ersten Staatsexamen verabschiedet hat, lieber Journalist geworden ist und dann Berufspolitiker, wird Söder 1998 an der Universität Erlangen-Nürnberg in Jura promoviert. Doch ging dabei alles mit rechten Dingen zu? Seit Jahren kursieren in der CSU und darüber hinaus Gerüchte, Söder habe seinen Doktortitel nicht auf korrektem Weg erworben.

Der »Doktor« galt in Deutschland lange als Adelstitel des Bürgertums, und auch wenn er nach allerlei Plagiats-Affären an Strahlkraft eingebüßt hat, schmücken sich Politiker immer noch gern mit ihm. Es gibt einfach Menschen, die blicken ehrfürchtig auf, wenn ihr Gegenüber ein »Dr.« ist. Und tatsächlich zeigt eine Promotion ja die Kompetenz an, sich in komplizierte Materien einzuarbeiten und die richtigen Schlüsse zu ziehen. Wer es sich bei seinem »Doktor« zu leicht gemacht hat, läuft heute allerdings mehr denn je Gefahr, mit einem Schwindel aufzufliegen – was für Politiker natürlich besonders misslich ist, wie Karl-Theodor zu Guttenberg bezeugen kann. Der damalige Verteidigungsminister musste 2011 wegen zahlreicher abgeschriebener Passagen in seiner Dissertation zurücktreten.

Insofern ist die schriftliche parlamentarische Anfrage, welche die fraktionslose bayerische Landtagsabgeordnete Dr. Gabriele Pauli am 15. November 2012 an das Staatsministerium für Wissenschaft, Forschung und Kunst richtet, durchaus heikel für den Staatsminister Dr. Markus Söder. Vorausgesetzt, die ihr zugrunde liegenden Vermutungen erweisen sich als richtig. Pauli, die ehemalige Landrätin von Fürth, und Söder kennen sich lange und gut aus der fränkischen CSU. Ihr Verhältnis gilt aber als zerrüttet, seit Pauli mit ihrem Bespitzelungsvorwurf das politische Ende von Edmund Stoiber 2007 einleitete.

Fünf Jahre später sitzt Pauli im Landtag, gewählt als Abgeordnete der Freien Wähler, mit denen sie sich aber auch schon wieder überworfen hat wie vorher mit der CSU. Also führt sie das isolierte Dasein einer Einzelkämpferin. In der CSU, wo sie groß geworden ist, ist Pauli eine Persona non grata; umgekehrt hat sie wohl mit Söder noch eine Rechnung offen, der als Generalsekretär für seinen Chef Stoiber in eine hässliche Schlacht gegen Pauli gezogen war. Auf ihn zielt die parlamentarische Anfrage vom November 2012, der bis Juni 2013 noch drei weitere ähnliche folgen werden. Pauli will eine Bestätigung dafür erhalten, dass Markus Söder seinen Doktortitel zu Unrecht trägt. Weil er nach ihrer Ansicht nie zur Promotion hätte zugelassen werden dürfen.

Es ist ein sensibles Thema, auch noch Jahre danach, als dieses Buch entsteht. Auf Nachfragen bewegen sich die ersten Reaktionen aus dem Söder-Lager zwischen Genervt- und Gereiztheit. Warum, heißt es, solle Söder eigentlich nachweisen, dass bei seiner Dissertation und dem Promotionsverfahren alles korrekt gelaufen sei? Das sei doch eine völlig inakzeptable Umkehr der Beweislast. Wenn, dann müssten ja wohl seine Gegner ihre Behauptungen belegen.

Die Sache ist lästig für Söder, denn Gerüchte, dass mit seiner Dissertation etwas nicht stimmen soll, wabern schon sehr lange durch das politische Bayern. 1992 hat Söder sein Jurastudium an der Friedrich-Alexander-Universität Erlangen-Nürnberg mit dem ersten Staatsexamen beendet, um nach einem halbjährigen Intermezzo als Assistent an der Juristischen Fakultät schließlich Volontär und Redakteur beim BR zu werden. Erklärtermaßen aus der Erkenntnis, dass die Juristerei doch nicht so sein Ding sei. Journalismus und Politik finde er viel spannender. 1994 wurde Markus Söder in den Landtag gewählt und kurz darauf zum Landeschef der Jungen Union.

Pauli und andere Söder-Zweifler stellen sich die Frage: Wie kann einer mit solch anstrengenden Jobs noch Zeit haben, eine Dissertation mit 263 Seiten Umfang zu schreiben? Eine rechtshistorische Arbeit, deren Titel allein nach komplizierter und enorm zeitaufwendiger Archiv- und Quellenarbeit klingt: »Von altdeutschen Rechtstraditionen zu einem modernen Gemeindeedikt: die Entwicklung der Kommunalgesetzgebung im rechtsrheinischen Bayern zwischen 1802 und 1818«. Die Dissertation wirkt formal korrekt und liest sich ordentlich. Über weite Strecken ist die Arbeit ein Referat von historischen Dokumenten, der Analyse-Anteil ist sehr überschaubar.

Söder reicht die Arbeit am 1. September 1997 ein, fünf Jahre nach dem ersten Staatsexamen, dem er kein zweites folgen ließ. Söders Doktorvater ist Prof. Dr. Christoph Link, Jahrgang 1933, ein anerkannter Experte für Verfassungs-, Staats- und Kirchenrecht. Erst im Nachhinein, am 7. Januar 1998, acht Tage vor der mündlichen Prüfung, bestätigt Prof. Dr. Harald Siems, Dekan der Juristischen Fakultät, Markus Söder schriftlich, dass dieser entsprechend der geltenden Promotionsordnung mit seiner Dissertation »ordnungsgemäß zur Promotion zugelassen ist«.

Genau das wird Gabriele Pauli gut 15 Jahre später anzweifeln. Ihren Anfragen an das Wissenschaftsministerium liegt die Annahme zugrunde, dass Markus Söder bei seinem ersten Staatsexamen 1992 nicht die notwendige Note hatte, um eine Doktorarbeit schreiben zu dürfen. Er habe von einer Sondergenehmigung profitiert, glaubt Pauli, einer Art »Lex Söder«, einem Gemauschel also. Die Abgeordnete will in ihren vier Anfragen vor allem wissen: Hatte Söder die für eine anschließende Promotion erforderliche Note im ersten Examen, ein »vollbefriedigend« nämlich? Oder hat er von einer Sondergenehmigung profitiert? Und überhaupt: Wie oft gebe es denn solche Sondergenehmigungen für Promotionen an bayerischen Universitäten?

Das Wissenschaftsministerium mit Ressortchef Wolfgang Heubisch (FDP) an der Spitze braucht zweieinhalb Monate, um die an sich einfachen Fragen Paulis zu beantworten. »In den letzten zehn Jahren« habe es an bayerischen staatlichen

Universitäten keine einzige Sondergenehmigung zur Erlangung einer Dissertation gegeben, antwortet Heubisch. Allein deshalb nicht, weil sie in den dort geltenden Promotionsordnungen gar nicht vorgesehen seien. Entsprechend habe auch Markus Söder keine Sondergenehmigung erhalten. »Die Voraussetzungen der Promotionsordnung der Juristischen Fakultät sind ordnungsgemäß erfüllt worden«, schreibt der Wissenschaftsminister. Welche Note Söder in seinem ersten Examen hatte, ob es tatsächlich ein »vollbefriedigend« war, beantwortet Heubisch nicht. Aus Gründen des Datenschutzes. Heubisch, sagen heute Personen mit Kenntnis der Vorgänge, sei damals ehrlich darum bemüht gewesen, die Sache »nach bestem Wissen und Gewissen« aufzuklären.

Auch bei den weiteren schriftlichen Anfragen Paulis in den folgenden Monaten bleiben der Minister und seine Beamten dabei: Söder habe alle Anforderungen erfüllt. Zu seiner Examensnote schweigt man sich aus. Die Antwort Heubischs vom 22. März 2013 liefert jedoch erstmals einen Hinweis darauf, dass Markus Söder zumindest das erforderliche »vollbefriedigend« nicht erreicht hatte. Zum ersten Mal räumt das Ministerium gegenüber Pauli ein, dass es auch eine zweite Möglichkeit gegeben habe, um zur Promotion zu gelangen, die jedoch keineswegs eine Sondergenehmigung darstelle. Demnach könne laut der damals in Erlangen geltenden Promotionsordnung der Dekan auch einen Bewerber zur Promotion zulassen, der nur die um eine Stufe schlechtere Examensnote »befriedigend« mitbringt. Vorausgesetzt, der Bewerber habe zusätzlich zwei Seminare erfolgreich absolviert, die mit der Note »gut« bewertet worden seien. Das wiederum sei kein Erlanger Spezifikum, sondern sei auch an anderen bayerischen Universitäten möglich, so Heubisch.

Söder-Gegnerin Pauli sieht darin dennoch einen Beleg, dass Söder eben doch von einer Sonderregelung profitiert habe. Noch einmal hakt sie nach: Welche Note hatte Söder denn nun? Diesmal schaltet das Wissenschaftsministerium jenes für

Justiz ein und lässt die Abgeordnete endgültig abblitzen: Eine Beantwortung der Frage nach der Examensnote würde »berechtigte Geheimhaltungsinteressen und Grundrechte von Staatsminister Dr. Söder, zu deren Wahrung die Bayerische Staatsregierung unmittelbar kraft Verfassung verpflichtet ist, verletzen«. Ein Beweis dafür, dass bei Söders Zulassung zur Promotion politisch getrickst wurde, gelingt Gabriele Pauli nicht. Die Recherche für dieses Buch ergibt, dass die damals geltende Promotionsordnung der Juristischen Fakultät der Uni Erlangen von 1991 für die Zulassung tatsächlich »mindestens die Gesamtnote vollbefriedigend« im ersten oder zweiten Staatsexamen verlangt. »Ausnahmsweise«, heißt es in Paragraf 3 der Promotionsordnung weiter, könne der zuständige Dekan »einen Bewerber zur Promotion zulassen«, wenn dieser die Examensnote »befriedigend« vorweise und zwei Seminare bei zur Promotionsabnahme befugten Professoren mit jeweils »gut« abgeschlossen habe.

Genau so ist es bei Söder gelaufen, wie die Recherchen für dieses Buch ergaben. Auf Anfrage nannte Söder erstmals seine Gesamtnote im ersten juristischen Staatsexamen: 7,41 Punkte. Mit anderen Worten »befriedigend«, worunter Ergebnisse zwischen 6,5 und 8,99 Punkten fallen. »Befriedigend« bedeutet per Definition »eine Leistung, die in jeder Hinsicht durchschnittlichen Anforderungen entspricht«. Ein bayerischer Jurist ordnet Söders Leistung so ein: »Nicht herausragend, aber gut. Mit der Note dürfte er am unteren Rand des obersten Drittels der Absolventen gelegen haben.« Für die Zulassung zur Promotion würde die Note allein aber nicht reichen. Söder kann aber offenkundig jene zwei mit »gut« bewerteten Seminare nachweisen, weshalb Dekan Siems ihn als Ausnahmefall gemäß Promotionsordnung zulässt. Also reicht Markus Söder seine rechtshistorische Dissertation ein, die mit »satis bene« bewertet wird, »befriedigend«. Er hat also tatsächlich von einer Ausnahmeregelung profitiert, jedoch nicht von einer eigens für ihn geschaffenen »Lex Söder«.

Bleibt die Frage, ob Markus Söder seine Dissertation überhaupt selbst geschrieben hat. Auch darüber wird seit Jahren eifrig spekuliert, selbst in CSU-Kreisen. Nun ist Söder ein Politiker, der stark polarisiert. Einer, dem manche alles zutrauen. Die Gerüchte – Söder würde sagen: die üblen Nachreden – gründen sich im Detail auf den Umstand, dass Söders historisches Dissertationsthema es dem Autor abverlangte, Hunderte handgeschriebene Akten aus dem frühen 19. Jahrhundert zu wälzen. Akten, die noch dazu in schwer zu entziffernder Deutscher Kanzleischrift verfasst sind, wie sie vom 15. bis ins 19. Jahrhundert bei amtlichen Dokumenten üblich war. Kann Markus Söder, der viel beschäftigte Jungpolitiker, das geschafft haben?

Martin Heidingsfelder, Gründer und Aktivist von VroniPlag Wiki, hat da seine Zweifel. Die Internetplattform untersucht Dissertationen auf Manipulationen und speziell auf Plagiate. Sie ertappte beispielsweise Edmund Stoibers Tochter Veronica, der daraufhin ihr Doktortitel aberkannt wurde. Auch bei der ergiebigen Überprüfung von Guttenbergs Arbeit war Heidingsfelder mit am Werk. Etwa um dieselbe Zeit begann er, sich auch mit Söders Dissertation kritisch zu beschäftigen. Damit ist er nicht allein. Bis heute haben Aktivisten auf VroniPlag Wiki 23 »verdächtige Fragmente« aus der Doktorarbeit hinterlegt. Kleine Fundstellen, die bei neutraler Betrachtung allerdings bei Weitem nicht ausreichen, um ein großes Plagiat zu entlarven.

Im November 2017 fährt Heidingsfelder gemeinsam mit einer Münchner Journalistin ins bayerische Hauptstaatsarchiv. Sie wollen einem weiteren Verdacht nachgehen. Dem nämlich, dass Söder für seine Doktorarbeit gar nicht selbst recherchiert und überhaupt kein Quellenstudium betrieben habe – was wiederum ein Indiz dafür wäre, dass er sie nicht selbst verfasst hat. Im Hauptstaatsarchiv liegen die wichtigsten Akten, aus denen Söder in seiner Dissertation laut Quellenverzeichnis zitiert. Insgesamt 14 Aktenbündel, zwischen zwei und 15 Zentimeter dick, die per Hand mit Feder und Tinte verfasste Dokumente aus den ersten Jahren des 19. Jahrhunderts enthalten. Anträge, Protokolle, Urkunden, Rechnungen oder Korrespondenz aus dem damaligen Innenministerium und Staatsrat. Eng beschriebenes, hauchdünnes Papier, mit dem man vorsichtig umgehen muss, damit es beim Blättern nicht zwischen den Händen zerfällt. Schriften mit Siegel und Originalunterschriften, sogar von Maximilian Graf von Montgelas, dem Architekten des modernen bayerischen Staates.

Vor allem aber sind die 200 Jahre alten Fundstücke eben in Deutscher Kanzleischrift verfasst, einer Handschrift, die für ungeschulte Augen nur schwer zu entziffern ist. Schon vor Generationen wurde sie zugunsten der lateinischen Schreibschrift unserer Tage abgeschafft. Heute beherrschen sie nur noch wenige Menschen. Auch Markus Söder? Konnte er tatsächlich aus Hunderten unzusammenhängenden Dokumenten die Fundstellen für seine Arbeit herausfiltern? Oder hatte er Helfer, die er dann in der Dissertation hätte nennen müssen, was aber nicht der Fall ist? Die Journalistin befragt einen Schriftenexperten, der es für »ziemlich ausgeschlossen« hält, dass jemand, der nicht vor 1941 zur Schule gegangen ist, die Schrift entziffern könne. 1941 nämlich wurde an deutschen Schulen die der Kanzleischrift eng verwandte Kurrentschrift abgeschafft.

Markus Söder lässt auf Nachfrage offen, ob er die Deutsche Kanzleischrift und damit die alten Akten aus Montgelas' Zeiten tatsächlich entziffern konnte. Aus seinem Umfeld heißt es, auch hier sei eine Umkehr der Beweislast unangebracht. Söder habe sich die Schrift selbst beigebracht, zumindest in ausreichendem Maße. Heidingsfelder und seine Co-Rechercheurin hegen dennoch Zweifel, zumal sie ein zufällig ausgewähltes Zitat aus Söders Arbeit, das laut seiner Fußnote aus einer Akte des Innenministeriums stammt, dort nicht finden.

Definitiv als falsch erweist sich indes der ebenfalls seit Jahren hartnäckig verbreitete Verdacht, Söder habe die ausschließlich im Hauptstaatsarchiv in München aufbewahrten Originaldokumente niemals gesichtet. Die Besucherlisten weisen aus, dass er zwischen April und September 1992 fünfmal dort war. Ein handschriftlicher Brief Söders belegt obendrein, dass er Einsicht in die fraglichen Dokumente genommen hat. Mehr noch: Er hat aus den fraglichen Akten mehr als 1100 Kopien fertigen lassen, für insgesamt 966,15 D-Mark.

Die Kopien belegen seine Recherche, jedoch nicht, dass er die Dissertation selbst geschrieben hat. Also spekulieren Gegner, er habe sie schreiben lassen. Von einem Ghostwriter, was natürlich ein schwerer Verstoß wäre, der im Falle eines Nachweises zur Aberkennung des Doktortitels führen würde.

Söder selbst weist genervt und empört jeden Vorwurf der Unregelmäßigkeit weit von sich. Warum er überhaupt ein »Herr Doktor« werden wollte, immerhin sechs Jahre nach seinem Staatsexamen? »Das hatte ich meiner Mutter versprochen«, sagt er. »Sie wollte eigentlich, dass ich Arzt werde, und ich sagte ihr, man kann auch in anderen Fächern promovieren.« Söder sagt, er habe ihr zuliebe an der Dissertation gearbeitet, erst als Assistent am Erlanger Lehrstuhl, später als Journalist in seiner Freizeit und als Abgeordneter in sitzungsfreien Wochen und Parlamentsferien.

Vom Beweis des Gegenteils sind alle Zweifler und Gegner weit entfernt. Zwar kursieren einige Namen mutmaßlicher Ghostwriter und werden auch immer wieder neu gestreut. Doch die Spuren führen ins Nichts. Eine häufig genannte Person ist vor einigen Jahren verstorben. Ein anderer »Verdächtiger« ist zwar glühender Söder-Fan, tippt sich aber bei der Nachfrage recht überzeugend an die Stirn. Und einer, dessen Name immer wieder als angeblicher Ghostwriter fällt, war zu dem Zeitpunkt, als Markus Söder seine Dissertation in Erlangen einreichte, selbst noch Schüler.

EXKURS Söder privat

Frauentyp und Familienmensch

Die Neunzigerjahre sind die Zeit der Weichenstellungen für Markus Söder, auch privat. Er steht lange im Ruf eines jungen Mannes, dessen breites Interesse an Frauen durchaus erwidert wird. An einem heißen Sommertag 1992 lernt er in einem Nürnberger Naturgartenbad die Frau kennen, die er sieben Jahre später heiraten wird. Über das Thema Sonnenbrand sei er damals mit Karin Baumüller ins Gespräch gekommen, sagt Söder.

Beim Politischen Aschermittwoch in Passau im Februar 2018 erlebt Karin Baumüller-Söder, 45, eine Premiere. Sie steht oben auf der Bühne vor knapp 5000 Menschen, die ihren Mann nach seiner Rede bejubeln, den designierten Ministerpräsidenten. Und auf einmal bejubeln sie auch sie: »Karin, Karin«, rufen die Leute in der Dreiländerhalle, nicht alle, aber genug, damit man sie hören kann. Wenn man die Karin-Fans hinterher im Foyer fragt, was sie so gut finden an Karin Baumüller-Söder, sagen sie: ihre »bescheidene Art« und schon auch die Tatsache, dass sie im Gegensatz zu Marga Beckstein offenbar gern mal ein Dirndl anziehe.

Die Gattin von Günther Beckstein hatte 2008 das sogenannte Dirndl-Gate ausgelöst, als sie sich weigerte, zum Wiesn-Anstich ein solches zu tragen. Die Traditionalisten in der CSU sind sich heute noch sicher, dass die pikante Angelegenheit wesentlich zu Becksteins Untergang beitrug. Viele andere zollten Marga Beckstein Respekt dafür, dass sie sich nicht in eine Rolle zwängen ließ. Auch sonst nicht: Sie arbeitete weiter als Lehrerin und wollte nicht nur als Anhängsel ihres Mannes wahrgenommen werden.

Bei Karin Baumüller-Söder dürfte sich das ähnlich verhalten, auch wenn sie Dirndl einfach mag, was ihrem repräsentationsbewussten Gatten durchaus entgegenkommt. Sie macht gute Figur auf dem roten Teppich bei den Bayreuther Festspielen und jeden Schmäh mit, den ihr Mann sich kostümmäßig für die Fernsehfastnacht in Veitshöchheim ausdenkt. Sie war die Marge zu seinem Homer Simpson, und sie war die Karin zu seinem Edmund Stoiber.

Die echte Karin Stoiber leistete ja sogar einen konkreten Beitrag zum politischen Erfolg ihres Mannes, indem sie die Herzenswärme beisteuerte, die ihrem Edmund fehlte. Strahlend im Auftreten und herzlich im Umgang ist Baumüller-Söder auch, aber sie wahrt etwa im Umgang mit Journalisten gern Distanz. Sie drängt nicht ins Rampenlicht, macht nicht alle Termine mit und tritt als bayerische First Lady kaum in Erscheinung. Karin Baumüller-Söder gibt keine Interviews, geht nicht in Talkshows und öffnet das Haus der Familie auch nicht für Homestorys. Bei Veranstaltungen kommt es vor, dass sie deutlich früher heimgeht als ihr Mann, der ja auch schon zu den Frühheimgehern gehört.

»Die Karin macht ihr eigenes Ding«, sagt jemand, der das Ehepaar gut kennt, »die beiden sind absolut auf Augenhöhe.« Baumüller-Söder ist Unternehmerin, ihre Aufgabe ist das 1930 als Reparaturfirma für Elektromotoren gegründete Familienunternehmen der Baumüllers. Ihr Vater Günter, der im Oktober 2017 im Alter von 77 Jahren starb, hatte die überschaubare Nürnberger Firma zur Unternehmensgruppe mit 1800 Mitarbeitern an vierzig Standorten ausgebaut. Baumüller-Söder und ihr Bruder Andreas sind Gesellschafter, wobei Letzterer seit 2009 auch die operativen Geschäfte führt. Sie konzentriert sich halbtags auf Personalfragen. Die Baumüller-Gruppe wird weiterhin von Nürnberg aus gesteuert, sie entwickelt und produziert Antriebs- und Automatisierungstechnik vorwiegend für den Maschinenbau, aber auch für E-Mobilität. Daneben kümmert sich Karin Baumüller-Söder um ihre drei noch schulpflichtigen Kinder, als Hobby gilt der Pferdesport, bis vor ein paar Jahren hat sie auch noch Turniere geritten. Die wenigen Anekdoten über das Ehepaar stammen alle von Markus Söder selbst und sind gewiss sorgfältig ausgewählt. Eine erzählt er besonders gern, vielleicht, weil sie neben der Liebe zu seiner Frau auch seine Liebe zu Hunden ausleuchtet. Als Söder das erste Mal bei seinen künftigen Schwiegereltern klingelte, habe Günter Baumüller die Tür geöffnet und dabei den scharfen Familien-Dalmatiner Cliff an seiner Seite gehabt. Vater Baumüller, so Söder, habe wohl darauf gehofft, dass Cliff dem Bewerber ein bisschen Angst mache. Aber

Cliff und Markus hätten sich sofort bestens verstanden: »So fand ich wahrscheinlich auch den Weg ins Herz meiner Frau. Seit dieser Zeit bin ich absoluter Hunde-Fan.« Zur Familie Söder gehört heute Zwergpinscher Bella; Labrador Fanny ist 2019 gestorben. Söder-Fans kennen beide Hunde von ihren Auftritten auf Söders Social-Media-Seiten.

Einmal hat Söders Privatleben politische Bedeutung bekommen, und zwar in einer Weise, die ihm nicht angenehm war. Am 24. Mai 2007 titelte die Zeitschrift »Bunte«: »Markus Söder – Der CSU-Politiker und seine zwei Familien«. Auf vier Seiten beklagt sich eine ehemalige Freundin des CSU-Generalsekretärs, dass dieser sich nicht um die gemeinsame, inzwischen fast neunjährige Tochter kümmere. Das Mädchen sei nach einer jahrelangen, aber nie festen Beziehung 1998 auf die Welt gekommen. Im Dezember 1999 heiratete Markus Söder Karin Baumüller.

In Söders Umfeld hält man das Timing des Artikels für keinen Zufall; nach zwei Kindern in den Jahren 2000 und 2004 ist Söders Frau im Frühjahr 2007 mit dem dritten gemeinsamen Kind schwanger. Und wenige Monate zuvor hatte die »Bild«-Zeitung enthüllt, dass Horst Seehofer ein Kind mit einer Geliebten in Berlin gezeugt habe. »Privat ist privat«, hatte Söder das kommentiert; »Privat ist privat«, sagt nun seinerseits Seehofer. Und doch gibt es wilde Gerüchte darüber, wie welche Information wo gelandet ist. Die Gerüchte werden befeuert von der moralischen Scheinheiligkeit, die schon öfter im Spiel war, wenn in der CSU um Posten gerungen wurde. Beim Machtkampf zwischen Edmund Stoiber und Theo Waigel in den Neunzigerjahren etwa: Da wurde die Beziehung des verheirateten Waigel zu seiner späteren zweiten Ehefrau, der Ex-Skirennläuferin Irene Epple, zweifellos öffentlich gemacht, um ihm zu schaden.

Doch was gesellschaftliche Konventionen angeht, ist auch das christsoziale Parteivolk entspannter als damals. Und während der Boulevard sich noch über Söders uneheliche Tochter erregt, zeigt sich eine Person zumindest nach außen völlig unbeeindruckt: Karin Baumüller-Söder. Heute sagen gute Bekannte des Ehepaars

Söder, die inzwischen erwachsene, außereheliche Tochter gehöre längst zur Familie und gehe in deren Haus in Nürnberg-Mögeldorf ein und aus. Söder erfülle alle seine Pflichten als Vater. Wenn Markus Söder von seiner Familie spricht, nennt er explizit und demonstrativ immer »meine vier Kinder«.

Auf dem Sprung

Die Jahre nach 1998 sind die ersten, in denen Markus Söder immer wieder bayern- und manchmal sogar bundesweit auffällt. Nach herkömmlichen Standards der Politik ist das keine besonders gute Nachricht, weil er sich meistens mit Dingen hervortut, die zu einer seriösen Reputation nichts beitragen. Im Bundestagswahlkampf 2002 etwa sieht man ihn, 35 Jahre alt, wie er in Sandalen, mit fetter Sonnenbrille und viel Gel im Haar arglose Urlauber am Strand von Rimini oder am Gardasee stalkt. Er und seine Mitstreiter von der »Jugend für Stoiber« haben einen »Stoibertruck« über die Alpen gelenkt, um die Stimmen deutscher Sommertouristen in Italien zu sichern. An mehreren Orten lädt die JU-Truppe zur »Wechselparty«. Zum Unterhaltungsprogramm gehört stets die Wahl einer »Miss Wechselparty«, was laut Söder die »lockere Kompetenz« der CSU veranschaulichen soll.

Einigen in der CSU ist das entschieden zu viel der Lockerheit und zu wenig der Kompetenz. Sie schreiben Söder als Spaßpolitiker ab. Stoiber jedoch, der im Herbst als Kanzlerkandidat nur knapp scheitert, weiß Söders Einsatz zu schätzen. Die beiden sind sich nähergekommen. Als sich Waigel und Stoiber über die Einführung des Euro stritten, hat sich Söder auf die Seite des D-Mark-Fetischisten Stoiber geschlagen, und das, obwohl Söder im kleinen Kreis nicht zu den bayerischen Separatisten gehört, die in der EU nur ein Bürokratiemonster sehen. Im Gegenzug hat der Ministerpräsident seinem Schützling zwei attraktive Podien gebaut: Söder ist zum Chef der CSU-Medienkommission ernannt und in den ZDF-Verwaltungsrat entsandt worden, Letzteres immerhin als Nachfolger des Strauß-Alter-Egos Wilfried Scharnagl.

Die Doppelzuständigkeit für Medienthemen garantiert Söder eigene Medienpräsenz: Mal will er (vergeblich) den Wechsel des ARD-Mannes Claus Kleber zum »Heute-Journal« verhindern; mal versucht er (vergeblich), die Vertragsverlängerung des ZDF-Chefredakteurs Nikolaus Brender zu stoppen. Mal muss er sich ärgern, weil in Beiträgen von ARD und ZDF zur Eröffnung der Münchner Pinakothek der Moderne der Ministerpräsident nicht ausreichend vorkommt; dann muss er sich darüber echauffieren, dass der fränkische Kommissar im Münchner »Tatort« ein Riesen-Dödel ist. Der Höhepunkt seines Wirkens im Fachgebiet Fernsehen ist jedoch das viel beachtete Angebot, dem Sandmännchen, das der Rundfunk Berlin-Brandenburg aus dem Programm nehmen will, in Bayern Asyl zu gewähren. Söder wird in diesen Jahren bestärkt in seiner Art, Politik zu machen. Er kann das jetzt ja einfach messen: Zwei Jahre in der Enquetekommission Energie hinterlassen draußen beim Bürger weniger Spuren als zwei Sätze zur Rettung des Sandmännchens.

Es gibt eine kleine Szene aus dieser Zeit, die viel erzählt über den Effektpolitiker Söder und über das Verhältnis von Schein und Sein. Die Szene spielt in Ingolstadt, wo der JU-Landeschef bei den örtlichen Nachwuchskollegen zu Gast ist. Fragerunde in einem großen Saal, Söder sagt: Schüttet euer Herz aus! Hinweise, Vorschläge, Kritik! Jeden kleinen Zuruf notiert Söder mit großer Geste auf einem weißen Zettel. Kümmere mich, rede mit dem Edmund, hochinteressant! Irgendwann faltet er den Zettel, er redet weiter dabei. Dann reißt er ihn sorgsam in zwei Stücke, dann in vier und diese schließlich in winzige Fitzel. Als er aufsteht, bleibt auf dem Tisch ein Häuflein aus Papier zurück. Aber irgendwie schafft es dieser Söder bis heute, für viele nicht der Mann zu sein, der den Notizzettel zerreißt. Sondern der Mann, der sich offenbar alles merken kann.

Der 21. September 2003 ist ein Tag des Triumphs für die

CSU, der Tag, an dem sie – mit 60,7 Prozent der Stimmen – die Zweidrittelmehrheit der Mandate im Bayerischen Landtag er-ringt. Stoiber steht auf dem Gipfel seiner Karriere. Die Partei kann vor Kraft kaum mehr laufen, und niemand ahnt in diesem Moment, dass sie deshalb bei der Landtagswahl 2008 böse stol-pern wird. Söder darf auch persönlich feiern: Er holt in seinem Wahlkreis im Nürnberger Westen mit 54,8 Prozent das Direkt-mandat, im Vergleich zu 1998 hat er 9,4 Prozent zugelegt. Sein Gegenkandidat von der SPD hat nicht den Hauch einer Chance gegen die inzwischen gut geölte Wahlkampfmaschine Söder.

Bald ein Jahrzehnt ist er nun im Bayerischen Landtag, im Sommer hat er den JU-Vorsitz an Manfred Weber abgegeben. Er ist jetzt politisch erwachsen. Ein Minister, der Söders Ent-wicklung in der ganzen Zeit genau beobachtet hat, sagt: »Er hat mich an den jungen Gauweiler erinnert, brillant, aber schon voller Hybris. Für einen wie ihn gibt es nur zwei Möglichkei-ten: Entweder er schafft es ganz nach oben. Oder er schießt sich selber ab.«

Teil II
Häutungen auf dem Weg zur Macht

1. Der Mann fürs Grobe
Stoibers General

Ihm ist gesagt worden, dass alles klappen werde, Wochen vor der Wahl schon. Er müsse nur warten. Und mal eine Weile tun, was seinem Naturell so gar nicht entspricht: die Klappe halten. Aber hat er nicht schon lang genug gewartet? Könnte jetzt nicht endlich der Anruf kommen?

Die Zeit der Prüfung hatte für Markus Söder am 21. September 2003 begonnen, dem Tag, an dem die CSU zwei Drittel der Sitze im Bayerischen Landtag erobert. Seitdem wartet er auf den Anruf. Der Abgeordnete Söder, erzählen Menschen, die damals in seiner Nähe waren, sei beinahe mit jeder Stunde, die verging, nervöser geworden, gereizter. Dann eröffnete ihm Günther Beckstein, bayerischer Innenminister und CSU-Bezirkschef in Nürnberg, dass es an diesem Wochenende so weit sein würde: Edmund Stoiber werde alle persönlich informieren, die bei den Personalrochaden in der Staatsregierung und in der CSU eine Rolle spielen. Doch es kam kein Anruf am Samstag. Auch am Sonntag nicht. Und der Montag ist nun auch schon wieder bald vorbei.

Söder sitzt zu Hause in Nürnberg – zumindest in den Phasen, in denen er es fertigbringt, zu sitzen – und denkt: »Das wird nichts mehr.«

Markus Söder ist zu diesem Zeitpunkt der bekannteste, ehrgeizigste und vielleicht talentierteste CSU-Politiker in der Generation der Dreißigjährigen. Ein hochbegabter politischer Verkäufer, smart, gerissen, ein bisschen verschlagen. Und genau da fängt das Problem an. Was verkauft der junge Mann eigentlich? Der Markus ist liberal, sagen die einen in der Partei. Der Markus ist konservativ, sagen die anderen. Die einen finden, er glänzt. Die anderen finden, er schillert. Die »Süddeutsche Zeitung« nennt ihn eine »Kreuzung aus Gerhard Schröder und

Jürgen Möllemann«. Die einen meinen, das ist ein Kompliment. Die anderen meinen, das ist eine Beleidigung.

In der CSU-Fraktion ist Söder gerade bei den Älteren nicht beliebt, sie halten ihn für einen respektlosen Sonnyboy. Söder provoziert sie auch unablässig, nennt den Radiosender Bayern 1 eine »Gruftiwelle« und vergleicht den Fraktionsvorstand mit einem »Elferrat« aus dem Fasching. Als der Sonnyboy den Schutz von Embryonen zu einem Wettbewerbshindernis für bayerische Unternehmen erklärt, faltet ihn Alois Glück öffentlich zusammen, der wertkonservative, nachdenkliche Fraktionschef, der Söders weiteren Weg lange mit maximalem Misstrauen begleiten wird. Ein Kabinettsmitglied sagt sehr bestimmt: »Bei uns wird der nix.« Selbst Beckstein hadert mit seinem forschen Schützling: »Er ist ein großes Talent, aber er muss sich noch ändern.«

Söder ficht das alles nicht an, es ist seine alte Nummer: hier der Rebell, dort das Establishment. Ihm gefällt der Titel, den ihm Journalisten verliehen haben: »Teflon-Mann der CSU«. Ihm kann keiner was. Zwei Dinge geben ihm Sicherheit: sein wirklich ganz enormes Selbstbewusstsein – und die Unterstützung durch Edmund Stoiber. Jahre später wird Söder sagen: »Er war derjenige, der mich immer gefördert hat, gegen viele Bedenken. Ohne ihn wäre mein Weg wohl anders verlaufen.« Den Vorsitz der CSU-Medienkommission hatte ihm Stoiber ja zugeschanzt, den Sitz im ZDF-Fernsehrat, jedes Mal gegen den ausdrücklichen Protest von Alois Glück. Und jetzt gibt es eine weitere, noch viel attraktivere Position, über die Stoiber als Parteichef praktischerweise allein entscheiden kann.

Söder braucht eine neue Bühne, der Jungen Union ist er entwachsen. Und die Rolle als Generalsekretär, als Chefprovokateur der CSU, ist wie für ihn geschaffen. Mal ganz abgesehen davon, dass sie als Karrierefahrstuhl nach oben gilt. Heute sagt Söder: »Das Amt des Generalsekretärs war das einzige, das ich mir wirklich gewünscht habe. Die Grundsatzbeschreibung passte damals zu meiner bisherigen JU-Arbeit: schneidig und mutig in der medialen Auseinandersetzung. Es war naheliegend, das zu machen.«

Er weiß, dass die Sache auf ihn zuläuft. Stoiber will Wissenschaftsminister Hans Zehetmair möglichst elegant aufs Altenteil verabschieden, der schöngeistige Generalsekretär Thomas Goppel drängt sich als Nachfolger auf. Die meisten in der CSU fügen sich langsam in die Einsicht, dass Stoiber ihnen diesen Söder vor die Nase setzen wird. »Es hat ja Sinn gemacht«, erinnert sich einer, der skeptisch war. »Wir haben ein junges Gesicht gebraucht.« Grünen-Fraktionschef Sepp Dürr hat Söder ohnehin schon als »Stoibers Minenhund« ausgemacht, es fehlt also nur noch die offizielle Beförderung.

Söder aber wartet und wartet. Es ist Montag, der 13. Oktober, spät am Abend. Stoibers Wankelmut ist berüchtigt. Um 22 Uhr klingelt Söders Telefon. Eine hochrangige Beamtin aus der Staatskanzlei meldet sich: Er solle sich bereithalten, in fünf Minuten rufe der Ministerpräsident an. Die fünf Minuten verstreichen, dann 10, 15. Die Nerven sind zum Zerreißen gespannt. Söder ist niemand, der nach innen leidet. Von wegen Teflon-Mann. Eine geschlagene Stunde sei noch einmal vergangen, erzählt Söder Jahre später, dann habe er endlich Stoiber am Apparat gehabt. Der Ministerpräsident berichtet umfangreich von einem Telefonat mit dem französischen Staatspräsidenten Jacques Chirac, wälzt auch noch ein paar weiterführende außenpolitische Gedanken – und legt wieder auf. Noch während Söder dabei ist, sich wieder zu fassen, klingelt das Telefon noch einmal. Stoiber sagt, er habe da was vergessen: Generalsekretär gehe natürlich klar.

Knapp vier Jahre wird Söder Generalsekretär sein. In dieser Zeit wird man ihn in ganz Deutschland kennenlernen, als bayerisches Großmaul zwar, aber immerhin. Er wird sein Netz in der CSU weiterspinnen, nach dem JU-Chef hat er das zweite ideale Amt dafür. Er wird sich Edmund Stoiber als Ziehvater an den Hals werfen, und der wird ihn als Ziehsohn annehmen. Am Ende wird es trotzdem heißen, der Sohn habe den Vater verraten. Und auch in der CSU werden viele finden, dass er ruhig zusammen mit ihm verschwinden könnte.

Fachbereich Attacke

Die Planstelle des Generalsekretärs hat nicht nur bei der CSU, sondern auch bei CDU, SPD und FDP Tradition. Die Stelleninhaber bilden den Fachbereich Attacke der deutschen Politik. Sie müssen ständig reden, selbst dann, wenn sie nichts zu sagen haben. Sie müssen immer irgendwen beschimpfen, selbst wenn es gerade mal keiner verdient. Das kommt Söder entgegen. Er ist gern Stoibers oberster Parteisoldat, der Mann fürs Grobe. Wenn ihn jemand als dessen »Bauchredner« oder als »Schuhputzer« beschimpft, dann nimmt er das als Auszeichnung.

In der CSU haben der Parteireformer Gerold Tandler und das »blonde Fallbeil« Stoiber den Posten des Generalsekretärs geprägt. »Gott vergibt«, raunte man, »Stoiber nie.« Die Generalsekretäre sind die Schaukämpfer der Politik, sie teilen aus und stecken ein. Nach außen ist der Generalsekretär der zweite Mann einer Partei; nach innen ist er auch Verwaltungschef und Wahlkampfleiter, Seelenstreichler und Zuchtmeister. Und im besten Fall auch Vordenker. In der FDP hat einst Karl-Hermann Flach die sozialliberale Koalition vorgedacht, in der SPD verströmten Egon Bahr oder Peter Glotz programmatische Kraft. Die CDU hatte in Kurt Biedenkopf und Heiner Geißler Generäle von natürlicher Autorität. Söder muss sich überlegen, welche Funktion er betonen will. Die des Vordenkers wird es nicht sein, doch das wird auch nicht von ihm erwartet.

Am 15. Oktober 2003, einem Mittwoch, ist Markus Söder endgültig in der großen Politik angekommen. Stoiber stellt ihn als neuen CSU-Generalsekretär vor. Söder ist 36 Jahre alt, ein junger Mann, an politischer Erfahrung aber schon ein Veteran. Genau das gefällt Stoiber, der, wie er damals schon behauptet, in Söder sich selbst als jungen Politiker erkennt. Besonders imponierten ihm Söders »Bereitschaft anzuecken« und seine

»mutigen Einlassungen in den neun Jahren als Chef der Jungen Union«. Außerdem sei Söder einer, »der sich für die kleinen Leute einsetzt«, was die CSU schließlich auszeichne. Söder gibt sich angemessen gerührt und bescheiden: »Für mich ist das ein ganz großer Tag.« Er trete in »gewaltige Fußstapfen, die meine Vorgänger hinterlassen haben, angefangen beim Parteivorsitzenden«. Vier Jahre lang wird Söder Stoiber folgen wie ein zweiter Schatten.

Stoiber hat ihm erzählt, dass er selbst 1978 ja lieber ins Kabinett gewechselt wäre, dass ihn Franz Josef Strauß aber mit simpler Mathematik gelockt habe: »Staatssekretäre gibt es zum Saufuttern, Generalsekretär nur einen.« Söder hat die Sache aber schon selbst begriffen. »Ich spiele im Sturm, ich gehe in die Zweikämpfe«, verkündet er in seinen ersten Interviews. Er ist der jüngste Generalsekretär aller Bundestagsparteien, was er in jedem Interview einzustreuen versteht.

Im vierten Stock der damaligen CSU-Parteizentrale in der Nymphenburger Straße in München, einem grauen Kasten aus Beton, geht Söder sein erstes Großprojekt an: die zeitgemäße Einrichtung seines Büros. Sein Vorgänger Goppel hatte ein Faible für schwere Sofas und Ölgemälde, Söder lässt hippe Büromöbel kommen und hängt – winziger Stilbruch – alte Strauß-Plakate auf. Auch anderswo im Haus lässt er Pressspan-Möbel und muffige Teppichböden entfernen, es wird heller und freundlicher. Damit seine Mitarbeiter nicht Angst haben, der Neue werfe alles über den Haufen, versichert Söder, ein »lernender Generalsekretär« sein zu wollen.

Kakerlaken und Ministerialbeamte

Söders Vorgänger Goppel hat nie zu Stoibers engerem Kreis gehört, nun hat der CSU-Chef zumindest einen bekennenden Bewunderer seiner Person in die Landesleitung geholt. Söder muss sich allerdings mit diversen Pressesprechern herumschlagen, die aus der Staatskanzlei herüberschauen und ihm dringende Empfehlungen geben. So etwas ist der Polit-Desperado nicht gewohnt. »Ganz am Anfang hat man mir irgendwelche Formulierungen aufgeschrieben, die ich dann wiedergeben sollte wie ein Automat«, sagt Söder heute. »Das hat nicht funktioniert, die ersten Auftritte in Talkshows waren gar nicht gut.« Man einigt sich auf einen Kompromiss: Söder lässt sich maßvoll beraten, und die Berater lassen ihn dafür von der Leine.

Warm wird Söder aber nicht mit Stoibers Beamten. Auch beim wöchentlichen Jour fixe in der CSU-Parteizentrale ist immer irgendwer aus der Staatskanzlei dabei, »Stoibers Gasthörer« werden sie genannt. Söder kann die Besucher nicht ab und lässt sie das spüren. Teilnehmer der Runden erinnern sich, dass er einmal ziemlich anlasslos sagt, bei einem Atomschlag würden ja nur zwei Lebewesen überleben: »Kakerlaken und Ministerialbeamte«. Söder, in Nürnberg als Einzelkämpfer sozialisiert, tut sich schwer mit dem, was er für das Berufsbild des Beamten hält: Nur einer von vielen Männern in grauen Anzügen zu sein, das könnte er nicht. Stoibers Leute verachtet er dafür, dass sie eine eigene Meinung nur so lange haben, bis Stoiber eine andere äußert. Beim Besuch eines Medizintechnik-Unternehmens gibt der Generalsekretär seinen Begleitern aus der Staatskanzlei sogar öffentlich eine mit. Er inspiziert gerade ein Skelett, mit dem künstliche Hüftgelenke und Wirbelprothesen veranschaulicht werden, da dreht er sich zu ihnen um und sagt: »Das sollten Sie sich auch überlegen, sich etwas einsetzen zu lassen, damit Sie endlich mal ein stabiles Rückgrat bekommen.« Eine gewisse Herablassung gegenüber Spitzenbeamten wird sich Söder auch als Ministerpräsident bewahren.

Dass Stoiber schon Mitte 2004 seinen Aufpasser Michael Höhenberger aus der CSU-Zentrale in die Staatskanzlei abzieht, interpretieren Söders Unterstützer als Vertrauensbeweis. Seine Gegner sagen: Stoiber hat schnell gesehen, dass Söder alle Anweisungen aus der Staatskanzlei ohne Murren umsetzt. Der Ministerpräsident lässt ihm aber auch viel Freiraum, was daran liegen mag, dass Stoiber alle wichtigen Entscheidungen bei sich in der Staatskanzlei konzentriert. Es fällt jedenfalls auf in der CSU, dass Stoiber seinen Söder vor anderen nie hart angeht und ihn zu Fernsehauftritten und Veranstaltungen schickt, die er Goppel nicht überlassen hätte. Stoiber ist froh, dass er in Söder jemanden hat, der wie er selbst zwischen Tag und Nacht nicht unterscheidet, wenn es etwas zu erledigen gibt.

Das erste Jahr im Amt ist aus heutiger Perspektive auch deshalb interessant, weil Söder in der CSU eine ähnliche Gemengelage vorfindet wie später bei seinem Start als Ministerpräsident. Er weiß um die außerordentlichen Vorbehalte gegen ihn und ist bereit, an deren Überwindung zu arbeiten. »Es gab praktisch keine Terminanfrage, die er abgesagt hat«, sagt einer, der dabei war. »Zwei Dutzend Leute eines Ortsverbands im Nebenzimmer eines Gasthofs – und der Generalsekretär kommt.« Söder sei ein »verrücktes Tempo« gegangen, natürlich schon auch in dem Wissen, dass er mit jedem Basiskontakt das Fundament seiner künftigen Karriere legt. In der Führungsetage weiß er seinen Einsatz auch gut zu vermarkten, wobei eine Episode überliefert ist, der zufolge er immer noch mehr Verkäufer als Macher ist. So soll Söder in einer CSU-Führungsrunde vor Stoiber von seinem heldenhaften Einsatz berichtet haben: »Herr Ministerpräsident«, ein Jahr als Generalsekretär sei rum, er habe fast achtzig CSU-Kreisverbände besucht, »das muss mir mal jemand nachmachen«. Stoiber soll sich an Thomas Goppel gewandt haben: »Achtzig, das ist toll. Thomas, wie viele hattest du denn in einem Jahr?« Goppel soll geantwortet haben: »105.«

Die verlorene Seele der Mainzelmännchen

Bei seiner Vorstellung als Generalsekretär hatte Söder noch gelobt, dass »bei aller Erotik der Verpackung« stets der Inhalt Vorrang haben müsse – im Nachhinein könnte man diesen Satz für einen frühen Ausflug in die Welt des Kabaretts halten. Mehr als jeder andere Generalsekretär vor und nach ihm wird er zur Windmaschine der CSU, und natürlich produziert er bevorzugt heiße Luft. Neben seinem Einsatz für das Sandmännchen kämpft er auch für die Mainzelmännchen, weil das ZDF seine Zeichentrick-Maskottchen einem Facelifting unterzogen hat. Sie laufen jetzt etwas dünner und mit Handy am Ohr durch die Gegend. Söder ist damit ganz und gar nicht einverstanden: »Die Mainzelmännchen haben ihre Seele verloren.«

Wenn es nach ihm ginge, müsste Kanzler Schröder praktisch täglich und aus wechselnden Gründen sofort zurücktreten. Das Risiko bei Söders publizistischem Dauerfeuer ist natürlich, dass es Rohrkrepierer gibt. Er überreizt manchmal seine Gags, aber selten so spektakulär wie im Juni 2004. Da lässt Söder ausgewählten Berliner Journalistinnen ein Geschenkpaket zustellen. Neben Sonnenbrillen und Badelatschen befinden sich darin auch weiß-blaue Bikinis, die den Normalbürger im CSU-Shop satte 21,50 Euro kosten würden. Auf der beiliegenden Karte wünscht Söder den Journalistinnen eine »perfekte Performance bei Badewetter«.

Hinterher erläutert er zwar, dass die Aktion eine nette Geste sein sollte, weil er mit den Paket-Empfängerinnen zuvor über kühle, verregnete Hauptstadt-Sommer gesprochen hatte. In der Staatskanzlei soll Edmund Stoiber dennoch nicht gerade erfreut darüber gewesen sein, dass er sich zu den Wäschesendungen äußern soll. An Söder ergeht die ausdrückliche Bitte, der einen oder anderen lustigen Eingebung nicht sofort zu folgen.

Das wäre auch ganz im Sinne von Söders Mitarbeitern in der Landesleitung, die wesentlich damit beschäftigt sind, ihren Chef zu bremsen. »Er wollte jeden Tag eine Idee raushauen«, sagt einer, »es war eine Herausforderung, ihm klarzumachen, dass zu viel Wahrnehmung ihm auch schaden kann.« Söder muss als General-Azubi auch zur Kenntnis nehmen, dass er nicht der einzige Hecht im Teich ist. Wer mit den Medien spielt, wird selbst leicht zum Spielball. Als Söder etwa relativ sachlich dafür plädiert, dass der Staat eingreifen müsse, wenn

Kinder in die Kriminalität abrutschen, destilliert der Boulevard daraus die Schlagzeile:»Söder fordert Ausgehverbot für Jugendliche«. Das ist zwar nicht völlig falsch, aber noch weniger völlig richtig. Das wird ein Strukturproblem des Politikers Markus Söders auf allen Karrierestationen bleiben: Wer viel Mist macht, dem wird noch viel mehr Mist zugetraut.

Der CSU-Generalsekretär ist phasenweise eine Witzfigur in den Medien, in den überregionalen zumal. Wenn Stoiber das »Fallbeil« war, schreibt der »Spiegel«, sei Markus Söder höchstens ein »Fallbeilchen«. Der so Betitelte gibt nach außen wieder den Teflon-Mann. Ohrenzeugen hören ihn jedoch durch die Gänge der Landesleitung brüllen:»Die können mich alle mal!«

Nicht immer geht es nur um Harmlosigkeiten. Je ernster die Themen sind, desto gefährlicher ist Söders Strategie von Provokation und Tabubruch. Einmal unterstellt er dem Bundeskanzler »indirekt« eine Mitschuld an einem Kindermord in München, weil Schröder die gesetzlichen Regelungen gegen Wiederholungstäter nicht verschärft habe. SPD-Generalsekretär Franz Müntefering diagnostiziert beim CSU-Kollegen daraufhin »moralische Verkommenheit«. Söders Äußerungen seien eine »Mischung aus blanker Lüge und Hass«.

Frage an Söder zweieinhalb Jahrzehnte danach: Ist Ihnen so was inzwischen peinlich? »Als Generalsekretär ist man nicht für den Salon zuständig, sondern fürs Hofbräuhaus«, sagt er. »Das war natürlich vom Kausalzusammenhang weit hergeholt. Das hätte man nicht machen müssen.« In der CSU, fügt er an, habe es ihm jedoch sicher nicht geschadet.

Sicher nicht geholfen hat es ihm bei den Söder-Lästerern in der CSU-Landtagsfraktion. Ihre Urteile triefen vor Gift und werden sehr lange an ihm haften:»Mann ohne Werte«, »intellektuell blamabel«. Im Jahr 2005 ist noch unvorstellbar, dass die Fraktion zwölf Jahre später im Machtkampf mit Seehofer Söders wichtigste Bastion sein wird. Erst der Generalsekretärs-Job, sagt ein langjähriger CSU-Abgeordneter, habe Söder

»das Gewicht gegeben, sich einen Fanclub aus jungen Abgeordneten aufzubauen«. Er habe das sehr geschickt angestellt:
»Er ist hin zu den Einzelnen und hat gesagt: ›Du hast tolles
Potenzial.‹ Dann ist er ab und zu was mit ihnen trinken gegangen. Geredet hat dann natürlich nur er, weil ihn andere Menschen gar nicht interessieren. Aber funktioniert hat es trotzdem, alle waren dankbar für seine Aufmerksamkeit.« Mit jeder
Landtagswahl, die nun folgt, werden die argwöhnischen Alten
in der Fraktion weniger. Und die Jungen, die neu ins Maximilianeum einziehen, können gewiss sein, dass Söder sich um ihre
Integration kümmert.

Stoibers Bodyguard

Die Zweidrittelmehrheit bei der Landtagswahl 2003 hat aus
Edmund Stoiber einen tollwütigen Reformer gemacht. Er will
den Freistaat zukunftsfest umkrempeln, schuldenfreier Haushalt, Komplettumbau der Verwaltung. Wozu das alles im Detail
dienen soll, kann er den Bürgern dummerweise nie wirklich
verständlich machen. Sie merken nur, dass er überall sparen
will. Das Oberste Landesgericht soll weg (der Ministerpräsident Söder wird es 15 Jahre später wieder einrichten), auch die
staatliche Ernährungsberatung. Die vielen Streichungsmittei-
lungen aus der Staatskanzlei bringen in allen Ecken Bayerns
Menschen auf die Straße, es demonstrieren Gruppen, die bisher treu zur CSU standen: Polizisten, Lehrer, Förster und sogar Kommunalpolitiker der Partei selbst.

Söders Aufgabe als Generalsekretär ist es, Stoibers Sturm-
und-Drang-Phase innerhalb der CSU zu moderieren. Während
Staatskanzleichef Erwin Huber gegenüber der Verwaltung als
Vollstrecker des Ministerpräsidenten auftritt, gibt Söder bei
Parteiversammlungen im ganzen Land den Seelsorger der Ba-
sis. »Eineinhalb Jahre lang habe ich den ganzen Ärger abbe-
kommen«, sagt er heute, die Erfahrung habe ihn »abgehärtet«.
Söder muss indes nichts verteidigen, was er nicht selbst unter-

stützt. In der Rückschau sagt er: »Inhaltlich war ich überzeugt von der Stoiber-Linie. Die Reformen, Privatisierungen und Investitionen waren die Grundlage für den heutigen Erfolg Bayerns.« Diskutieren könne man natürlich darüber, »ob das alles nicht zu schnell ging. Wenn wir die Reformen langsamer angegangen wären, wäre die Akzeptanz vielleicht größer gewesen.« Er habe, sagt Söder, in dieser bewegten Zeit einiges gelernt, was ihm heute nutze: »In Bayern muss man die Menschen mitnehmen. Man muss ihnen den Überbau erklären, bevor man Einzelmaßnahmen macht.« Drei Gruppen seien dabei strategisch besonders wichtig: »die drei B«, Bauern, Beamte und Bürgermeister. Die müsse man auf seiner Seite haben.

Es schadet aber auch nicht, wenn man die eigene Partei und die eigene Landtagsfraktion auf seiner Seite hat. Stoiber hatte nach 2003 den Draht zu den CSU-Abgeordneten verloren. Auch seinem Generalsekretär gelingt es nicht, eine Brücke für ihn zu bauen. Söder nimmt sich allerdings fest vor, die Fraktion niemals zu vernachlässigen, sollte er eines Tages selbst regieren dürfen.

Von New York nach Passau

Vorerst ist er mit simpleren Dingen beschäftigt. An einem brütend heißen Augusttag 2004 sitzt Markus Söder in New York in der letzten Reihe des gut klimatisierten Madison Square Garden, direkt unterm Dach. »Adlernest« heißen die billigsten Plätze der Halle, man braucht jedenfalls Adleraugen, um unten den Präsidenten George W. Bush zu erkennen, der gerade auf den Schild des Kandidaten zur Wiederwahl im Herbst gehoben wird. Söder und die anderen ausländischen Gäste sind ziemlich beeindruckt vom Parteitag der Republikaner. Politik sei da ein Event, schwärmt Söder, aber behalte doch einen inhaltlichen Kern.

New York ist eine Studienreise für den CSU-Generalsekretär, der zu Hause gerade an der Verjüngung des CSU-Images arbeitet. Er hat das Parteilogo verschlankt, er will neben der bewährten Weißbier-CSU auch eine schicke Latte-Macchiato-CSU im öffentlichen Bewusstsein verankern. Aber von den Amerikanern kann natürlich selbst die CSU noch etwas lernen. Söder findet die Show der Republikaner »sehr inspirierend, auch wenn vieles natürlich nicht auf Deutschland übertragbar ist«.

Was er für übertragbar hält, ist dann im Februar 2005 beim Politischen Aschermittwoch in Passau zu bewundern. »Ich habe den Aschermittwoch revolutioniert«, erinnert sich Cheforganisator Söder gewohnt bescheiden, »die Neuerungen von damals sind heute alle selbstverständlich«: die Bühnenzunge, die in den Zuschauerraum hineinragt, die Kameraflüge über die Menge und den Hauptredner Stoiber ganz vorn am Pult. »Wir wollten das Politische oben auf dem Podium haben und das Bierhafte unten im Zuschauerraum.« Dass der unverstellte Seiten-Blick auf Stoiber vor allem den Ehrengästen vorbehalten ist, mindert Söders Begeisterung nicht. Um das Passauer Stammpublikum mit den modernen Zeiten nicht zu sehr zu verstören, verkündet er, dass selbstverständlich weiterhin Fischsemmel und nicht Sushi gereicht werde.

In einem winzigen, aber bedeutenden Detail übertreibt Söder die Inszenierung. Unter den Transparenten, die in der Dreiländerhalle aufgehängt sind, sticht eines heraus. »Söder statt Schröder«, steht darauf. Alle fragen sich: Wer hat das gemalt? Söder beteuert, nur leibhaftige CSU-Fans hätten die Plakate mitgebracht. Doch es hält sich beharrlich das Gerücht, dass eine Handvoll Motive, unter anderem »Söder statt Schröder«, in Wahrheit Maßanfertigungen aus der CSU-Landesleitung sind. Herr Söder, so viele Jahre danach, Gelegenheit zum Geständnis: Wie war das mit dem Plakat? »Ich weiß nicht mehr genau, wie es dort hinkam. Aber schlecht fand ich es nicht.«

Die Jedi-Ritter

So progressiv sich der junge Söder in PR-Fragen gibt, so altmodisch wirkt sein politisches Ideengerüst. Ein starkes nationales Motiv durchzieht seine Reden. Wenn Bundeskanzler Gerhard Schröder »tatenlos« zuschaut, wie ein deutscher Pharmakonzern von der ausländischen Konkurrenz übernommen wird, reicht das Söder, um den Kanzler als »vaterlandslosen Gesellen« zu schelten. Wird er dafür kritisiert, verweist er freundlich darauf, dass doch sogar der Sozialdemokrat Wolfgang Thierse den Begriff verwende, um Unternehmen für die Verlagerung von Arbeitsplätzen ins Ausland zu rügen.

Bei seinen Auftritten präsentiert er sich gern als dynamischer Konservativer, er redet viel über die neue Bedeutung alter Werte, über den »geistigen Aufbruch«, den das Land unbedingt brauche. Deutschland sei in der Krise, und schuld seien die »Alt-68er«, die sich vom christlich-abendländischen Weltbild abgewandt hätten. Söder beklagt mangelnden Patriotismus und schwindenden Glauben; zur Behebung dieser Missstände sei es wichtig, »die Nationalhymne, aber auch die Bayernhymne zu lernen und zu singen«. In den Schulen will er »Kruzifixe und keine Kopftücher« sehen und obendrein das Morgengebet wieder einführen, was ihm eine Belobigungsnachricht von Kardinal Joseph Ratzinger einbringt, aber sonst auch aus der katholischen Kirche viel Kritik. Vor CSU-Publikum sichert ihm all das verlässlich Beifall. Nur bei der Überwindung seines »Flachdenker-Images« bringt ihn das nicht weiter.

Vielleicht tut er sich deshalb mit drei anderen jungen Unionspolitikern für eine gemeinsame Tiefenbohrung zusammen. Der baden-württembergische CDU-Landtagsfraktionschef Stefan Mappus, der nordrhein-westfälische CDU-Generalsekretär Hendrik Wüst, JU-Chef Philipp Mißfelder und Söder nehmen sich vor, das konservative Profil der Union zu schärfen – oder dagegenzuhalten, falls CDU-Chefin Merkel die Modernisierung der Partei übertreibt. Das Ganze mutet ein wenig an wie eine etwas bemühte Neuauflage des Andenpakts, in dem sich eine andere Generation von Unions-Männern um Roland Koch und Günther Oettinger zusammengeschlossen hatte.

Dass die neue Combo nie so ganz ernst genommen wird, mag auch daran liegen, dass Söder für das Quartett den Namen »Jedi-Ritter« in den Raum stellt. Das glanzlose Thesenpapier (»Moderner bürgerlicher Konservatismus«), das die Jedi irgendwann präsentieren, bleibt komplett wirkungslos. Interessant daran ist aus heutiger Sicht am ehesten, wie Söder und seine Mitstreiter sich klar als Sozialkonservative zeigen, die Gerechtigkeit und Schutz für die kleinen Leute versprechen: »Im Mittelpunkt unserer Wirtschaftspolitik stehen die Helden des Alltags, die hart arbeiten, um ihre Familien zu ernähren.« Das zumindest ist eine Schiene, auf der auch der Ministerpräsident Söder noch unterwegs ist.

Söder beharrt stets darauf, das Aufwachsen im Nürnberger Westen habe ihn zum Fürsprecher der kleinen Leute gemacht. Was ihn aber nicht davon abhält, noch in der ersten Hälfte seiner Generalszeit eher neoliberale Wirtschaftsideen zu vertreten. Sein Lieblingsprojekt in dieser Periode ist es, den »erstarrten Arbeitsmarkt« wieder in Bewegung zu bringen. Die teilweise harschen Sozialreformen, die er zu diesem Zweck vorschlägt, führen zu einem Zusammenstoß mit dem führenden Sozial- und Gesundheitsexperten der CSU: Horst Seehofer.

Eigenständige Köpfe wie der Bundestagsabgeordnete Seehofer haben es schwer auf dem Höhepunkt des Stoiberismus; umso ironischer ist es, dass Seehofer später selbst mit großer Lust den CSU-Alleinherrscher geben wird. Zunächst einmal führt sein Weg ins Abseits: Im November 2004 tritt Seehofer als Vize-Chef der Unions-Bundestagsfraktion zurück, weil er den Gesundheitskompromiss von CDU und CSU nicht mittragen will – er hält ihn für nicht sozial genug. Von Stoiber fühlt sich Seehofer im Stich gelassen. Doch die CSU ist unter Stoiber nun mal eine Ein-Mann-Partei, er entscheidet über Kurs und Karriere, und etwa ein Jahr später wird es auch er sein, der Seehofer aus dem politischen Nirgendwo zurückholt.

Während General Söder über den Rebellen Seehofer sagt, dieser habe sich »verrannt«, bezieht Seehofer aus seinem Rückzug bis heute eine gewisse Glaubwürdigkeit, selbst noch in Zeiten, in denen er von vielen als Wendehals porträtiert wird – er hat immerhin einmal die Sache über die Person gestellt. So ein identitätsstiftender Moment fehlt Söder in seiner politischen Biographie – wenigstens bis im Frühjahr 2020 ein gefährliches Virus über das Land kommt. Während Seehofer das für die CSU zentrale Gleichgewicht von sozialer Verantwortung und ökonomischer Verpflichtung mühelos verkörpert, muss Söder darüber viele Worte machen. Noch 2018 sagt ein CSU-Mann: »Der Markus hat nie gefragt: Wofür stehen wir? Sondern immer nur: Was kommt an? Das ist bei ihm bis heute so: Er sagt nur das, was die Leute hören wollen. Das Unangenehme spricht er nicht an. Echte Führung wäre, den Menschen das Notwendige verständlich zu machen. Das versucht der Markus nicht einmal.« Echte Führung: Erst im Zuge der Corona-Krise wird das eine Qualität sein, die man mit Söder verbindet.

Söder und die Substanz, das ist lange keine Liebesgeschichte. Manche in der CSU halten es für vielsagend, dass der Generalsekretär Söder kurz nach Amtsantritt schon am unfallfreien Neudruck des alten CSU-Grundsatzprogramms von 1993 gescheitert war – ausgerechnet das Kapitel über das Selbstverständnis der CSU fehlte in dem Büchlein und musste als Blättersammlung nachgereicht werden. Mit den Jahren aber bemüht sich Söder zunehmend, die Aufmerksamkeit der Wähler auf die bunten Flicken auf seinem konservativ-schwarzen Mantel zu lenken. Es sind, ganz streng gezählt, zwei Flicken.

Der erste ist Söders immer wieder aufblitzende Sympathie für eine Auffrischung des christsozialen Gesellschaftsbilds. Aus seiner »Großstadterfahrung« heraus, erzählt Söder gern, finde er verschiedene Lebensmodelle außerhalb von Ehe und Familie völlig okay. »Auch eine alleinerziehende Mutter oder ein alleinerziehender Vater mit einem Kind fühlen sich als Familie«, sagt er im Februar 2006 im Interview mit der »Süddeutschen Zeitung«. »Das muss die Politik, auch die CSU, stärker anerkennen.« Er will die Vereinbarkeit von Familie und Beruf erleichtern, er ist für den Ausbau von Kitaplätzen und beitragsfreie Kindergärten. Er lässt auch immer wieder Toleranz für gleichgeschlechtliche Lebensgemeinschaften durchblicken – man müsse die gesellschaftliche Wirklichkeit annehmen. Söder ist in seinen privaten Ansichten sicher weiter als Teile seiner Partei. Und er ist zu dem Schluss gekommen, dass die CSU nur dann eine Volkspartei bleiben kann, wenn sich das Volk in seiner wachsenden Vielfalt in ihr wiederfindet.

Der zweite Flicken ist ein erster Auftritt als »grüner Söder«, eine Rolle, mit der er viele Jahre später das ganze Land erstaunen wird. Damals erklärt er die CSU zur eigentlichen Umweltschutz-Partei, weil sie sich der Bewahrung der Schöpfung verschrieben habe. Man müsse auf die »Lebensthemen« setzen, gute Luft, sauberes Wasser und gesunde Ernährung. Konkret lehnt er den Anbau gentechnisch veränderter Pflanzen ab – gegen die offizielle CSU-Linie. Instinktsicher liegt er damit aber auf einer Linie mit einer wachsenden Mehrheit der Bürger. Söder sagt, ihm sei das an den Freundinnen seiner Frau aufgefallen: Bio und Öko, das sei nicht mehr allein die Domäne grüner Latzhosenträger, »das bewegt die Mitte der Gesellschaft«. Inhaltliche Beliebigkeit? »Lernfähigkeit«, findet Söder. Stoiber fragt Söder anfangs noch, was das solle mit dem Nein zu Genmais. Nach einiger Zeit sagt Stoiber, er verstehe das jetzt: Seine Töchter hätten es ihm erklärt.

Umwelt, Toleranz, Solidarität: Journalisten und Parteifreunde fragen sich bei alldem, ob Söder da aus Überzeugung vorprescht oder aus Strategie. Bisher sei es ja immer Strategie gewesen, glauben die meisten. Und warum sollte das jetzt auf einmal anders sein?

Unter Schwestern

Markus Söder ist in den fetten Jahren der CSU Generalsekretär geworden. Die erste Kampagne, die er leitet, ist der Europawahlkampf 2004. Die CSU verliert einige Prozentpunkte und kommt trotzdem noch auf 57 Prozent, was sie mit der Routine des Seriensiegers zur Kenntnis nimmt. Gelegenheit, sich wirklich auszuzeichnen, hat Söder nur als Krisenmanager in der Affäre um die Münchner CSU, bei der interne Wahlen durch Mitglieder- und Stimmenkauf entschieden wurden. Bezirkschefin Monika Hohlmeier, Kultusministerin, Strauß-Tochter und dennoch keine Söder-Freundin, wird von dem Skandal erfasst, sie soll Konkurrenten gedroht haben, »Dossiers« gegen sie zu verwenden. Hohlmeier muss schließlich von allen Ämtern zurücktreten, und Söder wird allseits als Friedensstifter gelobt, was ihm in seinem Leben wohl noch nicht oft passiert ist. Praktischer Nebeneffekt für Söder: Die Zahl der CSU-Leute in seiner Alterskohorte, die man sich irgendwann einmal – und sei es mit großer Phantasie – als Ministerpräsidenten oder Ministerpräsidentin vorstellen kann, ist klein. Mit dem Abgang von Hohlmeier, die später Abgeordnete im Europaparlament wird, ist sie noch kleiner geworden.

Söder weiß das noch nicht, aber auch er wird bald ins Stolpern kommen, zum ersten Mal in seiner Karriere. Für den Moment ist er indes noch ganz gut ausgelastet damit, Stoiber zu helfen, der CDU-Chefin Angela Merkel auf die Nerven zu fallen. Erst wiederholt er ständig, dass Stoiber natürlich auch 2006 wieder ein formidabler Kanzlerkandidat der Union wäre. Söder ist es auch, der die Welt wissen lässt, dass sein Chef das Amt des EU-Kommissionspräsidenten abgelehnt habe: »Frau Merkel hat sich sicher auch gefreut, dass Edmund Stoiber der deutschen und der bayerischen Politik erhalten bleibt.«

Die CDU beschwert sich daraufhin, der CSU-Generalsekretär sei »wohl noch nicht trocken hinter den Ohren«. Dass Söders Beziehung zur Schwesterpartei – abgesehen von einigen persönlichen Kontakten aus JU-Tagen, etwa zu Ronald Pofalla und Norbert Röttgen – sehr lange nicht mit gegenseitiger Zuneigung erfüllt wird, ist in diesen Tagen angelegt. Söder hat noch gut im Gedächtnis, wie kühl Stoiber und er Ende 2003 auf dem Leipziger CDU-Parteitag empfangen wurden. »Schon am Delegiertenabend wollte kaum einer bei uns sitzen«, sagt er, bei Stoibers Rede habe es Buhs gegeben, und wenn man Söder richtig deutet, hatten CDU-Generalsekretär Laurenz Meyer und er gar keinen guten Start in ihre Arbeitsbeziehung.

Am Abend des 23. Mai 2005 werden die entfremdeten Schwesterparteien aber wieder zusammengeführt, und zwar von der SPD. Nach der Niederlage von Rot-Grün bei der Landtagswahl in Nordrhein-Westfalen sieht Bundeskanzler Schröder die Grundlage seiner Reformpolitik gefährdet. SPD-Chef Franz Müntefering gibt bekannt, dass die Bundesregierung die Bundestagswahl von 2006 auf den Herbst 2005 vorziehen wolle. Söder sitzt in einem Berliner Studio des Bayerischen Rundfunks, als ihn die Neuwahl-Ankündigung erreicht. Das Erste, was er tut, als er das Studio verlässt: Er verhängt eine Urlaubssperre für die Mitarbeiter der CSU-Landesleitung.

Endlich kann er sich als Wahlkampfmanager beweisen. Angesichts der täglichen Koordination mit der CDU ist er nicht komplett unglücklich, dass Meyer als Generalsekretär inzwischen von Volker Kauder abgelöst wurde. Zeitweise wohnt Söder jetzt fast im »War Room« in der CSU-Zentrale. Er darf mitternächtliche Krisensitzungen leiten, bei denen darüber gegrübelt wird, wie man Journalisten entgleiste Stoiber-Sätze erklärt – etwa den, dass »die Frustrierten« im »Osten« nicht bestimmen dürften, »wer in Deutschland Kanzler wird«. Söder redet sich in diesem Fall darauf hinaus, dass Stoiber mit den »Frustrierten« nur die Herren Gysi und Lafontaine persönlich gemeint habe.

Verpackungskünstler Söder hat nun sogar inhaltliche Verantwortlichkeiten. Zusammen mit Staatskanzleichef Erwin Huber und den CDU-Vertretern Kauder und Röttgen soll er ein Unions-Regierungsprogramm aufsetzen. Ein- bis zweimal in der Woche trifft sich das Quartett im Berliner Konrad-Adenauer-Haus. In der Rückschau beansprucht Söder für sich, die Unions-Entscheider intern davor gewarnt zu haben, mit der Forderung nach Steuererhöhungen in den Wahlkampf zu ziehen: »Ich konnte mich leider nicht durchsetzen.« Fragt man andere Beteiligte, entsinnen sie sich dunkel, dass Söder etwas in dieser Richtung geäußert haben könnte: »Aber dafür gekämpft hat er sicher nicht.«

Stoiber, der 2002 so knapp am Kanzleramt vorbeischrammte, verbringt den Sommer 2005 zaudernd angesichts der Frage, ob er nach der Wahl ins Bundeskabinett eintreten soll. Er hält sich für so ziemlich alles geeignet, und er könnte nach einem Unions-Sieg auch so ziemlich alles werden, außer Kanzler. Merkel ist ungeduldig, Stoibers Unentschlossenheit verhindert aus ihrer Sicht die Aufstellung einer glaubwürdigen Mannschaft. Die Union führt einen Wirtschaftswahlkampf, ohne dem Thema Wirtschaft ein Gesicht geben zu können. Dass Großkaliber wie der hessische Ministerpräsident Roland Koch Merkel absagen, liegt auch daran, dass die CDU-Chefin ihren Leuten keinen bestimmten Posten verbindlich versprechen kann.

Stoiber findet hingegen, als Parteichef sei es sein gutes Recht, sich nicht in irgendein Team einzureihen. In der CSU-Spitze gibt es zwei Meinungen zur Berlin-Frage. Innenminister Günther Beckstein und Staatskanzleichef Huber ermutigen Stoiber zum Umzug in die Hauptstadt; neben dem Wohl von Land und Partei haben die beiden sicher auch den Stuhl des Ministerpräsidenten im Auge, den Stoiber räumen würde. Einige Stoiber-Mitarbeiter hoffen auch, dass Berlin ein Neustart für ihren Chef wäre, ein Ausweg aus der Münchner Reform-Druckkammer. Söder kann dem Argument wenig abgewinnen, er rät seinem Chef zum Verbleib in München: »Was willst du in Berlin? In München hast du alles.«

Im Endspurt legt die SPD eine furiose Aufholjagd hin, am

Wahltag, dem 18. September, rettet die Union gerade mal einen Prozentpunkt Vorsprung ins Ziel, 35,2 Prozent gegenüber den 34,2 Prozent der SPD. Die CSU bricht ebenfalls ein und erreicht nur noch 49,2 Prozent, neun Prozentpunkte weniger als bei Stoibers Kanzlerkandidatur 2002.

Söder verbringt den Wahlabend in München in der Hanns-Seidel-Stiftung, und es läuft einiges schief. Bei seinem ersten Presse-Statement sagt er, man sei zufrieden – da liegt die CSU nämlich noch bei 52,8 Prozent. Und auch später redet er die gefühlte Niederlage klein: Die CSU habe in Bayern immer noch das beste Landesergebnis der Union. Am Telefon bietet er Stoiber, der in Berlin ist, an, die Verantwortung für die CSU-Verluste zu übernehmen und zurückzutreten. »Man gewinnt gemeinsam, man verliert gemeinsam«, soll Stoiber geantwortet haben.

Die nächsten Wochen werden ungemütlich für Söder, es ist die heikelste Phase seiner bisherigen Karriere. Plötzlich macht er freiwillig Bögen um Mikrofone und Kameras. Stoibers Unentschiedenheit gilt in der CSU als maßgebliche Ursache des Absturzes. Söder ist der Blitzableiter für seinen Chef, das Gewitter ist enorm. Aber auch Söders eigene Baustellen als Wahlkampfverantwortlicher rücken ins Blickfeld. »Wir haben keinen Fehler ausgelassen«, giftet ein CSU-Mann. Die Kampagne sei zu wirtschaftslastig und kalt gewesen, analysieren die meisten. Die Bundestagsabgeordneten erkundigen sich, ob es wirklich so weise war, mit Huber und Söder zwei Landtagsabgeordnete das Programm schreiben zu lassen. Ex-Landesminister Alfred Sauter findet, es habe an den Plakaten gelegen. Jeder einzelne Punkt fällt auf den Generalsekretär zurück.

Zwei Vorwürfe treffen Söder wohl stärker, als er zugibt. Erstens wird seine Schönfärberei des Ergebnisses am Wahlabend als plump gegeißelt. Ein Parteimann sagt, Söder klinge mehr nach Politbüro als nach CSU. Zum ersten Mal realisiert Söder, dass man es mit der politischen Lyrik auch übertreiben kann. Der zweite Vorwurf wiegt schwerer: Der Generalsekretär habe zu viel Zeit in Talkshows verbracht und zu wenig an den Stammtischen. Das geht ans Eingemachte. Hat der Maurersohn Markus sich ein bisschen verführen lassen von all den Power-Playern, mit denen er als Generalsekretär verkehren darf? Dass er sich Jahre später auf dem Sprung in die Staatskanzlei den »vernünftigen Leuten« als Schutzpatron aufdrängt und flankierend das »Feuilleton« verspottet – das mag auch in der Erfahrung von 2005 begründet sein.

Knapp drei Wochen nach der Wahl probiert der Generalsekretär einen Befreiungsschlag: Er schreibt einen Brief an die CSU-Mitglieder. Er wirft sich zwar nicht in den Staub, aber für seine Verhältnisse lässt er ein gewisses Maß an Selbstkritik erkennen. In der CSU solle wieder mehr diskutiert werden, alle sollten sich einbringen können. Und, noch wichtiger: Bei den »notwendigen Reformen« in Deutschland müsse es natürlich »sozial gerecht zugehen«. Ob ihm das nicht vielleicht schon im Wahlkampf hätte einfallen können? Söder hat das Glück, dass die Diskussion um ihn abebbt, weil sich die Partei wichtigeren Personalfragen zuwendet.

Einmal Berlin und zurück

Während Stoiber in den Tagen nach der Wahl resultatfrei über einen Umzug nach Berlin nachdenkt, entbrennt zwischen Beckstein und Huber der Kampf um Stoibers Nachfolge. Der Innenminister ist 61, der Staatskanzleichef 59 Jahre alt: Sie können kaum mehr warten. Beckstein prescht in der Landtagsfraktion vor und sagt, er wolle Ministerpräsident werden. Huber kontert sofort: Ich auch. Stoiber wird der Stuhl unterm Landesvaterhintern weggezogen, ohne dass er einen neuen Platz gefunden hätte. Am 10. Oktober 2005 scheint Stoiber sich dann auf eine Berliner Sitzgelegenheit festgelegt zu haben, er soll ein Super-Wirtschaftsministerium führen, erweitert um Europa- und Forschungszuständigkeiten.

Bei den Koalitionsverhandlungen mit der SPD spüren Söder

und andere in der CSU-Gesandtschaft jedoch bald, dass Stoiber ein Unbehagen beschleicht. Er hat damit gerechnet, eine Sonderrolle in der Regierung zu spielen. Jetzt dämmert ihm, dass sie so besonders nicht sein wird. Er muss mit der Merkel-Vertrauten Annette Schavan, die das Bildungs- und Forschungsressort übernehmen soll, erbittert um Zuständigkeiten streiten. Eine bisher einfache Landesministerin aus Baden-Württemberg, das hält er für unter seiner Würde. Und er wundert sich, warum Merkel ihm nicht beispringt.

In einer Verhandlungsrunde legt Stoiber umfänglich dar, die Mitsprache der CSU in der Großen Koalition werde ja so stark sein, dass die Kanzlerin gar keine klassische Richtlinienkompetenz mehr besitze. Schavan habe sich das alles angehört, heißt es, kurz gewartet und dann in die Stille gesagt: Eins müsse ganz klar sein, Merkel allein bestimme. Stoiber ist das alles nicht mehr ganz geheuer, und am Sonntag, dem 30. Oktober, spricht der Ministerpräsident das in einem gar nicht so kleinen Kreis aus: »Ich weiß nicht mit Berlin.« Er wolle das eher doch nicht machen. Söder und andere sagen, es werde schwer, da rauszukommen. Da bräuchte es schon einen Anlass. Und der ist am nächsten Tag plötzlich da.

Der SPD-Vorstand kommt in Berlin zusammen, um über die Nominierung eines neuen Generalsekretärs abzustimmen. Parteichef Franz Müntefering hatte Bundesgeschäftsführer Kajo Wasserhövel auserkoren, doch die Parteilinke Andrea Nahles hat eine Kampfkandidatur angekündigt. Nahles schlägt Wasserhövel mit 23 zu 14 Stimmen, ein Vorgang, der nicht nur die SPD ins Schlingern bringt, sondern auch die CSU. Die Unionsverhandler sitzen unter der Leitung von Merkel und Stoiber am Nachmittag im Konrad-Adenauer-Haus zusammen, als die Meldung von Nahles' Coup eintrifft.

Wenig später kommt ein CDU-Mitarbeiter in den Raum und sagt zu Merkel: »Ich habe hier den Herrn Müntefering am Telefon.« Merkel geht telefonieren, und als sie zurückkehrt, informiert sie die Runde darüber, dass Müntefering als SPD-Chef hinwirft. Sein Eintritt ins Kabinett – er soll Arbeitsminister und Vizekanzler werden – sei ungewiss. Alle, die Stoiber besser kennen, sagt Söder, hätten in diesem Moment gemerkt, es gehe was in ihm vor, es arbeite was in ihm. Im Aufbrechen, so Söder, habe er vor dem Besprechungssaal kurz mit Stoiber gesprochen. »Das ändert meine Überlegungen«, sagt Stoiber. »Jetzt nichts Unüberlegtes machen«, entgegnet Söder.

In diesen dramatischen Stunden wird anschaulich, dass Söder bei aller Nähe zu Stoiber nicht zu dessen engstem Beraterkreis zählt. Den bilden eine Handvoll Spitzenbeamte, mit ihnen bespricht Stoiber, was nun zu tun ist. Als Ersten aus der CSU-Führung informiert er Landesgruppenchef Michael Glos. Söder erfährt am späten Nachmittag durch eine Agenturmeldung, dass Stoiber seinen Wechsel nach Berlin auch öffentlich infrage stellt.

Es ist keineswegs so, dass Stoiber seinen Generalsekretär im Alltag gar nicht um Rat fragt. Er tut das sogar oft. Sie haben jeden Sonntag einen festen Telefontermin miteinander, sie sprechen meistens eine Stunde oder länger, wobei die erste halbe Stunde eigentlich immer für Fußball draufgeht. Söder buhlt zwar um Stoibers Gunst, aber er ist, wie das ein Stoiber-Mann formuliert, »nicht so ein Arschkriecher, wie alle glauben«. Stoiber akzeptiert Widerspruch von Söder, vielleicht ja gerade weil der so ein frenetischer Stoiberianer ist.

»Stoiber hat sich immer angehört, was Söder gesagt hat«, berichtet ein anderer Szenekenner, »er war in den großen Fragen aber kein entscheidender Faktor.« Hoch gewichtet habe Stoiber Söders Meinung nur, wenn ihn explizit eine Generationenperspektive interessierte: »Markus, wie sieht man das bei den jungen Leuten?« Auch bei den Brainstorming-Runden, die Stoiber gern abends im Stüberl der Staatskanzlei abhielt, sei Söder nie dabei gewesen. Wenn es ernst wird, wendet sich der Ministerpräsident an seine Top-Beamten: Büroleiter Michael Höhenberger, Planungsstabchef Friedrich Wilhelm Rothenpieler, Amtschef Walter Schön und vor allem Sprecher Martin

Neumeyer, den »Stoiber-Flüsterer«, über den Söder sich end-
los aufregen kann. Er ist nicht der Einzige, der findet, dass
Neumeyer den Turbo-Stoiber noch anstachelt statt bremst.

Am Morgen nach Münteferings Rückzugsankündigung gibt
Stoiber in München offiziell bekannt: Er bleibe Ministerpräsident, man habe nun eine »veränderte Lage«. Müntefering sei
»Eckpfeiler der Koalition« gewesen, durch seinen Ausfall habe
man es mit einer anderen, linkeren SPD zu tun. Im Nachhinein
sagt Söder, er halte Stoibers Entscheidung immer noch für
grundsätzlich richtig, nach außen habe das alles aber zu hek-
tisch gewirkt.

In München herrscht nicht gerade Euphorie über die Heimkehr Stoibers, besonders schwer tun sich naturgemäß Beckstein und Huber. Zahlreiche Landtagsabgeordnete werfen
Stoiber einsame Entscheidungen und eine Vernachlässigung
der Landespolitik vor. Teile der Fraktion rächen sich jetzt für
die Geringschätzung der vergangenen Jahre, Stoibers Macht
gerät ins Wanken. In einer Sondersitzung der Fraktion muss
der Ministerpräsident sich zu seiner Flucht aus Berlin erklären.
Fünf Stunden lang. Er liest allerdings nur Beschwichtigungs-
formeln vom Blatt ab, viele sind nicht mal neu, etwa die, dass
er sich für Bayern zerrissen habe.

Als die Sitzung auf der Kippe steht, schiebt Söder Stoiber
einen Zettel hinüber, darauf steht: »Entschuldige Dich!« Für
eine echte Entschuldigung reicht es dann nicht, eher zu Bedau-
ern. Ein Satz immerhin bleibt hängen: Er leide »wie ein Hund«,
sagt Stoiber, weil das Ansehen der CSU Schaden genommen
habe. Erwin Huber, der ausgebremste Nachfolge-Kandidat,
spricht von einem »langen Weg«, den Stoiber gehen müsse, um
den »Vertrauensschaden« zu reparieren. Stoiber darf nur auf
Bewährung weitermachen, genau wie sein Generalsekretär.

Auf Regionalkonferenzen und an langen Tagen am Telefon
bittet Söder die CSU-Basis um Geschlossenheit. Er habe aber
schnell begriffen, sagt er in der Rückschau, dass manche sich
nicht besänftigen lassen wollten: »Wenn jemand so lang regiert

hat wie Edmund Stoiber, dann gibt es eben nicht nur Unterstützer.« Widerwillig spricht der Vorstand Stoiber noch einmal das Vertrauen aus, ohne Gegenstimme. Es gibt indes eine Enthaltung, an die man in der CSU noch zurückdenken wird. Sie stammt von Gabriele Pauli, der Landrätin von Fürth.

Söder, der Anfang 2006 39 Jahre alt wird, ist zum ersten Mal Teil eines Machtkampfes um die CSU-Spitze. Als Stoiber-Alliierter wird er diesen Kampf verlieren, aber er wird auch einige Lektionen lernen. Sie werden ihm ein gutes Jahrzehnt später nützlich sein, als er selbst mit Horst Seehofer um das Ministerpräsidentenamt ringt. Führungsanspruch, das realisiert Söder in dieser quälend langen Abstiegsphase an Stoibers Seite, muss man in der CSU durch Erfolg legitimieren. Die Partei ist eiskalt mit ihren Anführern, egal welche Gipfel der Beliebtheit sie vorher erklommen haben. Stoiber konzentriert sich jetzt notgedrungen auf Bayern, über den neuen Freiraum in der Hauptstadt freut sich in der CSU vor allem der Bundeslandwirtschaftsminister: Horst Seehofer.

Seit dem Herbst 2005 sind Stoiber und sein Adlatus Söder in der Defensive. Eine Umfrage Mitte November hat ergeben: Nur 27 Prozent der Befragten wollen, dass Stoiber bei der Landtagswahl 2008 wieder antritt. Selbst bei den CSU-Anhängern ist eine Mehrheit dagegen. Söder muss die CSU-Aufständischen in allen Ecken des Landes besuchen und ihnen eine zweite Chance für Stoiber abschwatzen. Dem Generalsekretär gehen die Spaßtermine aus. Ein Söder-Gefährte sagt: »Das waren harte Gänge für ihn, die haben ihn gestählt. So leicht bringt ihn seitdem nichts mehr aus der Ruhe.«

Die Gabi

Im April 2006 teilt Edmund Stoiber mit, noch einmal bei der Landtagswahl antreten zu wollen. Söder assistiert, Stoiber sei »der geborene Spitzenkandidat für 2008«. In der CSU wispern manche, dass Söder Stoiber in erster Linie deshalb für den

idealen Mann für 2008 halte, weil er sich selbst als idealen Mann
für 2013 sehe. Zum ersten Mal wird Söder – wenn auch sehr
vage und arg langfristig gedacht – als Ministerpräsident gehandelt.

Der Sommer 2006 gewährt Söder und Stoiber ein Durch-
schnaufen, das Land schwenkt fröhlich Fähnchen, erst bei der
Fußball-Weltmeisterschaft in Deutschland, dann beim Hei-
matbesuch von Benedikt XVI., dem bayerischen Papst. Und
doch merkt Söder, dass das Feuer in der CSU nicht gelöscht ist.
Der treue Wirtschaftsminister Otto Wiesheu wird von Parteifreunden zitiert, ihn erinnere die Situation an die Abenddämmerung der Streibl-Ära. Einige CSU-Leute regen sich auf einmal darüber auf, dass Stoibers Familie Papst Benedikt treffen
darf. Zu allem Überfluss erodiert Stoibers Autorität auch
durch ein paar Internet-Videos, in denen Höhepunkte seines
sprachlichen Strauchelns zusammengeschnitten sind, von der
»gludernden Lot« über den Einstieg »in den Hauptbahnhof«
und Stoibers kleine Bärenkunde (»sich normal verhaltende Bä-
ren«, »Schadbären«, »Problembären«). Die sozialen Netzwerke stecken da noch in den Kinderschuhen, doch Söder erfährt
die Macht des Netzes beinahe am eigenen, also an Stoibers Lei-
be. Dennoch, so schätzt er das im Nachhinein ein, hätte es für
Stoiber reichen können. Wenn da nicht Gabriele Pauli gewesen
wäre.

Söder und Pauli kennen sich gut aus der fränkischen CSU,
die Städte Nürnberg und Fürth gehen ja fast nahtlos ineinander
über. Als Pauli 1990 im Landkreis Fürth mit gerade mal 33 Jahren als Landrätin kandidiert, ist der 23-jährige Söder ihr Helfer.
Die beiden fahren im Lautsprecherwagen über die Dörfer.
»Das war echte Freundschaft zwischen uns«, sagt Pauli. »Aber
Freundschaft und Partei, das geht mit einem wie dem Markus
nicht.«

2006 avanciert Pauli, als eine der wenigen jüngeren CSU-
Frauen in einem nennenswerten Amt, zur inoffiziellen Wort-
führerin der Stoiber-Kritiker. Beim CSU-Parteitag in Augsburg

scharen sich die Journalisten um sie. Stoiber müsse auf die Spitzenkandidatur 2008 verzichten, diktiert sie den Reportern in die Blöcke. Im Dezember bittet Pauli aus unbestimmtem Grund um einen Gesprächstermin bei Stoiber. Der lässt sie an seinen Generalsekretär verweisen. Söder bietet ihr einen Termin an. Doch was Pauli zu sagen hat, will sie Stoiber selbst sagen.

Und so kommt es an einem Montagmorgen im Dezember, bei der letzten CSU-Vorstandssitzung vor Weihnachten 2007, in der Münchner Landesleitung zu einem Showdown, der nicht nur die CSU erschüttern, sondern das politische Bayern aus den Angeln heben wird. Zunächst läuft alles wie gehabt. Stoiber monologisiert über den Freistaat und die Welt. Dann hebt Gabriele Pauli die Hand. Wirklich auf der Rechnung hat sie niemand im Raum. Die Landrätin gilt vielen immer noch als politisches Leichtgewicht, »ein politisches Nullum«.

Nun aber reitet Pauli eine Attacke, die den Ministerpräsidenten und Parteichef Stoiber ins Wanken bringen wird. »Ich finde es nicht akzeptabel, dass leitende Beamte aus dem Umfeld des Ministerpräsidenten meinen Freundeskreis abtelefonieren und nach Angriffspunkten gegen mich ausfragen«, sagt sie. Der Bespitzelungs-Vorwurf ist in der Welt. Sitzungsteilnehmer tippen SMS an Journalisten, wenig später berichtet die »Abendzeitung« auf ihrer Internetseite.

In der Sitzung verpufft die Dramatik. »Keinem war klar, welche Dimension das annehmen wird«, sagt ein Teilnehmer. Doch Paulis Vorwurf trifft eine Gefühlsebene in der CSU: Stoiber nervt, es wird zu viel, seine Zeit ist vorbei. Der nutzt derweil seinen Sitznachbarn Söder als Small-Talk-Statisten, um seine Gleichgültigkeit zu demonstrieren. Nach einer Weile muss Stoiber sich äußern, er sagt, er könne sich das mit der Bespitzelung nicht vorstellen. An diesem Punkt klaffen die Darstellungen auseinander. Die einen sagen, Stoiber habe Pauli dann schroff abgekanzelt: »Sie sind nicht wichtig.« Die anderen, darunter Söder, insistieren, Stoiber habe nur gesagt, Paulis Sache sei »nicht wichtig genug« für einen Gesprächstermin.

Restlos verbindlich wird nie geklärt, warum Stoibers Büroleiter Höhenberger beim Wirtschaftsreferenten der Stadt Fürth
anrief und sich über Pauli erkundigte – und ob es ihm um Paulis Angriffe auf Stoiber ging oder doch um nützliche Details
aus ihrem Privatleben. Unabhängig davon, ob Stoiber von der
Aktion wusste oder sie gar in Auftrag gab, leuchtet die Angelegenheit die Problemzone des Ministerpräsidenten aus: Abge-
hobenheit und Intransparenz.

Ein Stoiber-Mann sagt heute: »Wir haben das alle unterschätzt. Stoiber, Söder, das Umfeld, alle.« Manche werfen Söder vor, er habe die Dramatik der Lage durchaus erkannt, dies
aber aus Angst um die eigene Karriere verschwiegen. Pauli
lässt in dieser Phase die Bemerkung fallen: »Ach ja, der Markus, der hat doch von allen am meisten zu verlieren.« Vielleicht
hätte Stoiber die Angelegenheit da noch bereinigen können,
indem er sichtbar auf Pauli zugeht. Stoiber sieht dafür keinen
Grund, und er wird auch von Söder darin bestätigt.

Team Stoiber nimmt den Kampf an, und der Heilige Abend
2006 gerät bei den Söders deshalb nicht ganz so besinnlich. In
der »Bild am Sonntag« greift Pauli – inzwischen zur boule-
vardtauglichen »schönen Landrätin« aufgestiegen und nicht
ungern das »Stoiber-Opfer« – mal wieder den CSU-Chef an.
Dieser erteilt seinem Generalsekretär den unheiligen Auftrag,
sofort zurückzuschießen. Folgsam gibt Söder ein paar kräftige
Sätze an die Agentur. Am Abend will seine Schwiegermutter
ein Weihnachtskonzert im Radio hören, aber zuerst kommen
die Nachrichten. Söder erzählt die Geschichte so: »Erste Meldung, Weihnachtssegen in Rom. Zweite Meldung, Weihnachtsfrieden in Bethlehem. Dritte Meldung, Krieg in der CSU, Söder attackiert Pauli. Meine Schwiegermutter hat mich strafend
angeschaut und gesagt: Wie kannst du nur?«

Anfang Januar, auf seinem Neujahrsempfang in Nürnberg,
gibt sich Söder gelassen: »Die Geschichte Pauli ist für mich
auserzählt, die Sache wird ihr am Ende noch viel schaden.« Da
glaubt er aber schon selbst nicht mehr daran.

Das Drama von Kreuth

Am 5. Januar 2007 wird Söder vierzig Jahre alt. Kurz bevor seine Feier beginnt, liest er eine Vorabmeldung der »Leipziger Volkszeitung«: Bayerns Landtagspräsident Alois Glück, Söders alter Gegenspieler, wünscht sich einen geordneten personellen Übergang »ohne Brüche«. Es ist ein Fanal. Im Söder-Lager wirft man Glück bis heute vor, die Putschisten Beckstein und Huber zusammengeführt zu haben. »Alois Glück war damals der Pate im Hintergrund«, sagt ein Söder-Getreuer. Glück bestreitet das vehement.

In Wildbad Kreuth, dem ehemaligen Kurort, berühmt für seine Heilerfolge bei Nervenleiden, trifft sich am Montag, den 15. Januar, die CSU-Landtagsfraktion zur Klausur. Im Tagungshaus der Hanns-Seidel-Stiftung wird die bombastische Solidaritätserklärung, die das CSU-Präsidium gerade erst verabschiedet hat, in den nächsten zwei Tagen pulverisiert werden: »Edmund Stoiber ist und bleibt die Nummer eins in unserer Partei und in Bayern.« Im Drama von Kreuth wird Markus Söder nur ein Nebendarsteller sein. Am Ende dieser denkwürdigen Woche allerdings wird er im Mittelpunkt stehen, in der ARD, zur besten Sendezeit.

Die große Aussprache der Fraktion zieht sich von Dienstagnachmittag bis weit nach Mitternacht. Stoiber zeigt sich moderat einsichtig, er werde ja jetzt mit Pauli reden. Aber er findet schon noch, dass die Stoiber-Krise am besten von Stoiber überwunden wird: »Wenn ihr glaubt, ihr könnt mich mürbemachen, habt ihr euch getäuscht.« Das ist die Vorwärtsverteidigung, die auch Söder empfohlen hat. Von den gut sechzig Wortmeldungen richtet sich etwa die Hälfte gegen Stoiber. Viele Abgeordnete berichten von der Unruhe daheim an der Basis. Beckstein und Huber gießen kein Öl ins Feuer, beide bekommen donnernden Applaus; bei Beckstein donnert es ein bisschen mehr, da ist den Abgeordneten klar, dass er Ministerpräsident werden wird.

Söder setzt sich mit einer warmen, aber nicht wie üblich glühenden Stellungnahme für Stoiber ein. Auch die jungen Abgeordneten Georg Eisenreich und Ernst Weidenbusch, beide Mitglieder in Söders wachsendem Fanclub, geben Rückendeckung. Aber hängen bleibt eher, was Alfred Sauter sagt, der einst von Stoiber als Justizminister gefeuert wurde. Sauter erklärt, ein Großer müsse Größe zeigen – und abtreten. »Es hatten sich damals viele klar gegen Stoiber positioniert. Auch ehemalige Kabinettsmitglieder waren dabei«, erinnert sich Söder gut zehn Jahre später. »Wenn so eine Welle dann kommt, kannst du am Ende wenig dagegen machen.« Zehn Jahre später wird Söder selbst auf so einer Welle in die Staatskanzlei reiten.

Um ein Uhr morgens tritt Fraktionschef Joachim Herrmann vor die Presse und teilt mit, man stehe zu Stoiber, die Spitzenkandidatur 2008 sei aber offen. Stoiber kommt eine gute halbe Stunde nach Herrmann und sagt, er freue sich über die »absolute Rückendeckung« für seine Politik. »Sie wissen, dass ich gern wieder antreten würde. Ich muss es aber nicht.« Söder spürt, dass die Dinge ins Rutschen kommen – die Frage, welche Konsequenzen er aus dieser Einsicht zieht, wird in der CSU noch lang diskutiert werden.

Mit Huber und Beckstein habe er in den Tagen von Kreuth nie direkt gesprochen, erzählt Söder, sie seien ihm auch aus dem Weg gegangen. Er habe alles unternommen, um wenigstens die jungen Abgeordneten für Stoiber zusammenzuhalten – recht viel weiter reicht sein Arm in der Fraktion auch nicht, als Generalsekretär ist er im Landtag nicht so präsent. Am Mittwochvormittag seien er, Eisenreich und Weidenbusch mit Stoiber beieinandergesessen, ein Treffen »der letzten Getreuen«. Sie hätten zu Stoiber gesagt: »Durchhalten, durchhalten, durchhalten.«

Am Mittwochnachmittag fällt Söder und anderen auf, dass sich Beckstein und Huber zurückgezogen haben. Stoiber selbst hat ihnen empfohlen, zu schauen, ob sie sich auf eine Nachfolgelösung verständigen können – vielleicht im Glauben, dass sie das eben nicht schaffen würden. Aber sie schaffen es. Daraufhin diskutieren der Noch-Ministerpräsident und sein General, ob es Stoiber möglich wäre, ein Amt aufzugeben, Parteivorsitz oder Ministerpräsident, um das andere zu retten. Söder rät schließlich ab, das bringe nichts, Stoiber solle einfach stehen bleiben. Als er Stoiber im Foyer des Tagungshauses zum Abschied die Hand gab, sagt Söder heute, habe er gespürt, »jetzt verändert sich alles. Edmund Stoiber war mit sich im Reinen. Es lag ein Hauch von Veränderung in der Luft.« Er, Söder, habe Tränen in den Augen gehabt.

An Tränen bei Söder können sich einige Abgeordnete zehn Jahre danach nicht erinnern. Ihnen ist eher aufgefallen, dass Söder allmählich die Spur wechselte, als sich Stoibers Sturz abzeichnete. Söder, sagen sie, habe von einem Moment auf den anderen auch intern die Attacken auf Pauli und andere Stoiber-Kritiker eingestellt. Und zwar schon, bevor die Würfel endgültig gefallen waren. »Als wir uns in einer Gruppe zur Besprechung getroffen haben, kam der Stoiber bei Söder gar nicht mehr vor«, sagt ein Abgeordneter. Ein hochrangiger CSU-Mann bilanziert: »Söder hat sicher keinen heroischen Kampf für Stoiber geführt. Er hatte die Nase gut im Wind, schon vor Kreuth.« Wahr sei aber auch, dass Stoiber ihm das nicht übelgenommen habe.

Auf dem Heimweg aus Kreuth am Donnerstagmorgen schreibt Söder auf der Rückbank seines Dienstwagens einige SMS, er ruft seinen Verbündeten Ludwig Spaenle an. Allen teilt er seine Einschätzung mit: »Ich glaube, das war es für mich.« Am Vormittag macht die Meldung die Runde, dass Beckstein Ministerpräsident und Huber Parteichef werden sollen. Die beiden dementieren erst mal: Das Ganze ist zwar ein Putsch, soll aber nicht so aussehen. Um 14 Uhr dann beraumt Stoiber ein sehr spontanes Pressestatement an. Da ist klar, dass es vorbei ist. Er gibt bekannt, dass er zum 30. September 2007 als Ministerpräsident und CSU-Vorsitzender zurücktreten werde. Er sagt kein Wort zu viel, beim Abgang stolpert er über einen

Stuhl. Die Erneuerungsprozesse und Stabwechsel in der CSU sind eigentlich immer schmerzhaft. Aber so weh wie diesmal hat es noch nie getan. Und Markus Söder? »Ich war ziemlich fertig«, erinnert er sich, »ich dachte mir: Das ist alles so unfair.«

Nur zu gern würden einige Parteigrößen nach Stoiber jetzt auch seinen Generalsekretär stürzen sehen. Noch in Kreuth, erzählen Söders Leute, sei ein wichtiger CSU-Mann auf Söder zugegangen und habe ihm eröffnet, seine Zeit sei vorbei. Er könne sich ja vielleicht in zehn Jahren eine neue politische Identität aufbauen. In der CSU wettet kaum noch jemand auf die Fortsetzung der politischen Karriere des Markus Söder. Am Sonntagabend ist er bei »Sabine Christiansen« in der ARD zu Gast, es wird der spektakuläre Schlusspunkt der Woche von Kreuth. Söder unternimmt den Versuch, den Tragödienstadl schönzureden. Er salbadert von einer souveränen und mutigen Entscheidung Stoibers und von der großen Geschlossenheit der Partei. 2017 wird es fast genauso klingen, als er – ähnlich aussichtslos – Seehofers Abgang zu einer »souveränen Entscheidung« umdeuten will.

Bei »Sabine Christiansen« sitzt auch der Fußball-Manager und Stoiber-Spezi Uli Hoeneß in der Runde, und dem platzt jetzt der Kragen: »Das glauben Sie doch selber nicht!« Hoeneß findet es skandalös, dass die CSU »einen Mann wie Stoiber« einfach so »gekillt« habe. Dann entfährt ihm ein Satz, der Söder noch lang verfolgen wird: »Wo waren Sie denn in den letzten 14 Tagen?« Viel gehört habe man vom CSU-General ja nicht gerade, als Stoiber ihn gebraucht hätte. Bevor der schockgefrostete Söder sich sammeln kann, geht auch noch Claus Strunz, Chefredakteur der »Bild am Sonntag«, Hoeneß zur Hand. »Sie haben sich nicht für Ihren Chef in die Bresche geworfen«, sagt Strunz. Söder erklärt bockig, er ist und bleibe »Stoiberianer«. Er ist wütend, auch lange nach der Sendung noch, wie der eine oder andere Empfänger seiner unverblümten SMS aus dieser Nacht bezeugen kann.

Das letztgültige Urteil, ob Markus Söder ein Stoiberianer ist, fällt Edmund Stoiber zu. Er wird nach einer Weile ein Friedensgespräch zwischen Söder und Hoeneß anbahnen; der Frieden wird dem Vernehmen nach dann leidlich halten, bis Hoeneß Steuer-Probleme bekommt. Edmund Stoiber sagt heute: »Markus Söder hat sich lange geärgert über die Bemerkung von Uli Hoeneß, und das habe ich verstanden. Uli Hoeneß wollte mich verteidigen, er hat das damals eben so gesehen, aber das ist zwischen beiden längst persönlich ausgeräumt.« Er habe seinem Generalsekretär nichts vorzuwerfen: »Markus Söder war damals an meiner Seite. Aber in den letzten Tagen und Stunden war das eine Angelegenheit, die ich selbst klären musste.«

Es klingt aber auch nicht so, als wolle Stoiber bestätigen, dass Söder bis zur allerletzten Sekunde für ihn gekämpft habe. »Dass Markus Söder sich da neu orientiert hat, als er merkte, dass ich zurücktreten werde, das ist normal. Das habe ich voll und ganz verstanden.« Söder sei 25 Jahre jünger gewesen, er habe »sein ganzes politisches Leben noch vor sich« gehabt. »Ein junger Mann braucht eine neue Aufgabe. Warum sollte er mit mir fallen? Das hätte ich nie verlangt. Das Gleiche galt für alle meine Mitarbeiter.« Ein CSU-Grande, der weder mit Stoiber noch mit Söder freiwillig Zeit verbringen würde, sagt: »Dass Söder das Ende von Stoiber gesehen und sich dann umorientiert hat, das kann man ihm nicht wirklich vorwerfen. Das ist Politik und in Ordnung so.«

Langer Abschied

Der Politische Aschermittwoch der CSU hat schon viele große Schauspiele erlebt, aber das, was im Februar 2007 in der Passauer Dreiländerhalle zur Aufführung gebracht wird, hat seinen festen Platz in der Parteigeschichte sofort sicher. Edmund Stoiber, der gerade erst wütend vom Hof gejagt wurde, wird nach seiner Rede mit zwölf Minuten Applaus gefeiert. Gabriele Pauli dagegen wird vom Parteivolk ausgebuht und als

»Hexe« und »Schlampe« verunglimpft. Der persönliche Konflikt zwischen den alten Freunden Söder und Pauli eskaliert: Die Landrätin ist durch den Mittelgang in die Halle einmarschiert, Söder findet, das sei Parteichef und Ministerpräsident vorbehalten. Ihre Anwesenheit sei eine einzige Provokation an einem Tag, der Stoiber gehören soll.

Pauli wiederum ist zornig, weil Söder sie nicht nur bei der Begrüßung weglässt. Er habe auch mit rhythmischem Klatschen die »Pauli raus«-Rufe der Menge angeheizt und einmal sogar selbst »Pauli raus« geschrien. Söder nennt das alles »absurd« und lässt Pauli wissen: »Wer die Basis ruft, muss sie auch ertragen können.« Wem immer man im Detail glauben will: Dass der Generalsekretär als Cheforganisator des Aschermittwochs den Volkszorn gegen Pauli überhaupt duldet, spricht nicht für ein gesundes Verständnis von innerparteilicher Demokratie. Als Pauli ein paar Wochen darauf für das Magazin »Park Avenue« mit Perücke und Latexhandschuhen posiert, nennt Söder sie die »Tatjana Gsell der CSU«. Tatjana Gsell, muss man wissen, ist ein Nürnberger Fotomodell mit Schmuddelimage, Haft- und RTL-Dschungelerfahrung.

So wie in Passau wird der scheidende Ministerpräsident von der CSU-Basis in ganz Bayern gefeiert. Die Mitglieder vermissen Stoiber jetzt schon, wollen ihn aber auch nicht behalten. Die trotzige Melancholie dieser Phase, heißt es, habe den Kitt zwischen Söder und Stoiber gestärkt. Die CSU kommt jedoch nicht zur Ruhe, die lange Übergangsphase fühlt sich bleiern an. Pauli gibt keine Ruhe, und Bundeslandwirtschaftsminister Seehofer will Huber den Parteivorsitz streitig machen. Seehofer gilt als Held der Basis, er ist unbefleckt von den Schmutzorgien von Kreuth.

Es ist eine Ausgangslage, die der des Machtkampfes von 2017 ähnelt: Das Parteiestablishment ist 2007 so gegen Seehofer wie 2017 gegen Söder. Der Vorstand, die Fraktion, das Präsidium, alle favorisieren Huber. Doch Seehofer sagt: Es entscheiden nicht ein paar wenige Funktionäre, es entscheidet der Parteitag, es entscheiden die Delegierten. Söder sagt heute: »Das Argument habe ich damals genau registriert.«

Das Jahr 2007 ist ein erstes Schlüsseljahr im Verhältnis von Söder und Seehofer. Zu Beginn der Klausur von Kreuth hatte »Bild« berichtet, dass Seehofer in Berlin eine Geliebte habe und diese ein Kind von ihm erwarte. Da die Information laut der Zeitung aus CSU-Kreisen stammt, wird allgemein angenommen, dass da jemand Seehofers sich abzeichnende Kandidatur gegen Huber torpedieren will. Das funktioniert auch ganz gut. »Wie will er denn Vorsitzender einer christlichen Partei werden? Wie weit sind wir eigentlich gekommen?«, fragt der Kölner Kardinal Joachim Meisner. Seehofer sieht sich als Opfer eines Anschlags: »Nach allem, was mir an Informationen vorliegt, wollen bestimmte Leute mich als Person und Politiker beschädigen. Das ist keine Medienkampagne, sondern sie wird von bestimmten Leuten gespeist.« Konkretere Vermutungen werden später noch große Bedeutung erlangen.

Zunächst einmal ist Seehofer aber sauer auf Söder, weil der als Generalsekretär eine gewisse Parteilichkeit im Streit um den CSU-Vorsitz nicht verhehlen kann. Es gebe zwar in der CSU nicht nur »Huber-Euphoriker«, hat Söder gesagt, aber im Gegensatz zu Huber habe Seehofer »echte Gegner«. Kurz: Seehofer hat die schlechteren Karten. Seehofer feuert beherzt zurück: »Markus Söder hat sich doch für einen fairen Wettbewerb ausgesprochen. Da sollte er als Generalsekretär mit gutem Beispiel vorangehen.« Söder gibt sich sehr verwundert und beteuert, er habe nur eine »ehrliche Bestandsaufnahme der Stimmung in der Partei vorgenommen«. Das Ganze kulminiert in einem Satz, der sehr, sehr lange Gültigkeit behalten wird: »Ich verstehe den Horst nicht.«

Für Söder geht es bis zum Stabwechsel in der CSU im Herbst 2007 darum, seinen Job als Generalsekretär ordentlich zu Ende zu bringen. Mit einer Weiterbeschäftigung rechnet er nicht. »Es wäre auch sehr schwer gewesen, nach den intensiven Jahren mit Stoiber noch einmal die persönliche Nähe zu entwi-

ckeln, die man braucht, um die Aufgabe gut zu erfüllen«, sagt
er heute. Erst einmal steht plötzlich in Zweifel, ob Söder überhaupt bis zum Herbst im Amt bleiben kann.

Der Grund ist ein Zitat, das Söder zugeschrieben und von
ihm nicht dementiert wird. Es stammt aus einem Hintergrund-
gespräch mit Journalisten, das nicht für die Öffentlichkeit bestimmt war. Sollte Bundespräsident Horst Köhler den ehemaligen RAF-Terroristen Christian Klar begnadigen, hat Söder
angeblich gesagt, wäre das eine »schwere Hypothek« bei Köh-
lers Wiederwahl. Söder hätte also intern dem Staatsoberhaupt
von der Schwesterpartei mit Abwahl gedroht – und den höchsten Mann im Staat in einen eher niederen Streit hineingezogen.
Die Empörungsflut ist selbst für Söder gigantisch, auch in der
CSU. Für einen Moment sieht es so aus, als könnte Söder wirklich weggespült werden. Es ist der designierte Ministerpräsident Beckstein, der Söder rettet. Auf dem CSU-Bezirkspartei-
tag in Nürnberg nimmt er ihn in Schutz, die Partei versteht das
als Signal und fährt die Kritik herunter. »An der CSU-Basis hat
der Satz viel Zustimmung gefunden«, blickt Söder heute zurück, »aber viele Journalisten haben das ganz anders gesehen«.
Er bedaure, dass die Episode sein Verhältnis zu Horst Köhler,
den er sehr schätze, »etwas getrübt« habe.

Im Herbst 2007 wirft auch noch Pauli ihren Hut um den
CSU-Vorsitz in den Ring. Doch beim Parteitag in München
Ende September setzt sich Huber als neuer CSU-Chef durch.
Er bekommt 58,2 Prozent der Stimmen, Seehofer erreicht 39,1
Prozent, Pauli nur 2,5 Prozent. Das Ergebnis ist sehr nach dem
Geschmack der neuen CSU-Führung: Huber hat eine klare
Mehrheit, Seehofer hat sein Gesicht gewahrt, und Pauli wird
deutlich der Weg zur Tür gewiesen. Die CSU vertraut sich den
alten Recken Beckstein und Huber an, sie zieht keinen klaren
Strich unter die Vergangenheit. Aber was heißt das alles für
Söder?

Vater und Sohn

Der Nockherberg liegt in München am Hochufer der Isar, und in der Bierschwemme dort wird jährlich in der Starkbierzeit ein demokratisches Hochamt gefeiert. Politiker-Derblecken, das heißt im bayerischen Fachjargon, dass Politiker in einer Fastenpredigt und einem Singspiel veralbert werden. Es liegt Ernst in dieser Gaudi, der Nockherberg ist Machtbarometer und Orakel zugleich. Wer hier nicht als Sünder gegeißelt wird, ist politisch inexistent.

Im Februar 2007, wenige Wochen nach Kreuth, ist »Staatszirkus« das durchaus wirklichkeitsnahe Motto des Singspiels. Stoiber und Söder treten als Clowns auf; Stoiber ist ein Pierrot mit einem großzügigen Maß an Würde, Söder ist nur ein dummer August. Der Schauspieler Stephan Zinner spielt ihn als Leibdiener Stoibers, der sich von ihm die Haare kraulen lässt und immer nur »Genau, Chef« sagt. Und plötzlich bettelt: »Hams ned noch schnell a klaans Ministerium für mich?« Da wendet sich Michael Lerchenberg als Stoiber an den undankbaren Bühnen-Söder und sagt: »Wer hat dich denn erst zu dem Clown gemacht, der du heute bist?«

Söder, der Clown. Bleibt das übrig nach vier Jahren als Generalsekretär? Der politische Gegner steigt noch größer ein. »Dummschwätzer«, hat SPD-Bundestagsfraktionschef Peter Struck im Angebot, der bayerische SPD-Vize Florian Pronold greift zum Superlativ: »größter Kotzbrocken der deutschen Politikszene«. Söder selbst führt zur Bilanz seiner Amtszeit einfach eine Zahl an: 72. In 72 Talkshows sei er eingeladen gewesen. In wie vielen wohl Pronold war? Und waren es bei Struck wirklich mehr? Das ist die Währung, in der er rechnet. Er findet, er habe ziemlich gute Flegeljahre hinter sich.

Das sieht er auch noch mit dem Abstand von gut zehn Jahren so: »Die wenigsten Spitzenpolitiker starten als brave Musterschüler. Wer schon als Staatsmann anfängt, lernt nichts dazu. Und man lernt viel in politischen Konflikten. Damals war Politik auch noch leidenschaftlicher. Und wann soll man sich denn in politische Debatten schmeißen, wenn nicht in jungen Jahren?« Im Übrigen sei ein Generalsekretär in der Politik nun mal das, was der Innenverteidiger im Fußball ist: »Manchmal muss man für seinen Vorsitzenden auch eine Grätsche machen. Da ist man immer Rot-gefährdet.« Für die CSU gelte das noch mehr als für andere Parteien: »Es bringt einem CSU-Generalsekretär nichts, nur hochintellektuell aufzutreten. Unsere Wähler sind nun mal nicht nur die Champagner-, sondern vor allem die Leberkäs-Etage.«

Die Skeptiker in der eigenen Partei sind freilich immer noch skeptisch. Einer sagt, ebenfalls mit dem Abstand von gut zehn Jahren: »Klappern gehört zum Job, ich lege auch nicht jedes Wort auf die Goldwaage. Aber bei ihm war es immer eine Umdrehung zu viel. Und es ging nur um ihn selbst. Ein Generalsekretär muss der Partei dienen, und das hat er zu wenig gemacht. Wenn überhaupt, dann hat er seinem Parteivorsitzenden gedient.«

Edmund Stoiber ist auch im Nachhinein höchst zufrieden: »Markus Söder war ein exzellenter Generalsekretär, viel mehr General als Sekretär. Ich konnte mich immer auf ihn verlassen. Ein Generalsekretär muss sich in den Wind stellen, und er hat das vertragen. Er musste nie zum Jagen getragen werden, und ich musste ihn auch nie an die kurze Leine nehmen.« Stoiber hat an Söder besonders gefallen, dass er sich auch dort behauptet hat, wo es schwierig ist für einen Christsozialen: »Ob in Verhandlungen mit der CDU oder bei einer Debatte auf dem Evangelischen Kirchentag, Markus Söder war nie feige.« Sein Ex-General und er, sagt Stoiber, seien sich in den zurückliegenden 15 Jahren immer nähergekommen: »Wir sind Freunde geworden. Er kennt mein Leben, er kennt meine Familie. Ich freue mich, wenn er mich um Rat fragt.« Grünes Licht, Söder darf Stoiber als Ziehvater für sich beanspruchen. Und das tut er auch: »Nachdem mein eigener Vater früh gestorben war, ist Stoiber eine zentrale Figur für mich geworden.«

Weggefährten sind in ihrer Beschreibung der Beziehung vorsichtiger. Zwar seien beide Politikwütige, aber eben auch sehr unterschiedlich in Temperament und Lebensart. Für ein Vater-Sohn-Verhältnis gehe das Emotionale ab. In den Generalsekretärs-Jahren hätten die beiden in gegenseitiger Dankbarkeit zusammengefunden: Stoiber war dankbar, dass Söder ihm diente; Söder war dankbar, dass er Stoiber dienen durfte. Und auch heute hätten die beiden ja was voneinander: Söder erhält durch Stoibers Gunst Legitimität in der CSU, und Stoiber wahrt durch den Ministerpräsidenten Söder seinen Einfluss.

Söder, der politische Erzähler, hat den Ziehvater Stoiber längst eingefügt in seine Aufstiegs-Fabel, letzte Aktualisierung 2018: »Es ist bei der CSU ja wie bei Coca-Cola. Es gibt so eine geheime Formel, die wird nur im kleinsten Kreis weitergegeben von Generation zu Generation. Stoiber hat sie von Strauß bekommen, und Stoiber hat sie dann mir gegeben.« Im Herbst 2007 allerdings muss Söder noch ernsthaft bangen, dass sein politischer Weg mit dem seines Ziehvaters enden könnte. Ob Beckstein »a klaans Ministerium« für ihn hat? Sicher kann er nicht sein.

EXKURS Maskenball
Söder in Veitshöchheim

Seit 1988 überträgt das Bayerische Fernsehen jedes Jahr aus den Mainfranken-Sälen in Veitshöchheim bei Würzburg live die »Fastnacht in Franken«, die Prunksitzung des Fastnachtverbands Franken. In den ersten Jahren interessierte die Show kaum jemand, weder am Bildschirm noch im Saal, wohin Gäste mit Freikarten gelockt wurden, damit die wenigen TV-Zuschauer keine leeren Stuhlreihen sehen. Politiker kamen auch kaum. Das sollte sich aber ändern.

Inzwischen hat keine andere Sendung eines dritten Programms in Deutschland mehr Zuschauer als die »Fastnacht in Franken«.

Knapp vier Millionen Menschen schauen bundesweit im Durchschnitt zu, in Bayern liegt die Einschaltquote in der Regel um fünfzig Prozent. Es ist die erfolgreichste Sendung in der Geschichte des Senders. Jährlich gibt es etwa 10 000 Bewerbungen für die 300 bis 400 Sitzplätze im Saal. Wer eine Karte kaufen darf, entscheidet das Los.

All das muss man wissen, um zu verstehen, weshalb bayerische Spitzenpolitiker seit Jahren scharenweise zur Fernsehfastnacht in Veitshöchheim kommen. Sie machen dort Werbung für sich – allein, indem sie im Publikum sitzen, mehr oder weniger originell kostümiert, und vor laufender Kamera den Spott der Narren auf der Bühne ertragen. Auf einen Schlag werden sie von mehr Menschen gesehen, als sie den Rest des Jahres mit Parteikundgebungen erreichen könnten. Niemand hat diese Chance früher verstanden oder besser genutzt als Markus Söder.

Söder musste in Veitshöchheim jahrelang allerhand einstecken. »Einmal möchte ich der Söder sein«, reimte 2016 der Musikkabarettist Matthias Walz, »ein fränkischer Darth Vader, / skrupellos und hundsgemein, / ein echter Übeltäter«. So etwas regt Söder nicht auf. Und wenn doch, erkennt man das nicht gleich, weil er ja meistens mehrlagig zugeschminkt ist.

Zumindest war er das. Seit er Ministerpräsident ist, erscheint Söder im Smoking in Veitshöchheim, aus Respekt vor dem Amt, wie er sagt. Als CSU-Generalsekretär und Minister jedoch verstand es der PR-Profi alleine mit seiner Maskerade eine fast unheimliche Aufmerksamkeit auf sich zu ziehen. Von Jahr zu Jahr wurden mehr Bilder des verkleideten Söder veröffentlicht, auf Internetportalen, in Tageszeitungen und sozialen Netzwerken. Schon Tage vor der Sendung wurde in den Medien eifrig spekuliert, »als wer« er denn dieses Jahr wohl kommen werde. Nirgendwo anders in Deutschland, nicht einmal in den rheinischen Karnevalshochburgen, zelebrieren sich Politiker derart über Fastnachtskostüme. Im Gegensatz zu seinen Parteifreunden Günther Beckstein oder Barbara Stamm war Söder echte Freude an der Fastnacht jedoch oft nicht anzusehen, aufwendiges Kostüm hin oder her. Während der Show tippte er gelangweilt auf seinem Handy herum, wenn keine Kamera ihn einfing. Und doch hat der Bildkünstler Söder es zum Obernarren des Freistaats gebracht. 2012 schaffte er es sogar auf die Titelseite des »Wall Street Journal«: Söder kam da als Punk mit rotem Irokesenkamm auf dem sonst scheinbar kahl rasierten Schädel, mit Piercings in den Ohren und einem schwarzen Muskelshirt am Leib mit der Aufschrift »Hast du mal 'nen Euro«. So einen Finanzminister hatte die Welt noch nicht gesehen. Das »Wall Street Journal« druckte das Foto vom Minister-Punk großformatig über eine Eurokrisen-Geschichte. Markus Söder hat sich die Seite eingerahmt und in sein Büro in der Nürnberger Außenstelle der Staatskanzlei gehängt.

Politiker behaupten in Veitshöchheim gern, ihre Kostüme hätten eine politische Botschaft. Bayerns Innenminister Joachim Herrmann etwa kommt seit Jahren als Schwarzer Sheriff, eine solide Wahl. Markus Söder hingegen wechselte seine Rollen. Und hatte jedes Mal ein Statement dazu parat. 2016 etwa erschien er als Edmund Stoiber – eine Hommage an den politischen Ziehvater. Im Jahr zuvor hatte Söder Mahatma Gandhi gegeben, was ungefähr so dreist wirkte, als ginge Kim Jong-un als Mutter Teresa. Also lieferte Ex-Raufbold Söder eine fein kalibrierte Erklärung nach: »Ich bin friedlicher als früher, aber auf einem langen Weg.« Wohl wissend, dass jeder den Satz als Anspielung auf seinen langen Weg in die Staatskanzlei verstand.

»Karneval«, sagt der Kinder- und Jugendpsychotherapeut Wolfgang Oelsner von der Universität Köln, »ist der kontrollierte Ausbruch aus der Vernunft.« In der Fastnacht machten Erwachsene in ihrem Kostüm »Urlaub von der sozialen Rolle«, sagt Oelsner. »Alles ist unkomplizierter und unverkrampft.« Unverkrampft? Man steckt natürlich nicht drin in Markus Söder, aber bei ihm wirkt der Veitshöchheimer Rollenwechsel schon sehr kalkuliert. Er war der Nürnberger Eisbär Flocke (2009), der weise Zauberer Gandalf (2010), Marilyn Monroe (2013) und der große, grüne »Franken- und Horst-Seehofer-Shrek« (2014).

Folgt man der Logik des Karnevalspsychologen Oelsner, dann ließen jedoch eher zwei andere seiner Maskeraden tief in sein Inneres blicken: 2005 gab Söder, damals noch CSU-Generalsekretär, einen römischen Zenturio samt Brustharnisch, Paradehelm und rotem Umhang. Damals ging in Veitshöchheim das Gerücht um, Zenturio Söder habe den Organisatoren mit einem schrecklichen Ende im Kolosseum gedroht, wenn er nicht in der Nähe seines Lieblingskaisers Stoiber sitze. Und ein Jahr später kam Söder als aufgeplusterter US-Football-Star mit mächtigem Schulterpanzer, wofür er in der Sendung vom fränkischen Komiker Volker Heißmann den Satz kassierte: »A grouß Helm macht nu lang ka grouß Hirn.«

Mit Kostümen dieser Art wollten Männer vor allem Dominanz ausstrahlen, erklärt Psychologe Oelsner. Die erwartet man in Bayern natürlich auch von einem Ministerpräsidenten, weshalb Söder als robuster Footballspieler und schlagkräftiger Zenturio genau die richtigen Signale sandte. Aber kann man mit Stärke allein Landesvater werden? Da fehlte noch was in Söders Image-Puzzle: Güte zum Beispiel, Würde, Verbindlichkeit. 2018, kurz nach seiner Beförderung zum designierten Ministerpräsidenten, wählte er sein Kostüm also mit besonderem Bedacht: Er kam als Prinzregent Luitpold, der das Wittelsbacher Bayernreich von 1886 bis 1912 verwaltet hatte.

Luitpold, wusste Söder in Veitshöchheim korrekt zu berichten, sei als umsichtiger Monarch in die Geschichte eingegangen. Das sei ihm sympathisch. »Er hat sich nicht in politische Abenteuer gestürzt, sondern um Land und Leute gekümmert und war nahe an den Bürgern.« Ein gelassener Monarch, nicht entrückt wie Ludwig II., sondern gemütlich, volksnah, »ein milder und guter Regent«. Söder fand wohl, das sei nun für ihn ein gutes Vorbild. Und tatsächlich: Mehr Luitpold als Markus, nahm sich Söder 2018 nach der Show wohl zum ersten Mal in Veitshöchheim richtig lange Zeit, um Hände zu schütteln und mit den Narren zu sprechen. In den Jahren zuvor war er immer gleich nach der Sendung verschwunden.

2. Resozialisierung
Der »bayerische Außenminister«

Als Stoiber am 30. September 2017 abtritt und die Bayerische Staatskanzlei für Günther Beckstein räumt, ruft ihm Söder nach, da gehe »der letzte große Konservative der deutschen Politik«. Der Satz vermittelt durchaus eine Vorstellung davon, was Söder von den neuen starken Männern der CSU hält, von Beckstein und Parteichef Huber. Und gewiss darf man auch herauslesen, wer sich da zutraut, selbst ein neuer großer Konservativer zu werden.

Wirtschaftsminister, das würde Söder auch reizen, aber konkret in Stellung gebracht hat er sich fürs Umweltressort. Schon als junger Abgeordneter hat er zur Verblüffung seiner Fraktionskollegen erklärt, er sei froh, dass die Grünen im Landtag seien. Als Generalsekretär hat er sich in der CSU mit behutsamen Begrünungsmaßnahmen hervorgetan, unter anderem mit einem Thesenpapier zum »ökologisch-bürgerlichen Profil« der Partei. Außerdem wäre das Portfolio Umwelt geradezu ideal, um sein irgendwo zwischen Reaktionär und Rowdy oszillierendes Image gegen den Strich zu bürsten.

Generalsekretäre landen nach dem ehrenhaften Ausscheiden aus dem politischen Nahkampfdienst mit einiger Wahrscheinlichkeit in einem netten Regierungsamt. Söders weiterer Weg liegt nach Kreuth nun in der Hand von Beckstein, was zunächst nach einer guten Nachricht für Söder klingt – der eigene Nürnberger Bezirkschef wird ihn ja wohl kaum fallen lassen. Oder?

Das Verhältnis zwischen Söder und Beckstein ist schwer durchschaubar. Man kann festhalten, dass Beckstein sich stets freundlich über Söder äußert; er ist loyal auch da, wo es anderen schwerfallen würde, loyal zu bleiben. Man hat sogar den Eindruck, dass Beckstein seine Mentorenrolle für Söder heute viel stärker betont als früher. Söder spricht umgekehrt auch gut über Beckstein, lässt aber zugleich keinen Zweifel daran, dass Beckstein für ihn kein Stoiber ist. Ein Weggefährte sagt: »Wirklich ernst genommen hat der Markus den Günther nie.«

Günther Beckstein wiederum hat sich an die präpotente Art des jungen Söder erst mal gewöhnen müssen. Kenner ihrer Beziehung sagen, dass die beiden eigentlich nichts verbindet außer ihrer fränkischen Herkunft und der evangelischen Konfession. Söders Politikstil sei Beckstein suspekt. 2007 kommt dazu: Seit Kreuth legen Söder-Gegner aus der CSU Beckstein ausführlich dar, dass man diesen »rücksichtslosen Emporkömmling« jetzt ausbremsen müsse. Schließlich wolle sich Beckstein doch nicht den größten Stoiber-Ultra von allen ins Boot holen, oder?

Andererseits ist Söder für Beckstein im CSU-Bezirk Nürnberg inzwischen unverzichtbar. Und auf die ganze CSU gesehen ist Söder zum Gesicht der Generation der Vierzigjährigen geworden: unverhinderbar eben, wie immer schon. In diesem Sommer von Söders Ungewissheit hat Beckstein mal den Satz fallen lassen: »Söders politische Karriere endet gewiss nicht mit der Ära Stoiber.« Und dennoch zittert Söder. Wie sich herausstellt, nicht ganz zu Unrecht.

Die Bildung eines bayerischen Kabinetts ist ein komplexer und durchaus absurder Prozess, weil der Ministerpräsident zwar auch die Sachkompetenz der Kandidaten, viel mehr aber ihre landsmannschaftliche Herkunft besonders beachten muss, neben den üblichen Faktoren wie Alter, Geschlecht und Konfession. Am Dienstag, den 9. Oktober 2007, wird Beckstein vom Landtag zum Ministerpräsidenten gewählt. Zwei Tage später ist Söder gerade auf dem Weg nach Berlin zu einem Treffen der Unions-Ministerpräsidenten, einem seiner letzten Termine als Generalsekretär. Da, so erzählt er selbst die Geschichte, ruft Beckstein an und eröffnet ihm: »Ich will dich im Kabinett haben.« Über die genaue Position wollen sie am Abend in Berlin sprechen, am Rande des Unionstreffens in der nordrheinwestfälischen Landesvertretung.

Die beiden ziehen sich allein in das Büro von NRW-Minis-
terpräsident Jürgen Rüttgers zurück. Beckstein bietet Söder
die Leitung der Staatskanzlei im Rang eines Staatssekretärs an.
Söder ist geschockt. Eberhard Sinner, der amtierende Staatskanzleichef, ist doch Minister! In diesem Moment, erinnert
sich Söder mit Mut zum Melodrama, habe er gedacht: »Das
wollte ich nicht. Das hätte mir das politische Rückgrat gebrochen. Dann lieber gar nicht im Kabinett. Das hätte mir zwar
das Herz gebrochen, aber es lebt sich mit gebrochenem Herzen leichter als mit gebrochenem Rückgrat.« Er lehnt ab.

So in etwa hat auch Beckstein das Gespräch im Gedächtnis.
Der Ministerpräsident ist nicht erfreut. Es gebe einfach nichts
anderes, sagt er. Beckstein sagt zu Söder, er entscheide über
sein Kabinett. Söder sagt zu Beckstein, er entscheide über sein
Leben. Bald darauf steigt Söder ins Auto und lässt sich heimfahren nach Nürnberg. Unterwegs ruft er seine Frau an und
sagt ihr, dass seine politische Karriere beendet ist.

Am Freitag meldet sich Beckstein wieder bei Söder und bittet ihn, es sich noch mal zu überlegen. Er wolle ihn in der
Staatskanzlei haben, in seiner Nähe. Söder sagt, er müsse nicht
noch mal überlegen, es bleibe bei seinem Nein. Heute erzählt
er, er habe zu diesem Zeitpunkt »die Dinge für mich schon neu
sortiert gehabt«. Nach all den »Rückschlägen des zurückliegenden Jahres« sei er »mit sich im Reinen« gewesen. Das führt
zu einer Frage, die unter Söder-Deutern bis heute diskutiert
wird: Was würde dieses politische Tier tun ohne die Politik?
Geht so einer wirklich in die Wirtschaft? Die meisten sagen,
das könnten sie sich nicht vorstellen: Söder sei es nie um Geld
und stets um Macht gegangen. Söder beteuert, er sei damals so
weit gewesen.

Am Samstagabend brüten Beckstein und Parteichef Huber
in Becksteins Haus in Nürnberg-Langwasser sechs Stunden
lang über der Postenverteilung. Huber hat sich das Finanzministerium gesichert, von dem er sich bundesweite Ausstrah-
lung erhofft; 2009 will er ganz in die Bundespolitik wechseln.

Ein Würfel nach dem anderen fällt: Joachim Herrmann wird Innenminister, ein Wechsel, zu dem er erst überredet werden muss, auch alle anderen wichtigen Ministerien werden verteilt. Nach und nach sind alle von Söder favorisierten Karrierepfade blockiert.

Am Samstagabend bekommt er eine SMS von Huber: »Es bewegt sich noch was.« Wahrscheinlich ist es kein Zufall, dass die Nachricht von Huber kommt: Ihm soll stärker als Beckstein an einer Verjüngung des Kabinetts gelegen sein. Am Sonntagmorgen bittet Beckstein Söder auf einen Kaffee zu sich nach Hause. Im Auto, beteuert Söder heute, habe er nicht gewusst, was ihn erwarte.

Bei den Becksteins wird er zunächst mit Schinkenbroten gefüttert. Erst nach einer Weile eröffnet Beckstein Söder, was er sich ausgedacht hat. Er hat den gewünschten Titel für Söder. Und das in der Staatskanzlei, in seiner Nähe. Oder, wenn man es kritischer deuten will: ohne ihm ein klassisches Haus anvertrauen zu müssen. »Du kannst Europaminister werden«, sagt er. Söder hört das Wort »Minister« und sagt sofort zu. »Mein erster Gedanke war: Das ist das Gegenteil von dem, was ich bisher gemacht habe«, erinnert er sich. »Das wird so eine Art Resozialisierung.« Der Raufbruder wechselt ins seriöse Fach. Er rechne es Beckstein hoch an, dass er ihm doch noch diese Tür geöffnet habe.

Wer Söders Version der Dinge hört, fragt sich, ob er wirklich so ein eiskalter Pokerspieler ist. Oder ob er sich einfach darauf verlassen hat, dass Beckstein ihn nicht fallen lässt, weil er das Stoiber hatte versprechen müssen. Es ist jedenfalls noch mal glimpflich abgegangen. »Minister ist Minister«, das ist die Parole, die seine Unterstützer verbreiten. Aber es ist nicht der große Karrieresprung. Als Staatsminister für Bundes- und Europaangelegenheiten sitzt er in der Staatskanzlei und hat immer Beckstein vor der Nase. Söders Gegner sagen: »Das ist eine Degradierung.«

Die ersten Meter im neuen Job sind tatsächlich steinig. Nach der Vereidigung in München fliegt er mit Beckstein nach Brüssel, wo in der Bayerischen Vertretung das Oktoberfest ansteht. Was ankommt von der Sause, ist: Beckstein wird mit Jubel empfangen, Söder mit Buhrufen. Wer da gebuht hat, vielleicht ja auch Gäste von anderen Parteien: egal.

Nächste Station: Berlin, eine Konferenz der Bevollmächtigten der Bundesländer. Ein Söder-Mitarbeiter beschreibt die Szene so: »Die Sitzungen sind sehr trocken und ziehen sich ewig, es geht oft um kleinste Verwaltungsfragen wie die Beförderung einfacher Beamter. Da hat man unserem Minister schon nach fünf Minuten angesehen, dass er das kaum aushält. Uns hat der Kugelschreiber leidgetan, den er da zerlegt hat.«

Das Ernüchterungsprogramm findet schließlich am Ende von Söders erster Woche im neuen Job in Lissabon seinen Höhepunkt. In der portugiesischen Hauptstadt kommen die Staats- und Regierungschefs der 27 EU-Mitgliedsländer zu einem »Reformgipfel« zusammen, die Einigung, die sie dort erzielen, wird später als »Vertrag von Lissabon« bekannt werden. Söder ist als Vertreter des Bundesrats zur krönenden Feierstunde eingeladen. Auf dem Flug erhält der neue Staatsminister von seinen Beamten einen Crashkurs in Europapolitik. Söder rechnet damit, gleich von einem schönen Sitzplatz aus die Zeremonie verfolgen zu können. Am Haupteingang jedoch wird die bayerische Delegation eher uncharmant auf den Nebeneingang verwiesen. Söder landet in einem winzigen, fensterlosen Büro, nur auf einem kleinen Monitor kann er beobachten, wie ein paar Meter weiter die Staats- und Regierungschefs Geschichte machen. Auf dem Schreibtisch: eine Kopie des Vertragswerks und eine Plastikflasche Wasser. »Da wurde mir klar, dass man hier als bayerischer Europaminister wenig Bedeutung hat.«

Ämter kann man freilich so und so auslegen. Als Generalsekretär hatte sich Söder dafür entschieden, General zu sein und nicht Sekretär. Und so haben Zeitzeugen von der Lissabon-Episode noch ein weiteres Detail in Erinnerung: dass Söder gleich nach seiner Demutserfahrung den Verhandlungsdurchbruch beim Gipfel medial verkündete, als hätte er ihn selbst erzielt. Am Morgen danach nimmt er in einem Radiointerview zum ersten Mal die Worte in den Mund, die seiner Amtszeit die Überschrift geben werden. Er sei ja quasi, sagt Söder, »der bayerische Außenminister«.

Ein Maibaum in Brüssel

Der Südflügel der Münchner Staatskanzlei ist auch als »Flügel der Abgehängten« bekannt. Dort ist der selbst ernannte Außenminister jetzt zu Hause. Die Mächtigen rund um den Ministerpräsidenten sitzen im Nordflügel, dort sind auch die Büros größer. Söder kommt sich vor wie ein Untermieter im hintersten Kämmerlein, aber er hat eine Idee: Er lässt sein Büro von einer Schulklasse bemalen, mit riesigem Globus und Fahnen aller Länder. Das Bild wird in vielen Zeitungen gedruckt: »Bayerns Außenminister mag es bunt«, da hat er schon Schlimmeres über sich gelesen.

Zunächst klingt er noch häufig wie ein Generalsekretär. Als SPD-Chef Kurt Beck die CSU angreift, will er umgehend dagenhalten. Doch seine Leute bremsen ihn ein: »Herr Staatsminister, das fällt nicht mehr in ihre Zuständigkeit.« Söder hört trotzdem nicht auf, sich zu Berliner Koalitionsfragen zu äußern. Er zwingt sich der CSU und dem politischen Deutschland als Generalist auf. Zu »Anne Will« wird er auch weiterhin eingeladen, kaum seltener als Christine Haderthauer. Die 44-jährige Landtagsabgeordnete ist die neue CSU-Generalsekretärin, die erste Frau in dieser Position. Haderthauer hat wie Söder einen schrankenlosen Glauben an sich selbst, tritt aber mit der erklärten Absicht an, weniger »Lautsprecher« und mehr »Botschafterin« sein zu wollen, der Basis zuzuhören, Ideen aufzunehmen und diese in die Parteispitze zu tragen. Söder ist stinksauer, als er das hört. Haderthauer wolle wohl seine Arbeit schlechtreden. »Wer glaubt die, dass sie ist«, soll er intern getobt haben.

Nach außen präsentiert sich der neue Söder ganz anders. Er lädt die deutschen EU-Korrespondenten in Brüssel ein und klingt bei Weißwürsten und Brezen in der Bayerischen Vertretung so: »Als Generalsekretär war ich eher militaristisch. Jetzt sind sanftere Töne gefragt, verstehen Sie?« Er macht auch keinen Hehl daraus, dass er an sich arbeiten muss: »Ich muss mich geistig neu verorten.« Komplett neu allerdings auch nicht, die Öffentlichkeitsarbeit bleibt zentral, und hübsche Bilder kann er auch in Brüssel produzieren.

Ein erstes feines Werkstück ist die Maibaum-Affäre. Der Maibaum, den Söder vor der Vertretung in Brüssel aufstellen lässt, sieht erstens sehr schmuck aus. Und zweitens hat er eine schöne Geschichte, die Bayern eine ganze Woche in Atem hält: Noch vor dem Transport nach Belgien wird der Baum am Chiemsee traditionsgemäß geklaut, und zwar von einem Geheimkommando des Radiosenders Antenne Bayern. Söder: »Hoppala, Respekt! Soll ich jetzt den Krisenstab einberufen?« Der Minister löst den Baum dann mit einer zünftigen Brotzeit wieder aus. Söder: »Da habe ich mich nicht lumpen lassen. Ich werde aber auch noch was für soziale Zwecke spenden.« Am Ende steht Söder in Brüssel unter seinem Maibaum, die Dettendorfer Blasmusi spielt, und der Minister referiert über die identitätsstiftende Rolle von Volksbräuchen. Söder: »Europa soll ja nicht ein Europa der Institutionen sein, sondern ein Europa der Regionen.«

Welchen Job auch immer Söder macht, er schafft es immer, so zu klingen, als hätte er nie einen anderen gewollt. Er sei froh, »dass ich nicht mehr jeden Tag Schlagzeilen produzieren muss, sondern seriöse Regierungsarbeit leisten kann«, sagt er im Interview mit der auf seriöse Regierungsberichterstattung spezialisierten »Bunten«. Sehr wahrscheinlich ist Söder der erste Landeseuropaminister, der mit der »Bunten« redet. Oder eher andersrum: mit dem die »Bunte« redet. Was das Blatt noch von ihm erfährt: »Brüssel ist von der Bedeutung her vergleichbar mit Washington, Peking oder Moskau.«

Söder verbringt gern Zeit in Brüssel, sein Faible für das Repräsentative kann er dort in der Bayerischen Vertretung ausleben, einem Schlösschen direkt am Europäischen Parlament. Die Bayernbotschaft wird in Deutschland oft als »Schloss Neuwahnstein« verspottet, ist aber eine Immobilie, um die der Freistaat im ganzen politischen Brüssel beneidet wird. Die Mitarbeiter der Vertretung sind erst mal vorsichtig, was ihren neuen Minister angeht, er ist ja weder als leidenschaftlicher Europäer noch als geschickter Diplomat bekannt. Einer erinnert sich sogar noch an den alten BR-Beitrag des Reporters Söder, in dem nur Stoiber hervorragend und die EU miserabel wegkam.

Sie sind dann positiv überrascht. »Wir waren froh, dass wir mal keine graue Maus als Minister hatten«, sagt ein Beamter. »Den konnten wir in Brüssel verkaufen. Sein Name allein hat Türen geöffnet. Und es gab sogar eine Neugier auf ihn. Da hat der eine oder andere EU-Kommissar gesagt: ›Okay, diesen Bayern schaue ich mir mal an.‹« Allein in seiner ersten Woche habe Söder mehr Interviews gegeben als seine Vorgängerin Emilia Müller in ihrer ganzen Amtszeit.

Im Bayern-Schlösschen in Brüssel ist jetzt die Hölle los. Themenabend Organspende, Diskussionsforum Bürokratieabbau, dazu kulinarische Spezialitäten aus dem Freistaat. Söder sei durchaus lernwillig gewesen, sagen ehemalige Brüsseler Mitarbeiter, er habe den europäischen Gesetzgebungsprozess und das »System Brüssel« schnell durchschaut. Im Gegensatz zu Ministern vor und nach ihm habe er auch erkannt, wie nützlich ein persönlicher Draht zu den Generaldirektoren – also den Amtschefs – der EU-Kommission ist. Söder versucht auch ernsthaft, wenngleich nicht brutal erfolgreich, sein Englisch aufzubessern und ein paar Brocken Französisch zu lernen.

In Brüssel wirft sich Söder den Mantel des knallharten Bayern-Lobbyisten über, den er später auch als Finanzminister stolz tragen wird. Er ist ziemlich geschickt im Geldbeschaffen, vor allem für die Grenzregionen im bayerischen Norden holt er EU-Fördermittel heraus. Die Arbeit im Ausschuss der Regionen stellt ihn vor ein Dilemma: Die Sitzungen findet er zwar zum Verzweifeln langweilig und kabelt per SMS nach Hause, dass sich seine schwedische Sitznachbarin gerade die Fellschuhe ausgezogen habe und jetzt das Käsebrot auspacke. Laut sagen kann er das aber nicht, weil der Ausschuss vom heiligen Franz Josef Strauß miterfunden worden war.

Der fränkische Kosmopolit Söder ist einer, dem leidlich elegant das alte CSU-Kunststück gelingt, weihevoll die Zukunft Europas zu beschwören und gleichzeitig über die Regulierungswut des EU-Molochs zu wettern. An einem Tag gibt Söder die Pressemitteilung »Europa stärker mit dem Herzen annehmen« heraus, am nächsten bietet er den schrecklichen Eurokraten bei der Harmonisierung der Feuerwehranzüge die Stirn. Journalisten machen sich über so was lustig, Feuerwehrleute eher nicht. Auch dass er sich als Retter des Bocksbeutels feiern lässt, mutet nur auf den ersten Blick kurios an.

Die europäische Weinbauordnung droht tatsächlich, durch die Normierung von Flaschen dem traditionellen Bocksbeutel den Garaus zu machen. Auch der portugiesische Roséwein Mateus ist betroffen. Darüber hinaus fürchten die fränkischen Winzer, dass die Zuckerung des Weins untersagt wird und die strengen Etikettierungsvorschriften gelockert, was Mitbewerber bevorteilen würde. Söder gewinnt erst die CSU-Abgeordneten im Europaparlament für die Bocksbeutel-Rettung, dann bearbeitet er auch Agrarausschuss-Mitglieder anderer Parteien. Und er holt die Portugiesen ins Boot. Begleitend nervt er die Bundesregierung so lange, bis diese sachdienliche Signale an die EU-Institutionen funkt. Die fränkische Weinkönigin lässt er auch noch einfliegen. Als der Bocksbeutel dann gerettet ist, preist Söder seinen Erfolg, als hätte er ein, zwei davon auf ex getrunken: »Ich bin der Schutzpatron für fränkische Rechte in Europa.« Aus Dank widmen ihm die Winzer später eine »Söder-Cuvée«.

Bei diesen und anderen Rettungsaktionen zieht Söder Themen an sich, die ihm als Europaminister zumindest nicht allein gehören: Aber wenn der Innenminister nicht selbst auf die Feuerwehr kommt und der Landwirtschaftsminister nicht selbst auf den Bocksbeutel – Pech gehabt. Ein Kabinettskollege von damals erinnert sich, dass andere Minister innerlich gekocht hätten, wenn Söder sie wieder mal in einer Sitzung vorführte: »Sag mal, was ist denn bei dir los, da gibt's so eine Sache, die ist sogar bei mir in Brüssel angelandet.« Die Sachen landen freilich nicht automatisch in Brüssel an: Söder sucht sie sich selbst, er ist immer noch sehr viel in Bayern unterwegs. Im Gegensatz zu anderen Ministern hält er das Wochenende prinzipiell für Arbeitszeit. Wenn ihm irgendein Landrat bei einer Veranstaltung von irgendeinem Anliegen mit EU-Bezug erzählt, schreibt Söder – gern auch um sechs Uhr morgens – eine SMS an seine Fachbeamten: »Ist das berechtigt? Bitte prüfen.« Antwort bis sieben Uhr.

Es gibt sogar eine inhaltliche Linie, von der Söder mit gewissem Recht behaupten kann, er habe sie als JU-Chef angesetzt, als Generalsekretär weitergezogen und nehme sie nun als Europaminister wieder auf. Es geht um Umweltschutz, konkret um seine Ablehnung von Gentechnik in der Landwirtschaft. »Sicherheit geht vor Kommerz«, sagt Söder. Er will, dass die Regionen über den Anbau gentechnisch veränderter Pflanzen selbst entscheiden können. Das Europarecht lässt regionale Verbote aber nicht zu – mit sogenannten Öffnungsklauseln will Söder diese Möglichkeit schaffen. Anfangs gibt ihm niemand eine Chance, alte CSU-Hasen im Europaparlament machen sich über seine Naivität lustig. Doch das, was Söder da anstößt, wird einige Jahre später tatsächlich europäische Rechtslage. Natürlich hat er das alles nicht alleine durchgefochten. Aber sein Anteil war nennenswert.

Politische Fernreisen

Europa ist Söders Spielwiese im Jahr 2008, sein Amt hat indes noch zwei weitere Zuständigkeitsfelder: den Bund und die internationalen Beziehungen über die EU hinaus. Söder findet leicht Anlass zum Reisen, in der Adventszeit versorgt er höchstpersönlich bayerische Bundeswehr-Soldaten im Kosovo mit Nürnberger Lebkuchen. Im Vatikan erörtert er »religionspolitische Fragen« wie die Stammzellenforschung; dass er Benedikt XVI. bei der Gelegenheit gleich zum Namenstag gratulieren und hinterher berichten kann, er habe bei der Begegnung mit dem Papst »feuchte Hände« gehabt – umso besser.

Grenzwertig ist das Verhältnis von Substanz und Gag öfter mal bei Fernreisen. Als Söder nach Israel fliegt, geht es bei seinen Gesprächen dort um die bayerisch-israelische Technologiekooperation. Die Söder-Gegner in der CSU verbreiten hingegen, dem Herrn Minister gehe es in Wahrheit doch nur um den Besuch der Holocaust-Gedenkstätte Yad Vashem, wo er mit dem offiziellen Gedenkkranz eine Friedenstauben-Zeichnung seiner Tochter niederlegt. Hinterher erzählt er alles ganz genau in der »Bild«. Einer der Kritiker will Söder sogar gefragt haben, warum er eigentlich nach Israel fahre, und dieser habe geantwortet: »Weil alle bedeutenden Politiker da hinfahren.« Im Söder-Umfeld stellt man eher die Gegenfrage: Was wäre denn los, wenn ein deutscher Politiker Yad Vashem nicht besucht? Kopfschütteln löst auch ein Russland-Trip aus, bei dem der Minister dem Vernehmen nach sehr viel Freizeit hat und nur einen Termin, den er wichtig zu nehmen scheint: das Foto mit russischer Fellmütze vor dem Kreml. Söder legt heute Wert darauf, dass das Programm der Reise sehr dicht gewesen sei.

Politik ist Kommunikation, und Söder kommuniziert auf einer Ebene, die vielen anderen zu plump wäre. Russenmütze? Würde das ein seriöser Außenpolitiker machen? Söder sendet ganz bewusst nur eindeutige Signale, Zwischentöne sind ausgeschaltet. Und die Empfänger seiner Signale sind immer die –

im weitesten Sinne – eigenen Leute. Ob ein Grüner das lächerlich findet oder ein Glossenschreiber einer Tageszeitung peinlich, das ist ihm ziemlich egal. Intellektuelle und Feuilletonisten
hält er für eine bemitleidenswerte Minderheit, auf die er nicht
angewiesen ist. Man kann mit Recht fragen: Was bliebe übrig
von der Politik, wenn alle so kommunizieren würden wie Söder? Wenn sich alle, nur zum Beispiel, wegen eines Fotos in
einem Wachsfigurenkabinett mit dem Bundesaußenminister
anlegen würden?

Es ist natürlich Franz Josef Strauß, für den Söder da mal
wieder in die Schlacht zieht. Söder ist zu Ohren gekommen,
dass in der Berliner Filiale des britischen Wachsfigurenkabi-
netts Madame Tussauds ein Foto von Strauß hängt, und zwar
unter der Rubrik »Helden und Bösewichte«. In der gleichen
Reihe taucht auch DDR-Spion Günter Guillaume auf. Söder,
der bayerische Außenminister, fordert seinen bundesdeutschen
Kollegen Frank-Walter Steinmeier allen Ernstes zur Intervention auf: »Es stünde dem Bundesaußenminister gut an, in Lon-
don gegen die Verunglimpfung von Franz Josef Strauß sofort
vorzugehen.«

Journalisten biegen sich vor Ungläubigkeit und Lachen; der
geneigte CSU-Wähler dagegen freut sich, dass da einer auf den
großen Vorsitzenden, Gott hab ihn selig, nichts kommen lässt.
Die Beliebtheit des Markus Söder wird latent unterschätzt von
allen, die sie fernab der CSU-Basis messen.

Zu Hause in Nürnberg merkt Söder, dass seine Resozialisierung vorangeht. Im Frühjahr 2008 wird er als Nachfolger von
Günther Beckstein zum Nürnberger CSU-Bezirkschef gewählt, ein Amt, für das er noch ein Jahr zuvor wahrscheinlich
keine Mehrheit gehabt hätte.

Und auch wenn der Parteibezirk Nürnberg zu den kleinsten
gehört: Söder hat jetzt seine eigene Machtbasis.

Ende einer Ära

Nicht ganz so rund läuft es für die CSU an sich. Da sind die Stimmenverluste bei den Kommunalwahlen im Frühjahr 2008, am schlimmsten in den Großstädten. Da ist das Aus für den Transrapid, da sind die Horrormeldungen über verlustreiche Kreditgeschäfte der Bayerischen Landesbank. Im Landtag nimmt deswegen ein Untersuchungsausschuss die Arbeit auf. Dazu kommt, dass die Freien Wähler der konservativen CSU-Stammklientel plötzlich über die Kommunen hinaus auch landespolitisch eine Alternative bieten.

Schon ventilieren die Ersten in der CSU ihre Zweifel an Beckstein und Huber: Das Führungsduo verkörpere in Berlin den Gestaltungsanspruch der CSU nicht wuchtig genug. Sogar über einen Putsch gegen die beiden wird spekuliert, als Rädelsführer wird das originelle Team Stoiber, Seehofer und Söder gehandelt. Beobachter, die mithören, wie Söder sich bei einer Kundgebung über Beckstein lustig macht, während der Ministerpräsident vorn am Pult steht, halten die Theorie nicht für absurd. Und als in der Zeitung zu lesen ist, dass Beckstein in einer Kabinettssitzung eingenickt ist, haben viele einen eindeutigen Verdacht, wer die Sache durchgestochen hat. Söder hat sich vom Stoiber-Schiff aufs Beckstein-Schiff gerettet, und jetzt scheint er schon wieder das Beiboot zu Wasser lassen zu wollen.

Öffentlich warnt Söder vor einem »Schlafwagenwahlkampf«, er empfiehlt eine harte Lagerauseinandersetzung. »Das politische Grundwasser für die CSU« sei im Landtagswahlkampf 2008 »kontaminiert« gewesen, sagt Söder heute. Nach einer Legislaturperiode voll innerem Streit hätten viele Leute wohl gedacht, die Partei brauche nach der Zweidrittelmehrheit jetzt mal einen Dämpfer.

Stoibers überhastete Reformen lasten auf Beckstein und Huber, die Sparrunden, das auf acht Jahre verkürzte Gymnasium. Beide saßen in Stoibers Kabinett, sie werden den Klotz am

Bein nicht los. Sie verkörpern nicht Aufbruch, sondern höchstens Übergang. In Oberbayern werfen Stoiber-treue CSU-Ortschefs die Beckstein-Plakate direkt ins Altpapier. Der miesen Grundstimmung wegen wirkt der »Sommer, Sonne, Bayern«-Wahlkampf der CSU ziemlich daneben. Es gibt Veranstaltungen, da steht der arme Beckstein vor fünfzig Leuten auf einem Marktplatz in der brütenden Hitze – bei Stoiber unvorstellbar.

Es kommt nun alles zusammen für die CSU: Ein strenges Rauchverbot kurz vor den bayerischen Herbstfesten zu beschließen ist taktisch gewagt. »Pendlerpauschale jetzt« zu plakatieren und dann im Bundestag gegen die Wiedereinführung der Pendlerpauschale zu stimmen, weil der Antrag von der Linken kommt – schwer vermittelbar. Dann fabuliert Beckstein auch noch, dass man mit zwei Mass Bier schon noch Auto fahren könne.

Als 2008 der Herbst über Bayern kommt, werden in der CSU diskret bereits die Szenerien nach einer Niederlage verhandelt. Eine Niederlage, das ist für die CSU der Verlust der absoluten Mehrheit. Dass Huber als Parteichef von Seehofer abgelöst würde, gilt als sicher. Aber wer würde Ministerpräsident? Herrmann wird da genannt, er war Fraktionschef und ist jetzt Innenminister, er hat die Vita für die Staatskanzlei, aber eben vielleicht nicht das Temperament. Fraktionschef Georg Schmid traut sich jede Aufgabe zu, eine Auffassung, die er jedoch ziemlich exklusiv hat. Und dann folgt in den Gedankenspielen schon Markus Söder.

Eigentlich kommt das zu früh für ihn. Aber wenn sich das Fenster auftut? Einigen Parteigrößen, namentlich Theo Waigel und Alois Glück, wird nachgesagt, in diesen Wochen quasi präventiv einige Telefonzeit investiert zu haben, damit das Fenster für Söder zubleibt. Noch eine weitere Variante wird kolportiert, meist jedoch als völlig unwahrscheinlich verworfen: Seehofer könnte nach beiden Ämtern greifen. Aber dass die Landtagsfraktion da mitmacht und den »Berliner« Seehofer

akzeptiert, dafür müsste die Welt der CSU bei der Landtagswahl schon komplett aus den Angeln gehoben werden.

Das wird sie dann auch. Am Wahlsonntag, dem 28. September 2008, stürzt die CSU um mehr als 17 Prozentpunkte ab auf
43,4 Prozent. Es ist ein politisches Erdbeben, die Alleinherr-
schaft der CSU ist nach mehr als vier Jahrzehnten beendet. Die
selbst ernannte Staatspartei wird die Macht teilen müssen. Gerade mal fünf Jahre liegen zwischen der Zweidrittelmehrheit
Stoibers und dieser Katastrophe. Beckstein hatte ein Jahrzehnt
lang vom Amt des Ministerpräsidenten geträumt; jetzt steht
infrage, ob er überhaupt ein Jahr im Amt bleibt. Als er im Maximilianeum, dem Landtagssitz hoch über der Isar, zu seinem
Statement schreitet, das Entsetzen im Gesicht, geht draußen
die Sonne über München so malerisch unter, als wolle sie eine
Ära beenden.

Söder ist an diesem Abend nicht in München, im Epizentrum des Bebens, sondern in Nürnberg. Zu seinen Leuten sagt
er, dass es brutal schwer war für Beckstein, Ministerpräsident
zu werden und sich dann nur ein Jahr später einer Wahl stellen
zu müssen. In diesem Moment ahnt Söder natürlich noch nicht,
dass er 2018 als neuer Ministerpräsident nur sieben Monate bis
zur Wahl haben wird.

Noch düsterer als für Beckstein sieht es für Parteichef Huber aus. In den Fluren des Landtags gibt ihm am Abend des
Fiaskos niemand eine Chance, dieses Ergebnis politisch zu
überleben. Wieder einmal bestraft die CSU brutal die Schwäche ihrer Anführer. Zwei Tage nach der Wahl treten Huber und
Generalsekretärin Haderthauer zurück. Beckstein kämpft
noch, und dass Söder für ihn kämpft, hat für wenige Analyti-
ker die Gründe, die er selbst angibt: Grundanstand und Loyalität zu seinem Nürnberger Parteifreund. Vielmehr, heißt es,
rechne sich Söder mit seinen 41 Jahren schlicht bessere Chancen auf die Staatskanzlei aus, wenn Beckstein sie noch für eine
Übergangszeit hütet. Hier liegen die strategischen Interessen
Söders über Kreuz mit denen seines Ziehvaters Stoiber: Dieser

will vor allem Rache an Beckstein, er hat seine Oberbayern-CSU gegen den Ministerpräsidenten mobilisiert.

Alle Regeln sind aufgehoben in diesen Tagen in der CSU, einer Partei, die ohnehin zur Hysterie neigt. Es beginnt eine epische Rauferei um das Amt des Ministerpräsidenten. Der kommende Parteichef Seehofer könnte Beckstein wahrscheinlich noch retten, er müsste sich nur schnell öffentlich hinter ihn stellen, aber er tut es nicht. Söder prüft in diesen Stunden seine Chancen auf den Fraktionsvorsitz. Er verwirft die Idee schnell.

Am Mittwoch nach der Wahl knickt Beckstein ein, in der Sitzung der Landtagsfraktion kündigt er seinen Rückzug an. Zunächst erklären drei Kandidaten ihr Interesse an seiner Nachfolge: Fraktionschef Georg Schmid, Innenminister Joachim Herrmann und Wissenschaftsminister Thomas Goppel. Einer meldet sich nicht: Markus Söder. Er wird von Schmid aufgerufen: »In der dpa-Meldung stehen ein paar Namen. Markus, wie ist es?« Söder antwortet: »Für mich ist das ausgeschlossen, es wäre für mich zu früh.« Die meisten Fraktionskollegen hören in der Hitze des Moments nur die Absage. Sie hören nicht die Ansage für die Zukunft, die darin steckt.

Dann ist es Söder, der in jener Sitzung ausspricht, was eh allen klar ist: Seehofer könnte auch in die Staatskanzlei einziehen. Er hält Seehofer für den stärksten unter den gehandelten Namen, das Alphatier, das Beckstein nicht war: »Die CSU braucht jetzt eine kraftvolle Lösung.« Er glaubt an das Stoiber-Modell der Ämterbündelung, »alles in einer Hand, das ist das Beste für die CSU«. Und er traut dem »Berliner« Seehofer zu, eine Koalition ausverhandeln und führen zu können – den »Münchnern« fehle diese Erfahrung nun mal. Aber was hieße ein Ministerpräsident Seehofer für ihn? Am Ende ist das alles für Söder eine Abwägungsfrage.

Die Abwägung, die Söder nicht ausspricht, ist wohl diese: Würde mit Joachim Herrmann ein anderer Franke Ministerpräsident, würde das seinen eigenen Weg an die Spitze erschweren oder ganz verbauen. Drei fränkische Regierungs-

chefs nacheinander, Beckstein, Herrmann und irgendwann
Söder – das wäre in der altbayerisch dominierten CSU uto-
pisch.

Das Kandidatenquartett schrumpft bald, Schmid zieht als
Erster zurück, um seinen Chefposten in der Fraktion zu retten.
Herrmann resigniert, und auch Goppel wagt nicht mehr, anzutreten. Er wird am tiefsten fallen: Der neue Ministerpräsident
wird ihm nicht mal sein Ministerium lassen.

Horst Seehofer war immer ein Einzelgänger, er hat nie die
Herzen seiner Parteifreunde erobert. Die CSU fügt sich jetzt in
die Einsicht, dass er die einzige einigermaßen charismatische
Führungspersönlichkeit ist, die sie hat. Dieser alte Reflex der
CSU wird Söder Jahre später in seinem Duell mit ebendiesem
Seehofer Zuversicht geben. Erst mal aber spielt Söder in Seehofers Team, dabei ist es noch gar nicht so lange her, dass sie sich
spinnefeind waren. Im Chaos nach der Landtagswahl 2008
zeigt Söder, dass er wirklich so flexibel ist, wie ihm seine Gegner das immer vorwerfen.

Im zurückliegenden Jahr hat Söder aus dem wahrscheinlich
unwichtigsten Amt der ganzen Staatsregierung eine Show gemacht und so einen Imagewandel eingeleitet. Ein Phänomen ist
sichtbar geworden, das für seine weitere Karriere kennzeich-
nend sein wird: der Kollateralnutzen. Söder arbeitet vor allem
für sich, aber es fällt schon auch was fürs Land ab. In den Be-
liebtheitsumfragen bayerischer Politiker verlässt er den Tabel-
lenkeller. Und noch etwas festigt seinen Optimismus in stürmischen Zeiten: Im Wahlkampf hat Edmund Stoiber einen
seiner raren Bierzeltauftritte in Nürnberg absolviert, bei Söder
auf der Eibacher Kirchweih – ein Zeichen der Verbundenheit,
das die strategischen Köpfe der CSU aufmerksam zur Kenntnis
nehmen. Söder, hat Stoiber im Zelt gerufen, sei ein »junger
Stürmer« gewesen. Nun wachse er »in die Rolle des Spielge-
stalters« hinein.

3. Markenbildung
Imagewandel als Umweltminister

Bei Ludwig Sothmann in Hilpoltstein bei Nürnberg klingelt das Telefon. Sothmann, Jahrgang 1940, ist einer der angesehensten Naturschützer in Bayern. Seit 1978 führt er den Landesbund für Vogelschutz (LBV) mit seinen mehr als 70 000 Mitgliedern, Ehrentitel: »Vogelmann«. Er kämpft gegen Artenschwund und Landschaftszerstörung, er vertritt ökologisch klare Haltungen mit großem Sachverstand. Er ist der Mann im Freistaat, von dem man lernen kann, wenn es um Naturschutz geht. Und das will Markus Söder.

Es ist Mitte November 2008, seit zwei Wochen ist der neue Umwelt- und Gesundheitsminister im Kabinett Seehofer im Amt. Und jetzt ruft sein Büro an: Ob Sothmann mal Zeit habe für ein Gespräch mit dem Minister? Dass ein neuer Umweltminister sich beim Vogelmann meldet, ist nett, aber auch nicht außergewöhnlich. Außergewöhnlich ist, wie Söder das Treffen angeht. Sothmann erinnert sich an einen wissbegierigen Minister: »Er fragte mich zu allen relevanten Themen aus, ließ mich reden und löcherte mich zwischendurch mit gezielten Fragen.« Zwei Stunden dauerte das Gespräch. »Er saugte förmlich auf, was ich sagte, und ich hatte das Gefühl, dass er als Fachfremder möglichst schnell möglichst viel aufnehmen wollte.« Ein bemerkenswerter Vorgang, findet Sothmann. Wie oft haben er und andere Naturschützer schon Minister erlebt, die von der Sache keine Ahnung haben und trotzdem sofort Ansagen machen.

Die Landtagswahl 2008 war ein Höllensturz für die CSU gewesen. Die Partei war den Nimbus der Unbesiegbarkeit los. Bis zur nächsten Wahl 2013 muss der neue Ministerpräsident Horst Seehofer beweisen, dass sie ihn noch einmal zurückgewinnen kann. In Seehofers Planspielen für das schwarz-gelbe

Kabinett war Söder gesetzt. Er ist der Unverhinderbare, aber Seehofer will ja seinen Bündnispartner der vergangenen Monate auch gar nicht verhindern. Kurz war Söder für das Wirtschaftsressort im Gespräch, auch für das Finanzministerium. Aber am Ende war Seehofers Angebot an Söder: Umwelt. Darauf hatte Söder bereits hingearbeitet, als JU-Chef, als Generalsekretär und sogar als Europaminister. Dass er tief im Herzen schon immer der Umweltengel war, als der er jetzt durch die Gegend fliegt, bezweifeln die meisten, die ihn kennen. Dass er mit der Umwelt ein strategisch günstiges Thema besetzt hat, erkennen die gleichen Leute an. Heute sagt Söder: »Ich wollte einfach mal was ganz anderes machen. Und Umwelt hat mich einfach interessiert. Es war ein gesellschaftlich relevantes Thema.«

Seehofer hatte eine Verjüngung des Führungsteams versprochen – und er lieferte. Söder, 41 Jahre alt, gehört zu den Gewinnern der Kabinettsumbildung. Seinem Umweltministerium wird die Zuständigkeit für die Gesundheitspolitik zugeschlagen, die bisher im Sozialministerium angesiedelt war. Neben Söder machen auch mehrere Bundestagsabgeordnete aus seiner Alterskohorte wichtige Karriereschritte: Ilse Aigner, 43, folgt Seehofer in Berlin als Bundeslandwirtschaftsministerin nach. Georg Fahrenschon, 40, wird bayerischer Finanzminister. Generalsekretärin Christine Haderthauer, 45, kann sich auf den Sessel der Sozialministerin retten. Karl-Theodor zu Guttenberg, 36, dem Söder in herzlicher Abneigung verbunden ist, wird ihr Nachfolger als Generalsekretär – und nur hundert Tage später Bundeswirtschaftsminister. Es ist ein kometenhafter Aufstieg, den Söder mit wachsender Sorge beobachtet.

Ex-»Außenminister« Söder macht sich natürlich sofort daran, auch seinem neuen Aufgabengebiet eine gewisse Griffigkeit zu geben: Es gebe ein »schwarz-grünes Lebensgefühl« in Bayern, stellt er fest, das sich nicht nur, aber auch in der Umweltpolitik widerspiegele. Seehofer tut ihm dann noch den Gefallen, diese Allzuständigkeit unter dem Schlagwort »Lebensminister« zusammenzufassen. Und noch einen Gedanken hat Söder: Die Natur sei ja wesentlicher Bestandteil der Heimat, nicht wahr? »Im Grunde«, folgert Söder, »ist das Umweltministerium auch das Heimatministerium.«

Söder wird in den nächsten drei Jahren vorübergehend abkommen von seinem Plan, der größte Konservative der deutschen Politik sein zu wollen. Er hat durchaus ein Bewusstsein dafür, dass das Erfolgsland Bayern nicht nur wächst, sondern sich durch dieses Wachstum auch verändert und bunter wird. Die Zugezogenen sind nicht mit der CSU aufgewachsen, und sogar auf dem Land haben Menschen heute ganz selbstverständlich Lebensentwürfe, die von der CSU gerade noch verteufelt wurden. Bayern ist im Wandel, und die Frage wird sein, ob die CSU da hinterherkommt.

Auch vor diesem Hintergrund muss man den ergrünten Söder sehen. Während Stefan Mappus, einer aus dem kurzlebigen Jedi-Quartett, sich in Baden-Württemberg als bulliger Hardliner zum Ministerpräsidenten hochboxt, rät Söder der CSU: Man müsse die Bedrohung des bürgerlichen Lagers durch die Grünen ernst nehmen. Naturschutz, Ernährung, Nationalparks, bei diesen Themen müsse man auf der Höhe der Zeit sein. Er führe da eine Traditionslinie seiner Partei fort, findet Söder, immerhin hat Bayern 1970 als erstes Bundesland ein Umweltministerium gegründet. Seinem Freund Mappus empfiehlt Söder, das Bahnprojekt Stuttgart 21 nicht mit Polizeigewalt durchzusetzen. Mappus tut es trotzdem, es ist der Anfang vom Ende seiner kurzen Amtszeit. Sein Nachfolger wird Winfried Kretschmann, er ist der erste grüne Ministerpräsident in Deutschland.

An der schönen blauen Donau

Söder braucht keine drei Wochen im Amt, um die Annahme zu zerstreuen, er könnte als Fachminister geläutert sein und seinen Politikstil grundlegend ändern. Als Erstes fährt er auf die

Zugspitze und fordert vom Bund mehr Mittel für den Schutz der Berge: »Die Alpen sind der Regenwald Europas.« Das setzt den Ton für die nächsten gut drei Jahre: Söder klingt bisweilen wie ein Grüner und meldet sich doch in der Abteilung Attacke der CSU zurück.

Es gehört zu seinem und Seehofers Kalkül, dass Söder in der Großen Koalition bei seinen Themen zwei SPD-Minister vor der Flinte hat. Die Zugspitz-Nummer zielt auf Bundesumweltminister Sigmar Gabriel, der Söders erster Lieblingsgegner im neuen Amt wird. Aber auch für Gesundheitsministerin Ulla Schmidt wird er genug Aufmerksamkeit übrig haben. Als Gegenspieler der Berliner Sozialdemokraten wird er sich immer wieder in die überregionalen Nachrichten wuchten. Und sich auch dann noch ungeniert auf Berliner Kosten profilieren, als dort 2009 Schwarz-Gelb das Ruder übernimmt.

Der Münchner Koalitionspartner FDP bekommt ebenfalls schnell angezeigt, dass Söder nicht zu Schonung aufgelegt ist: Umwelt- und Gesundheitspolitik, gibt er einfach mal bekannt, sei ja im Grunde auch Wirtschaftspolitik, worüber sich der neue FDP-Fachminister Martin Zeil nicht wirklich freut. Nach dem letztlich gescheiterten Versuch, das Fürther Versandhaus Quelle zu retten, erklärt Söder rundheraus, dass das zuständige Wirtschaftsressort mit der Koordination »offenkundig überfordert« sei und er gern einspringe. Konflikt macht Söder Spaß, und vor allem macht ihn Konflikt öffentlich sichtbar. Das gilt auch und vielleicht sogar insbesondere für den Konflikt mit der eigenen Partei.

Seit mehr als zwanzig Jahren kämpfen Umweltschützer gegen den Ausbau der Donau für Frachtschiffe zwischen Straubing und Vilshofen. Der siebzig Kilometer lange Abschnitt des Flusses gilt als »bayerischer Amazonas«, fast einzigartig in seiner Urtümlichkeit. Doch die CSU rückt nicht vom Bau einer Staustufe und eines Kanals ab. Bis Söder kommt. Beim wahrscheinlich wichtigsten Thema der bayerischen Umweltpolitik verlässt er die Parteilinie. Er schickt das ihm unterstellte Landesamt für Umwelt vor, das den betroffenen Donauabschnitt als ökologisch wertvoll klassifiziert. Söder orchestriert den Soundtrack dazu, er schwärmt vom »Leben im Einklang mit dem Fluss« und der »ungeheuren Artenvielfalt«. Und überhaupt: Ein Fluss müsse frei fließen.

Christian Bernreiter, ebenfalls CSU und Landrat des Landkreises Deggendorf, schäumt. Ihm geht es um die wirtschaftliche Entwicklung seiner Region, auch um Hochwasserschutz. Bernreiter nennt Söders Vorstoß »blanken Opportunismus dem vermeintlichen Wählerwillen gegenüber«. Beim CSU-Parteitag Ende November 2008 wird Söder abgestraft, von tausend Delegierten schließen sich ihm nur zwölf an. Diese Episode erzählt Söder später als heftig ergrünter Ministerpräsident gern, um seine Konsequenz und Prinzipientreue zu belegen. Zur Wahrheit gehört aber auch, dass der Abstimmung beim Parteitag keine große Bedeutung zugebilligt wird und nicht mal die Hälfte der Delegierten im Saal ist.

Auf lange Sicht jedoch wird Söder für sich beanspruchen können, mit seinem Vorstoß ein Umdenken in seiner Partei eingeleitet zu haben. Von einem harten Donauausbau ist die CSU abgerückt. Ein Naturschützer sagt: »Söder hat früh gespürt, dass die Stimmung kippt, da hat er sich das auf die Fahne geschrieben. Eine Heldentat war das nicht, er ist mit dem Strom der öffentlichen Meinung geschwommen. Aber man muss ihm lassen: viel früher als andere.«

Der Ärzte-Versteher

Als Gesundheitsminister zeigt Söder zwei sehr unterschiedliche Gesichter, erst die Memme, dann den Draufgänger. Die Memme ist Söder beim strikten Rauchverbot in öffentlichen Räumen inklusive Gaststätten und Festzelten, das der CSU bei der Landtagswahl 2008 Stimmen gekostet hat. Ministerpräsident Seehofer sah durch das Rauchverbot die bayerische Volksseele verletzt. Söder entdeckt nun also sein Herz für Raucher, obwohl ihm in seinem Amt das körperliche Wohlergehen der Bayern ja irgendwie am Herzen liegen müsste. Zumal er selbst gerade den Zigaretten abgeschworen hat. Er leitet eine Lockerung des geltenden Rauchverbots in die Wege: Wirte können jetzt wieder Nebenzimmer als »Raucherräume« deklarieren, auch in Festzelten darf gepafft werden. Söder rechtfertigt das mit der bayerischen Philosophie »Leben und leben lassen«. Er tut das in einem Interview, während er in einer der zentralen Landtagsdebatten lieber seine Staatssekretärin Melanie Huml vorschickt – für ihn ist das Nachwuchsförderung, für andere Feigheit.

Diesmal hat Söder den Finger aber nicht am Puls der Bevölkerung: Im Juli 2010 wird das inkonsequente Regelwerk bei einem Volksentscheid mit mehr als sechzig Prozent der Stimmen weggefegt. Aus der öffentlichen Diskussion vor dem Wahltag hatte sich der Gesundheitsminister einfach mal rausgehalten: Söder sagt nichts, ein Phänomen, selten wie die Sichtung des Halleyschen Kometen. Nach dem Volksentscheid gilt in Bayern ein konsequentes Rauchverbot ohne Ausnahmen. Als Niederlage will sich Söder das aber nicht anheften lassen: »Es ist letztendlich keine parteipolitische, sondern eine gesellschaftliche Frage. Jetzt bin ich ehrlich gesagt ganz froh, dass wir eine klare Entscheidung haben.« Sein Umgang mit dem Rauchverbot ist Wasser auf die Mühlen seiner Kritiker, die finden, Söder sei kein politischer Anführer, sondern nur ein gewiefter Opportunist.

Einen ganz anderen Söder erlebt Bayern in mehreren gesundheitspolitischen Auseinandersetzungen, bei denen die Gegner wechseln, aber nicht der Charakter einer zünftigen Wirtshausprügelei. Sie lohnen schon deshalb die Betrachtung, weil sie Einblick gewähren in den politischen Werkzeugkasten des Markus Söder. Sein erstes Opfer im Ring ist 2009 der neue Bundesgesundheitsminister Philipp Rösler von der FDP. Es ist das Duell zweier junger Politiker, von denen Söder klar der alte Hase ist.

Die beiden kollidieren schon in den schwarz-gelben Koalitionsverhandlungen, wo sie sich in der Verhandlungsgruppe Gesundheit gegenübersitzen. Rösler verbündet sich mit Ursula von der Leyen gegen Söder. Nach der ersten Sitzung treten Rösler und die CDU-Politikerin vor die Kameras, legen sehr optimistisch dar, wie gut die Gespräche laufen – und empfehlen den Journalisten, heimzugehen, es komme niemand mehr. Sie wollen Söder die Bühne nehmen. Zwei Minuten später ist er aber zur Stelle und sammelt die Journalisten für sein Statement ein: Es sehe nicht gut aus, Schwierigkeiten über Schwierigkeiten. In der nächsten Sitzung zahlt er es Rösler und von der Leyen zurück, mit einem Trick, den er in sein festes Repertoire aufnehmen wird: Er verlässt kurz vor Schluss den Saal, die anderen denken, er gehe auf die Toilette. Aber Söder eilt vor die Kameras.

Inhaltlich spitzt sich der Streit zwischen Söder und Rösler bald auf die Kopfpauschale zu, die Rösler von den fünfzig Millionen Kassenmitgliedern erheben will – etwa dreißig Euro pro Monat, zusätzlich zum normalen Versicherungsbeitrag. Söder hält das für unsozial, er fordert, das Geld müsse anderweitig durch Sparen beschafft werden. Wo da gespart werden könnte, das soll Rösler aber selbst beantworten. Söder hat einen Punkt, aber keine Lösung für das Problem. Genauso läuft es, als Rösler die Preisgestaltung für Medikamente überprüfen will, durchaus zum Wohl der Patienten. Söder beraumt flugs den »1. Bayerischen Pharmagipfel« an. Dort schlägt er vor, dass Patienten Medikamente nur noch bezahlen müssen, wenn sie auch wirken. Wie das zu finanzieren sei? Müsse der Bund klären. Söder setzt ein Ausrufezeichen nach dem anderen. Um das Kleingedruckte dürfen sich andere kümmern.

Das Delikate ist, dass Söders Vorstöße sich oft gegen eine Gesundheitspolitik richten, die von der CSU in den Jahren zuvor in Berlin mitgetragen wurde. Das führt dazu, dass an einem Märzabend 2010 in einer Sitzung der Landesgruppe aus dem Bundestagsabgeordneten und Gesundheitssprecher Wolfgang

Zöller der Zorn herausbricht: »Ich habe die Schnauze voll!« Söder macht keine Gefangenen, wenn er in die Schlagzeilen drängt. Er sitzt einer CSU-internen Kommission zur Gesundheitspolitik vor, hatte aber die anderen Mitglieder nicht eingebunden, als er ein Papier zur Finanzierung des Gesundheitssystems verfasste. Von Söders Ideen haben die Kollegen aus der Zeitung erfahren.

Man braucht einige Abgebrühtheit, um so eine Nummer durchzuziehen. Landesgruppenchef Hans-Peter Friedrich schimpft über die »Äußerungen von nicht zuständigen Politikern aus dem Süden des Landes«. Söder keilt herzhaft zurück. Es braucht dann einen dreistündigen Friedensgipfel, um den Gesundheitsminister und die Gesundheitsexperten der CSU halbwegs zu versöhnen. Söder hat einen großen Auftritt als Büßer: »Auch ich habe Fehler gemacht.« Einer, der dabei war, sagt: »Er hat sich ein bisschen entschuldigt, aber sein Verhalten danach nicht geändert.«

Kritik aus Berlin lässt er auch deshalb routinemäßig abtropfen, weil er die Rückendeckung von Horst Seehofer hat. Und weil er ja schon genug Schulterklopfen bekommt, wenn er auf Demos den neuen Schutzpatron der Fachärzte gibt. Die Berliner Reformbestrebungen dürften auf keinen Fall zu Einnahmeverlusten für sie führen – wie er das rechnerisch bewerkstelligen will, bleibt im Detail offen, aber das hält die Mediziner nicht von Liebesbekundungen ab. Söder weiß: Die Leute folgen ihm, wenn er Stärke projiziert.

Bei einer Protestaktion auf dem Münchner Marienplatz bekommt er sogar die Ehrenmitgliedschaft im Facharztverband angetragen. Demos sind sein neues Wohnzimmer. Auch gegen die grüne Gentechnik geht er auf die Straße und warnt vor den »Gewinnbestrebungen einzelner Gen-Heuschrecken«. Er ist Regierungsmitglied und außerparlamentarische Opposition zugleich. Die Gunst der Fachärzte hat sich Söder wie üblich mit ein paar hübschen Blüten politischer Dichtkunst gesichert: »Therapie statt Bürokratie«, »Freiberuflichkeit statt Staatsme-

dizin«. Donnernder Applaus bei der Demo. Die »Süddeutsche
Zeitung« kürt Söder zum »Ärzteflüsterer«.

Die Flüsterei funktioniert aber nur mit den Fachärzten. Mit
den Hausärzten führt Söder einen Kampf, der ganz nach seinem Geschmack ist. Er hat einen anständigen Gegner, nämlich
den Hausärzte-Chef Wolfgang Hoppenthaller, der den Aufstand probt und mit seinen Leuten aus dem Kassensystem aussteigen will. »Das war eine echte Herausforderung«, erinnert
sich Söder. »Wenn ein paar Tausend Hausärzte aus der kassen-
ärztlichen Versorgung ausscheiden, hat man sofort eine Unter-
versorgung in Bayern.« Hoppenthaller, ein knorriger Nieder-
bayer, hat seine 7000 Mitglieder dazu aufgerufen, ihre Kassen-
zulassung zurückzugeben. Seehofer und Söder wollen das
verhindern. Immerhin hat Söder den Hausärzten sein Wort
gegeben, dass sie auch künftig nicht schlechter dastehen werden. Aber das reicht Hoppenthaller nicht. Söder ist in einer
komfortablen Situation: Er ist jetzt die Stimme von Gesetz und
Vernunft gegen die Gier der Ärzte.

Söder gegen Hoppenthaller, keiner der beiden ist ein Kind
von Traurigkeit. Der Gesundheitsminister schaltet Zeitungs-
anzeigen, die sich an die Ehefrauen von Hausärzten richten:
Wenn Ihr Mann aussteigt, so die Botschaft, werden Sie große
wirtschaftliche Verluste haben. Auch eine Hotline für Arzt-
frauen gibt es. Dann stimmen die Hausärzte im Dezember
2010 in der Nürnberger Arena über die kollektive Rückgabe
ihrer Kassenzulassungen ab. Söder ist an dem Abend bei der
Weihnachtsfeier des Kabinetts in der Nähe von Freising. Han-
dyempfang gibt es nur auf einem nahe gelegenen Friedhof, zu
dem er immer wieder stapft, um sich von seiner Beobachterin
in der Halle informieren zu lassen. Irgendwann kommt die
Nachricht: Hoppenthallers Gegner haben sich durchgesetzt,
nur 43 Prozent der Ärzte wollen den Ausstieg. Söder spricht
von einem »guten Tag für die Patienten im Freistaat« und »einem schlechten Tag für Wolfgang Hoppenthaller«. Der Ärzte-
Chef tritt zurück.

Als Gesundheits- und Umweltminister ist die Gefahr groß, auch mal eine Krise managen zu müssen. Bei Söder wird das die Schweinegrippe. Sie tritt zuerst in Mexiko auf, Söder witzelt noch, dann verhänge man halt einen Importstopp für Schweinefleisch aus Mexiko. Zwei Tage später erfährt er: Es gibt einen Fall in Bayern, ein Mann, der in Mexiko im Urlaub war. Die Ärzte in der Regensburger Uniklinik bangen um sein Leben. Söder fährt nach Regensburg, es ist ernst, und doch muss seine Entourage auf dem Weg durchs Krankenhaus plötzlich laut auflachen. Auf dem Speiseplan der Kantine steht: »Schweinesteak mexikanischer Art«.

Söder wirkt souverän in diesen Wochen, sogar aus dem SPD-geführten Bundesgesundheitsministerium wird ihm eine »konstruktive Zusammenarbeit« bestätigt. Söders Leute sagen: »Von wegen Spaßpolitiker. Er weiß, wann es ernst wird.« Sein Crashkurs in Seuchenbekämpfung wird dem Ministerpräsidenten Söder jedenfalls ein Jahrzehnt später noch von großem Nutzen sein.

Die zwölf Apostel

Horst Seehofer hat die CSU erst mal stabilisiert, auch auf Kosten des überforderten Koalitionspartners FDP. Er hat ihr neues Selbstbewusstsein eingehaucht, was ihm die Freiheit gibt, sich vom Start weg lustigen Spielchen mit seinen mittelfristigen Nachfolgern zu widmen. »Zwölf Apostel« werde er aufbauen, kündigt Seehofer an, zwölf Nachwuchshoffnungen der CSU. Das klingt nach seriöser und vorausschauender Personalplanung. Die Realität gemahnt dann eher an »Game of Thrones«.

Im Frühjahr 2009 gibt Seehofer eine überraschend klare Wasserstandsmeldung dazu ab, welchen seiner Apostel er vorne sieht: Karl-Theodor zu Guttenberg. »Er ist unter Guten bisher der Beste.« Und auch andere CSU-Größen outen sich als Fans des Oberfranken, Peter Gauweiler zum Beispiel erklärt Guttenberg zur Verkörperung der »neuen German Läs-

sigkeit«. Was soll dann demnach Söder sein, der seit Jahrzehnten verbissen an der Karriere bastelt? All das nagt an Söder,
sein Umfeld bekommt oft und ohne falsche Scheu in der Wortwahl zu hören, was er von Guttenberg und Seehofer hält.

Ständig kommt es in diesen Jahren zu kleinen bis etwas größeren Scharmützeln der Damen und Herren Apostel, wobei
auffällt, dass Söder bei fast allen beteiligt ist. Unter dem Vor-
wand fachlicher Differenzen findet er etwa immer wieder Gelegenheit, Ilse Aigner zu piesacken. Besondere Freude bereitet
es ihm, die Bundeslandwirtschaftsministerin bei seinem Leib-
und-Magen-Thema vor sich herzutreiben: der Ablehnung grüner Gentechnik. Als Aigner den versuchsweisen Anbau der
Genkartoffel Amflora erlaubt, wirft sich Söder in Entrüstungs-
pose: »Ich bin sehr enttäuscht. Es ist das falsche Signal.« Und
als die Infektion EHEC das Land in Sorge versetzt, schaltet
sich Söder auch auf Bundesebene massiv ein, nicht zur Freude
der zuständigen Bundesministerin Aigner. Söder-Alliierte verbreiten unter Bundestagsabgeordneten und Journalisten: »Der
Horst hat den Markus gebeten, sich zu kümmern. Die Ilse
packt's nicht.«

So gut es läuft für Söder, für Guttenberg läuft es noch besser.
Söder muss mit ansehen, wie der Rivale sich langsam absetzt.
Auf dem CSU-Parteitag im Sommer 2009 erhält der oberfrän-
kische Vorsitzende Guttenberg das beste Ergebnis aller Bezirkschefs, während der Nürnberger Vorsitzende Söder auf
den Mittelrängen landet. Wenig später wird Guttenberg ins
CSU-Präsidium gewählt, die engere Parteispitze. Söder verzichtet aus guten Gründen auf eine Kandidatur. Immer deutlicher zeichnet sich ab, dass Guttenberg sich langfristig auf die
Berliner Schiene festgelegt hat, während Söder beteuert, ihn
interessiere die Hauptstadt nicht. »Ich bleibe definitiv in Bayern«, sagt er. »Jeder muss wissen, wo er hingehört. Ich gehöre
nach Bayern.«

Vogelrettung am Gardasee

Die Meinungen, ob man Söder schleunigst nach Berlin expedieren sollte, gehen in seinem Ministerium weit auseinander. Während die Gesundheitsexperten sich mit dem Helden des Ärztestreits ganz gut arrangiert haben, hatten die Umweltexperten – unter denen es traditionell weniger linientreue CSU-Leute gibt – vom Start weg Bedenken. Schon die Vorstellung des neuen Ministers in der Runde der Abteilungsleiter sei danebengegangen, erinnert sich ein Teilnehmer. Söder habe gesagt, Naturschutz sei ihm wichtig, er habe ja auch einen Hund daheim.

Dabei bescheinigen ihm selbst kritische Ministerialbeamte durchaus, komplexe Themen »durchdringen zu wollen« und »sich Expertisen anzuhören«. Die Entscheidungen seien dann aber »nur auf den politischen Effekt getrimmt« – Söder wolle immer irgendeinem Zielpublikum gefallen. »Die Sachkompetenz seines Hauses ignoriert er völlig.« Immer werde alles »nur nach Pressetauglichkeit bewertet«. Wenn Söder zum Beispiel zum Weltklimagipfel nach Cancún fliegt, dann bewege ihn erst mal nicht das Weltklima, sondern die Frage, wo er einen Sombrero für ein Themen-Foto Mexiko herbekommt, schimpft ein Kritiker. Söders Vertraute halten dagegen, dass die Beamten damals einfach »eifersüchtig« waren, weil der Minister »sich auch viel Input von außen geholt« habe. Im Übrigen sei ihnen wohl »die Taktung zu heftig« gewesen: »So viel Tempo und Arbeit waren die nicht gewohnt.«

Auf jeden Fall hadern die Fachleute mit dem eher unwissenschaftlichen Herangehen ihres Ministers. Das könne »kuriose Züge« annehmen: »Er sieht am Sonntagabend daheim ›Jurassic Park‹, wo es um Dinosaurier-DNA geht, und am nächsten Morgen will er eine Gen-Datenbank bedrohter Arten anlegen lassen. Damit man sie nach ihrem Aussterben wieder erschaffen kann.« Die Ministerialen regen an, ob man nicht besser alle Kraft auf den Erhalt dieser Arten im Hier und Jetzt konzentrieren sollte. Als Söder im Ministerium einen »Raum der Stille« einrichten lässt, ganz in Blau, mit Wellenmustern an der Wand und einem echten kleinen Wasserlauf – da scherzen Mitarbeiter, das sei jetzt der »Panic Room«, wenn man mal wieder das Bedürfnis habe, vor dem eigenen Minister zu fliehen.

Dann ist da noch die Schweden-Reise, die Söders Reputation im Haus auch nicht gerade erhöht. Das Pikante an der Reise ist, dass sie nicht stattfindet. Aus dem Bauch des Ministeriums hört man folgende Version der Geschichte: Schweden sei ein gutes Ziel für eine Informationsreise, da sind sich die Ministerialen einig. Das Land hat sich schon 1979 zum schrittweisen Ausstieg aus der Kernenergie entschlossen, diesen aber nie ganz vollzogen – die Herausforderungen der Energiewende sind dort sehr plastisch zu besichtigen. Die Beamten freuen sich über das Interesse ihres Ministers und machen sich mit Eifer an das Reiseprogramm. Die deutsche Botschaft in Stockholm hilft bei der Vereinbarung von Terminen.

Es läuft gut, finden die Münchner Reiseplaner, nach einigen Wochen haben sie ein hochkarätiges fachliches Programm beisammen. Das ist der Punkt, an dem sie ihr Minister mit einem Zusatzwunsch überrascht: Er würde gern die schwedische Kronprinzessin Victoria treffen. Die Planer sind überrumpelt, auch die Tangente zum Thema Kernkraft erschließt sich ihnen nicht. Aber sie fragen natürlich an in Schweden. Ergebnis: Das klappt nicht mit der Prinzessin. Daraufhin sagt Söder die Reise ab. Heute heißt es in Söders Umfeld, so konkret sei die Schweden-Planung damals nicht gewesen. Gescheitert sei das Ganze letztlich, weil man keine Fachtermine organisiert bekam.

Die schwedische Angelegenheit hat Legendenrang im bayerischen Umweltministerium, aber als Musterstück söderscher Polit-PR bleibt eine andere Exkursion im Gedächtnis. Im Herbst 2009 reist Söder an den Gardasee, um dort mit Ministerhand arme bayerische Zugvögel aus den Netzen italienischer Wilderer zu retten. Praktischerweise ist am Gardasee ein Fotograf zugegen, als Söder mit angemessen ernstem Blick einen

Käfig mit geöffnetem Türchen in die Höhe stemmt und ein sympathisches grün-gelb-graues Vögelein in die Weite schwebt. Wahrscheinlich schnurstracks über die Alpen heim in den Freistaat. Der »Bild«-Zeitung ist das die Schlagzeile »Söder befreit bayerische Singvögel aus italienischen Käfigen« wert. Den Bayernvögeln, so ist im zugehörigen Text zu lesen, habe die Verspeisung in italienischen Gourmet-Restaurants gedroht, hätte nicht der zuständige Minister in letzter Minute Hand angelegt: »Der Erlenzeisig blickt schüchtern auf die geöffnete Käfigtür.«

Das Problem an diesem Heldenepos ist: Der Erlenzeisig ist ausweislich des Fotos in Wahrheit ein Grünfink – und der Grünfink kein Zugvogel. Söder hat einen waschechten Italiener vor dem Kochtopf bewahrt, wenn überhaupt. Weil die peinliche Geschichte der Presse von einem Ministerialen gesteckt wurde, habe Söder, so heißt es, eine aufwendige Suche nach dem Leck in seinem Haus gestartet. Unter den Beamten ist von »Stasi-Methoden« die Rede. Söder-Vertraute beteuern bis heute, der Minister habe wirklich einen bayerischen Vogel befreit; lediglich für die »Bild«-Zeitung habe man ein Foto mit dem italienischen Piepmatz gestellt. Solche Geschichten kleben bis heute an Söder.

Und wie hat sich das Söder-Bild von Naturschützer Ludwig Sothmann entwickelt, nach dem guten Auftakt? Auch in der Folgezeit sei der Kontakt sachlich und fair gewesen, sagt er. Söder habe sich bei den Naturschützern nicht angebiedert, er habe zugehört und sich immer wieder von ihren Argumenten überzeugen lassen. Zum Beispiel, statt auf Wasserkraft lieber auf Windkraft zu setzen. Sothmann ist aufgefallen, dass Söder mit ihm und überhaupt mit Naturschützern bisweilen besser umgegangen sei als mit den eigenen Ministerialbeamten. Außerdem sei er »verlässlich gewesen und hat gehalten, was er zugesagt hat«. Selbst wenn Kritik daran aufkam. Klar sei Söder ein »PR-Mann«, der schnell und geschickt »eingängige Motive« für Fotografen inszenieren könne. Aber daran sei nichts schlecht, sagt Sothmann, wenn es der guten Sache diene.

Hört man sich in der Naturschutz-Szene ein bisschen weiter um, kommt man zu dem Ergebnis: Der Umweltminister Söder hat einiges vorangetrieben. Aber fühlte er sich diesen guten Sachen auch tief verpflichtet? Diesen Eindruck hat fast niemand gewonnen. Sonst, sagt ein Aktivist, hätte er nicht in München als Öko-Markus renommieren können – und zu Hause in Nürnberg als Business-Söder. In dieser Funktion will er den Nürnberger Flughafen mittels eines Tunnels mit der Autobahn verbinden, ein Projekt, für das mehr als zwanzig Hektar Bannwald abgeholzt werden müssten. Wenn SPD und Grüne anmerken, dass man diese 30 000 Bäume nicht opfern solle, schilt Umweltminister Söder sie als »Ideologen«. Söder sagt, das sei halt alles eine Abwägungsfrage. Und hier entscheide er sich in der Abwägung für die wirtschaftliche Entwicklung der Stadt.

Auch bei Artenschützer Sothmann fällt das Resümee mehr als zehn Jahre nach dem ersten Anruf Söders gespalten aus. Auf die lange Strecke täten sich bei Söder große Widersprüche auf: So habe er als Finanz- und Heimatminister den Alpenplan, der dem Schutz der Berge dient, für eine geplante Liftanlage am Riedberger Horn im Allgäu aufbrechen lassen. »Völlig unverständlich und für den Naturschutz höchst gefährlich«, sagt Sothmann. Und auch die Erlaubnis für Kommunen, auf der grünen Wiese Gewerbegebiete auszuweisen, passe gar nicht zu einem ehemaligen Umweltminister. Als Ministerpräsident wird Markus Söder seinen grünen Daumen freilich ziemlich überraschend wiederentdecken.

Abschied vom Baron

Bei der Bundestagswahl 2009 bekommt die CSU 42,6 Prozent – das schlechteste Ergebnis im Bund seit 1949. Der Aufbruch unter Seehofer ist schon wieder ins Stocken geraten, manchen gilt er als »Parteichef auf Abruf«. Dass der Unmut nicht eskaliert, liegt wohl vor allem daran, dass die Partei nicht die

Schmerzen eines erneuten Umbruchs ertragen will. In Kreuth 2010 stänkert Söder ein bisschen mit: Das Landesbank-Desaster, warnt er, könne der CSU so wehtun, dass der Abstieg zum »einfachen Landesverband der CDU drohe«. Seehofer lässt daraufhin wissen, er wolle keine »überflüssigen Interviews« mehr hören. Das Verhältnis der beiden bekommt kleine, aber unübersehbare Risse.

Am 1. März 2011 fallen im Hause Söder Weihnachten und Ostern zusammen. Karl-Theodor zu Guttenberg erklärt nach der Plagiatsaffäre um seine Doktorarbeit seinen Rücktritt vom Amt des Bundesverteidigungsministers. Der Planet KT, der sich zwischen Söder und die Sonne geschoben hatte, ist implodiert. Söder ist auffallend gut gelaunt.

Das Personalkarussell in der Partei kommt jetzt in Fahrt, und Söder ist mit an Bord. Als das Karussell wieder steht, ist er immer noch, wo er war. Aber ein Konkurrent hat schlimme Schrammen abgekriegt.

Für den Morgen nach Guttenbergs Rücktritt bestellt Seehofer seine Apostel in die Staatskanzlei ein. Söder ist da, Finanzminister Fahrenschon ebenfalls, Innenminister Herrmann soll noch kommen. Vor Seehofers Büro warten Kultusstaatssekretär Marcel Huber, Vize-Landtagsfraktionschef Thomas Kreuzer und der Landtagsabgeordnete Bernd Sibler. Sie sind die Statisten, die gebraucht werden, wenn ein Münchner Minister nach Berlin wechselt und Seehofer sein Kabinett umbilden muss. Draußen sitzt auch Fahrenschons Frau Karin.

Der Verlauf des Morgens lässt sich so rekonstruieren: Seehofer eröffnet Söder und Fahrenschon, dass die CSU in Absprache mit Merkel das Verteidigungsministerium abgeben wird – dafür könne man das Innenressort besetzen. Erster Anwärter sei natürlich Joachim Herrmann, der sich in Bayern ja schon Meriten als Sicherheitsgarant erworben hat. Seehofer fragt Söder, ob er sich vorstellen könne, Herrmann im Landeskabinett zu folgen. Söder sagt ja. Seehofer ist zufrieden: Einer der Herren draußen vor der Tür müsste dann halt Umwelt machen. Da schlägt die Nachricht von Herrmanns Absage ein, es heißt, seine Frau Gerswid sei dagegen. Er werde an diesem Morgen gar nicht in die Staatskanzlei kommen.

Seehofer, überhaupt nicht begeistert von Herrmanns Nein, informiert Fahrenschon, dass Merkel auch ihn als Bundesinnenminister akzeptieren würde. Fahrenschon sagt, er müsse erst seine Frau fragen, die ja praktischerweise draußen warte. Nach einer Weile kommt Fahrenschon zurück und bittet, seine Frau mit in den Raum bringen zu dürfen. Okay, sagt Seehofer, leicht irritiert. Über den Fortgang der Ereignisse gibt es dann zwei Versionen, in beiden steht Karin Fahrenschon im Mittelpunkt. In der einen Version fleht sie Seehofer eindringlich an, ihren Mann nicht nach Berlin zu schicken. In der anderen erklärt sie Seehofer, dass ihr Mann ganz sicher nicht nach Berlin gehen werde. Mit so viel Nachdruck, heißt es, dass ein Stift durch die Luft fliegt und den Ministerpräsidenten des Freistaats Bayern trifft.

Einige Zeit später geht Fahrenschon doch nach Berlin. Allerdings als Präsident des Sparkassenverbands, eine Stelle, die weit besser dotiert ist als die eines Bundesministers. Als neuer Bundesinnenminister wird Landesgruppenchef Hans-Peter Friedrich zwangsverpflichtet. Söder bleibt vorerst, was er ist, und ruft Karl-Theodor zu Guttenberg nach: »Natürlich sind wir geschwächt. Die gesamte Union kann diesen Abgang nur schwer verkraften.« Für die Union mag das stimmen. Für Markus Söder nicht.

Fukushima

An einem Samstag im März 2011 sitzt Söder in seinem Haus in Nürnberg vor dem Fernseher. Er sieht die Bilder aus Japan, die Bilder der Katastrophe im Kernkraftwerk Fukushima: die Macht des Tsunamis, die Wassermassen. Dann die Explosion des Atommeilers, gräulich weißer Rauch überall. »Ich dachte mir gleich: Wir leben in einer neuen Zeit«, sagt Söder im Rückblick. »Wenn die angeblich sichersten Kernkraftwerke der Welt in Japan nicht sicher sind, dann müssen wir das auch bei uns neu bewerten.«

Bis dahin hatte Söder die Kernkraft immer eifrig gepriesen, grüne Bedenken tat er gönnerhaft ab. Im Juli 2009 etwa hatte er gefordert, die Laufzeiten für alle Atomkraftwerke um »jeweils mindestens acht bis zehn Jahre« zu verlängern. Und jetzt? Gibt Söder der »Süddeutschen Zeitung« ein Interview: »Japan verändert alles.« Bayern soll raus aus der Atomkraft.

Großereignisse, erklärt Söder heute, hätten schon immer die Kraft gehabt, politische Positionen zu erschüttern. Joschka Fischer habe erst nach dem Massaker von Srebrenica anders über Militäreinsätze im Ausland gedacht. Und auch an den Bürgern gehe so etwas wie Fukushima ja nicht einfach vorüber. Mit dem Begriff Tschernobyl könnten junge Leute nichts mehr anfangen, aber nun hätten sie ihr eigenes Schlüsselerlebnis: »Das grundlegende Vertrauen in die Kernenergie war tief erschüttert. Darauf muss die Politik reagieren.«

Wenige Tage nach der Katastrophe steht Söder am Rednerpult des Bayerischen Landtags. Als er beteuert, dass »wir nie Kernkraftfetischisten waren«, müssen sogar ein paar Zuhörer in den CSU-Reihen lachen. So richtig kräftig ist die Unterstützung aus der eigenen Partei nicht. Söder vollzieht eine Wende mal wieder viel schneller als die anderen. Seine Parteifreunde können Jahrzehnte der Atomgläubigkeit nicht einfach so abschütteln. Söder schon.

Er versucht, den Zögerlichen eine Brücke zu bauen: »Veränderungen sind kein Verrat an der Vergangenheit.« Dann kündigt er an: »Das Atomzeitalter geht zu Ende, auch in Bayern.« Bis 2020, spätestens 2022 soll der Freistaat aussteigen. Die Opposition im Landtag nimmt ihm das nicht ab. Grüne und Rote glühen wie eine Batterie Brennstäbe, es fehlte nur noch, dass Söder sich einen dieser Sticker auf den Anzug pappte, »Atomkraft? Nein danke«. Die Abgeordneten haben Söder hier im Plenum schon oft rambohaft erlebt. Jetzt sagt er: »Nachdenklichkeit ist besser als Rechthaberei.« Als Merkels schwarz-gelbe Koalition in Berlin den Ausstieg auch für 2022 fixiert, freut sich Söder, »dass das Zieldatum übernommen wurde, das wir in Bayern vorgeschlagen haben«. Am 17. März 2011, nur sechs Tage nach dem Beginn des Dramas von Fukushima, wird um Punkt 16 Uhr das Kraftwerk Isar 1 bei Landshut vom Netz genommen.

Wie bei seinem Nein zum Donauausbau und zur grünen Gentechnik ist Söder auch beim Atomausstieg dem Zeitgeist gefolgt – diesmal im Zeitraffer und unter dramatischen Umständen. Er hat seine Chance gesehen und sie ergriffen. Er war schneller und schmerzfreier als die meisten anderen in CSU und CDU. Als sie noch nachdachten, wie man den Übergang moderieren könnte, war Söder schon gesprungen und winkte von der anderen Seite. Dieser Instinkt ist zweifellos eine Stärke, aber auch verstörend. Söder hat wieder mal auf eine Stimmung reagiert, nicht auf Sachgründe. Die Sachgründe gegen die Atomkraft waren ja schon vorher da. Sie haben Söder nur nicht interessiert.

Der Stimmungspolitiker weiß, dass sein Manöver dem Publikum viel abverlangt, vor allem den eigenen, jahrzehntelang auf Kernkraft eingeschworenen Leuten. Eineinhalb Jahre später kommt ans Tageslicht, dass in den bewegten Tagen nach Fukushima eine Söder-Sprecherin beim Bayerischen Fernsehen intervenierte. Die »Rundschau«-Redaktion hatte sich erdreistet, zwei widersprüchliche Äußerungen Söders zur Atomkraft vor und nach Fukushima zu vergleichen. In späteren Ausgaben der »Rundschau« fehlte der Beitrag dann, was aber laut BR ausschließlich journalistische Gründe hatte.

Das Frühjahr 2011 ist eine goldene Periode auf Söders langem Weg zur Macht. Sein schärfster Konkurrent Guttenberg ist weg. Und Söder hat ein großes, ein wirklich großes Thema gefunden, das Mainzel- und Sandmännchen vergessen machen könnte. Er doziert jetzt über den Atomausstieg, die Energiewende und überhaupt die »Aussöhnung von Ökologie und

Ökonomie«. Dass daran Realo-Grüne wie Fritz Kuhn schon Jahrzehnte arbeiten – geschenkt.

Man könnte nun meinen, Markus Söder habe sein Lebensthema gefunden. Aber Söder ist einer, der selbst mit Lebensthemen in ein paar Jahren durch ist. Wenn es Uniformen für Fachminister gäbe, Söder würde sie so mühelos an- und ausziehen wie seine Kostüme in Veitshöchheim. Er war ein Brüssel-Nörgler und wurde ein begeisterter Europaminister, er war ein Grünen-Fresser und wurde ein engagierter Umweltminister. Was ist er wirklich? Wendig und geschickt? Eiskalt und knallhart? Söder, sagen Parteifreunde, sei ein Mann, der immer schon an das nächste Amt denke. Und an das übernächste wahrscheinlich auch.

An einem Augusttag 2011 unternehmen Söder und Seehofer eine Bootspartie. Das Fränkische Seeland, ein Naherholungsgebiet südwestlich von Nürnberg, feiert sein 25-jähriges Bestehen. Zur Feier des Tages schippern die beiden mit dem Motorschiff »Altmühlsee« über den Altmühlsee. Seehofer soll mal das Steuerrad übernehmen für ein Foto. Doch als er auf der Brücke ankommt, hat es Söder schon fest in der Hand. »Geh weg vom Steuer«, schnauzt ihn Seehofer an. »Das dauert noch ein paar Jahre.« Söder grinst und sagt: »Ich übe schon mal.« Spätestens jetzt muss Söders Kurs allen klar sein.

EXKURS Ein Chef zum Verkriechen
Söders Umgang mit Mitarbeitern

Es gibt eine Geschichte, die unter Münchner Politikern und Journalisten oft erzählt wird, um den angeblichen Jähzorn des Markus Söder zu belegen.

Söder steht im Ruf, vor allem in jüngeren Jahren im Umgang mit Mitarbeitern häufiger die Beherrschung verloren zu haben. Manchmal soll er sogar Gegenstände aller Art und Größe durch die Gegend gepfeffert oder irgendetwas kaputt geschlagen haben, und sei es einen Glastisch. Einen solchen hatte er als Umweltminister im Büro, der Geschichte zufolge allerdings nicht sehr lange. Söder soll nämlich ob der Unfähigkeit eines Mitarbeiters so hart auf den Tisch eingedroschen haben, dass dieser zerbarst. Sogar eine blutige Handverletzung habe der Minister davongetragen, heißt es.

Wenn man der Geschichte nachgeht, landet man bei Reinhold Michels, einem angesehenen politischen Redakteur der »Rheinischen Post« in Düsseldorf, der inzwischen im Ruhestand ist. Er hat den Umwelt- und Gesundheitsminister Söder interviewt, als der Glastisch kaputtging. Der Tisch, erzählt Michels, war oval, massiv, offenbar neu. Söder und eine Sprecherin saßen auf der einen Seite, Michels auf der anderen. Dazwischen Wasserflaschen, Gläser und Michels' Aufnahmegerät. Genau bei Minute 7:00 der Aufnahme gibt es einen fürchterlichen Knall. Der Tisch brach in der Mitte durch, Flaschen und Gläser fielen herunter. Söder habe damit aber rein gar nichts zu tun gehabt. »Er war mitten in einer Antwort«, berichtet der Reporter. »Der Tisch ist von selbst explodiert.« Es müsse einfach eine Fehlproduktion gewesen sein. So was gibt es: Möbelexperten sprechen von einem »thermalen Schock«, das Material könne sich bei Temperaturschwankungen ausdehnen und bersten.

Michels' Hälfte des Tisches blieb stehen, die andere stürzte in Richtung Söder. An der Bruchkante eines Glasstückes schnitt sich der Minister die Innenhand auf und blutete heftig. »Hoppla, hoppla, was war denn das jetzt?«, rief Söder. Michels weiß das genau, er hat es ja auf Band. Mitarbeiter, die den Knall gehört haben, stürmten herein – ihr erster Gedanke war, dass der Gast irgendetwas angestellt haben könnte. Söder, sagt Michels, sei dann ins Krankenhaus gefahren worden und eine Stunde später wiedergekommen, die verletzte Hand und den Unterarm dick verbunden. »Das ziehen wir jetzt durch«, habe Söder gesagt und das Interview zu Ende gebracht.

Die Geschichte vom zerborstenen Glastisch mahnt zur Vorsicht, wenn man mit Horror-Storys über Söders Umgangsformen im Arbeitsalltag konfrontiert wird. Es passt natürlich jede Schrecklichkeit ins Bild: Söder soll ja bekanntlich auch politisch über Leichen gehen. Man findet tatsächlich leicht Stimmen, die das bezeugen – meistens allerdings Leichen. Vielleicht ist es sinnvoller, nicht einzelne Stimmen in all ihrer Subjektivität zu zitieren, sondern den Eindruck wiederzugeben, der sich aus Gesprächen mit vielen Dutzend Wegbegleitern Söders ergibt. Der Eindruck ist nicht brandaktuell, weil sich Menschen, die vor fünf oder zehn Jahren mit ihm gearbeitet haben, natürlich leichter tun, darüber zu sprechen, als aktuelle Mitarbeiter eines Ministerpräsidenten. Einer, der nah dran war an Söder, bringt die Komplexität der Sache auf den Punkt: »Er hat große Stärken. Zu seinen Schwächen gehört aber der menschliche Umgang.«

Söder, heißt es, lebe bescheiden, stehe wirklich auf McDonald's und könne es kaum fassen, dass jemand 200 Euro für eine Flasche Wein ausgibt. Er sei unheimlich fleißig und diszipliniert, er sei blitzgescheit und sprudle vor Ideen. Er habe einen überragenden politischen Instinkt. Er sei ein begnadeter Verkäufer, er würde aus einer alten Frittenbude in drei Wochen ein Gourmetrestaurant machen. Er sei sehr effizient, für eine Talkshow-Vorbereitung genüge ihm eine knappe Stunde im Flugzeug. Man erlebe Politik mit ihm von ihrer spannendsten Seite, man könne viel von ihm lernen. Er schätze Widerspruch und höre sich andere Meinungen meistens an. Er analysiere ernsthaft, wie man Dinge, die schlecht gelaufen sind, besser machen kann.

Er sei eine Herausforderung für seine Mitarbeiter, weil nicht jeder seinem krassen Arbeitsrhythmus folgen könne oder wolle. Früher habe er am Abend seinen Chauffeur zum Münchner Hauptbahnhof geschickt, damit er als Erster die druckfrische »Abendzeitung« bekommt. Heute fiebere Söder den Digitalausgaben der Zeitungen entgegen. Auch an einem freien Sonntag hole er um halb sieben in der Früh die »BamS« von der Tankstelle und erwarte, dass seine Mitarbeiter das auch tun. Man könne mit ihm nur über drei Dinge reden: Fußball, Film und Politik. Auch im Urlaub könne er selten abschalten, er rufe dauernd im Ministerium an, weil er fürchte, etwas zu verpassen. Früher habe er sich jeden Tag den Pressespiegel faxen lassen. Ihm gehe die Außendarstellung über alles: Wenn bei einem Termin auf dem Land das Lokalfernsehen mal nicht da sei, würde er am liebsten sofort wieder heimfahren.

Er richte sich immer nach dem Wind. Er sei tief misstrauisch, er kenne nur Freunde und Feinde. Er nehme alles persönlich: Wenn irgendetwas gegen ihn laufe, wittere er sofort eine Kampagne. Jemand wolle ihn fertigmachen oder vernichten, das seien die Kategorien, in denen er denke. Er beurteile Menschen danach, was sie ihm nützen. Er habe einen Beißreflex, wenn er jemanden für schwach halte. Er könne fast kindlich beleidigt sein, er rede tagelang nicht mit Mitarbeitern, auf die er sauer ist. Wo Söder sei, gebe es auch mal Tränen. Er mache gestandene Abteilungsleiter runter wie Kinder, eine Eigenart, die er sich sogar als Ministerpräsident bewahrt haben soll. Er flippe wegen Winzigkeiten aus: weil bei einer Veranstaltung eine Tür offen sei, weil ein Accessoire für ein Foto fehle. Wenn ihm bei einer Sitzung die Anordnung der Tische nicht passe, trete er schon mal mit Wucht dagegen. Und ab und an fliege etwas gegen die Wand oder auf den Boden, sei es ein Stift, eine Aktenmappe oder eine Wurst.

Manche Mitarbeiter hätten Angst, wenn er anrufe, und würden vermeiden, mit ihm in einem Aufzug allein zu sein. Viele hätten panische Angst davor, in seinen Augen etwas falsch zu machen. Nach der Glastisch-Explosion habe sich in einem Ministerium voller Ärzte minutenlang niemand gefunden, der den Minister verbinden wollte. Wenn es allerdings jemand gar nicht mit ihm aushalte, helfe er demjenigen eigentlich immer, einen neuen Job zu finden.

Es fällt auf, dass fast keiner der Ehemaligen, mit denen man spricht, von Revanchegelüsten getrieben zu sein scheint. So ist das auch bei einigen Frauen, die alle im weitesten Sinn im beruflichen Kontext mit Söder zu tun hatten und mit uns nur unter der Bedingung offen reden, nicht namentlich zitiert zu werden. Sie wollen keinen Ärger mit Söder oder ihm politisch nicht schaden, sie sind ihm dankbar oder haben den unerfreulichen Kontakt einfach abgehakt. Übereinstimmend erzählen sie von einem Mann, der zumindest in seinen jüngeren Jahren weniger Gentleman ge-

wesen sei als verbaler Macho. Der unpassende Komplimente gemacht und sogar bei öffentlichen Anlässen zotige oder zweideutige
Sprüche gerissen habe. Es habe sich bisweilen auch um Anzüg-
lichkeiten der derberen Art gehandelt, für die es an der notwendigen privaten Gesprächsebene gefehlt habe.
Leute, die es gut mit Söder meinen, sagen, dass viele der Dinge,
die über ihn kolportiert werden, erstens übertrieben seien und
zweitens alt. Im Lauf der Jahre sei er auch im Umgang mit Mitarbeitern und speziell mit Frauen souveräner und zurückhaltender
geworden.
Arbeiten mit Söder: Das ist wohl eine Zumutung, aber eine Zumutung, die ein treuer Kreis in Kauf nimmt – eine Handvoll Mitarbeiter sind seit mehr als zehn Jahren bei ihm. Eine sagt: »Wir sind
doch der lebende Beweis, dass man es gut mit ihm aushalten
kann.« Bei der Frage nach der Wurst als Wurfgeschoss kommt die
Frau sehr authentisch ins Lachen: »Eine Wurst würde er schon
deshalb nie werfen, weil er sie lieber isst.«

4. Beinahe ein Staatsmann
Wie Söder als Finanzminister
zu reifen versucht

Es war nur eine kleine Begebenheit, schon recht früh in Markus Söders Zeit als Umweltminister, aber sie veranschaulicht sehr hübsch, dass ihm das Ressort irgendwann zu klein
werden würde. Der Minister besuchte in einem Münchner
Tierheim zwei gesundheitlich angeschlagene Igel. Die Igel tru-
gen – angeblich schon vor dem hohen Besuch – die Namen Micki und Mucki. Ein Boulevardblatt widmete Micki, Mucki und
Markus ein Foto und die schöne Überschrift »Mei, sind die
drei herzig«. Die Sache wäre rund gewesen für den Igel-Freund

Söder, hätte nicht eine andere Zeitung unnötig grob darauf hingewiesen, dass einer seiner Rivalen, Finanzminister Georg Fahrenschon, parallel die Landesbank-Krise managte. Jene Überschrift lautete: »Fahrenschon rettet Bayern, Söder die Igel«. Igel, so viel war klar, würden diesen Söder dauerhaft nicht zufriedenstellen können.

Im Oktober 2011 geschieht in der CSU etwas Unerhörtes. Fahrenschon gibt seinen Wechsel zum Sparkassenverband bekannt. Eines der größten Talente der CSU entscheidet sich aus freien Stücken für eine Karriere in der Finanzwirtschaft. Was ist nur aus dieser Partei geworden, fragen sich die Kommentatoren. Horst Seehofer fragt sich das wohl auch, zumal Fahrenschon es nicht für nötig erachtet hatte, ihn vorzuwarnen. Dass Fahrenschon sich für das Geld entscheidet und gegen die Macht, kann Seehofer nicht verstehen. Das verachtet er sogar. Da ist er sich mit Söder einig, der einmal zu Protokoll gegeben hat: »Geld und Politik geht nicht zusammen. Man muss sich für eines entscheiden. Und der Verdienst als Abgeordneter reicht für ein ordentliches Leben.«

Aus Fahrenschons Umfeld heißt es dagegen: Der Georg wollte sich einfach nicht länger mit dem selbstherrlichen Seehofer herumschlagen, und mit dem überehrgeizigen Söder sowieso nicht. Ein erfahrener CSU-Deuter sagt: »Natürlich muss man in der Politik etwas können. Aber am Ende setzt sich nicht der durch, der etwas am besten kann. Sondern der, der etwas am meisten will.«

Wer wird nun neuer Finanzminister in Bayern? Zunächst gilt Innenminister Joachim Herrmann als Favorit, aber wie bei praktisch allen Jobangeboten, die ihn ereilen, ist Herrmann zögerlich und dezidiert unbegeistert. 24 Stunden lang darf sich Christine Haderthauer als Erwählte fühlen, dann entscheidet sich Seehofer um. Söder ist da gerade in Nördlingen, er hält eine Kanzelrede in einer Kirche, als Seehofer anruft: »Würdest du dir den Finanzminister zutrauen?«

Seehofer liebäugelt zunächst mit Theo Waigels ehemaligem

Finanzstaatssekretär Franz-Christoph Zeitler und dem Unternehmer Thomas Bauer, aber diese Optionen verbaut ihm die Fraktion. Am Samstag, den 29. Oktober 2011, legt sich Seehofer dann auf Arbeits- und Sozialministerin Christine Haderthauer fest. Er erreicht sie im Urlaub in Norddeutschland und bittet sie, am Sonntag nach Hause zu fahren, weil er sie am Montag als neue Finanzministerin vorstellen wolle. Familie Haderthauer packt gut gelaunt ihre Sachen.

Am Montag erhält Haderthauer schon einige Gratulationsanrufe, auch aus der Fraktion. Was sie nicht erhält: einen Anruf von Seehofer. Er hat schon längst ein weiteres Mal umgedacht. Aber nicht, wie insinuiert werden wird, auf Betreiben der Vereinigung der bayerischen Wirtschaft oder der Landtagsfraktion. Es sind zwei Einflüsterer mit sehr unterschiedlichen Intentionen, die am Ende den Weg frei machen für Söder: Ilse Aigner und Edmund Stoiber.

Aigner, Bundeslandwirtschaftsministerin und Vorsitzende der Oberbayern-CSU, kann nicht tatenlos zuschauen, wie eine andere Oberbayerin zur wichtigsten Ministerin in München aufsteigt. Mit einem Schlag läge Haderthauer, die noch dazu wie Seehofer in Ingolstadt lebt, im lustigen Apostelspiel des Ministerpräsidenten vorn. Aigner bringt also die Kunde aus, dass es in ihrem Bezirk Widerstände gegen Haderthauer gebe. Als Aigner mit Seehofer telefoniert, macht ihr der versierte Verhandler klar: Wenn Haderthauer jetzt nicht die starke Frau im Kabinett werden darf, muss Aigner selbst nach der Landtagswahl 2013 in die Landespolitik zurückkehren.

Der Zweite, der sich nun einmischt, ist Stoiber. Er ist es, der Seehofer überzeugt, Söder zum Finanzminister zu machen. Die CSU brauche ein Großkaliber, das auch im Bund entsprechend wahrgenommen werde, argumentiert Stoiber. Es mag sein, dass der CSU-Ehrenvorsitzende das wirklich für die beste Lösung hält. Es mag aber auch sein, dass er im Auftrag seines Schützlings Söder handelt. Dieser hat wohl beschlossen, sich das wichtigste Ministeramt zu sichern, bevor es jemand anderer tut.

Dazu kommt, dass Haderthauer und Söder sich in einer schwer durchschaubaren Hassliebe verbunden sind, bei der mit der Zeit der Liebesanteil rapide schrumpft. Söder hatte so lange hinter vorgehaltener Hand über das »Christinchen« gefrotzelt, bis Haderthauer öffentlich über ihn sagte: »Der wird nicht Ministerpräsident.« Aigner derweil gelangt zu dem Ergebnis, dass sie mit Söder als Finanzminister besser leben kann als mit Haderthauer. Es ist eine Kalkulation, die gründlich danebengeht: Söder wird Aigner dann auch dank dieses neuen Amtes sechs Jahre später in die Knie zwingen.

Am Montagabend, dem 31. Oktober 2011, ruft Seehofer Haderthauer an und berichtet von unüberwindbaren Widerständen gegen sie. Außerdem könne er auf sie als Sozialministerin nicht verzichten. Es ist der Schlussakt einer politischen Blutgrätsche, wie sie selbst die zweikampfaffine CSU selten erlebt hat.

Forscher Anfang

Fest steht: Söders Aufstieg zum bayerischen Finanzminister war weder das Resultat einer gewissenhaften Besten-Auslese noch Seehofers Herzenswunsch. Und nicht mal Söders Herzenswunsch, ihn hätte das Innenressort noch mehr interessiert. Von Finanzen, das hatte er sogar gesagt, habe er ja gar keine Ahnung. Wenn also Bayern-SPD-Chef Florian Pronold zu Söders Amtsantritt über einen »Flachmann statt Fachmann« schimpft, hat er gar nicht so unrecht. Aber Pronold unterschätzt diesen Söder natürlich: Er hat noch aus jeder Aufgabe etwas gemacht. Nun sitzt er im Finanzministerium, und steht an der Schwelle zur Staatskanzlei.

Verkleidungskünstler Söder steigt postwendend vom naturfarbenen Lebensminister-Anzug auf den dunklen Finanzminister-Zwirn um, seine Krawatten-Quote geht durch die Decke, was auch Seehofer nicht entgeht. »Der Markus«, scherzt er, »läuft jetzt herum wie ein Staatsmann.« Und genau das will

Söder ja wirklich werden. Für ihn hat die letzte, die entscheidende Phase seiner Resozialisierung begonnen.

Für seine neue Aufgabe findet Söder rasch ein passendes Strauß-Zitat: Die Bayern hätten ein »erotisches Verhältnis« zu den Finanzen. Für die CSU sei der Haushalt das, was für die Grünen die Umwelt sei. Ein bisschen zugespitzt könnte man auch sagen: Für Söder ist der Haushalt das, was für ihn bis vor wenigen Tagen noch die Umwelt war.

Bei der Einarbeitung in die neue Materie, sagt Söder heute, habe ihm »die Kombination aus Jura und Journalismus viel gebracht. Der Jurist arbeitet extrem strukturiert, und der Journalist erkennt die Knackpunkte.« So richtig wohlgefühlt mit den neuen Themen habe er sich aber erst nach zwei Monaten. Was Söder freilich nicht davon abhält, schon nach wenigen Wochen das »angelsächsische Wirtschaftsmodell« mit seiner laschen Bankenregulierung grundsätzlich für gescheitert zu erklären.

Seine eigenen Beamten rümpfen die Nase und wünschen sich Fahrenschon zurück, der Wirtschaft studiert, bei der Landesbank gearbeitet und vor allem meistens auf ihren Rat gehört hatte. Söder schickt seinem Vorgänger ganz eigene Grüße nach Berlin: Genau an dem Tag, an dem Fahrenschon seinen neuen Job beim Sparkassenverband antritt, teilt Söder mit, dass er sich etwa anderthalb der zehn Milliarden Euro, die der Freistaat zur Landesbank-Rettung aufgewandt hatte, von den Sparkassen zurückholen will. Auf die Idee, dass die beiden JU-Kumpel sind oder wenigstens waren, würde in diesem Moment niemand kommen.

Es gibt Politiker, die wollen keinen Stress und schon gar keinen Ärger. Söder zählt nicht zu ihnen. Wie immer sucht er im Konflikt die Profilierung, als Finanzminister hat er da viele Optionen. Zum Beispiel beim Länderfinanzausgleich, wo er gern diesen Satz variiert: »Wir versuchen es jetzt noch einmal mit Reden, und dann wird geklagt.« Die Verkündung jener Klage (»Seit heute Morgen um 9 Uhr wird geklagt«) klingt dann dummerweise ein bisschen wie Hitlers Radioansprache

zum Überfall auf Polen (»Seit 5.45 Uhr wird jetzt zurückge-
schossen«).

Zwischendrin findet Söder Zeit, Griechenland dringend die
Rückkehr zur Drachme zu empfehlen: »Irgendwann muss jeder bei Mama ausziehen, und die Griechen sind jetzt so weit.«
Als er vorschlägt, an den Griechen »ein Exempel zu statuie-
ren«, mahnt ihn sogar der Ziehvater Stoiber zur Mäßigung:
»Wir sollten da sehr sachlich bleiben.« Anderseits hat Söder
seine Bereitschaft und Fähigkeit zur Vereinfachung noch nie so
geholfen wie im Amt des Finanzministers. Die Inhalte sind äu-
ßerst komplex, aber auch hier bricht er sie herunter in Häpp-
chen, die sich auch ein fachlich unbeleckter Zuschauer oder
Leser merken kann. Das geht schon bei der Amtsübergabe los,
als er die stabilen bayerischen Finanzen zur »Firewall« gegen
die Gier der Spekulanten erklärt. Und er hat natürlich auch
kein Problem damit, ein bisschen Weltpolitik zu machen wie
einst Strauß: »Wenn es um Finanzpolitik geht, ist der Freistaat
die Referenzadresse in Europa.« Den Chef der Europäischen
Zentralbank, Mario Draghi, mahnt er regelmäßig, nicht zur
»Verschuldungspolitik früherer Zeiten« zurückzukehren. Das
wird das Mantra des Finanzministers Söder: keine neuen
Schulden, keine neuen Steuern.

Der Bundestagswahlkampf 2013 kommt dem Schuldentilger
Söder entgegen. Die Grünen verrennen sich mit ihrer Forderung nach Steuererhöhungen, und Söder kann sich mal wieder
als Schutzpatron der kleinen Leute in Szene setzen: »Gut ver-
dientes Geld muss auch zu Hause bleiben.« Er schafft da einen
Spagat, der ein breites Publikum anspricht: Er ist für eine
strenge Kontrolle des »Marktkapitalismus« und zugleich für
eine kräftige Unterstützung mittelständischer Unternehmen.

Bayerische Sonderwege

Söders fachpolitische Initiativen sind oft mehr auf Öffentlichkeitseffekt als auf Umsetzbarkeit getrimmt, aber man kann nicht bestreiten, dass er in einigen finanzpolitischen Debatten eine wichtige Rolle spielt. Vor allem ist er jedoch ein knallharter Vertreter bayerischer Interessen. Ein Beobachter sagt: »Söder denkt bis zur bayerischen Grenze und nicht darüber hinaus. Dass man auch eine Verantwortung für ganz Deutschland hat, wenn man sich im Kreis der Landesfinanzminister einigen muss, das ist ihm egal.«

Musterbeispiel: die Erbschaftssteuer. Die Bundesländer haben sich unter Schweiß und Tränen auf einen Kompromiss zur Besteuerung von Unternehmenserben verständigt. Die neue Regelung berücksichtigt ohnehin schon die Position Bayerns: Firmenerben werden weitgehend von der Erbschaftssteuer verschont, wenn sie das Unternehmen weiterführen und die Arbeitsplätze erhalten. Söders Finanzministerium weigert sich trotzdem, das neue Regelwerk so anzuwenden, wie das die anderen 15 Länder tun. Die Auslegung der Regeln im Rest der Republik sei nämlich unternehmensfeindlich.

Die CSU ist die einzige Regionalpartei mit bundespolitischem Anspruch, in Berlin agiert sie auf Augenhöhe mit allen anderen Parteien, auch wenn diese 16 Landesverbände haben und die CSU nur einen. Sie versteht sich als Anwältin bayerischer Interessen, und sie muss nur dafür sorgen, dass das auch der Wähler nicht vergisst. Deshalb setzt sie in Berlin gern Dinge durch, die außer ihr niemand als sinnhaft erachtet: Betreuungsgeld, »Ausländermaut«, Mütterrente. Der Rest Deutschlands denkt dann immer: Jetzt sind die irren Bayern endgültig abgedreht. Tatsächlich steckt dahinter kühle Kalkulation, denn im Kampf gegen alle anderen sieht die CSU ihre Bestimmung. Auch deshalb feilscht Söder mit den anderen Finanzministern immer um jeden Euro. Auch wieder, als 2013 eine Jahrhundertflut über Deutschland hereinbricht.

Die Schäden sind riesig, in Bayern ernennt Seehofer Söder zum Krisenbeauftragten, er soll die Hilfe für die betroffenen Kommunen organisieren, auch die finanzielle. Das Verteilen von Geld klingt nicht sonderlich schwer, aber gerade in der Kürze der Zeit ist es eine enorme Managementaufgabe. Söder habe sie »mit Bravour« bewältigt, bestätigt ein SPD-Mann. Man vergisst das leicht: Das Prinzip Söder, und mithin all die PR-Gags und Peinlichkeiten, funktioniert nur, weil er sich in der täglichen Arbeit kaum eine Blöße gibt.

In Berlin soll ein Fluthilfe-Fonds eingerichtet werden, die Länderfinanzminister treffen sich, um zu klären, woher das Geld dafür kommen soll. Bundesfinanzminister Wolfgang Schäuble leitet die Sitzung. Jeder der Ländervertreter kämpft für sein Land, aber Söder krallt sich noch mehr als die anderen an jedem Euro für Bayern fest. Schäuble macht einen Kompromiss-Vorschlag, Söder sagt Nein. Schäuble versucht es anders, Söder sagt Nein. Nach einer sehr anstrengenden Weile hat Schäuble einen Konsens mit 15 Ländern erreicht. Nur Söder sagt: Mit Bayern nicht zu machen. Schäuble ist entsetzt und bitterböse, er verlässt den Saal. Der ganze Verhandlungstisch steht unter Schock. Nur Söder fläzt in seinem Stuhl und sagt zu den Kollegen: »Da gilt ein Satz von Herbert Wehner: Wer rausgeht, kommt auch wieder rein.« So ist es dann auch bei Schäuble. In Berlin für Bayern Beute zu machen, das ist nur zu hohen sozialen Kosten möglich. Aber die CSU ist da schmerzfrei, und niemand so sehr wie Söder.

Söder fährt auch nur zur Finanzministerkonferenz, wenn es dort was zu holen gibt. Sonst lässt er sich vertreten. Sein nordrhein-westfälischer Kollege Norbert Walter-Borjans, später Teil des neuen SPD-Führungsduos, stellt fest, dass er »den Kollegen aus Bayern praktisch nur aus dem Fernsehen kenne«. Ein anderer Finanzminister sagt im Rückblick: »Ich frage mich schon, warum Söder so selten zur Finanzministerkonferenz gekommen ist. Warum schickt er da nur einen Vertreter? Bayern hat natürlich besonderes Gewicht in unserer Runde, aber das bringt man nicht voll auf die Waage, wenn der Chef selbst nicht da ist.« Für das Kalenderjahr 2012 wird eine Anwesenheitsquote von 25 Prozent ermittelt – erst sind viele empört, dann stellt sich heraus, dass Söder mit diesem Wert im Mittelfeld liegt. Söders Leute sagen, Finanzministerkonferenzen seien in der Regel sehr kurze Veranstaltungen von begrenztem Wert in der Praxis. Da reiche im Zweifel ein Staatssekretär.

Markus Söder ist in goldenen Zeiten der Kassenwart des Freistaats Bayern, im Grunde steht immer mehr Geld zum Ausgeben zur Verfügung. Noch nie hatte ein Finanzminister solche Möglichkeiten, die Leute zu beglücken, wie er. Der Oberste Bayerische Rechnungshof, der ewige Spielverderber der CSU, stellt 2013 fest, dass der solide bayerische Haushalt nicht das Verdienst Söders ist, sondern nur möglich durch »eine günstige Konjunkturlage und dadurch bedingte Steuermehreinnahmen«.

Egal. Wenn einer lang genug einen florierenden Etat verantwortet, ob durch eigenes Zutun oder ohne, wächst ihm fast automatisch politische Statur zu. Wenn einer lang genug über Schuldenabbau redet, halten ihn die Leute irgendwann für den kleinen fränkischen Bruder der schwäbischen Hausfrau.

Die Landesbank

Ein Großthema gibt es aber, das für den Finanzminister Söder ganz akut das Risiko des Scheiterns birgt. Und es gibt Momente, da wird er sich wohl zurückwünschen zu Micki, Mucki und den anderen Igeln.

Es ist heiß und stickig im voll besetzten Saal, als Finanzminister Markus Söder am Mittag des 7. Juli 2015 in München eine mit Spannung erwartete Pressekonferenz eröffnet. Er will einen Schlussstrich unter das skandalöse Milliardendebakel ziehen, das den Freistaat seit Jahren erschüttert und mitverantwortlich war für das desaströse Ergebnis der CSU bei der Landtagswahl 2008. »Wir versuchen, die letzte Altlast aus der

Zeit der Finanzkrise abzubauen«, sagt Söder zu den Journalisten. Das ist nur ein Teil der Wahrheit. Denn es geht nicht nur um eine Folge jener Krise, die 2008 und 2009 das globale Finanzsystem um ein Haar kollabieren hat lassen. Es geht an jenem heißen Julitag um die Bewältigung eines beispiellosen Falles von Großmannssucht bei haarsträubend dilettantischen Bankern. Oder, wie es der um Superlative nie verlegene Finanzminister Söder an jenem Tag formuliert: »den schwersten Fehler in der bayerischen Wirtschaftsgeschichte der Nachkriegszeit«.

Nichts anderes sei es nämlich gewesen, dass die Bayerische Landesbank (BayernLB) 2007 die Kärntner Bank Hypo Alpe Adria (HAA) mit Sitz in Klagenfurt gekauft hat. Ein Geschäft, bei dem die zu einer Hälfte dem Freistaat, zur anderen den bayerischen Sparkassen gehörende BayernLB Milliarden versenkte. Dabei soll eine Landesbank in erster Linie ein stabiler Anker für die mittelständische Wirtschaft in ihrem Einzugsbereich sein. Hier aber hieß es 2007, die BayernLB übernehme die vor allem am Balkan aktive HAA, um Zugang zu den Märkten dort zu erhalten.

Doch die Hypo Alpe Adria erwies sich als faules Ei, das in der Finanzkrise richtig zu stinken begann. Bereits nach kürzester Zeit mussten die neuen, bayerischen Eigentümer Milliardenkredite nachschießen, um die HAA zu stabilisieren. Die Landesbanker, so stellte sich immer klarer heraus, waren über den Tisch gezogen worden. Sie hatten ein marodes Geldhaus gekauft und dessen wahren Zustand nicht erkannt. Als dann auch noch die globale Finanzkrise durchschlug, stand die Neuerwerbung vor dem Ruin. Am Ende blieb 2009 nur die Notverstaatlichung durch Österreich. Für hundert Prozent HAA-Aktien bezahlten die Österreicher ihren bayerischen Nachbarn einen symbolischen Euro.

Doch auch die BayernLB selbst geriet in Existenznot, wenngleich nicht ausschließlich wegen des HAA-Debakels. In ihren Büchern fand sich auch ein Portfolio an US-Hypothekenpapieren, das sich als faul entpuppte. Bald war klar: Ohne Staatshilfe würde die Landesbank zusammenbrechen. Also wurde bei der EU ein Beihilfeverfahren gestartet, im Zuge dessen der Freistaat die BayernLB mit zehn Milliarden Euro Staatshilfe abstützte.

Der damalige Ministerpräsident Stoiber und einige Minister sahen sich nun dem Vorwurf ausgesetzt, als Kontrolleure der BayernLB zumindest die Übernahme der Hypo Alpe Adria nicht kritisch genug hinterfragt zu haben. Erst Ministerpräsident Seehofer und Finanzminister Fahrenschon zogen die Notbremse. Nach Fahrenschons Wechsel zur Sparkasse ist die Aufarbeitung des Debakels nun Sache von Finanzminister Markus Söder.

Söder kann unbelastet rangehen; mit dem Kauf der HAA hatte er nichts zu tun. Doch auch das Krisenmanagement in einem solch komplizierten Fall kann sich für einen Politiker zum Himmelfahrtskommando entwickeln. Oder zur Bewährungsprobe. Söder, so sagen das selbst politische Gegner, die sich in der komplexen Materie auskennen, sei das Fiasko der BayernLB beherzt angegangen, zumindest was die HAA betrifft. Zunächst einmal nahm er den Kampf mit den Österreichern auf, mediales Begleitfeuer inklusive.

»I want my money back«, sagte er im Juli 2012 bei einem Treffen mit der österreichischen Finanzministerin Maria Fekter in Wien – eine PR-trächtige Wiederholung des legendären Satzes der früheren britischen Premierministerin Margaret Thatcher bei einem Streit ums Geld mit der EU. Diesmal stehen die Zeichen zwischen München, Wien und Klagenfurt auf Sturm. Der Kaufpreis ist zwar weg, ein für alle Mal. Söder will aber (inklusive Zinsen) 3,4 Milliarden Euro zurück, welche die BayernLB der maroden HAA geliehen hatte.

Doch beide Seiten verkeilen sich politisch und in diversen komplexen Rechtsstreitigkeiten ineinander. Bei einem Treffen in Inzell behandelt der bayerische Finanzminister den damaligen Außenminister und späteren Bundeskanzler Österreichs,

Sebastian Kurz, ziemlich kühl. Erklärtes Motto: »Bei Geld hört die Freundschaft auf.« Die bayerische Opposition schimpft, Söder führe sich auf wie Rumpelstilzchen. Jahre später wird der Vorwurf eher sein, Söder würde zu viel mit Kurz kumpeln.

Dann plötzlich geht alles sehr schnell. Nach intensiven Geheimverhandlungen kommt es doch zu einem Vergleich, den Söder vorher ausgeschlossen hatte, aber bei jener heißen Pressekonferenz am 7. Juli 2015 in München selbstredend als seinen großen Erfolg feiert. Immerhin ist Teil des Kompromisses, dass die österreichische Seite mehr als 1,23 Milliarden Euro nach München zurücküberweist. Unterm Strich bedeutet dies, dass das Kärntner Balkan-Abenteuer die BayernLB fünf Milliarden Euro gekostet hat. Aber: Es hätte noch schlimmer kommen können. Söder sagt: »Die Wunde werden wir heute schließen, aber manchmal bleiben eben Narben.« Dass er das »in finanzieller Hinsicht schlimmste Kapitel in fast sieben Jahrzehnten CSU-Herrschaft nun beendet, ist nachvollziehbar«, kommentiert Klaus Ott in der »Süddeutschen Zeitung«. »Weiteres Prozessieren hätte wohl kein wesentlich besseres Ergebnis gebracht.« Und auch Söders weiteren politischen Ambitionen werde dieses Ergebnis kaum schaden.

Er kümmert sich auch zügig um die anderen Problemfelder der BayernLB. Bereits im Herbst 2014 hat die Landesbank das faule Portfolio mit Hypothekenpapieren an internationale Investoren verkauft. Mit Milliardenverlust zwar, doch damit ist sie auch diese Altlast los. Der Freistaat kann aufatmen – auf dem Höhepunkt der Finanzkrise hatte er das Portfolio mit 4,8 Milliarden Euro aus der Steuerkasse abgesichert, um ein Abrutschen der BayernLB zu verhindern.

Knapp drei Jahre später, im Sommer 2017, zieht Söder Bilanz und erklärt die Rettungsmission BayernLB für beendet. Sie sei saniert und stünde wieder solide da. »Wir sind wieder in einem ordentlichen, normalen Geschäftsmodus«, sagt Söder im Landtag und macht keinen Hehl daraus, dass er daran großen

Anteil habe. »Wir haben die schwerste Krise in der jüngeren bayerischen Wirtschaftsgeschichte überstanden.« Was auch daran zu erkennen sei, dass die Landesbank die Staatshilfe viel früher zurückgezahlt hat als von der EU im Zuge des Beihilfeverfahrens angeordnet. Statt 2019 floss die letzte Rate von 5,5 Milliarden Euro bereits zweieinhalb Jahre früher an das Land Bayern zurück.

Die undurchsichtige Patrizia

Es gibt allerdings eine Altlast aus der Aufarbeitung des Landesbank-Debakels, die sich für Markus Söder viel später als toxisch erweisen wird. Um nämlich an Staatshilfe zu kommen, trennte sich die BayernLB 2012 von einem Tochterunternehmen, der Gemeinnützigen Bayerischen Wohnungsgesellschaft (GBW). Politischer Streit entbrennt um die Frage, ob die BayernLB und damit letztlich die Staatsregierung das auf Geheiß der EU taten – oder ohne Not. Kritiker sagen, Söder und Ministerpräsident Seehofer hätten nicht einmal versucht, sich gegen die Forderung aus Brüssel zu wehren.

Also startet einer der bis dahin größten Immobiliendeals in Deutschland: Mit dem Verkauf der GBW gibt die Landesbank etwa 30 000 Wohnungen ab. Sie werden im April 2013 an ein privates Bieterkonsortium namens Patrizia für fast zweieinhalb Milliarden Euro verkauft. Wer genau hinter Patrizia steht, ist öffentlich nicht bekannt. »Die GBW bleibt bayerisch«, sagt Finanzminister Söder mit Blick auf den Patrizia-Sitz in Augsburg. Doch es gibt vom ersten Tag an Ärger.

Die Bewohner der meisten Wohnungen haben einen schmalen Geldbeutel, was Patrizia & Co. aber nicht daran hindert, Mieten teilweise drastisch zu erhöhen. Andere Wohnungen werden einfach weiterverkauft. Zigtausende Mieter sind sauer, verärgert, enttäuscht. Der Zorn steigert sich, als sich abzeichnet, dass der Freistaat die Wohnungen rein rechtlich wohl selbst von der Landesbank hätte kaufen können – was Söder immer für unmöglich erklärt hatte. Er, der sich gern als stolzer Kämpfer für die kleinen Leute gibt, scheint im Fall der GBW aufs Kämpfen ganz verzichtet zu haben.

Anfang 2018 holt der Mega-Deal Söder mit neuen Enthüllungen wieder ein. Wenige Wochen bevor er als neuer Ministerpräsident vereidigt werden soll – und ausgerechnet in einer Phase, in der Bayern Auswege aus der Wohnungsnot sucht. Beim Starkbieranstich am Nockherberg Ende Februar ist die Handlung des kabarettistischen Singspiels im Wilden Westen angesiedelt. Söder, hier »El Marco« genannt, steht im Mittelpunkt. Allerdings so, wie er es sich gewiss nicht gewünscht hat: als schmutziger, rücksichtsloser Immobilienspekulant, der bereit ist, für ein paar Dollar die Heimat zu verscherbeln.

Ein Untersuchungsausschuss im Landtag unterlegt in den folgenden Monaten den bayerischen Wahlkampf. Aber auch der U-Ausschuss zur GBW endet kurz vor der Wahl, wie U-Ausschüsse im Bayerischen Landtag für gewöhnlich enden: in ausreichender Uneindeutigkeit, damit ihn die CSU als Freispruch erster Klasse interpretieren kann. Die Opposition sieht sich dagegen in ihrer These bestärkt, die Staatsregierung habe die Wohnungen nie behalten wollen.

Bezahlbares Wohnen, das ist ein zentrales Thema jenes Landtagswahlkampfes, und im Sommer 2018 versucht Söder, sich aus der Bedrängnis zu befreien. Er gründet eine neue staatliche Wohnungsbaugesellschaft, »BayernHeim« heißt sie, mit Namen war Söder schon immer gut. Bis 2025 soll die Bayern-Heim 10 000 Wohnungen bauen. Klingt gut, und dennoch wird sich Söder immer fragen lassen müssen, ob es nicht viel cleverer und eben doch möglich gewesen wäre, die 30 000 Wohnungen der GBW gleich zu behalten. Söder will eine Mischung aus Landesvater und Freistaatsmanager sein, ein Ministerpräsident fürs Herz und für den Kopf. In der GBW-Affäre wirkt er jedoch wie einer, dem als Finanzminister im entscheidenden Moment beides abging, Herz und Kopf.

Der Gondel-Schaukler

Das Leben eines bayerischen Finanzministers wird nachhaltig versüßt von einigen staatlichen Unternehmensbeteiligungen, die er zu betreuen hat. Für den Bilder-Fan Söder ist dieses Portfolio aus Tradition und Moderne wie ein Malkasten mit vielen schönen Farben: Da sind die Flughäfen und Messen in München und Nürnberg, die Hofbräu-Brauerei mit dem weltberühmten Hofbräuhaus, die Staatsbäder. Am wichtigsten für Söder ist aber, dass er die Symbiose von Bayernland und CSU auf die Spitze treiben kann, weil ihm die Postkarten-Motive schlechthin zur freien Verfügung stehen: die Königsschlösser.

Er wehrt sich nicht wirklich gegen den Medientitel »Schlösser-Minister« und darf in der »Bunten« beim Interview inmitten der Goldpracht von Herrenchiemsee Fragen wie diese beantworten: »Wie fühlen Sie sich als Nachfolger des Märchenkönigs?« Ein Klassiker im Jahreslauf ist bald auch die Eröffnung der Saison bei der Bayerischen Seenschifffahrt, die der zuständige Minister mit Kapitänsmütze auf der Brücke absolviert. Überhaupt, das Wasser hat es ihm angetan: Auf dem Nymphenburger Kanal in München legt er sich für die Fotografen in eine der venezianischen Gondeln, die er hat anschaffen lassen. Die Begleitung durch die »Bild«-Zeitung ist wie stets erquicklich: »Söder lässt die Gondeln schaukeln.«

Aber auch seine Kernzuständigkeit presst er auf Themen aus, die sich gut vermarkten lassen. Das »Landesamt für Vermessung«, das viel mit Vermessung und vergleichsweise wenig mit Digitalisierung zu tun hat, heißt bei ihm bald »Landesamt für Digitalisierung, Breitband und Vermessung«. Wenn er Sonderkommissionen einrichtet, die Steuerbetrug verfolgen sollen, dann nennt er das »Steuer-FBI«. Dass von den angeblich 71 neuen Mitarbeitern nur ein gutes Dutzend neu sind und die anderen nur ein neues Türschild bekommen haben, wird erst nach der großen Präsentation klar.

Bei der Landtagswahl 2013 erobert die CSU die 2008 verlorene absolute Mehrheit zurück, sie kann wieder allein regieren. Es ist der Triumph des Horst Seehofer, die Bestätigung für einen Politikstil, der vor allem daraus besteht, sich rechtzeitig einer sich abzeichnenden Mehrheitsmeinung der Bürger anzuschließen. Jahrelang hat die CSU die Studiengebühren zäh verteidigt – Seehofer schafft sie plötzlich ab. Er springt Söder unvermittelt beim Nein zum Donauausbau zur Seite. Die Opposition zürnt über diesen »Drehhofer«, aber Seehofers Beckenbauer-Charme kommt an. Dass Seehofer auf dem Höhepunkt seiner Macht ist, hat für Söder durchaus Vorteile. Der Ministerpräsident hat sich ein neues Ressort ausgedacht, er sucht einen Heimatminister, möglichst mit Sitz in Nürnberg. Markus Söder bekommt Ende 2013 einen Zweitjob. Heimatminister in der Heimatstadt: Das ist ein bisschen, als hätte Seehofer einem Pyromanen einen Güterzug voll Dynamit hingestellt. Söder macht jetzt an 365 Tagen im Jahr Feuerwerk.

Die neue Heimat

Vor dem Digitalisierungsamt in Tirschenreuth, das bis vor Kurzem noch Vermessungsamt hieß, wartet an einem Montagmorgen im Januar 2016 ein mittelgroßes Empfangskomitee von Lokalpolitikern auf hohen Besuch. »Der Söder ist super«, sagt ein Herr, »ich bin zwar Freier Wähler, aber das ist ja wurscht.« Als der Heimatminister aus seiner Limousine steigt, ruft ein anderer Würdenträger übermütig: »Da kommt der Ministerpräsident!«

Dann vollzieht sich in einem grauen Besprechungsraum ein in allen Ecken Bayerns eingeübtes Ritual. »Du liegst entweder an der Datenautobahn oder am digitalen Feldweg«, sagt Söder. »Ohne schnelles Internet hast du keine Zukunft.« Praktischerweise hat der Minister das schnelle Internet im Gepäck: Erst schaltet er mit einem mitgebrachten roten Knopf symbolisch einen WLAN-Hotspot frei, dann verteilt er Förderbescheide für den Breitband-Ausbau an diverse Bürgermeister. Söder hört sich jetzt an wie ein Showmaster, der sich ziemlich toll findet: »Was haben wir für Kemnath? 672 000 Euro, da ist der Bürgermeister glücklich.« Der Nächste bitte! »Erbendorf, 499 000 Euro, auch nicht übel.«

Markus Söder erzählt heute mit großer Freude, wie er mit viel Häme übergossen wurde, als er seine Arbeit im Heimatministerium aufnahm. Jodelministerium, Lederhosen-Beauftragter, Schuhplattler-Aufsichtsrat, Heimatmysterium, Heimatmuseum, Heimatschutzministerium: Er hat sich all das anhören müssen, was sich im Februar 2018 auch Horst Seehofer anhören muss, als bekannt wird, dass er der erste Heimatminister im Bund werden soll. »Die Idee ist so gut, dass wir sie jetzt sogar exportieren«, sagt Söder. Heute kann man sagen: In Bayern funktioniert sie besser als in Berlin.

Kaum eine Woche vergeht, in der er nicht Kommunalpolitiker mit Förderbescheiden beglückt, zu Heimatempfängen lädt oder Ehrenamtliche mit Plaketten und Urkunden für ihr Engagement um die Heimat ehrt. Hübsches Foto mit dem Minister für die Lokalzeitung inklusive. Das bringt ihm nicht nur freundliche Presse und Sympathien im Land ein, sondern es festigt auch innerhalb der CSU sein Netzwerk an Parteifreunden, die in Markus Söder keine Machtmaschine sehen, sondern den netten Minister von nebenan.

Wer sich an Söders Außenwirkung als Europa- und Umweltminister erinnert, hatte natürlich nie daran gezweifelt, dass der Meister der Selbstdarstellung auch aus dem neuen Job eine große Show machen würde. Hundert Beamte mit Dienstsitz Nürnberg, damit lässt sich etwas anstellen. »Ein Ministerium in Nürnberg«, sagt Söder beim Einzug ins neue Gebäude gleich neben der Lorenzkirche, »hat es in der Geschichte Bayerns noch nicht gegeben.« Er sei »ehrlicherweise gerührt, dass das einem Sohn eines Maurermeisters aus Nürnberg gelungen ist«. Als Ministerpräsident wird er das Gebäude sogar zur Außenstelle der Bayerischen Staatskanzlei befördern.

»Gleichwertige Lebensbedingungen« in ganz Bayern soll

Söder laut Auftragsbeschreibung schaffen, zum Beispiel also: gleich schnelles Internet. Die Breitband-Strategie, die er erstellt, gilt aber tatsächlich als vorbildhaft unter den deutschen Ländern. Dass er die Förderbeiträge deutlich erhöhen konnte, ist nicht sein direktes Verdienst. Die Entbürokratisierung des Verfahrens für die Gemeinden dagegen schon.

Zu seiner Agenda gehört auch die Verlagerung von Behörden in strukturschwache Regionen des Freistaats. Es geht zwar nur um 2225 Planstellen und 930 Studienplätze, aber das ist doch ein großer Aufschlag, wenn man bedenkt, dass schon einige Staatsregierungen an der Durchsetzung dieser Behördendezentralisierung gescheitert sind. Söder gelingt es, die regionalen Interessen einigermaßen auszutarieren: Den größeren Städten tut der Verlust der Behörden nicht sehr weh, den kleineren, die nun dazugewinnen, dagegen sehr gut. Nebenbei kann Söder auch noch die sogenannten Stabilisierungshilfen für bedürftige Gemeinden von hundert auf 120 Millionen Euro aufstocken. Die Zahl von Menschen und Regionen, die dem Heimatminister in irgendeiner Form dankbar sind, wächst an. Selbst Spöttern dämmert, dass auch das Jodelministerium Söder mehr nutzen als schaden wird.

Im Januar 2015 darf der Heimatminister Söder eine anspruchsvolle Gastrolle in der programmatisch betitelten BR-Serie »Dahoam is dahoam« spielen, nämlich sich selbst. Das Drehbuch gibt Söder ausführlich Gelegenheit, eine Art Regierungserklärung abzugeben und Bayern als »Vorbild in ganz Deutschland« zu preisen. Während die Opposition und die Medien sich über diese ziemlich bizarre Anbiederung des BR ereifern, rechnet Söder vor: »800 000 Zuschauer, dafür müssten Sie 800 Bierzelte füllen.«

Ein Konflikt nah am Wesenskern der CSU tut sich auf, als Markus Söder ein neues Landesentwicklungsprogramm vorlegt. Während die Kommunen mehr Spielräume für die Erschließung neuer Wohn- und Gewerbegebiete erhalten, warnen Kritiker vor einer drohenden Zersiedelung der Landschaft.

Die Grünen bringen ein Volksbegehren gegen Flächenfraß auf den Weg, sie wollen »die Schönheit Bayerns vor der Heimatzerstörungswut der CSU« schützen. Sie zitieren Gerhard Polt: »Was man liebt, betoniert man nicht.« Geht es nach den Grünen, sollen im Tagesschnitt maximal fünf Hektar Bodenversiegelung erlaubt sein, aktuell sind es mehr als 13 Hektar. Söder kündigt daraufhin Maßnahmen zur Reduzierung des Flächenverbrauchs an, sie basieren jedoch alle auf Freiwilligkeit. Er will es sich mit den Kommunen nicht verscherzen. Der Flächenfraß wird deshalb auch noch an Söders Glaubwürdigkeit kratzen, als er sich im Ministerpräsidentenamt als grüner Söder neu erfindet.

Dem gleichen Muster folgt der Streit um das Riedberger Horn, einen 1787 Meter hohen Gipfel im Allgäu. Dort sollen die Skigebiete der Gemeinden Balderschwang und Obermaiselstein mit einer Seilbahn verbunden werden, die Orte erhoffen sich davon einen Aufschwung im Wintertourismus. Das Riedberger Horn ist jedoch streng geschützt, und zwar vom Alpenplan, der seit 45 Jahren gilt, einem einzigartigen Instrument zur Bewahrung einer unberührten Bergwelt. Finanzminister Söder will den Lift am Riedberger Horn dennoch ermöglichen.

Er sieht auch das im Kontext der kommunalen Selbstverwaltung: Die Gemeinden wüssten schon selbst, was für sie am besten ist. Deshalb hat er einen Kompromiss gesucht. Er sagt, die Piste werde ja »naturbelassen« sein, die Genehmigung des Projekts solle eine Ausnahme bleiben. Naturschützer fürchten, dass mit einer solchen Aufweichung des Alpenplans dem Ausverkauf der Berge Tür und Tor geöffnet wird. Sie sind enttäuscht von dem Mann, der vor nicht mal zehn Jahren entscheidend mithalf, den Donauausbau zu stoppen.

Söder hat die Diskussion um das Riedberger Horn lange unterschätzt, dabei führt sie geradewegs hin auf den Vorwurf, der ihn schon sein ganzes Politikerleben lang verfolgt: dass er nicht nach Gesinnung handelt, sondern nur danach, was ihm in seinem aktuellen Job hilft. Als Ministerpräsident wird es ihm helfen, das Skischaukel-Projekt zu kippen.

»Paris ändert alles«

Am Abend des 13. November 2015, einem Freitag, verüben islamistische Terrorkommandos mehrere Anschläge in Paris. In der Konzerthalle »Bataclan«, in einem Ausgehviertel im Osten der Stadt und vor dem Stade de France, in dem gerade die französische Fußball-Nationalmannschaft gegen die deutsche spielt, sterben im Kugelhagel und durch Sprengsätze 130 Menschen. Der Massenmord von Paris trifft ganz Europa ins Herz.

Am Sonntag, also zwei Tage nach den Anschlägen, beordert in München der bayerische Ministerpräsident Horst Seehofer einige seiner Minister zu einer Sondersitzung in die Staatskanzlei. Innenminister Herrmann nimmt teil, Justizminister Bausback. Es gibt dann viele Statements nach der Sitzung, aber die eine Wortmeldung aus Bayern, die in ganz Deutschland diskutiert wird, stammt von einem, der gar nicht da ist. Schon am Samstagmittag hatte Markus Söder einen Tweet abgesetzt: »#ParisAttacks ändert alles. Wir dürfen keine illegale und unkontrollierte Zuwanderung zulassen.«

Söder hat schon viele Wutwellen erlebt, aber das, was jetzt über ihn hereinbricht, ist auch für ihn neu. Innenminister Thomas de Maizière formuliert die Kritik noch staatsmännisch: Man dürfe keinen Bogen spannen zwischen Terrorismus und Flüchtlingen. Grünen-Chefin Simone Peter wird deutlicher: »Söder nutzt auf schäbige Weise den Terrorakt für seine reaktionäre Sache.« Bei Twitter antwortet ihm Comedian Micky Beisenherz: »Sie beweisen eindrucksvoll, dass in diesen Tagen die Widerlinge Hochkonjunktur haben.«

Söder beeindruckt das alles nicht; er legt nach. In einem Interview mit der »Welt am Sonntag« sagt er ein Sätzchen, das zum Missverständnis geradezu einlädt: Natürlich sei »nicht jeder Flüchtling ein IS-Terrorist«. Was heißt das?, fragt sich da der Leser: Ist jeder zweite ein Terrorist? Oder jeder fünfte? Dann nimmt sich Söder auch noch Merkel vor, obwohl Seehofer in der CSU die Weisung ausgegeben hat, die Kanzlerin nicht persönlich anzugreifen. Söder sagt: Merkel müsse endlich eingestehen, »dass die zeitlich unbefristete Öffnung der Grenzen ein Fehler war«. Sonst gehe der Union »eine ganze Generation von Stammwählern« verloren. So wichtig die Hilfe für Flüchtlinge auch sei: »Die deutsche Regierung muss zuvorderst an ihre eigenen Leute denken.«

In Seehofer brodelt es. Es bestehe überhaupt »kein Anlass«, Terrorismusbekämpfung und Flüchtlingspolitik miteinander zu verbinden, sagt er – »und schon gar nicht, die Kanzlerin in diesen Stunden in den Fokus der Kritik zu stellen«. Seehofer wird dann noch gefragt, ob er Söder seinen Unmut auch persönlich mitgeteilt habe. Er antwortet: »Dann müsste ich ihn ja jede Woche anrufen.«

Am Abend der Anschläge, sagt Söder später, sei er zu Hause vor dem Fernseher gesessen. Ihm sei es gegangen wie vielen Millionen Deutschen: Mitten im Spiel der deutschen Nationalmannschaft zeigte der Terror seine hässlichste Fratze. Er sei die halbe Nacht wach geblieben, berichtet Söder, es habe sich fast angefühlt wie am 11. September 2001. »Paris war ein Großschock, der bei den Menschen die Tiefenpsychologie verändert hat.« Im Nachhinein könne man immer fragen, »ob man vielleicht zu stark akzentuiert hat«. Der Tweet? »Vielleicht war er zu kurz nach dem Ereignis. Aber mich hat dieser Anschlag wirklich persönlich berührt. Ich habe das damals nicht taktisch gesehen.« Und im Übrigen, fragt Söder: Wer würde heute noch behaupten, dass sich durch die unkontrollierte Grenzöffnung die Gefahren nicht erhöht hätten?

Seinen Kritikern kommt Söder ein paar Tage nach den Anschlägen wenigstens einen kleinen Schritt entgegen und beteuert, es täte ihm sehr leid, wenn er irgendwelche Gefühle verletzt haben sollte. Das bewahrt ihn aber auch nicht vor einem weiteren Ordnungsruf seines Parteichefs. In einem Interview mit dem Ingolstädter »Donaukurier« wirft Seehofer Söder Opportunismus vor: »Nach solchen Anschlägen wie in Paris verbietet es sich, persönliche und parteipolitische Motive in den Vordergrund zu stellen.«

Genau betrachtet liegen Seehofer und Söder in der Sache indes nicht weit auseinander: Beide halten die Offenhaltung der Grenzen durch Merkel für einen Fehler. Beide werden sich viele Monate später darin bestätigt fühlen, dass zu viele Menschen zu ungeordnet ins Land gekommen sind. Aber wenn Seehofer in der Flüchtlingsdebatte Merkel treibt, dann treibt Söder Seehofer.

Das ist aber auch für Söder selbst eine Gefahr. Er hat sich eigentlich Mäßigung auferlegt in den vergangenen Jahren. Jetzt muss er Seehofer in der Flüchtlingsdebatte eigentlich immer übertreffen, um wahrgenommen zu werden. In Inhalt und Ton. Wenn man alles, was Söder im Sommer und Herbst 2015 sagt, für bare Münze nähme, würde den Freistaat ein Grenzzaun umgeben, und das Grundrecht auf Asyl wäre eingeschränkt.

Wenn man mit Söder länger spricht, merkt man natürlich, dass er nicht der dumpfe Rechte ist, als der er in dieser Zeit geschmäht wird. Er findet extreme Rechte auch schlicht zu dumm, um sich mit ihnen gemeinzumachen. Und er ist ja nicht nur ein Freund der türkischen Küche, sondern hat auch schon mal erklärt, dass der Islam »ein Bestandteil Bayerns« sei. Gut, das war 2012. Seitdem hat er in vielen Bierzelten gerufen, dass kein Minarett höher sein dürfe als ein Kirchturm. Söder sagt: »Man muss eine klare und verständliche Sprache sprechen, sonst verstehen einen die Menschen nicht.«

Grenzwertig ist, dass sich Söder bei seiner harten Linie Stolz, Angst und Vorurteil der Menschen zunutze macht. Es kommt vor, dass er vom »hart erarbeiteten Vermögen unseres Volkes« spricht, das von den Flüchtlingskosten bedroht sei. Er sagt: »Es kann nicht sein, dass am Ende ein deutscher Rentner weniger vom Staat erhält, als ein unbegleiteter Jugendlicher kostet.«

Es ist natürlich legitim und nötig, über große Gerechtigkeitsfragen einer Gesellschaft zu sprechen. Aber er vermischt sachfremde Dinge, er tut so, als gäbe es einen direkten und konkreten Zusammenhang zwischen Flüchtlingskosten und Rente. Im Grunde sagt er: Die Ausländer nehmen den deutschen Rentnern das Geld weg. Wenn er wirklich Wert auf sprachliche Sensibilität in aufgewühlten Zeiten legen würde, könnte er statt »Volk« einfach »Bevölkerung« sagen und bei den »deutschen Rentnern« das »deutsche« einfach weglassen.

Die Verweigerung von Subtilität ist bei Söder ein grundsätzliches Problem. Wenn er nach dem Herbst 2015 über das Thema Flüchtlinge spricht, ist das immer ein wenig, als wolle da einer mit dem Presslufthammer ein Ohrloch stechen. »In Bayern gilt das Grundgesetz und nicht die Scharia«, das hört sich halt an, als hätte der IS bald die Mehrheit im Landtag. Söders Talent für Zuspitzungen wird in heiklen Zusammenhängen schnell problematisch.

Beispiel: Ja, es gibt Frauen in diesem Land, die sich etwa in der S-Bahn unwohl fühlen, wenn sie abends mit jungen Männern allein im Waggon sitzen, zumal, wenn diese anderen Kulturen angehören. So eine Stimmung darf ein Politiker aufnehmen, vielleicht muss er es sogar. Aber Söder nimmt diese Stimmung und knetet sie sich zurecht: Der Alexanderplatz in Berlin, sagt er dann, sei inzwischen ja eine »No-go-Area«. Was all die Berliner wundern dürfte, die täglich am Alex in den Kaufhof gehen oder ins Kino. Wenn Söder sagen würde: »Manche Berliner trauen sich ja nachts schon nicht mehr auf den Alexanderplatz« – dann wäre das viel weniger kontrovers. Aber Präzision ist entweder nicht sein Ding oder gar nicht sein Ziel, denn mit Provokationen macht man Schlagzeilen, nicht mit Differenzierungen.

Das Stilmittel der Zuspitzung hat die fatale Nebenwirkung, dass sich auch über vernünftige Aussagen Söders der Schleier des Verdachts legt: »Wir müssen die AfD-Wähler ernst nehmen. Man kann den Bürgern nicht mehr im Oberlehrermodus sagen, was sie zu denken haben. Wir müssen uns um ihre Sorgen kümmern und ihre Probleme lösen.« Wenn Söder während der Fußball-Europameisterschaft 2016 twittert, Mesut Özil sollte besser keine Elfmeter mehr schießen, dann geifern alle, er mache den Gauland. Das ist auch wieder unfair, denn viele Fans haben denselben Wunsch, völlig unabhängig von Özils Herkunft. Aber Söder ist eben am extremen Rand der Wahrnehmung unterwegs. In diese Umlaufbahn hat er sich selbst katapultiert.

Söders Rhetorik fehlt es auch eklatant an Empathie für Menschen, die vor Terror oder Armut fliehen. Ein Parteifreund sagt: »Ich würde dem Markus dringend empfehlen, sich mal ein Flüchtlingsheim von innen anzuschauen.«

Söder selbst kann sich fürchterlich aufregen über Zeitungskommentare, die versuchen, ihn in die rechte Ecke zu rücken. Dort fühlt er sich nicht wohl. Ein bisschen erinnert das alles an seine Nürnberger Anfänge, an die Kampagne gegen die Errichtung eines Flüchtlingsheims. Da klang er auch manchmal rechts und wollte es partout nicht sein. Vielleicht ist es so: Söders Ton in dieser Phase ist in Teilen anschlussfähig für eine Klientel weit rechts von der Mitte – er hält das wahrscheinlich für eine Chance. Andere halten das für eine Gefahr.

Die CSU ist noch eine echte Volkspartei, ein breites Zelt, das ein großes Spektrum von Menschen beherbergt: am einen Ende die gläubige Katholikin, die sich in der Flüchtlingshilfe engagiert, und am anderen Ende der Rentner, der am allerliebsten gar keine Zuwanderung hätte. Der Rentner mag seine CSU in Söder erkennen – die Flüchtlingshelferin tut sich da schwerer.

Söder ist damals von seiner Rechnung überzeugt. Das bürgerliche Lager, sagt einer seiner Strategen, sei in Bayern groß genug, um allein mit diesen Stimmen eine absolute Mehrheit zu erreichen: »Er muss für die Linken und auch für die Grünen nicht anschlussfähig sein. Die wählen ihn eh nicht. Wir mobilisieren unsere Leute.« Erst im Landtagswahlkampf 2018 wird Söder erfahren, dass seine Rechnung nicht aufgeht.

EXKURS Bibelstunde

Wie Söder seinen Glauben nach außen trägt

Albert Füracker ist Söders Lieblings-Buddy, ganz nah dran am Menschen Söder. Der Oberpfälzer dient ihm als Staatssekretär im Finanzministerium, und als Söder Ministerpräsident wird, befördert er Füracker zum Finanzminister. Wenn man den ausgewiesenen Söder-Versteher besucht, drängt sich eine Frage auf: Was muss man wissen, wenn man seinen Chef verstehen will? Füracker kramt auf seinem Schreibtisch herum und drückt einem eine Broschüre in die Hand. Es ist der Text einer Kanzelrede von Markus Söder in der Münchner Erlöserkirche, Titel: »Vertrau auf Gott, und er wird dich leiten«.

Religion ist tatsächlich ein fester Bestandteil des Bildes geworden, das Söder von sich zeichnet. Als klar war, dass er Ministerpräsident werden würde, wurde er in einem Interview mit dem »Münchner Merkur« gefragt, was er denn mitnehme, wenn er demnächst in die Staatskanzlei umziehe. Söder antwortete: die Bibel. Sie liege bei ihm immer am Schreibtisch: »Mein Glaube gibt mir Kraft.«

Irgendwann, beim Gespräch in Söders Büro im Finanzministerium, hat man die Bibel da auch wirklich liegen sehen. Außerdem hingen dort ein schlichtes Kreuz und ein Foto von Joseph Ratzinger. In der handschriftlichen Widmung dankt der Kardinal Ratzinger dem damaligen CSU-Generalsekretär Söder für seine Anstrengungen, das Schulgebet wieder einzuführen. Die Bibel, sagte Söder in seinem Büro, sei ja voll von »Action, Spannung, Liebe, Romantik und Weisheit«. Er habe übrigens nicht nur eine Bibel am Schreibtisch, sondern sie auch als Hörbuch in der Dienstlimousine.

Söder erzählt gern, wie er mit dem Nürnberger Regionalbischof Stefan Ark Nitsche einen »Star Wars«-Gottesdienst für junge Leute gestaltet und in Jedi-Roben über religiöse Motive in den Science-Fiction-Filmen diskutiert habe: »Wenn Kirche nicht offen ist, wer dann?« Nicht ganz so offen redet Söder über den Gebetskreis, dem

er seit einigen Jahren angehört: Der sei eine private Angelegenheit, eine kleine Gruppe aus Polizeibeamten, Marketingleuten und
Wissenschaftlern, die sich einmal im Monat bei einem Frühstück
zum Beten und zur Diskussion von Bibelstellen treffe. In Nürnberg
wird über den Gebetskreis viel getuschelt, es heißt, er sei von kon-
servativ-pietistischen Figuren geprägt.

Albert Füracker sagt, er bekomme im Arbeitsalltag ja mit, dass der
Glaube für Söder tatsächlich eine Rolle spiele: »Er betet viel und
ist wirklich bibelfest.« Das Lustige ist natürlich, dass sich zwischen dem heiligen Markus, den Füracker beschreibt, und dessen
Image eine Kluft auftut wie zwischen Bambi und Godzilla. Ob
desillusionierte Wegbegleiter wie Peter Dilling oder Renate Blank
Söder seine Frömmigkeit abnehmen? Ein CSU-Mann, der sich
selbst als tiefgläubig bezeichnet, sagt: »Man kann nicht in jemanden hineinsehen, aber für mich ist das bei ihm nur eine Scheinre-
ligiosität. Er geht nur zu den Kirchenterminen, bei denen er auch
gesehen wird.« Anderen ist aufgefallen, dass Handyfreund Söder
selbst dann nicht von seinem Lieblingsspielzeug lassen kann,
wenn er bei einer Sitzung einem Bischof zuhören sollte. In Nürnberger CSU-Kreisen erzählt man sich auch die Geschichte, dass
Söder, als er von der Kritik eines Kirchenmannes an seiner Flüchtlingspolitik hörte, der Satz entfahren sein soll: »Dieses Arschloch
von Pfarrer!«

All solchen Stimmen zum Trotz wird Markus Söder 2014 in die
evangelische Landessynode berufen, das Kirchenparlament der
bayerischen Protestanten. Die Synode hat 108 Mitglieder, sowohl
Pfarrer als auch Laien – Söder wurde vom Landessynodalaus-
schuss berufen, wie vor ihm Günther Beckstein. Die Synode tagt
in der Regel zweimal pro Jahr über mehrere Tage hinweg, es geht
um Verwaltungsfragen, aber auch um politische Themen.

Söder zählte vom ersten Tag an zum eher konservativen Flügel.
Über seine Arbeit in der Synode gehen die Meinungen auseinander. Manche Synodalen sagen, er bringe »ehrlich seine auf tiefer
protestantischer Grundhaltung basierenden Überzeugungen ein«.
Andere finden, er versuche, »CSU-Positionen in der Kirche durch-

zusetzen«. Ein fränkischer Pfarrer aus dem Gremium sagt, Söder habe sich womöglich mehr Publicity bei der Sache gewünscht. Doch für Selbstdarsteller sei die Synode der falsche Ort. Die Kritiker sehen in ihm den Politiker, der zwar physisch anwesend sei, doch in Gedanken definitiv woanders. Was man schon daran merke, dass er ständig mit dem Handy beschäftigt sei. »Bei den meisten Synodalen ist der Tisch voll mit Aktenstapeln, bei Söder ist er meistens nahezu leer«, sagt einer, der ihn nicht sonderlich schätzt. Als Söder Ministerpräsident wurde, zog er sich aus der Synode zurück.

Söder betont seinen Glauben in einer Zeit, in der die gegenseitig seligmachende Nähe von Kirche und CSU sogar auf den bayerischen Dörfern in Auflösung begriffen ist. Kirche, Wirtshaus, CSU – einst war das eine selbstverständliche Dreieinigkeit. Heute akzeptieren weder katholische noch evangelische Christen einfach so das angebliche Gottesgnadentum der CSU. Das Vertrauen bröckelt von zwei Seiten: Manchen konservativen Christen ist die CSU zu fortschrittlich, etwa in gesellschaftlichen Fragen; den Fortschrittlichen ist sie zu konservativ. Alois Glück, ehemaliger Landtagsfraktionschef und Chef des Zentralkomitees der deutschen Katholiken, diagnostiziert einen »mächtigen Entfremdungsprozess, der sich gegenwärtig noch nirgends in Zahlen ablesen lässt«. Die CSU laufe akut Gefahr, viele Stammwähler zu verlieren.

In der Flüchtlingsdebatte vermissten viele Christen bei der CSU die Nächstenliebe. Der Bamberger Erzbischof Ludwig Schick etwa sagte, die CSU könne das C im Namen ruhig beibehalten – solle sich dann aber bitte auch »danach richten«. Söders persönliches Ansehen bei Kirchenleuten und Gläubigen hat durch seine scharfe Rhetorik in der Flüchtlingspolitik zweifellos gelitten. Auch in der Synode musste er sich rechtfertigen. Söder forderte seine Kritiker damals auf, sich weniger in die Politik einzumischen: »Natürlich dürfen und müssen Kirchen mahnen. Sie sollten aber keine Ersatzpolitiker sein und keine Ersatzpartei.«

Markus Söder hält immer wieder Kanzelreden wie jene in München, deren Manuskript Albert Füracker auf dem Schreibtisch parat hatte. An einem kühlen Frühlingstag 2017 ist er in der Regensburger Kirche St. Emmeram zu einer Gastpredigt geladen. Söder verfügt über so eine Art Kirchensäuselstimme, auf die er in Sekundenschnelle umstellen kann: »Ich muss Ihnen ehrlich sagen: Das hier ist der Höhepunkt des Tages.« Für ihn sei der Glaube »ein helles Licht im Dunkeln. Ich schäme mich nicht dafür, dass ich glaube.« Söder berichtet, wie er nach dem Tod des Vaters 2002 »wieder einen Bezug zu Gott gefunden« hat.

In der Gesellschaft von heute, sagt Söder, zählten nur »Rankings und Castings«. Die frohe Botschaft sei, dass man vor Gott frei sei von solcherlei Zwängen: »Du musst nicht jedes Casting gewinnen. Du wirst trotzdem geliebt.« Wenn man den glühenden Wettbewerber Söder aus dem politischen Alltag kennt, reibt man sich ein wenig die Augen.

Der Pfarrer, der das Schlusswort spricht, ist trotzdem begeistert: »Heute konnten wir Ihnen tief ins Herz schauen.« Dann tippeln die Leute aus der Kirche. »Ein freundlicher Mann«, sagt eine feine ältere Dame. »Ja«, sagt ihre Begleiterin. »Nur intellektuell etwas dünn.«

»Man kann nicht in jemanden hineinsehen«, hat der skeptische Parteifreund über Söder gesagt. Was man kann, ist: in ein Handschuhfach sehen. Einmal hat der Finanzminister Söder den Reporter ein Stück in seiner Dienstlimousine mitgenommen, eine Simulation von Nähe, die Politiker Journalisten hin und wieder gönnen. Auf der Fahrt erinnerte sich der Reporter an Söders Ministerbüro und seinen Schreibtisch, und er fragte Söder also, wo denn nun eigentlich die Hörbuch-Bibel sei, die er ja nach eigenem Bekunden stets im Auto habe. Wortlos öffnete Söder das Handschuhfach, nahm das Hörbuch heraus und genoss seinen Triumph.

Teil III
Die letzten Meter:
Projekt Königsmord

1. Die Schmutzelei als Kunstform
Das Alphatier-Duell mit Horst Seehofer

Tief in der CSU existiert der Wunsch schon seit einigen Jahren, doch erst im Dezember 2017 soll er sich erfüllen: Die beiden unbestrittenen Alphatiere der Partei, die einzigen in den Jahren nach Stoiber, die jederzeit ein Bierzelt füllen und begeistern können, tun sich zur Doppelspitze zusammen. Horst Seehofer als Parteichef und Bundesminister in Berlin, Markus Söder als Ministerpräsident in München. Was aus der Perspektive vieler Parteimitglieder und Beobachter logisch klingt, ist auch ein bisschen naiv. Viele an der Basis ahnen jedenfalls nicht mal im Ansatz, wie erbittert die Rivalität ihrer beiden Führungsmänner wirklich ist. Das werde doch alles von den Medien aufgebauscht, sagen viele CSU-Leute. Aber da muss man nichts aufbauschen.

Zwei Jahre zuvor, am 11. November 2015, spricht Horst Seehofer in der Bayerischen Staatskanzlei mit einer Journalistin. Die Nachfolge-Frage steht wieder mal im Raum. Seehofer hatte ja gleich nach der Landtagswahl 2013 angekündigt, 2018 nicht mehr anzutreten. Sein Finanzminister Söder steht quasi schon im Fahrstuhl nach oben. Söder aber hat viele Gegner in der Partei und Seehofer ist der größte von allen. Und trotzdem, die Umfragen unter den Mitgliedern, die Stimmung in der Landtagsfraktion: Alles spricht für Söder.

»Wissen Sie was?«, hebt Seehofer an. »Es wird entschieden anders laufen, als Sie alle glauben.« Wie bitte? Wer könnte den unverhinderbaren Söder denn noch verhindern? Seehofer sagt nichts mehr. Er blickt nur sehr zufrieden drein. Horst Seehofer ist anderen gern ein Rätsel. Was soll da denn anders laufen?

Horst Seehofer hat nie öffentlich ausgesprochen, dass er Markus Söder nicht als seinen Nachfolger haben will. Das könnte er auch kaum tun, ohne die Partei zu spalten. Trotzdem weiß es jeder im politischen München. Genauso verhält es sich mit Söders Ambition, Seehofer so bald wie möglich aufs Alten- teil zu geleiten und dann selbst in die Staatskanzlei einzuzie- hen. Das ist das Kuriose an diesem Duell: Es ist Krieg, aber keiner darf das laut sagen und schon gar nicht, warum.

Söder und Seehofer liefern sich seit Jahren ein Duell wie Tom und Jerry, nur dass beide Tom sind, ständig zünden sie sich gegenseitig den Schwanz an. Zwischendrin ist auch mal Feuerpause bei Tom und Tom, aber Söder weiß: Es darf kein Weg an ihm vorbeiführen. Denn wenn es einen gibt, wird See- hofer ihn finden.

Der innere Konflikt war schon immer eine Triebfeder der CSU, auch in den Gründungsjahren nach dem Zweiten Welt- krieg, als der liberale Josef Müller, Ehrenname »Ochsensepp«, und der konservative, tief katholische Alois Hundhammer nicht nur um die Richtung der Partei rangen, sondern sich auch einfach nicht ausstehen konnten. Als Franz Josef Strauß in den Siebzigerjahren den Ministerpräsidenten Alfons Goppel lang- sam zermürbte, sprach Goppel immer nur von »dem, der nach mir kommt«. Auf einem ähnlichen Sympathieniveau bewegen sich bis heute Edmund Stoiber und Theo Waigel – gut zwanzig Jahre nachdem Stoiber Waigel als Parteichef verdrängte. Stoi- ber wiederum wurde 2007 bei der berüchtigten Klausur in Kreuth von Günther Beckstein und Erwin Huber vom Thron vertrieben; er vergalt es den beiden, indem er nach der de- saströsen Landtagswahl 2008 ihre Ablösung durch Seehofer orchestrierte. Manchmal verliert man in der CSU den Über- blick, wer da mit wem noch eine Rechnung offen hat.

Dieser innere Drang zum Königsmord kommt freilich nicht von ungefähr. Das Selbstverständnis der CSU als bayerische Staatspartei ist allzeit prekär, jahrzehntelang definierte sie ihre Bedeutung und Macht über die absolute Mehrheit der Sitze im Landtag. Andere Parteien in anderen Ländern können mal ein schlechtes Wahlergebnis wegstecken, oder auch zwei. Die CSU hat diese Gelassenheit nicht, sie kann sie nicht haben. Sie muss jeden Tag aufs Neue ihre Stärke beweisen, für sie geht es immer um alles. Am heftigsten lastet dieser Druck auf ihren Anführern: Wenn sie nicht liefern, sind sie geliefert. Krasser individueller Ehrgeiz und maximale Robustheit gehören bei dieser Jobbeschreibung zwingend zum Bewerberprofil. Und weil die CSU in Bayern in langen Phasen nicht wirklich von der Opposition getrieben wird, treibt sie sich halt selbst. Fast jeder ihrer Anführer hat irgendwann einen unangenehmen Gegenspieler in der eigenen Partei bekommen.

Man könnte also versuchen, die Händel zwischen Seehofer und Söder als christsozialen Regelbetrieb zu erklären, als die ganz normale Konkurrenz des alten und des jungen Löwen. Aber das greift zu kurz. »Bei den beiden grenzt das schon an Hass«, sagt ein CSU-Mann, der nah dran ist und seine Worte mit Bedacht wählt. Ein anderer sagt: »Der Konflikt ist schon lange nicht mehr rational.« Wie konnte es so weit kommen? Eine Antwort auf diese Frage könnten Seehofer und Söder wohl nur selbst geben, sie tun es aber nicht. Die Suche nach den Ursachen führt also zwangsläufig ins Spekulative.

Ferndiagnosen

Einig sind sich die Küchenpsychologen in der CSU immerhin über den Boden, auf dem die Antipathie zwischen Söder und Seehofer gedeiht. Die Konkurrenz der beiden speist sich demnach aus ihrer Ähnlichkeit. Und ein Stück weit klingt das sehr plausibel.

Beide sind aus kleinbürgerlichen Verhältnissen aufgestiegen, Söder, Sohn eines Maurers, und Seehofer, Sohn eines Lastwagenfahrers. Beide sind mehr an Macht als an Reichtum interessiert. Beide sind in der politischen Auseinandersetzung wenig zimperlich. Beide teilen die Welt in Freund und Feind. Beide haben kein Problem damit, Brücken hinter sich abzubrechen. Beide passen ihre Überzeugungen gern den aktuellsten Erkenntnissen der Demoskopen an, ohne dabei auch nur ein biss-

chen rot zu werden. Und beide sind in der Lage, so Politik zu
machen, wie es Lion Feuchtwanger – bezogen auf eine ganz
andere Zeit, die Zwanzigerjahre – als spezifisch bayerische Er-
fordernis beschrieben hat: »In Bayern muss man, damit die
Volksseele kocht und wieder still wird, simplere Mittel anwen-
den als in der übrigen Welt. Anderswo muss man krumm regieren. In Bayern senkrecht.«

Wer senkrecht regiert, spaltet das Publikum, so wie Seehofer
im Jahr 2016. In der Flüchtlingskrise ist er das Auge des Sturms:
Für die einen ist er der Finsterling, der gut mit Putin kann und
mit Orbán noch besser. Der seiner Kanzlerin in den Rücken
fällt und von einer »Herrschaft des Unrechts« fabuliert. Ein
rhetorischer Zündler, der quasi mit schuld ist, wenn Flücht-
lingsheime brennen. Für die anderen ist er der Aufrechte, der
eine verantwortungslose Kanzlerin zur Vernunft bringen will.
Der offen ausspricht, was wir eben nicht schaffen können, der
diesem Land Wohlstand und Identität bewahren will. Wer
senkrecht regiert, wird reduziert. Auch dieses Problem teilt
Seehofer mit Söder.

Andere Seelen-Deuter weisen darauf hin, dass man den Blick
vielleicht eher auf die Unterschiede der beiden richten sollte:
Söder ist Parteimensch, Seehofer gar nicht. Söder ist in der
Landespolitik sozialisiert, Seehofer im Bund. Söder ist mehr
Kopf, Seehofer mehr Bauch.

Na ja, sagt eine CSU-Frau, eigentlich sei die Sache ganz einfach erklärt: »Ein Egomane geht dem anderen Egomanen natürlich auf den Sack.«

Söder soll einem Verbündeten seine Strategie im Umgang mit
Seehofer einmal so beschrieben haben: »Der Horst ist groß,
wenn der mit anderen redet, werden die kleiner. Ich nicht. Ich
stelle mich extra breitbeinig hin, und das kann er nicht haben.«
Und wenn Seehofer im Kabinett seine Minister anblaffe, lasse
er, Söder, sich das als einziger nicht gefallen: »Nur wer sich
wehrt, wird stärker.« Alte Weisheit beim Machtpolitiker Söder:
Man wächst im Konflikt.

Und Söder ist beachtlich gewachsen, seit er Finanzminister wurde. Auch weil er quasi in jede Talkshow geht und Seehofer in gar keine. Weil er an Sonntagen drei Reden vor CSU-Ortsverbänden schwingt und Seehofer gar keine. Söder entwickelt sich als Finanzminister immer mehr zu einer Art Neben-Ministerpräsident. Was Seehofer unsagbar nervt.

Es gibt einen politischen Vorbehalt Seehofers gegenüber Söder, der gut verbürgt ist: Er traut dem konservativen Polarisierer nicht zu, die Volkspartei CSU in ihrer ganzen Breite zu verkörpern – namentlich den christlich-liberalen Flügel. Hier geht der inhaltliche Vorwurf indes schon wieder fließend über in den charakterlichen. »Der Horst erkennt das politische Talent vom Markus schon an«, sagt einer aus dem Seehofer-Lager. »Aber wofür verwendet er dieses Talent? Nur zum eigenen Nutzen.« Deshalb wolle Seehofer Söder die Partei nicht anvertrauen.

Mit Söder, glaubt Seehofer, sei nicht nur die absolute Mehrheit verloren, sondern auch der innerparteiliche Friede. In Seehofers Umfeld gilt Söder als »Spalter«; auch weil er ständig öffentlich mit seinen Karrierezielen kokettiert. Ein Seehofer-Mann sagt: »Die CSU hat 150 000 Mitglieder, und der Einzige, den der Chef regelmäßig zur Ordnung rufen muss, ist der Markus.«

Das Söder-Lager schimpft retour, Seehofer sei doch selbst der Rüpel, der ungeniert über andere herziehe: über Fraktionschef Kreuzer etwa, beim Thema Flughafen, über Ilse Aigner in der Energiepolitik oder über die ganze CSU-Landtagsfraktion beim Kommunalwahlrecht.

Seehofer hat dagegen das Problem, dass er seine Charakterurteile über Söder zumindest öffentlich nicht belegen kann. Ein großer Teil des CSU-Volks im Land versteht seine Bedenken gegen Söder nicht. Im Gegenteil, viele finden Seehofers Angriffe unangemessen. So hat jede Attacke Söder nicht schwächer, sondern letztlich stärker gemacht.

Der erste Zusammenstoß zwischen den beiden ist 2004 do-

kumentiert, als der Generalsekretär Söder kühl den Bundestagsabgeordneten Seehofer abkanzelt, der zurücktritt, weil er
die Parteilinie in der Gesundheitspolitik für unsozial hält. Seehofer-Freunde sagen, dass hier der wichtigste Unterschied
zwischen den beiden liege: Seehofer sei ein Mann mit Prinzipi-
en, Söder ein kalter Opportunist.

Als Nächstes gerät dann schon das Jahr 2007 ins Blickfeld –
mit der einen Begebenheit, auf die man immer stößt, wenn man
die Wurzel des Konflikts zwischen Seehofer und Söder sucht.
Punktgenau zum Kreuther Showdown in Januar wird eine fol-
genreiche außereheliche Beziehung Seehofers von der »Bild«-
Zeitung ans Licht gezerrt: »Minister Seehofer: Baby mit heim-
licher Geliebten«. Seehofer gilt zu diesem Zeitpunkt schon als
Bewerber um den CSU-Vorsitz, wenn Stoiber ihn abgeben
sollte. Und er geht nach der Enthüllung schnell davon aus, dass
hier eine »Kampagne« gegen ihn aus den eigenen Reihen im
Gang sei. Aber wer hat sie in Gang gesetzt?

Viele Monate später setzt sich unter Seehofer-Getreuen und
darüber hinaus die Version durch, dass Söder die Geschichte
mit dem Kind an die »Bild« durchgestochen habe. Söder-Vertraute weisen das bis heute empört zurück. Für die Unschuld
Söders spricht, dass über Seehofers Berliner Geliebte schon
lange vor dem »Bild«-Artikel getuschelt wurde. In der »Abge-
ordneten-Schlange«, dem Apartmenthaus an der Spree, in dem
Seehofer wohnte und seine Affäre empfing, blieb kein Ge-
heimnis lange geheim. Zumal die Frau selbst im politischen
Betrieb arbeitete. Die »Bild«, heißt es in Berlin, habe schon
lange vor der Veröffentlichung Bescheid gewusst, auch über
die Schwangerschaft.

Söders Problem in dieser Sache ist, dass man ihm praktisch
alles zutraut, diesen Ruf hat er sich erworben. Anfang 2018
zum Beispiel verlautet aus dem Umfeld des Ex-Finanzminis-
ters Georg Fahrenschon, dass man einen ziemlich klaren Verdacht habe, wer die Steuer-Probleme des Ex-Ministers an die
Justiz gespielt haben könnte – zeitlich so genau abgestimmt,

dass die Nachricht die Vertragsverlängerung Fahrenschons als Chef des Sparkassenverbands zerschoss. Neben Söder wird in Fahrenschons Umfeld übrigens noch ein zweiter möglicher Verdächtiger genannt: Horst Seehofer. Vielleicht war es aber einfach auch jemand von der Sparkasse.

Im weiteren Verlauf des Jahres 2007 wird Seehofer dem Generalsekretär Söder unlautere Parteinahme im Rennen um den CSU-Vorsitz vorwerfen – zugunsten von Seehofers Gegner Erwin Huber, der sich am Ende durchsetzt. Von Söder ist aus dieser Zeit der visionäre Satz »Ich verstehe den Horst nicht« überliefert. Wenig später ist offenbar ein gewisser Grad an Verständnis zurückgekehrt: Söder und Seehofer mauscheln mit Stoiber gegen das neue Führungsduo Beckstein und Huber. Nach deren Ablösung nach der Landtagswahl 2008 holt Seehofer Söder ohne Zögern in sein Kabinett. Vielleicht kann man also sagen: Die Alphatiere Seehofer und Söder haben eine kurvenreiche Beziehung. Sie knickt erst ab, als Söder zum Finanzminister aufsteigt.

Mysterienspiel

Horst Seehofer hat Markus Söder Ende 2011 quasi umständehalber zum Finanzminister befördert, im Wesentlichen wohl aus drei Gründen. Weil er seine externen Wunschkandidaten nicht der Fraktion vermitteln konnte; weil Aigner die oberbayerische Kontrahentin Haderthauer nicht als Finanzministerin akzeptieren wollte; und weil Stoiber für Söder intervenierte. Einige Söder-Loyalisten vertreten sogar die Theorie, dass Seehofer das Finanzministerium letztlich als »vergiftetes Geschenk« an Söder sah: »Er glaubte nicht, dass sich ein oberflächlicher Generalist wie Söder in die finanzpolitischen Tiefen einarbeitet. Er dachte, er verheddert sich und macht sich Feinde.«

Jedenfalls ist Söder jetzt Finanzminister, neben dem Innenminister der wichtigste Mann im Kabinett. Und hier setzen die christsozialen Küchenpsychologen mit einer interessanten

These an. Markus Söder, heißt es, kenne keine Dankbarkeit, wenn man ihm in Ämter verhelfe. Er halte sich ja grundsätzlich für qualifiziert, warum sollte er sich also bedanken? Er habe das sogar zur Maxime entwickelt, die Stärke demonstrieren soll: »Sag niemals Danke für ein Amt.« So hält er das auch jetzt. Seehofer hat daran schwer zu beißen: Er wiederum ist jemand, der Dank erwartet, und zwar mindestens in Form von bedingungsloser Gefolgschaft. Doch so was hat Söder nicht im Angebot.

Die eine Frage, die alle Interpreten des Alphatier-Duells beschäftigt, ist nun: Wenn alles so schwierig ist zwischen den beiden – warum serviert Seehofer Söder dann nach der Landtagswahl 2013 auch noch das Heimatministerium auf dem Silbertablett? Aus Seehofers Umfeld wird beinahe entschuldigend eine Dynamik aus dem Landtagswahlkampf angeführt. Seehofer habe die Idee mit dem Heimatministerium gehabt, sie aber ziemlich unausgegoren in die Welt geblasen. »Wie so ein Ministerium genau aussehen könnte, hatte er noch nicht durchdacht«, sagt einer, der nah dran war. »Er hat nur grobe Aufgaben genannt wie die Digitalisierung.« Söder habe die Idee dann ein bisschen dreist, aber auch ziemlich geschickt an sich gezogen – vor allem, indem er die Versorgung mit schnellem Internet zum Kernstück einer neuen Politik für den ländlichen Raum erklärte.

Stille Nacht

Ein Meilenstein der Zerrüttung zwischen Seehofer und Söder wird im Dezember 2012 im Schwabinger Café »Reitschule« gesetzt. In einer nicht maximal besinnlichen CSU-Weihnachtsfeier, die in die Parteigeschichte eingehen wird, zieht Parteichef Seehofer mächtig über das eigene Personal vom Leder. Exilant Karl-Theodor zu Guttenberg? »Glühwürmchen.« Bundesverkehrsminister Peter Ramsauer? »Zar Peter.« Und all das vor Journalisten, denen er ausdrücklich gesagt hat, seine Äußerungen an diesem Abend seien »frei« verwendbar. Üblicherweise finden Tischgespräche bei solchen Feiern im geschützten Raum statt.

Richtig ernst wird es, als Seehofer auf Söder zu sprechen kommt. Dieser sei ein Mann mit »charakterlichen Schwächen«, er sei »vom Ehrgeiz zerfressen« und leiste sich zu viele »Schmutzeleien«, ein neuer Fachausdruck, um den der Wortschöpfer Seehofer die Welt an jenem Abend bereichert. Söder ist nicht dabei im Café »Reitschule«, er kriegt von alldem zunächst nichts mit.

Am nächsten Morgen, einem Dienstag, ist Kabinettssitzung, und selbst da wirkt noch alles normal. Anschließend fährt Söder in den Landtag, es kommen Leute auf ihn zu und sagen: »Hast du's schon gehört?« Wenig später dokumentiert eine Agenturmeldung Seehofers Einlassungen. Söder sagt heute: »Ich war schon überrascht und konsterniert.« Er verlässt sofort das Maximilianeum, mindestens ein Reporter will gesehen haben, dass er sich dabei Tränen aus den Augen wischt. Auf dem Weg nach draußen sagt er zu Journalisten: »Ich konzentriere mich auf meine Arbeit in Partei und Fraktion.« Ein kleiner, an sich harmloser Satz, aber schon auch eine Botschaft an Seehofer: In der Fraktion hat Söder großen Rückhalt, Seehofer nicht.

Viele Abgeordnete sind höchst irritiert vom Rundumschlag des Ministerpräsidenten. »Das fiel komplett auf den Angreifer zurück«, erinnert sich ein Söder-Mann heute. »Außer Narzissmus hatte niemand eine Erklärung.« So einen Affront hätte es vorher noch nie gegeben, noch dazu so anlasslos. In Seehofer-Zirkeln ist man sich nicht so sicher, was das Fehlen eines Anlasses betrifft. Man munkelt, Seehofer sei kurz zuvor zugetragen worden, dass Söder im kleinen Kreis Andeutungen über angebliche Affären seiner unverheirateten Rivalin Aigner gemacht haben soll.

Am Mittwochmorgen ruft Söder seinen Mentor Edmund Stoiber an und fragt ihn, ob er zurücktreten solle. Stoiber sagt:

»Du trittst auf keinen Fall zurück.« Söder kontaktiert auch noch einen anderen CSU-Weisen, Oscar Schneider, den ehemaligen Bundesbauminister aus Nürnberg. Schneider sagt ihm, in so einer Situation müsse man drei Grundsätze beachten: Anstand wahren, Haltung zeigen, Pflichten erfüllen. Söder bekommt auch viele Solidaritätsanrufe. Landtagspräsidentin Barbara Stamm hat Seehofer am Vorabend sogar öffentlich zurechtgewiesen, zumindest indirekt. Beim Weihnachtsessen des Landtags hat sie den Wunsch geäußert, man möge hinterfragen, »wie man miteinander umgeht«, und solle stets vor der »Würde des anderen« haltmachen.

Am Donnerstag ist dann Landtagssitzung, es geht auch um den Haushalt des Finanzministers. Söder muss also reden. Er sagt, er habe auf dem Weg zum Pult nicht gewusst, ob er zurücktrete. Dann habe er den warmen Beifall der Fraktion gehört und sich entschieden, zu bleiben. Der Applaus wird noch lauter, als er die Oscar-Schneider-Weisheit zitiert. Seehofer muss erkennen: In diesem Söder hat er einen mächtigen Gegner.

Wie meist nach unschönen Eskalationen treffen sich Söder und Seehofer hinterher zur Aussprache, diesmal auf Vermittlung von Stamm und Fraktionschef Georg Schmid. Söders Leute berichten, das Ganze habe 45 Minuten gedauert: Dreißig Minuten lang habe Seehofer Söder Vorwürfe gemacht, dann hätten sie 15 Minuten lang an einer Erklärung gedoktert, dass alles wieder gut ist. Der Weihnachtsfrieden in der CSU wird dann auch noch mit schönen Bildern unterlegt, denn wenige Tage später tagt das Kabinett in Nürnberg. Seehofer und Söder spazieren mehr oder minder einträchtig über den Christkindlesmarkt.

Söder beteuert in der Rückschau, ihn habe der »Schmutzeleien«-Vorwurf nicht nachhaltig belastet: »Ich schaue immer nach vorn, begeistere mich am Neuen und klage nicht über das Alte. Man sollte sich die Seele nicht verdunkeln lassen durch Schatten der Vergangenheit.« Man kratze nicht an seinen Narben herum, sonst täten sie immer weh.

Eruptionen

Söders sachgerechtem Umgang mit Narben zum Trotz summieren sich die gegenseitigen Verletzungen mit den Jahren. Es gibt gelegentliche Friedensschlüsse zwischen Seehofer und Söder, aber eine echte Aussöhnung rückt in immer weitere Ferne. Aus Antipathie ist längst Feindschaft geworden. Wobei Söder viel Wert darauf legt, als Opfer wahrgenommen zu werden – was wiederum Seehofer nicht gerade besänftigt.

Wenn Söder gefragt wird, ober er Ambitionen auf das Amt des Ministerpräsidenten hege, winkt er verblüfft ab: I wo, woher denn? Im Stillen jedoch arbeitet er jeden einzelnen Tag an dem Netz, das ihn in die Staatskanzlei tragen soll. Und er tut noch ein bisschen mehr.

Er stichelt ständig gegen Seehofer, oder er lässt sticheln. Manches findet hinter den Kulissen statt: Söders Leute sollen etwa die schlimmsten Details zu Haderthauers Modellbauaffäre an Journalisten durchgestochen haben, stets verbunden mit der besorgten Frage, ob Seehofer das alles noch länger ignorieren könne.

Anderes spielt sich auf offener Bühne ab: Söder verlangt, dass Bundesverkehrsminister Alexander Dobrindt die Maut-Verwaltung nach Bayern holt, wohl wissend, dass er da einen praktisch unerfüllbaren Auftrag formuliert. Söder zielt auf Haderthauer, er zielt auf Dobrindt. Und er zielt damit immer auf Seehofer. So wird das bis 2017 gehen.

Das bleibt nicht ohne Wirkung. »Der Markus ist in Horsts Kopf drin«, sagt ein CSU-Mann. Einem »Spiegel«-Reporter erzählt Seehofer mal, dass er gerade Stefan Zweigs Roman »Joseph Fouché« lese.

Dieser Fouché schafft es, durch komplette Überzeugungslosigkeit alle Phasen der Französischen Revolution zu überstehen. Die größten Gefahren für Politiker, sagt Seehofer, seien Übermut und Unvernunft, und am allerschlimmsten sei »die Kombination aus beidem«. Es ist jedem in der CSU klar, wer

für Seehofer der Fouché der Neuzeit ist. Ein Detail an Fouchés
Geschichte dürfte Seehofer besonders gefallen: dass dieser ein-
sam in der Verbannung stirbt.

Unregelmäßig, aber doch verlässlich brechen die Gefühle
aus Seehofer noch deutlicher heraus. Im März 2013 zum Beispiel wird eine Episode bekannt, die in ihrer Nichtigkeit gut
beschreibt, wie blank die Nerven liegen. In der Staatskanzlei
tagt der Stiftungsrat der Bayerischen Landesstiftung, einer
staatlichen Wohltätigkeitsorganisation. Die Vermögensverwal-
tung der Stiftung soll neu aufgestellt werden, das Thema ist
also nicht ganz unwichtig. Aber es ist auch nicht richtig wichtig. Söder lässt sich in der Sitzung jedenfalls von seinem Staatssekretär Franz Josef Pschierer vertreten, was Seehofer übel
erzürnt. Nach Augenzeugenberichten schickt er Pschierer in
einer Art fort, wie es einem Staatssekretär wohl nur einmal im
Leben passiert – mit dem Auftrag, sofort Söder herzuholen.
Doch Söder ist in Nürnberg. Die Runde geht ergebnislos auseinander. Für Seehofer, heißt es, sei das nur ein weiterer Beweis
gewesen, dass Söder zu seriöser Sacharbeit weder willens noch
fähig ist.

Seehofers Toleranz für Quertreiber wie Söder ist in jenem
Jahr 2013 nicht gerade groß. Zwischenzeitlich hatte dieser Seehofer als Auslaufmodell gegolten, als schrulliger Onkel aus
Bayern, der die arme Kanzlerin mit Ausländermaut und Betreuungsgeld nervt. Doch für Seehofer waren Krisen schon immer ein starker Treibstoff. Die Landtagswahl 2013 ist sein großer Triumph. Die Wähler, die 2008 zu Hause geblieben sind,
kommen zurück zur CSU. Er ist jetzt der Mann, der die absolute Mehrheit zurückerobert hat. Es gibt Leute in der Partei
und darüber hinaus, die damit rechnen, dass er den Minister
rausschmeißt. Eine Gelegenheit dazu bietet sich im Oktober
2014, als Söder einen »Konjunkturcheck« für alle Vorhaben der
Bundesregierung verlangt und damit letztlich eine Überarbei-
tung des schwarz-roten Koalitionsvertrags. Der Vorstoß ist
nicht abgestimmt, Seehofer ist sauer: »Wenn da jemand sagt, er

möchte einen Konjunkturcheck«, dann kratze er da an der Verlässlichkeit der CSU, schließlich trage der Koalitionsvertrag seine Unterschrift.

Dass Seehofer – bei aller Zerrüttung der Beziehung – Söder dennoch als Minister behält, scheint mehrere Gründe zu haben: Zum einem hat Söder inzwischen zu viele Unterstützer in der CSU, vor allem in der Landtagsfraktion. Und Seehofer sitzt ja, nur ein Jahr nach seiner großen Landtagswahl, selbst nicht mehr wirklich fest im Sattel, er kann sich einen offenen Konflikt mit Söder nicht leisten. Dazu kommt, dass Söder seinen Dienst im Finanzministerium weitgehend tadellos verrichtet. Andere stellen die Frage andersherum: Wäre ein Putsch Söders gegen Seehofer so aussichtslos? Es ist nicht so, dass Söders Gefolgsleute im Landtag die Idee nicht mal durchdenken. Sie kommen aber zu dem Schluss, dass ein Putsch dem Wähler nicht zu vermitteln wäre.

So sitzen die zwei Alphatiere, die zugleich zwei Sensibelchen sind, also weiter am gleichen Kabinettstisch. Mit seinen Anspielungen und Sprüchen betreibt Söder täglichen Raubbau an Seehofers Nerven. Und er hat sogar einen Weg gefunden, Unsagbares zu sagen.

EXKURS Beim Maibock

Der Minister als Kabarettist

Egal wohin Markus Söder kommt: Er hält sich für den witzigsten Mann im Raum. Und er hat gar nicht so selten recht. Für ihn ist Humor ein Wettbewerb – und ein politisches Instrument. Schon eine normale Rede hat bei Söder mehr Witz als bei den meisten anderen Politikern, wobei er bisweilen eine Art von Selbstironie pflegt, die den Namen nicht verdient. Seine Witze kreisen in seinen Ministerjahren mehrheitlich um das Grundthema, dass er irgendwann mal Regierungschef wird und wie gut er dafür geeignet ist. Ein Söder aus dem Jahr 2016: »Als bayerischer Finanzminis-

ter habe ich mir unheimlich viel Wissen angeeignet. Schade, dass
ich damit 2018 nichts mehr anfangen kann.«

Über die Jahre hat Söder aus der Kabarettrede ein eigenes Genre
in der bayerischen Politik gemacht. Seehofer geht er damit tie-
risch auf die Nerven. Aus Seehofers Umfeld hört man sogar, die
ewigen Respektlosigkeiten hätten wesentlich zur Zerrüttung ihres
Verhältnisses beigetragen.

Seine Bühne hat sich Söder selbst gezimmert. Mit ziemlicher
Chuzpe hat er, der überzeugte Wassertrinker, sein persönliches
Starkbier-Kabarett eingerichtet und als feste Wegmarke im politischen Prozess des Freistaats verankert, gleich nach dem Nockherberg. Die Starkbierzeit, also die Fastenzeit zwischen Aschermittwoch und Ostern, ist in Bayern auch die Zeit der Fastenpredig-
ten. Vor Jahrhunderten appellierte ein Mönch an die Sittsamkeit
seiner Zuhörer, heute liest ein kabarettistischer Redner den Politikern die Leviten – was man bayerisch »Derblecken« nennt. Im
Lauf der Zeit wurde das Ritual auch auf den Maibockanstich aus-
geweitet.

Söders Maibock-Variante findet alljährlich im Hofbräuhaus statt,
wo er als Finanzminister der Hausherr ist. Irgendwann wird Seehofer der Welt erklären müssen, was zum Teufel er sich dabei gedacht hat, seinem ärgsten Feind neben der Zuständigkeit für Königsschlösser und Seenschifffahrt auch noch die für die staatliche
Brauerei Hofbräu zu überantworten. Der Maibockanstich dort ist
zur großen Söder-Show geworden, mit Steuergeld finanziert und
vom Bayerischen Fernsehen übertragen, eine Dauerwerbesendung
für den Minister. Seehofer übrigens lässt sich im Hofbräuhaus
frappierend oft mit Verweis auf dringende Staatsgeschäfte ent-
schuldigen.

In nüchterneren Ecken Deutschlands mag man es seltsam finden,
dass Politik und Humor derart vermengt werden, noch dazu im
Biernebel, doch in Bayern hat das Tradition – auf dem Münchner
Nockherberg nehmen sich Fastenredner seit mehr als 120 Jahren
die Obrigkeit vor. Söder indes überlässt dieses heikle Geschäft
lieber nicht den Profis allein – bevor beim Maibock der Kabarettist

Django Asül ans Pult darf, ergreift er selbst das Wort. Er spricht etwa zwanzig Minuten, und in dieser kurzen Zeit werden unsagbare Dinge sagbar. Über seine Konkurrentin Ilse Aigner zum Beispiel, die Seehofer mit falschen Versprechungen zurück ins Land lockte. Aigner, sagt Söder, habe als Ministerin in Berlin die Hauptrolle in »Ein Chef zum Verlieben« gespielt, in München sei sie dann bei den »Desperate Housewives« gelandet. Oder: Was wäre Horst Seehofer, wenn er ein Bier wäre? Söder sagt: »Eiskalt gehopfter Hallodri.« Kein anderer von Seehofers Ministern würde sich erdreisten, dem Ministerpräsidenten so nahe zu treten, und sei es im Schutzmantel des Scherzes. Söder tut es. Und hievt sich damit auf Augenhöhe.

Berüchtigt ist seine Maibock-Rede aus dem Jahr 2014, sie sprengt jede Definition von Koketterie. Es ist eine Kampfansage an den selbstherrlichen Seehofer. Kabinett und Kabarett, sagt Söder, hätten »wahnsinnig viel gemeinsam«. Es gebe nur einen Unterschied: »Im Kabarett lachen alle über einen, im Kabinett lacht nur einer über die anderen.« Weil's so schön war, noch eine Variation: »Im Kabinett geht es sehr harmonisch zu. Die Stimmung ist gut, nur einer stört.« Wenn Söder oder irgendein anderer Minister das in einem Interview sagen würde, müsste er auf der Stelle zurücktreten.

2008 derbleckte Django Asül, ein Ur-Niederbayer mit türkischen Wurzeln, zum ersten Mal Politiker beim Maibock. Nachdem Markus Söder Finanzminister wurde, hätten sie beide »ein Dream-Team gebildet«, sagt der Kabarettist. »Für mich war es toll, ihn als Vor-Band zu haben.« Im Lauf der Jahre habe Söder sich »zu einem für seine Verhältnisse filigranen Humor hin entwickelt«, der ihm früher, als CSU-Generalsekretär etwa, noch völlig abgegangen sei. »Er hat eine gesunde Ironie, für seine Verhältnisse sogar etwas Selbstironie entwickelt und muss sich nicht quälen, amüsant zu sein. Man hört ihm gerne zu.«

Und wie ist er als Zuhörer, der noch dazu Django Asüls Gage zahlt? »Als Generalsekretär hat er gerne ausgeteilt, konnte aber nicht einstecken. Das hat sich geändert.« Noch nie habe Söder ihn wegen eines Witzes auf seine Kosten hernach angesprochen, sagt Django Asül.

Nach den Maibock-Auftritten scharen sich immer die Journalisten um Söder wie um einen Fußballer nach dem Abpfiff. »Champions League der Starkbierrede«, analysiert Söder jedes Jahr und meint damit seinen Co-Star Asül, hat dann aber auch noch ein paar warme Worte für sich selbst übrig. Einmal steht Marcel Huber neben ihm, Huber ist Minister und Staatskanzleichef, schon auch eine Nummer in der bayerischen Politik. Irgendwann sagt Söder: »Sag du doch auch mal was, Marcel.« Huber setzt an und sagt – nichts, weil Söder einfach weiterredet und Huber mit einem Schritt nach vorn zur Seite schiebt. Humor ist Wettbewerb, manchmal sogar ein physischer.

Staatsschauspieler

Nach der Landtagswahl 2013 hatte Seehofer angekündigt, 2018 als Ministerpräsident aufzuhören. Da war er wohl etwas übermütig, jedenfalls kassiert er den Plan Schritt für Schritt wieder ein. Er wolle ja einen »ordentlichen Übergang« gewährleisten, sagt er, und dafür würde er nötigenfalls auch länger im Amt bleiben. Ein ordentlicher Übergang, das kristallisiert sich immer deutlicher heraus, ist für ihn ein Übergang, der nicht zu Söder führt.

Das Söder-Lager ist entsetzt: Die Grundlage für die zumindest öffentliche Zurückhaltung Söders war schließlich gewesen, dass Seehofer 2018 abtreten – und der Gewinner des Apostel-Castings ihn ersetzen würde. Das scheint nun so nicht mehr zu gelten. Die CSU hat seit Langem keine friedliche Machtübergabe mehr hinbekommen. Immer mehr spricht dafür, dass sie es auch diesmal nicht schaffen wird, wenngleich es nicht so ist, dass es zwischen Söder und Seehofer überhaupt keine guten Phasen gäbe. Es gibt sie, und sie werden dann auch weidlich zelebriert, weil beide Hauptdarsteller Sinn für Staatsschauspiel haben. Wenn die beiden, wie beim Sommerempfang des

Ministerpräsidenten 2015, mal eine Weile zusammensitzen und einigermaßen flüssig miteinander sprechen, ist das ja schon eine Zeitungsmeldung wert.

Beide betonen auch gerne, dass sie immer dann gut zusammengearbeitet hätten, wenn die Sache es erforderte oder die Lage ernst war. Bei der Landesbank, bei der großen Flut von 2013. Ein Söder-Mann sagt: »Wenn die Bedrohung aus dem Weltall käme, würden sich Russen und Amerikaner ja auch zusammenschließen.« In ganz guten Momenten hat Seehofer Söder gegenüber angeblich sogar schon angedeutet, dass er ihn als Spitzenkandidaten akzeptieren würde, wenn er wirklich der Stärkste sein sollte vor der Landtagswahl 2018. Aber das bleibt eine Momentaufnahme, der Alltag zwischen den beiden ist ein anderer.

Zu besichtigen etwa auf dem CSU-Parteitag 2015: Es herrscht dicke Luft, Seehofer hat Söder kurz zuvor für seinen »Paris ändert alles«-Tweet gemaßregelt. Irgendwann können sich die beiden in der Münchner Messe nicht mehr aus dem Weg gehen. Sie geben sich die Hand, umringt von Journalisten, Staatsschauspieler bei der Arbeit. Seehofer sagt: »Das erinnert mich an die Bilder des Kalten Kriegs«, da sei nun »große Abrüstungspolitik« notwendig. Söder sagt: »Nennen wir's Abrüstungsverhandlungen.« So hört sich das an, wenn Söder und Seehofer mal ganz ungezwungen Small Talk machen.

Später, bei seiner Parteitagsrede, findet Seehofer einen konzilianteren Ton. »Ich mache Fehler. Markus Söder macht Fehler«, sagt er, kurze Pause. »Ich gebe sie zu – manchmal.« Pause. »Markus Söder gibt sie zu – neuerdings.« Der ganze Saal lacht, ein bisschen Dampf ist aus dem Kessel. Aber gelöst ist nichts.

Ich bin kein Berliner

Seehofer kann Söder nicht einfach aus dem Rennen werfen, aber er kann ihn bremsen. Deshalb, und wahrscheinlich nur deshalb, rückt er ab von seiner oft geäußerten Überzeugung, dass Ministerpräsidentenamt und CSU-Vorsitz am besten in einer Hand aufgehoben sind. Im Herbst 2016 wirkt es für einen Moment, als hätte Seehofer Söder wirklich in die Falle getrieben. Seehofer hat angekündigt, 2017 einen seiner beiden Spitzenjobs abzugeben, wahrscheinlich den Parteivorsitz. Der CSU-Chef, so Seehofer, habe künftig selbstverständlich in Berlin zu sitzen. Seehofer will den heimatverbundenen Söder so ins Bundeskabinett drängen – oder ihn beschädigen, wenn er sich widersetzt. Söder, der junge Angreifer, findet sich plötzlich in der Verteidigung wieder.

Seehofer und Söder behaupten beide, sie hätten gute Nerven. Aber wer hat die besseren? Jeder Auftritt an der Parteibasis ist nun ein Test. Und Söder scheut keine Einladung, auch nicht an einem nasskalten Oktoberabend in Siegenburg, im CSU-Bezirk Niederbayern, der Söder nicht eben wohlgesinnt ist. Wird er aus Seehofers Falle wieder rauskommen? Was wird er zu seiner Zukunft sagen?

Erst mal gar nichts. Nur ein paar zarte Spitzen setzt Söder. Er sei ja als Finanzminister Chef der Bayerischen Seenschifffahrt, sagt er, einer »Bavarian Navy« mit 33 Schiffen: »Wer weiß, wozu man die noch mal brauchen kann.«

Dann sagt Söder einen Satz, bei dem sein brennender Ehrgeiz und sein komödiantisches Talent miteinander tanzen: »Ämter kommen auf einen zu. Man buhlt nicht danach.« Das Amt des Parteichefs werde im Übrigen »nur demjenigen anvertraut, der die Unterstützung der Parteibasis hat«. Viele kommen da nach Söders Gefühl nicht infrage: »Man muss ein Amt auch füllen.«

Dieses Selbstvertrauen hat Söder. Aus seinem Lager heißt es: Wenn tatsächlich ein anderer antritt, kandidiert Söder halt gegen den oder die – und gewinnt. Es gibt indes ein Szenario, bei dem Söders Rechnung nicht aufgehen könnte.

Als Seehofer eine Rede beim sechzigsten Geburtstag von Innenminister Joachim Herrmann hält, platziert er die Bemerkung, Herrmann sei »ein grundanständiger Kerl«. Er müsse sich nicht wundern, wenn ihm mancher noch höhere Aufgaben zutraue. Seehofer arbeitet bisweilen mit billigen Feuerwerkskörpern, dem Dobrindt-Knallfrosch, dem Guttenberg-Kanonenschlag. Aber der Herrmann-Schwelbrand, den er hier gelegt hat, der könnte Söder ernsthaft gefährlich werden.

Dem Innenminister wird nachgesagt, dass er sich einen Wechsel nach Berlin inzwischen vorstellen könne, anders als noch vor ein paar Jahren. Söder hingegen hat den Dienstort Berlin für sich jahrelang kategorisch ausgeschlossen: »Mein Platz ist Bayern«, mit dem Satz hat er immer alle Spekulationen beendet, wenn er fürs Bundeskabinett gehandelt wurde. 2020 wird der Satz ein neues Leben in Söders Wortschatz bekommen, nur wird es dann um viel mehr gehen: die Kandidatur für die Kanzlerschaft.

Söder fürchtet damals, bei einem Wechsel nach Berlin die ihm mehrheitlich ergebene Landtagsfraktion zurückzulassen. Dann wären fast zwei Jahrzehnte Networking auf dem Weg nach oben zwar nicht futsch, aber ganz sicher nicht optimal genutzt. Abgesehen davon, dass die CSU-Landesgruppe im Bundestag kein Söder-Fanclub ist.

Wahr ist wohl auch, dass die Stadt Berlin Söder bis dahin immer fremd geblieben war, was sich erst nach seinem Aufstieg zum Parteichef ändern wird. Bei seinen Besuchen dort probierte er kaum mal ein Restaurant aus, ging in keine Ausstellung. Er pendelte einfach zwischen den politischen Orten der Hauptstadt: Flughafen, Bayerische Landesvertretung, Bundesrat, Fernsehstudio, Flughafen. Er hatte lange auch keine nennenswerten politischen Freunde in Berlin, ein paar alte JU-Bekannte aus der CDU vielleicht. Am ehesten hatte er noch einen Draht zu Christian Lindner von der FDP.

Söders damaliges Nein zu Berlin war im Rückblick betrachtet Herrmanns Chance. Der Innenminister, kaum charismatisch, aber höchst seriös, drängt nicht ins Licht wie Söder. Doch wenn er vor der Wahl stünde, als Minister unter Söder dienen zu müssen oder stattdessen als Parteichef in Berlin zu sitzen: sollte ihn da nicht Letzteres mehr reizen? Söder wiederum kann eigentlich nicht zulassen, dass der Franke Herrmann im Parteivorsitz den Franken Söder in der Staatskanzlei blockiert. Aber wenn Seehofer Herrmann als Parteichef vorschlägt, und das kurz vor der Wahl: würde Söder sich wirklich eine Kampfkandidatur zutrauen und die CSU so vor eine Zerreißprobe stellen?

Also schwärmen Söders Fürsprecher aus: Seehofers Machtspielchen schadeten allen Beteiligten, streuen sie in Partei und Medien. Herrmann fehle es an thematischer Breite; die Geschichte der CSU sei schon immer geprägt vom Ringen der Besten; der Rückhalt für Söder in der Partei sei groß – so groß, dass man ihn vielleicht etwas ausbremsen kann, aber niemals aufhalten.

Nun könnte man meinen, dass Söder und Seehofer die Berlin-Frage ja auch einfach mal im persönlichen Gespräch klären könnten. Aber es gibt lange Phasen, in denen sie praktisch gar nicht miteinander reden – und dummerweise sind sie jetzt wieder in so einer. Also nutzt Söder Mitte September einen Bierzelt-Auftritt in Aubing bei München, um Seehofer eine Botschaft zu übermitteln. In Anspielung auf einen Werbespruch des Bayerischen Rundfunks sagt er: »Bayern ist unsere Heimat. Ich bin der Markus, da bin i dahoam, und da bleibe ich auch.« Den Beifall des Publikums darf Söder als Zustimmung werten.

Viele Kommentatoren schreiben trotzdem, dass Söder einen Fehler mache, indem er die Option Berlin nicht erwäge. Heute sagen Söders Leute, es sei kein Fehler gewesen. All die Taktiker würden immer nur einen einzigen Tag weit denken; Söder sei Stratege, er denke weiter.

Manchmal, könnte man dagegenhalten, hängt es aber auch einfach von einem Wahlergebnis ab, ob einer als brillanter oder miserabler Stratege dasteht. Wenn die CSU bei der Bundestagswahl 2017 mit dem Spitzenkandidaten Herrmann gut abgeschnitten hätte, wäre Seehofers Berlin-Falle zugeschnappt.

Verlängerung

Am 5. Januar 2017 wird Markus Söder fünfzig Jahre alt, und zwei Wochen später will ihn die CSU-Landtagsfraktion bei ihrer Klausur in Kloster Banz nachträglich hochleben lassen. Seehofer hält bei der Feier eine Rede. Zunächst sind die Darlegungen des Ministerpräsidenten noch unverdächtig, er dankt Söder »von Herzen« für seine Leistungen. Dann wird es brenzlig. Noch mehr als Söder selbst, sagt Seehofer, danke er dessen Frau. Er wendet sich direkt an Karin Baumüller-Söder: »Ich bilde mir ein, dass ich den Markus besonders gut kenne, und deshalb haben Sie heute eine besondere Anerkennung verdient.« Er wisse, dass sie einiges aushalte. Vielleicht meint Seehofer das wirklich witzig, doch das Lachen im Raum hält sich in Grenzen. Aus Söders Umfeld verlautet hinterher, Söder sei schwer getroffen von der deplatzierten Bemerkung Seehofers. Und noch ein weiterer Vorwurf taucht auf: Seehofer habe Platzkärtchen umgestellt, um nicht beim Ehepaar Söder sitzen zu müssen.

Auf jenen Geburtstag in Kloster Banz wird im Söder-Lager von nun an immer verwiesen, wenn es gilt, Seehofers angebliche Stillosigkeit zu belegen. Ein erfahrener CSU-Mann rät Söder in den Tagen danach: »Du darfst nicht auf alles eingehen, was von Seehofer kommt. Du musst auch mal was stehen lassen können.« Ein anderer Partei-Grande formuliert es ähnlich: »In diesen Monaten zeigt sich, ob Söder die Reife hat. Wenn er den Konflikt sucht, wird das eine Belastung für die Partei. Er muss warten können.« Ungünstigerweise zeichnet sich im Frühjahr 2017 ab, dass das Warten sich noch ein bisschen ziehen könnte.

Am Ostermontag 2017 reist Horst Seehofer nach Rom. Er trifft dort einen Bayern, der einen würdigen Abschied hinbekommen hat. Vier Jahre zuvor hatte sich Benedikt XVI. zurückgezogen, einfach so, von einem Tag auf den anderen. Bei einem Mann wie Seehofer, der Überraschungen einiges abgewinnen kann, muss das Eindruck hinterlassen haben. Er könne den emeritierten Papst ja fragen, ob er einen göttlichen Rat für ihn habe, hatte Seehofer im Vorfeld des Treffens gescherzt. Es blieb wohl beim Scherz. Angenommen, Benedikt hätte gesagt: Machen Sie es wie ich, lassen Sie los. Würde sich die fromme Empfehlung vertragen mit dem, was Seehofer über seine Zukunft als Ministerpräsident und CSU-Chef mitzuteilen hat?

Der Besuch in Rom ist eine wichtige Wegmarke in diesen Wochen der Entscheidung. Dass sie naht, und wie sie wohl ausfällt, merkt man an den Flashmobs der Seehofer-Begeisterung, die andere Mitglieder der CSU-Spitze gerade veranstalten, Ilse Aigner, Alexander Dobrindt, Manfred Weber oder Andreas Scheuer. Es ist der letzte Akt eines Schauspiels, dessen Hauptdarsteller, Regisseur und Autor Horst Seehofer ist. Es war passagenweise ziemlich absurdes Theater.

Noch im Januar 2015 hatte Seehofer sehr bestimmt erklärt: »Was meine Person angeht, bleibt es dabei: Ich werde bei der nächsten Landtagswahl nicht mehr kandidieren.« Er ist bekannt als jemand, der seiner Macht gern beim Wirken zusieht. Im Großen wie im Kleinen. Er hat nun seit 2013 das ganze Land unterhalten mit seiner Egomanie; mit seiner Überzeugung, dass Bayern nur bei ihm in guten Händen ist. An diesem Punkt hat er mit seinen Gedankenspielen zu seiner Nachfolge angefangen, und an diesem Punkt ist er am Ende wieder rausgekommen. Es ist ein bisschen so, als würde Dieter Bohlen in der letzten Folge von »Deutschland sucht den Superstar« bekannt geben, er habe alle gehört, keiner könne singen, er bleibe selbst Superstar.

Seehofer sitzt Anfang 2017 einigermaßen fest im Sattel, in einer Umfrage vertreten 68 Prozent der Befragten die Meinung, er sei ein guter Ministerpräsident. Wichtige CSU-Strategen halten ihn auch rein mathematisch bei der Landtagswahl für unverzichtbar. 701 318 persönliche Stimmen hat Seehofer als Listenführer im bevölkerungsreichen Oberbayern bei der Landtagswahl 2013 geholt, das entspricht sechs Prozent aller

CSU-Stimmen. Es ist daher nahezu eine Gewissheit: Tritt der Stimmenmagnet Horst Seehofer nicht mehr an, wird die CSU bei der Landtagswahl 2018, bei der jede Kommastelle entscheidet, ihre absolute Mehrheit verlieren.

Seehofers zweiter Frühling ist auch eine Lektion über die Flüchtigkeit von Politik. Nach den 40,5 Prozent der CSU bei der Europawahl 2014 waren sich Parteileute und Journalisten einig, dass der »Problembär Horst« alsbald in ein hübsches Austragsgehege geleitet würde. Doch dann machte die Flüchtlings- und Sicherheitspolitik – egal, was man von ihr halten mag – Seehofer wieder zum unbestrittenen Gesicht der CSU.

Unbestritten ist jedoch auch, wen die Demoskopen als stärksten aller Seehofer-Kronprinzen ausweisen: 52 Prozent der CSU-Wähler wollen Söder als nächsten Ministerpräsidenten. Herrmann folgt weit abgeschlagen mit 16 Prozent, Tendenz immerhin steigend. Aigner ist auf zwölf Prozent gefallen. Auch in der CSU-Landtagsfraktion hat Söder inzwischen eine gefühlte Mehrheit. Er hätte die Kraft, sich gegen seine Konkurrenten zu behaupten. Aber ihm fehlt noch die Kraft, Seehofer zu stürzen.

Umgekehrt gilt also: Wenn Seehofer Söder als Ministerpräsidenten verhindern will, muss er das selbst tun. Macht er also doch weiter? Seehofer ist 67, und nicht nur die Insider fragen sich: Ist er noch fit genug? Er ist bei zwei Schwächeanfällen zusammengesackt; eine Rede hat er im Sitzen gehalten. Söder hat das alles registriert. »Der Horst sieht heute wieder blass aus«, mit diesem maliziösen Sätzchen wird er in der CSU immer wieder zitiert.

Am Unsinnigen Donnerstag, dem 23. Februar 2017, nimmt eine illustre Riege älterer Herren an einem Glastisch in der CSU-Zentrale Platz: Edmund Stoiber, Erwin Huber und Günther Beckstein auf der einen Seite, Theo Waigel und Alois Glück auf der anderen. Der jüngste, Seehofer, 67, führt am Kopf des Tisches Regie. Und die Büste von Franz Josef Strauß hat alle im Blick.

Sie waren Ministerpräsidenten, Parteichefs, Fraktionsvorsitzende. Manche haben sich im Kampf um die Macht so unverzeihlich schwer verwundet, dass sie nicht einmal jetzt in Anwesenheit des anderen offen sprechen wollen. Theo Waigel etwa: Er sagt nichts in Gegenwart von Edmund Stoiber. Er wird deshalb, zusammen mit Glück, später noch einen Extratermin bei Seehofer bekommen. Eine Spezial-Audienz für eingefleischte Söder-Gegner.

Auf zwei Punkte können sich die Ratgeber aber problemlos verständigen, ehe sie nach drei Stunden wieder getrennter Wege gehen. Erstens, derjenige mit den besten Chancen müsse bei der Landtagswahl 2018 antreten, also Horst Seehofer. Zweitens, ein gewisser Herr aus Franken dürfe nicht zum Zug kommen, zumindest jetzt noch nicht, also Markus Söder. Sogar Stoiber, seinem früheren Generalsekretär Söder enger verbunden als jeder andere am Tisch, spricht sich für Seehofer aus. Wahlen sind für Stoiber erst ein Erfolg, wenn die CSU die absolute Mehrheit holt. Genau deshalb müsse Seehofer noch einmal ran, sagt er.

Uneins ist der Club der Ehemaligen nur beim Thema Parteivorsitz. Stoiber findet, der Vorsitz und das Ministerpräsidentenamt gehörten grundsätzlich in eine Hand. Huber plädiert für eine sofortige Trennung, er favorisiert Innenminister Joachim Herrmann als Parteichef. Ihn will Seehofer ohnehin als Listenführer in die Bundestagswahl schicken. Waigel und Glück raten, Seehofer möge vorerst beide Ämter behalten, alles andere würde die CSU zerreißen. Aber er müsse jetzt einen neuen Parteichef zumindest aufbauen.

Der Nürnberger Beckstein hat eine Botschaft von einem anderen Nürnberger mitgebracht. Markus Söder, sagt Beckstein, werde bei einer Wahl zum CSU-Vorsitzenden gegen jeden antreten – außer gegen Seehofer. Die Wahrscheinlichkeit ist nicht gering, dass Söder gegen jeden außer Seehofer auch gewinnen würde. Diese Ausgangslage hat Seehofer womöglich darin bestärkt, zu bleiben – und auf Fehler des Rivalen zu warten.

Noch vor Ostern war es zu einem der seltenen Gespräche zwischen Seehofer und Söder gekommen. Söder hatte Seehofer gesagt: »Wenn du in beiden Ämtern weitermachst, hast du meine Unterstützung.«

Am Ende gibt Seehofer genau das bekannt, er will beide Ämter behalten. Es sei »eine dieser 51:49-Entscheidungen« gewesen, sagt er nur. Er hat sich allen Ernstes selbst aus dem Hut gezaubert. Man kann das für reichlich faule Magie halten. Zumal dieses Weitermachen für Horst Seehofer schon auch ein Scheitern ist. Denn genau das hatte er sich doch immer vorgenommen: den Stab geordnet zu übergeben, und das nach Möglichkeit 2018.

Es ist nicht frei von Ironie, dass Seehofer sich damit an das Schicksal der Frau kettet, die er eineinhalb Jahre lang in der Flüchtlingsdebatte grässlich attackiert hat: Angela Merkel. Nur wenn die CSU bei der Bundestagswahl passabel abschneidet, wird sie sich von Seehofer auch in die Landtagswahl führen lassen. Bei einem schlechten Ergebnis im Herbst 2017 würde auch Söder seine Unterstützung für Seehofer noch einmal auf den Prüfstand stellen.

Für einen selbstbestimmten Abschied in Würde müsste Horst Seehofer wohl eher früher als später einfach gehen, so wie der Papst.

2. Unterwegs mit einem politischen Tier
Wie das Prinzip Söder funktioniert

Wer verstehen will, wie Markus Söder im quälend langen Duell mit Seehofer bestehen kann und wie er seine Konkurrenten in der CSU abhängt, der muss einfach nur eine Weile mit ihm durch die Gegend fahren. Der muss erleben, wie der Finanzminister Söder, das politische Tier, im Vorhof der Macht mit den Hufen scharrt.

Es gibt Politiker, die machen einfach Wahlkampf. Söder macht Kampf, auch wenn gerade keine Wahl ist. Im Grunde führt er die längste politische Kampagne in der Geschichte des Freistaats Bayern. Ein gemütlicher Freitagabend beim Familienvater Söder sieht so aus: 17 Uhr Anstich Kirchweih Nürnberg, 19 Uhr Anstich Kirchweih Eibach, 20 Uhr Anstich Kirchweih Gebersdorf. Kommt so einer auch mal an, irgendwo, irgendwann? Für Söder selbst, den Getriebenen, ist klar: Irgendwann soll ihn diese Kampagne in die Staatskanzlei bringen.

Widerstand ist etwas, das Markus Söder treibt. Er habe es einfach schwerer als andere, klagt er: »Wenn ich jemanden aus einem Eisloch rette, würden die Leute sagen: Aber warum ist die Mütze dringeblieben?« Wahrscheinlich versucht er deshalb nach Kräften zu steuern, was die Leute überhaupt von ihm zu sehen bekommen. Söder ist ein Meister der großen, aber auch der ganz kleinen Inszenierung – auf einer Stadtrundfahrt durch sein geliebtes Nürnberg etwa.

Vor einem plastikbunten Schnellrestaurant, das er ausgesucht hat, wickelt sich Söder aus seiner Limousine und sagt: »Das ist mein türkisches Lieblingslokal. Ich gehe sehr gern türkisch essen. Das schmeckt mir einfach. Auch mal Schäufele, auch mal McDonald's, aber auch gern mal türkisch.« Ein türkisches Ehepaar, sie mit Kopftuch, grüßt ihn vor dem Eingang freundlich, »Guten Tag«. Das könnte man nun einfach mal so stehen lassen, Söder mag die Türken, und die mögen ihn. Söder aber dreht sich um zum Reporter, der die Szene aus fünfzig Zentimetern Entfernung miterlebt hat, und sagt: »Haben Sie das gesehen?«

Der Erzähler Söder will maximale Hoheit über seine Geschichte. Im Gespräch mit Journalisten hat er praktisch immer einen sorgsam gebauten Schlüsselsatz vorbereitet oder eine Wortschnitzerei, sagen wir: »Bauchdemoskopie«. Er wiederholt das Wort dann so lange, Bauchdemoskopie, Bauchdemoskopie, bis der Journalist das Wort in seinen Block schreibt. Erst dann lässt das politische Tier von seinem Opfer ab.

Ihm ist auch kaum etwas zu blöd. Im Rahmen seiner Zugewinngemeinschaft mit der »Bild« hat er Kindern mal geraten, im Winter doch eine Mütze aufzusetzen. In Teilen des Internets lösen seine Social-Media-Beiträge regelmäßig kollektive Bauchkrämpfe aus; ein Klassiker ist die Durchquerung des Wöhrder Sees in Nürnberg in einer Art Männer-Burkini. Ansonsten: Söder mit Faschingsgarde, Söder mit Christkind, Söder mit Alphornbläsern, Söder mit der gebratenen Ente, die er gleich verdrücken wird.

Kritik an seinen Internet-Auftritten lässt ihn kalt. Er findet, er sei noch zurückhaltend: »Facebook oder Instagram ist doch eine unaufdringliche Form. Wer das anklicken will, kann es anklicken. Keiner wird gezwungen. Ich mache keine Homestorys, kein Journalist weiß, wie meine Kinder aussehen.« Er mache auch nicht den Schröder: Doris, Schatz. Und er nehme auch nur »einen Bruchteil« der Talkshow-Einladungen an.

»Selfie-Politiker« nennt ihn die »Bild«, durchaus akkurat: So ein Foto ist die totale Kontrolle, es hält einen guten Moment fest, der oft besser ist als die Wirklichkeit. Seine Social-Media-Aktivitäten haben den großen Vorteil, dass ihm dort niemand nervige Fragen stellen kann.

Markus Söder, auch das fällt einem an seiner Seite schnell auf, ist extrem diszipliniert. Selbst der Ministerpräsident Stoiber, ein echter Workaholic, blieb nach Veranstaltungen gern mal länger und sonnte sich beim Empfang in seinem Ruhm. Söder dagegen verschwindet meistens sehr schnell. Nicht weil er ein Asket wäre, das überhaupt nicht. Er weiß nur, wann die Arbeit getan ist: Wenn der Eindruck der Leute besser nicht werden kann.

Anfang Februar 2016. Der politische Handwerksmeister Söder stampft durch die Pfützen des Berchinger Rossmarkts, er erteilt gleich eine kleine Lektion. Er sucht sich den stattlichsten Hengst von allen, Titan heißt das Tier. Söder greift ihn am Halfter, Titan soll mit aufs Foto. Titan, verdächtig sozialdemokratisch rotes Geschirr, beißt dem Minister in den Ärmel. Jeder andere würde das mit dem Bild jetzt lassen, der gemeingefährliche Sozi-Gaul, die Kälte. Söder packt noch mal zu, sehr rustikal, und tatsächlich: Titan fügt sich. Söder kriegt sein Foto, wie immer.

Er hat noch ein, zwei Lektionen parat. Auf dem Weg zur Bühne fragt er einen Parteifreund nach dem Befinden von Tochter und Pferd, beide kennt er beim Namen. Am Mikrofon gratuliert er einem Geburtstagskind und einem Bräutigam, beide beben vor Freude. Das ist ein Teil der Antwort auf die Frage, wie einer wie er so weit kommt: Es schadet jedenfalls nicht, überall Bekannte aus JU-Tagen zu treffen und CSU-Ortschefs, deren Grillfest man einst um ein Fässchen Bier ergänzt hat. Vielleicht kann man sagen: Söder hat mit der CSU geschafft, was die CSU mit Bayern geschafft hat. Er hat sie organisatorisch durchdrungen bis in den letzten Winkel.

Söder verteilt Gefallen wie der Nikolaus Nüsse, im Landtag macht er das genauso. Einer Sitzung im Plenum hört er eher selten zu, er strawanzt lieber herum und setzt sich im Saal erst neben den einen, dann neben den anderen Hinterbänkler aus der CSU-Fraktion. Die Abgeordneten glühen vor Stolz. Über drei Jahrzehnte hat Söder in der Partei und in der Landtagsfraktion seine Fäden gesponnen, sie bilden das Netz, das ihn jetzt trägt.

Und er spinnt sie noch weiter. »Wenn ich mal im Fernsehen bin«, sagt ein CSU-Veteran, »kriege ich spätestens am Morgen eine SMS: toller Auftritt. Egal ob der Auftritt wirklich toll war.« Ein Parteifreund mutmaßt, dass Söder auch mal Massen-SMS versende – und damit zwei Fliegen mit einer Klappe schlage. Er schicke an ein Dutzend Leute ein thematisches Stichwort und die Frage: »Wie siehst du das?« Das habe einmal den Effekt, dass die Leute sich gebauchpinselt fühlten; und zweitens, dass Söder ein kleines Meinungsbild bekomme. SMS-Erfahrungen, Teil 3: Söder hat am Handy Reaktionszeiten wie ein Sprinter im Startblock. Ein CSU-Mann erzählt, er habe Söder eine Nachricht geschrieben, während dieser in einer Live-Talkshow saß: »Erstklassig!« Nach zwanzig Sekunden war Söders Antwort da, aus der Show heraus: »Danke, das stimmt.«

Ein CSU-Funktionär berichtet, er habe Söder mal bei einer Rede in der Provinz positiv erwähnt, nur fünfzig Leute waren im Saal. Noch bevor er mit der Rede fertig war, leuchtete eine SMS von Söder am Handy auf: »Danke für das Lob.« Söder hat ein Zuträgersystem, auf das früher manches osteuropäische Regime neidisch gewesen wäre.

Das System Markus Söder. Wenige Monate nach dem Berchinger Rossmarkt lässt es sich in Vollendung an einem warmen Juniabend in Eitensheim studieren, einem kleinen Ort bei Ingolstadt. Es ist die Zeit, in der Söder sich nicht mehr nur warm läuft für das Amt des bayerischen Ministerpräsidenten; er läuft heiß. Seine Mitarbeiter haben es ausgerechnet: Mehr als tausend Termine im Jahr, mehr als 100 000 gefahrene Kilometer.

Im Bierzelt in Eitensheim warten 800 Menschen auf Markus Söder. Der örtliche Sportverein wird siebzig Jahre alt und Söder kommt zum Gratulieren. Wer in dieser Zeit in Bayern einen einigermaßen runden Geburtstag hat und sich nicht schnell genug ins Ausland absetzt, bei dem schaut der reisefreudige Finanzminister vorbei, auf einen kurzen Glückwunsch und einen längeren Bericht zur Lage des Landes.

Den Sog der Macht spürt man bereits am roten Teppich vor
dem Zelt und an der besonderen Unterwürfigkeit der örtlichen
Honoratioren. Das Überwesen faltet sich aus seiner schwarzen
Dienstlimousine; Söder ist 1,94 Meter groß und damit – darauf
legt er Wert – einen satten Zentimeter größer als ein gewisser
Horst Seehofer.

Söder, beiger Trachtenjanker, blaue Krawatte, geht vor seiner Rede noch auf die Toilette, das ist relevant. Vor dem Toilet-
tenwagen kramt er so lange in seiner Hosentasche, bis auch der
letzte Beobachter mitbekommt, dass der Minister der Klofrau
Trinkgeld gibt. Schon hat man einiges über das Prinzip Söder
gelernt: Er tut viel Gutes, wirklich. Er will aber auch gesehen
werden dabei.

Das Bierzelt ist für Söder so etwas wie ein zweites Wohnzimmer, »ein Politiktempel«, wie er sagen würde. Das hat auch
deshalb Bedeutung, weil das Bierzelt für viele seiner Konkurrenten in der ausgenüchterten Gegenwarts-CSU ja nur noch so
was wie das Treppenhaus ist: Da müssen sie halt durch.

Die Blaskapelle prustet los, Söder marschiert ins Zelt, Servus
hier, Grüß Gott da. Man sagt ja, sein Gang sei so breit wie der
von Cristiano Ronaldo, das stimmt aber nicht; im Vergleich
mit Söder ist dieser Ronaldo ein Pimpf, dem ein bisschen die
Körperspannung fehlt. Söder, der seine knapp zwei Meter immer leicht nach vorn beugt, als könne er die Zukunft gar nicht
erwarten, packt sich mit beiden Händen das Pult, er hält Reden, wie andere Leute Ringkämpfe führen.

Das Bierzelt ist eine Prüfung für jeden Politiker. Hier stellt
er sich dem Volk, und entweder wird er angenommen oder abgelehnt. Die Leute, die vorn sitzen, sagt der Bierzelt-Experte
Edmund Stoiber, das seien ja jene, die eh schon politisch interessiert sind. Honoratioren, Parteifreunde – die erreiche ein
ordentlicher Redner immer, die klatschen in jedem Fall. Aber
das sei nicht genug, nicht für den Anspruch der CSU. »Sie müssen auch die Leute in den hinteren Reihen überzeugen können.« Die Leberkäs-Etage, die »normalen« Leute, die einfach

mal reinhören wollen bei einer Maß Bier und einem halben Hendl. Stoiber sagt: »Die ebenfalls zu erreichen, das macht eine Volkspartei aus. Und das kann Markus Söder.«

Nach der überschwänglichen Begrüßung durch die Bundestagsabgeordneten der Region sagt Söder: »Herzlichen Dank für die lobenden Worte. Sie waren angemessen.« Eine einzige Bierzelt-Rede verrät ziemlich viel über den Politiker Markus Söder. Zunächst mal, dass es ihm an Selbstbewusstsein keinesfalls mangelt. Und an Witz auch nicht. Bei Söder ist es sogar so: Der Witz nimmt dem Selbstbewusstsein die scharfe Kante. Das Publikum schneidet sich nicht daran.

Söder sagt: »Es ist mir eine Freude und Ehre, heute bei vernünftigen Leuten zu sein.« Eitensheim hat 3000 Einwohner. Unvernünftige Leute, so darf man Söder wohl interpretieren, sind dagegen in den Großstädten zu finden, in München, Berlin und Brüssel, und dort vor allem in den Parlamenten und Kabinetten. Auch das ist eine Botschaft, die der Politikprofi Söder gern sendet: Ich bin einer von euch. Nicht einer von denen.

Weiter im Repertoire. Maßlose Bayern-Liebe: »Der Freistaat ist das schönste und stärkste Land der Welt.« Hemmungsloser Berlin-Spott: »Wir wissen ja, dass die keine Flughäfen bauen können.« Populistische Logik: »Bayerisches Geld ist am besten in Bayern aufgehoben und nicht in Berlin.« Der Redner Söder unterhält seine Zuhörer, er schmeichelt ihnen und wiegelt sie auf. Er verlangt ihnen nichts ab. Er bedient sie nur. Und die Leute sind begeistert. Auch die hinten im Zelt.

So ein Bierzelt ist ja im Grunde nichts anderes als ein riesiger Stammtisch, hier verbinden sich der alkoholische und der politische Rausch. Das Bierzelt reduziert automatisch die Komplexität, hier gibt es nur Schwarz oder Weiß, Falsch oder Richtig. Diese Bereitschaft zur Vereinfachung, die muss man erst mal haben. Söder hat sie: »In Bayern gilt das Grundgesetz und nicht die Scharia!« Man könnte glauben, hier auf dem Eitensheimer Festplatz stünden die ersten öffentlichen Steinigungen bevor.

Zwischendrin macht Söder Sachen, die deutsche Politiker kaum machen. Er redet über seinen Vater, den fleißigen Maurermeister Max Söder, und über seine Kindheit in der Nürnberger Weststadt. Söder erzählt eine beinahe amerikanische Aufstiegsgeschichte. Das Private wird politisch: »Sparen muss sich wieder lohnen«, sagt er, das ist ein Leitsatz, den sein Vater unterschrieben hätte.

Und wenn man genau aufpasst, hört man sogar heraus, was diesen Söder so antreibt. »Ich habe meinen Doktor gemacht«, sagte er. Pause. »Und bis heute behalten.« Der CSU-Mann, der seinen Doktor verloren hat, Karl-Theodor zu Guttenberg, ist einige Jahre lang Söders ärgster Rivale gewesen. Vielleicht, weil er mit einer Weltläufigkeit gesegnet ist, die Söder erst inszenieren muss. Söder ist ein Freund des Wettbewerbs, er braucht immer einen Gegner, und den hatte er in Guttenberg. Jetzt ist er weg. Aber in Söders Reden ist er noch da.

In einem Moment verdichtet sich im Bierzelt von Eitensheim alles, was den Politiker Markus Söder ausmacht. Kurz nachdem er auf der Bühne seine Rede begonnen hat, kommt ein netter älterer Herr vom SV Eitensheim und bringt ihm ein Kaltgetränk. Wenn man Söder länger begleitet, weiß man: Er trinkt keinen Alkohol, fast keinen. Er trinkt Wasser, bevorzugt still, vielleicht mal eine Cola, gerne light. Er trinkt Wasser und Cola nicht etwa, weil er muss, sondern weil er mag. Wenn seine Mitarbeiter bei einer Veranstaltung gefragt werden, was ihr Chef trinken will, sagen sie: Wasser.

Der Kellner stellt nun also ein Wasser aufs Pult. Söder hält inne, drei Sekunden, vier, er starrt den Kellner an, dann das Wasser, er lächelt wie ein Räuberhauptmann im Spessart, der nächtens die Kutsche nahen hört. Er ruft: »Habt ihr nicht was Anständiges zu trinken?« Das Publikum, das sein eigenes Bekenntnis zum Alkohol schon längst abgelegt hat, johlt vor Begeisterung. Ein besonderer Bekenner sagt später: »Stell'n de Deppn eam a Wasser hi!« Söder kriegt dann eine Mass Bier, er prostet ins Zelt, das er mit einem Schlag erobert hat. Er führt die Mass Richtung Mund, vielleicht befeuchtet er sogar die Lippen mit Schaum. Dann stellt er die Mass wieder hin und rührt sie nicht mehr an.

Es ist eine Demonstration. Eine Demonstration von Schamlosigkeit, und eine Demonstration von Cleverness. Es gibt in der Politik ja eigentlich diese Regel, eine Übung in Demut: Das Amt kommt zum Mann. Markus Söder sagt mit jedem Atemzug: Bitte keine Mühe, ich bin schon unterwegs.

Alles Kampf

Markus Söder ist Hobby-Schwimmer, Hobby-Tennisspieler und Hobby-Kabarettist. Für ihn ist alles Kampf, er will immer gewinnen. Nicht nur eine Diskussionsrunde bei »Anne Will«, sondern jeden noch so kleinen Wortwechsel. Im Februar 2016 hat er sich beim Politiker-Derblecken am Münchner Nockherberg eine große Gegnerin auserkoren.

Die Fastenpredigt auf dem Nockherberg hält die Kabarettistin Luise Kinseher, als »Mama Bavaria« tadelt sie ihre Kinder, fast das ganze Kabinett sitzt ihr devot zu Füßen. Den kleinen Markus watscht Kinseher besonders her: Markus, »es heißt integrieren, nicht intrigieren«. Der Markus, der halte seinen Gartenzaun für den Horizont. Der Markus, der leide unter »moralischer Legasthenie«.

Später begegnen sich Kinseher und er im Gang vor der Küche, Schauspieler unter sich. Kinseher fragt: »Wie fanden Sie's?« Söder verzieht die Miene, als würde ihm ein Zehennagel gerissen: »Einige lustige Momente, einige Längen auch.« Nur das mit der Legasthenie, oje: »Über Krankheiten macht man keine Witze.« Kinseher sagt: »Geh, Sie halten's doch aus.« Söder, nicht zuallererst für sein ausgeprägtes Mitgefühl bekannt, sagt todernst: »Ich halt's schon aus. Aber die Kranken nicht.« Kinseher, die ihr Geld mit ihrem Mundwerk verdient, kriegt den Mund nicht mehr auf beziehungsweise zu. Ein Sieg auf dem Feld der Satire ist für Söder besonders süß. Eine Niederlage ist aber auch besonders bitter. Und mit »Niederlage« ist das, was Söder beim Karneval in Aachen erlebt, durchaus richtig beschrieben.

Der rheinische Karneval ist auf bayerische Entwicklungshilfe eigentlich nicht angewiesen, aber für den Frankenfaschings-Sachverständigen Söder machen die Aachener Narren an einem Januarsamstag 2016 mal wieder eine Ausnahme. Söder wird mit dem »Orden wider den tierischen Ernst« dekoriert, eine Ehre, die vor ihm auch schon den CSU-Ahnen Strauß und Stoiber widerfuhr, woran Söder in Aachen bei jeder sich bietenden oder nicht bietenden Gelegenheit erinnert. Als Kostüm hat Söder sich König Ludwig II. ausgesucht, der Bayern bekanntlich zwar regiert hat, darob aber verrückt geworden ist. Tiefenpsychologische Interpretationen dieser Maskenentscheidung wehrt Söder mit dem Hinweis ab, sein Ministerium sei schließlich für Bayerns monarchischen Nachlass zuständig.

In der Garderobe ist es eng und heiß, zur Begutachtung der söderschen Verwandlung sind zwei Journalisten geladen. Ein Maskenbildner, extra angereist vom Nürnberger Staatstheater, klebt den Königsbart auf, was nicht ganz leicht ist, weil Söder parallel dem Reporter eines Promimagazins erläutert, Ludwig sei »eine Popikone« gewesen, so der James-Dean-Typ, »live hard, die young«. Der Promireporter stellt fest: »Für uns Journalisten sind Sie ja ein Geschenk.« Söder lobt die kluge Beobachtung und fragt den anderen Reporter, warum er eigentlich nie so interessante Sachen sage.

Es läuft für Söder. Während er vor 1500 Menschen in Aachen eine Sendung für vier Millionen Fernsehzuschauer aufzeichnet, besucht CSU-Rivalin Ilse Aigner den Frauenbundfasching im Pfarrsaal der Kirche St. Laurentius in Feldkirchen-Westerham. Darauf weisen beide mitgereisten Söder-Sprecher den Reporter mit Social-Media-Belegfotos ausdrücklich hin, natürlich nur im Sinne des Servicegedankens.

Dann beginnt die Ordensshow, ein Relikt der ganz alten Bundesrepublik, bunte Abendunterhaltung, hätte man in den

Achtzigern gesagt. Auf der Bühne Prinzengarde und Tanzma-
riechen, im Saal Max Schautzer und Jean Pütz, unter den politischen Gästen absolute Mehrheit für die FDP. Rein komödian-
tisch wird das Niveau auf der Bühne von Comedian Guido
Cantz eingepegelt: Dass Ursula von der Leyen sieben Kinder
hat, verwundere nicht, sie sei ja im Reitsport aktiv. Danach
singt Gloria von Thurn und Taxis ein selbst verfasstes Lied
(»Endlich ist mal Quatsch erlaubt«). Das ist die verheerende
Ausgangslage, als Söder dran ist.

Im Bewusstsein seiner humoristischen Überlegenheit tritt
Söder mit dem Lächeln des Siegesgewissen in voller Robe in
den riesigen Vogelkäfig, in dem der Ordensritter reden muss.
Söder legt los: »Berlin braucht für den Flughafen länger als die
alten Ägypter für die Cheops-Pyramide«, seine glühende Ver-
ehrerin Gloria japst vor Verzückung nach Luft. Sie ist aber
auch die Einzige im Saal. Söder verhaspelt sich, man merkt,
dass er das Vertrauen in seine Gags verliert. Er hängt jetzt ein
»meine Damen und Herren« an alle Pointen, die Last bricht
natürlich auch den starken das Genick. Am Ende steht ein
trauriger, einsamer König in seinem Käfig und nimmt matten
Beifall entgegen. Es ist eine unerwartete Niederlage für ihn.
Und vielleicht ja ein Moment, in dem man Markus Söder ein
wenig näherkommt.

Man kennt die Anekdoten über die erstaunliche Verletzlich-
keit des Kraftmeiers: dass er manchmal um halb sieben in der
Früh Vertraute anruft, nur um sich über einen kleinen Satz in
einem kleinen Kommentar in einer kleinen Regionalzeitung
auszuschimpfen. Jetzt hält er am Rand des Saals Kriegsrat mit
seinen Sprechern, drei ernste Gesichter unter tausend ausgelas-
senen Jecken. Eine junge Dame will ein Foto mit ihm, es wird
ein historisches: das erste Selfie, auf dem Söder nicht lächelt.

Söder ist angefasst, aber er fasst sich auch wieder, denn der
Kampf ist ja nie ganz vorbei, die Höhe der Niederlage noch
verhandelbar. Auf der After-Show-Party tanzen die Jecken, es
ist ein Uhr früh, und Söder bittet zur Nachbesprechung. »Ein

Auswärtsspiel war das halt«, sagt er, der bayerische Humor sei für Westdeutsche einfach zu deftig. »Was man bei uns in Bayern sagen kann, löst anderswo Irritationen aus.«

Am nächsten Morgen dann grüßt König Markus in vollem Ornat großformatig aus der »Bild am Sonntag«. Wer braucht schon mehr Lacher oder Applaus, wenn er solche Bilder hat?

3. Erster unter den Kronprinzen
Wie Söder seine CSU-Konkurrenten hinter sich lässt

Es gibt einen Typus von Aufsteigern in der Politik, für die Widerstand nur Ansporn ist. Die sich stets auf ihre Stärke verlassen. Markus Söder kann tatsächlich sehr viele Dinge sehr viel besser als andere Politiker. Reden, werben, kämpfen. Es gibt aber auch etwas, was er gar nicht kann. Und das ist: warten.

»Zwölf Apostel« hatte Horst Seehofer heranziehen wollen, zwölf Kronprinzen für seine Nachfolge. So viele sind es dann – Zwischenstand 2012 – doch nicht geworden, etwa ein halbes Dutzend nur, aber das ist ja auch schon viel angesichts des Umstands, dass Seehofer sich selbst weiterhin für ziemlich unverzichtbar hält. Mit Georg Fahrenschon hat einer der Ursprungs-Apostel bereits den geistlichen Dienst quittiert und ist dem Lockruf des schnöden Mammons zum Sparkassenverband gefolgt. Karl-Theodor zu Guttenberg ist gefallen und zum Sünder geworden.

Neuerdings ist dann da noch Alexander Dobrindt, der söderhafteste CSU-Generalsekretär seit Söder, Grünen-Fresser und begabter Stratege, den Seehofer bald zum Bundesverkehrsminister promovieren wird. Dem konservativen Dobrindt steht Manfred Weber gegenüber, die neue, weltläufige Stimme der Liberalen in der CSU, der Chef der Grundsatzkommission, der zeitnah zum Fraktionschef der Europäischen Volkspartei im Europaparlament aufsteigen und sich bei der Europawahl 2019 als EVP-Spitzenkandidat um das Amt des EU-Kommissionspräsidenten bewerben wird. Beide, Dobrindt und Weber, haben blendende Zukunftsperspektiven und keine allzu hohe Meinung von Söder. Aber sie sind politisch in Berlin und Brüssel zu Hause, sie werden ihm nicht im Weg stehen auf dem Weg in die Münchner Staatskanzlei.

Christine Haderthauer, die bayerischen Sozialministerin, besitzt ein enormes Selbstbewusstsein und ein korrespondierendes Mundwerk. Haderthauer ist zwar rüde eingebremst worden, als Söder ihr im letzten Moment das Finanzministerium entriss. Aber ihre Ambition und ihr Talent sind ja nicht plötzlich verschwunden. Die zweite Frau am Aposteltisch ist Ilse Aigner, Noch-Bundeslandwirtschaftsministerin in Berlin, aber schon auf dem Sprung nach München. Wenn sie mit einer Heerschar von Reportern und Fotografen durch das Alpenidyll ihres Wahlkreises wandert, dann ist das eine Ansage. Hinter der Apostel-Tafel steht Innenminister Joachim Herrmann, nicht so jung und nicht so ungestüm wie die anderen, aber immer ein Kandidat.

Und dann ist da natürlich der ungeliebte Oberapostel, Markus Söder, der sich bequem eingerichtet hat im Finanzministerium, er sitzt zur Rechten des Vaters. Die einen glauben, er sei die Zukunft der Partei. Die anderen fürchten, er sei ihr Untergang.

Die Aspiranten auf die Seehofer-Nachfolge halten sich gegenseitig klein, und funktioniert das einmal nicht ganz optimal, justiert Seehofer nach. Er ist der eitle Alleinregisseur des großen bayerischen Erbfolgekrieges. Und alles, was er tut, dient letztlich dem Ziel, Markus Söder zu verhindern.

Aufstieg und Fall der Ilse Aigner

Zunächst hat Horst Seehofer eine eindeutige Lieblingsdarstellerin. Im September 2012 machen Ilse Aigner und er offiziell, was sich schon abgezeichnet hat: Aigner wird nach der Landtagswahl 2013 aus Berlin nach München wechseln. »Ich darf dich bitten, Ilse«, sagt Seehofer bei der Verkündungs-Pressekonferenz und bietet Aigner demonstrativ seinen Stuhl an. Es ist eine Szene, die im Hause Söder alle Alarmglocken auslöst, schließlich ist Aigner auch Chefin der mächtigen Oberbayern-CSU. Aus dieser Position heraus ist auch Max Streibl Ministerpräsident geworden.

Es wird ihr und vielleicht auch Söders Glück sein, dass Christine Haderthauer im Herbst 2014 im Rennen um Seehofers Nachfolge aus der Kurve fliegt. Sie muss als Staatskanzlei-Chefin zurücktreten, weil sie und ihr Mann Geschäfte mit Modellautos machten, die ein handwerklich beschlagener Mehrfachmörder in Haft für sie gefertigt hatte – was Haderthauer »ein von Idealismus getragenes Engagement finanzieller Art« nannte. Mit Haderthauer verlässt die einzige Konkurrentin den Ring, die es mit Söder an Machtinstinkt und Härte hätte aufnehmen können.

Der Wahlkampf 2013 – Bundestags- und Landtagswahl fallen beide auf den September – ist der Sommer der Ilse Aigner. Wo immer sie auftritt, fliegen ihr die Sympathien zu. Söder trägt schwer daran. Den Bilder-Experten ärgert sicher auch, dass es kaum ein Foto der Konkurrentin gibt, in das nicht im Hintergrund ein Berg ragt oder eine prächtige Milchkuh linst. Söder und Aigner kennen sich ewig, auch die jeweiligen Stärken und Schwächen. Söder, sagen Eingeweihte, halte Aigner für ein Leichtgewicht, inhaltlich und machtpolitisch. Zu diesem Zeitpunkt ist diese These noch nicht abschließend getestet.

Die Landtagswahl wird zum Triumph für den Ministerpräsidenten Seehofer, er erobert die absolute Mehrheit zurück. In den Tagen danach greift Aigner nach dem Chefposten in der

CSU-Landtagsfraktion. Söder hält sich eine Bewerbung offen, ein Manöver, das wohl nur der Abschreckung Aigners gilt. Im Grunde will er ja Finanzminister bleiben, die Bayern seien staatsgläubig, sie stünden auf Minister, so sieht er die Sache. Seehofer weiß derweil, dass er die von Söder-Spezis gespickte Fraktion mit der Berufung Aigners spalten würde. Fünf Stunden sitzen Söder und Aigner mit Seehofer unter sechs Augen in der Staatskanzlei zusammen, bis eine für alle zufriedenstellende Lösung gefunden ist.

Als Fraktionschef kommt der Kompromisskandidat Thomas Kreuzer zum Zuge, ein knorriger Allgäuer, aber das ist ein Nebenschauplatz. Söder und Aigner fahren beide mit der Zusage nach Hause, bald Superministerien leiten zu dürfen. Söder darf sich neben den Finanzen jetzt auch um Heimat kümmern. Aigner bekommt das Wirtschaftsministerium inklusive der Zuständigkeiten für Energie, Technologie und Medien. Das klingt gut, und dennoch monieren Beobachter sofort, dass das wichtige Verkehrsportfolio ins Innenministerium wandert, zu Joachim Herrmann, der selbstredend auch Superminister ist. Herrmann und Aigner dürfen sich zusätzlich noch Vize-Ministerpräsidenten nennen. Söder nimmt das gelassen hin. Bei »Star Trek«, sagt er einem Vertrauten, kenne auch keiner den Vize-Admiral. »Es zählt nur der Captain.«

Die Medien nehmen jetzt das Minister-Duell Aigner gegen Söder in den Fokus, das schon deshalb interessant ist, weil es so schöne Kontraste bietet: katholische Frau aus Oberbayern gegen protestantischen Mann aus Franken, stille Teamspielerin gegen lauten Ichling. An Aigner wird ihre Freundlichkeit gemocht, und es gibt eine Phase, in der sie dafür auch politisch geschätzt wird. Die CSU war in ihrer Geschichte oft großmäulig, breitbeinig, kraftmeiernd. Und jetzt wirkt es so, als könnte die Partei sich mit Aigner für ein anderes Politikmodell entscheiden.

Doch schon im Januar 2014 kann Söder im Kabinett verfolgen, wie Seehofer seine vermeintliche Kronprinzessin Aigner vorführt. Aigner hatte offenbar ohne Absprache mit dem Ministerpräsidenten ein Konzept zur Finanzierung der Energiewende vorgelegt. Das gefällt Seehofer überhaupt nicht, weil darin böse Worte wie »Kreditaufnahme« vorkommen, die seine Idee vom schuldenfreien Bayern torpedieren könnten. Also fegt er den Aigner-Vorschlag in einer Kabinettssitzung brüsk vom Tisch. Aigner merkt jetzt, dass Seehofer bedingungslose Gefolgschaft erwartet, die Charmeoffensive ist vorbei.

Als Aigner einen aufwendigen Energiedialog veranstaltet, soll Seehofer so lange in den Ergebnissen herumredigiert haben, bis keine mehr übrig waren – Aigner muss sich in den Medien als inhaltliche Flachbohrerin veräppeln lassen. Söder-Spezis im Landtag witzeln schon damals, dass »die Ilse mit ihren Qualitäten« eine großartige Landtagspräsidentin abgeben würde. Landtagspräsidentin ist ein schönes Amt, aber nicht für eine, die als Ministerpräsidentin gehandelt wird.

Einmal unternimmt sie noch beherzt den Versuch, das für sie suboptimale Ergebnis der Zuständigkeits-Verteilung zu korrigieren. Sie will Terrain vom »Breitband-Minister« Söder zurückzuerobern: »Die Digitalisierung ist das Thema der Wirtschaft«, sagt Aigner. In ihrem Haus wolle sie eine entsprechende Abteilung schaffen. Wochenlang beharken sich die beiden über der Frage, wer denn nun der bayerische Internetminister ist. Schleichend setzt sich Söder durch. »Seine Auftritte im Landtag und draußen im Land waren einfach überzeugender«, sagt ein Abgeordneter, der kein Söder-Fan ist. Aigner hat erst kein Glück, und dann kommt auch noch Pech dazu. Als sie anstelle des kranken Seehofers die Haushaltsrede im Plenum halten darf, verspricht sie sich an der sensibelsten Stelle: »Die Zeiten werden heiter, äh, härter.«

Ilse Aigner, die nicht so schamlos ist wie Söder, aber auch nicht so clever, hat offenbar irgendwann für sich beschlossen, dass es nicht das Ende der Welt ist, wenn sie nicht Ministerpräsidentin werden sollte. Und dass sie nicht jedes schmutzige Manöver der Alpha-Männer Söder und Seehofer mit Gleichem vergelten will. Aigner hat sich dem Spiel um die Macht verweigert. Aber wer nicht mitspielt, kann auch nicht gewinnen.

Für die anderen ist das Rennen allerdings noch nicht vorüber. Auch für sie gilt: Seehofers Umgang mit seinen Aposteln bleibt unberechenbar, im Sommer 2014 watscht er sogar den treuen Joachim Herrmann ab, weil der Nachbesserungen bei der Autobahnmaut für Ausländer anregte. Herrmann müsse nicht überall »seinen Senf« dazugeben, sagt Seehofer. Da täuscht er sich gründlich. Es wird der Tag kommen, an dem Herrmanns Wort darüber entscheidet, ob Seehofers Apostel-Spiel mit einem Sieg endet oder mit einer Niederlage.

Der Sommer des Joachim Herrmann

Ende Juli 2016, ein Tagungshaus am Tegernsee, mehr Geranien, als die Augen verkraften. Das bayerische Kabinett trifft sich zur Klausur, fünf Tage Schullandheim für Minister. Eigentlich hätte das die große Horst-Seehofer-Show werden sollen, jetzt sind es die Joachim-Herrmann-Festspiele. Auf der Pressekonferenz ballen sich sechs CSU-Minister um ein Rednerpult. Die fünf, die nicht Herrmann heißen, werden von den Fernsehleuten dringend gebeten, nicht dauernd den Kopf ins Bild zu halten. Selbst Markus Söder, der immer im Mittelpunkt steht, ist hier in St. Quirin nur Nebendarsteller.

Es hat kurz hintereinander drei fürchterliche Anschläge gegeben, im doch so sicheren Freistaat Bayern. Wer waren die Attentäter von Würzburg und Ansbach, wer der Amokläufer von München? Wie sicher ist Deutschland, ist Bayern? Joachim Herrmann ist der Mann, dem man Antworten zutraut. Die Stunde der Angst ist die Stunde des Innenministers. Und Herrmanns Zuständigkeit endet gefühlt schon längst nicht mehr an bayerischen Grenzen.

Man hat diesen großen, breiten Franken ja lange verspottet, weil er in etwa den Wendekreis eines Flugzeugträgers hat, und eine Sprechgeschwindigkeit, bei der sich ältere Zuhörer fragen, ob sie das Ende des laufenden Satzes wohl noch erleben. Manchmal ist man versucht, Herrmann einen Euro hinzuwerfen, weil er es wie einer dieser Straßenkünstler schafft, sich minutenlang nicht einen Millimeter zu bewegen. In friedlicheren Zeiten hatte er die Medienaufmerksamkeit nur, als er für ein Foto in einen Bagger stieg und mit ihm umkippte. Nebenbei: sehr langsam umkippte.

Herrmann trägt den Spitznamen »Balu«, nach dem bräsigen Comicbären aus dem »Dschungelbuch«, der seinen Rücken an Bäumen schrubbt und das Loblied der Gemütlichkeit singt. Behäbig und gemütlich? All das ist jetzt plötzlich keine Schwäche mehr, sondern Stärke.

Die Furcht gräbt sich in diesen Tagen tief ins Bewusstsein der Menschen, und was das anrichtet in einem Land, hängt auch von der politischen Führung ab. In der Ungewissheit nach einer Bluttat ist ein Innenminister so etwas wie eine staatliche Nachrichtenagentur, die endlich Gewissheit schafft, und sei es eine schreckliche. An seinen Worten kann man sich zwar nicht wärmen, sie müssen ja kühl sein. Aber im Strom der Ereignisse kann man sich daran festhalten.

Herrmann hilft auch seine wohlig bayerische Tonart, »Guten Abend und grüß Gott«, sagt er, wenn er in einer Nachrichtensendung zugeschaltet wird. Zum Abschied hat er Formeln, die rührend ungelenk klingen: »Ich wünsche uns allen eine gute Zukunft.« Der Zeitlupen-Herrmann tut den Menschen im Sommer 2016 besser als der Zappel-Söder.

Es ist nur eine Momentaufnahme, aber in diesem Augenblick ist Joachim Herrmann das stärkste Magnetfeld in der CSU. Ministerpräsident Herrmann? Das Umfeld Söders hat die Gefahr erkannt: Herrmann mache tolle, tolle Arbeit, sagen Söders Leute, und deshalb müsse er genau dort bleiben, wo er ist.

In der CSU von Seehofer und Söder, in der CSU der Spieler ist dieser Herrmann der Spießer. Oder, wie er das ausdrückt: »Ich gehöre nicht in die Abteilung, in der Politik in erster Linie

Selbstdarstellung ist. Und ich bin ja nicht schlecht gefahren damit.« Für Herrmanns Verhältnisse ist das fast eine Attacke auf den fränkischen Kollegen Söder, die beiden kennen sich natürlich ewig. Wenn man Söder glaubt, sind sogar ihre Familien befreundet; von Herrmann hört man solche Harmonie-Geschichten nicht.

Söder gegen Herrmann, das ist im Sommer 2016 noch ein theoretisches Duell. Eineinhalb Jahre später, nach der Bundestagswahl 2017, wird die Sache konkret werden. Söder gegen Herrmann, das hieße Franke gegen Franke, und damit sind die Gemeinsamkeiten der beiden auch schon fast vollständig aufgezählt. Der eine laut, der andere leise. Der eine auch mal schrill, der andere stets solide. Für Söder spräche seine große Bekanntheit, seine zur Schau getragene Stärke. Für Herrmann spräche, dass Bekanntheit und Stärke nicht immer die entscheidenden Währungen sind in der Politik. Da ist auch noch die Währung des Vertrauens. Aber wird es dieses Duell wirklich geben? Im Söder-Lager prophezeit man: »Der Joachim traut sich nicht.«

Ende Juli 2016 sitzt Herrmann in einem Münchner Biergarten. Er pegelt sich auf der CSU-internen Schärfe-Skala im unteren Mittelfeld ein: »Natürlich ist es ein Problem für die innere Sicherheit, wenn viele Flüchtlinge unkontrolliert in unser Land kommen.« Aber wer meine, »ohne Flüchtlinge wäre die Terrorgefahr gebannt, der täuscht sich«. In der Zeit, die Herrmann sich nimmt, zwei Satzteile sorgfältig zu verknüpfen, hätte Söder schon drei Tweets rausgehauen.

Es gehe jetzt um zwei Dinge, sagt er, erstens: »Wir müssen die Kontrolle behalten. Wir müssen den Menschen klarmachen, dass wir alles, was möglich ist, für ihre Sicherheit tun.« Und zweitens, Augenbraue rauf: »Man muss in seiner Rhetorik aufpassen, dass man Stimmungen nicht auch noch schürt.«

Wenn man Herrmann so zuhört, seinem vollen Bass, dem weichen Fränkisch, dann ist das alles irgendwie eine sehr bayerische, sehr pragmatische Variante von: Wir schaffen das. Wenn

Söder über das Thema redet, geht es viel um Angst. Bei Herrmann geht es viel um Zuversicht.

Es mag nur die Gunst der dunklen Stunde sein, die ihn gerade als Kompromisskandidaten ausleuchtet. Aber die Gunst der
Stunde könnte ja reichen, wenn in der CSU das Glücksrad der
Macht irgendwann stehen bleibt. Wenn die Söder-Skeptiker in
der Partei einen Kandidaten suchen, hinter dem sie sich versammeln können. Oder Seehofer eine starke Schachfigur, die er
gegen Söder in Stellung bringen kann. Wenn die Chance sich
wirklich bieten sollte für Joachim Herrmann, dann wird die
Frage sein, ob er zum ersten Mal in seiner Karriere bereit ist,
kraftvoll zuzupacken.

Im Spiegel des gefallenen Apostels

Es ist Ende August 2017, die Bundestagswahl nur noch gut drei
Wochen entfernt, und man könnte glauben, dass da gerade ein
Kandidat gefeiert wird. Auf jeden Fall ist es einer, für den achtzig Journalisten aus allen Ecken der Republik an einem Mitt-
wochabend nach Kulmbach in Oberfranken reisen. 1100 Leute
in der Halle, Beifallseruption am Ende, rhythmisches Klatschen minutenlang. Für die hundert Meter zum Auto braucht
er dann 45 Minuten, Selfie hier, Umarmung da, taumelnde Ka-
meramänner. Ein paar besonders inbrünstige Fans haben extra
Schals bedrucken lassen für den Abend in Kulmbach: »Our
saviour«, steht darauf. Unser Retter. Offiziell ist der Mann, der
so begrüßt wird, kein Retter. Er ist nicht mal Kandidat. Er sei,
beteuert Karl-Theodor zu Guttenberg selbst, einfach nur ein
»engagierter Bürger«, der aus Sorge ums Gemeinwohl und im
Dienst seiner Partei einen Vortrag zur Weltpolitik hält. Aber
eigentlich rätseln die meisten hier nur noch, welches Bundes-
ministerium Guttenberg nach der Wahl übernehmen könnte.

Was hatte Horst Seehofer noch gleich gesagt in der Staatskanzlei zu Faschingsbeginn 2015? »Es wird entschieden anders
laufen, als Sie alle glauben.« Wen würde er Markus Söder in

den Weg stellen? Es war ein Faschingsrätsel, das jetzt im Wahlkampf 2017 seine Auflösung finden könnte.

Ein Comeback von Karl-Theodor zu Guttenberg wäre ein Super-GAU für die Karriereplanung von Markus Söder. Guttenberg würde zwar wahrscheinlich nicht Ministerpräsident werden wollen, München ist nicht seine Bühne. Aber er würde auch von Berlin aus die Machtstatik in der CSU verändern. Und vor allem würde er sich wieder zwischen Söder und die Sonne schieben.

Es gab beim langen Aufstieg des Markus Söder nur einen einzigen Rivalen, vor dem er, auch wenn er es nie zugeben würde, Angst hatte. Ein ehemaliger Söder-Mitarbeiter berichtet, dass Söder von 2008 an, als Guttenberg Generalsekretär wurde, beinahe körperlich darunter gelitten habe, mit welcher Liebe die CSU den neuen Hoffnungsträger überschüttete. Karl-Theodor zu Guttenberg kriegt die Liebe geschenkt, die sich Söder erst hart erarbeiten muss. Guttenberg ist mit der Weltläufigkeit gesegnet, die Söder sich erst hat anlernen müssen. Söder kann die CSU vielleicht zum Glauben bringen, Guttenberg brachte sie zum Träumen.

Und das tut er jetzt wieder. Guttenberg, 45, ist zwar die meiste Zeit in Amerika, er arbeitet dort als Berater und Investor. Aber er ist immer mit im Raum, wenn es irgendwo um die Zukunft der CSU geht. Für die einen in der Partei ist er eine Hoffnung, zu dieser großen Gruppe zählt ohne Zweifel Parteichef Horst Seehofer. Für andere ist er eine Bedrohung, diese Gruppe besteht mindestens aus Markus Söder.

Guttenberg war die Supernova der deutschen Politik, maximale Leuchtkraft, dramatische Explosion. Und er ist – sechseinhalb Jahre nach der Plagiatsaffäre um seine Doktorarbeit – immer noch ein politisches Ausnahmetalent. Die neun Auftritte, die er auch auf Bitte von CSU-Chef Horst Seehofer in den Wochen bis zur Bundestagswahl absolviert, sind eine Art Testlauf. Hat die CSU-Basis, haben die Bürger ihm die Plagiatsaffäre um seine Doktorarbeit verziehen? Für die erste Kundge-

bung hat er sicheren Boden gewählt, seinen alten Heimatwahl-
kreis in Oberfranken.

Gleich am Anfang seiner Kulmbacher Rede räumt Guttenberg seinen schmählichen Abschied als Verteidigungsminister
2011 ab. Und zwar mit einer Doppelstrategie, der es an Frech-
heit nicht mangelt: »Ich bin all jenen dankbar, die mich scharf
kritisiert haben bei meinem selbst verursachten Versagen, ich
bin auch dankbar für den Spott und die Häme. Ich habe,
glaube ich, die Konsequenzen gezogen und ertragen. Aber ich
darf nach langer Zeit auch für mich selbst sagen: Irgendwann
ist auch mal gut.« In der Halle scheint das niemand anders zu
sehen.

In Kulmbach steht auch der Dirigent und Umweltschützer
Enoch zu Guttenberg im Publikum, Karl-Theodors Vater. Mit
ihm hat Söder engeren Kontakt als mit dem Sohn, man kennt
und schätzt sich seit Söders Zeit als Umweltminister. Der Generalsekretär Söder hatte von Karl-Theodor zu Guttenberg
noch regelmäßig außenpolitische Analysen zugesandt bekommen, unterzeichnet mit »Ihr ergebener«. Mit der Ergebenheit
war es jedoch vorbei, als Söder 2008 eine Intervention der Bundesregierung forderte, weil ein Strauß-Bild im britischen Wachs-
figuren-Kabinett Madame Tussauds neben dem des DDR-Spions
Günter Guillaume hing. Guttenberg, der Chef der deutsch-bri-
tischen Parlamentariergruppe im Bundestag, verbat sich daraufhin solch »verstörende Wortmeldungen«. Die beiden tra-
fen sich dann in Berlin auf einen Versöhnungskaffee; Freunde
sind sie nicht geworden.

Söder fühlte sich dem Vernehmen nach in Guttenbergs
Glanzjahren auch ungerecht bewertet, von Parteifreunden ge-
nauso wie von Journalisten. Er werde als Egomane und Selbst-
vermarkter gescholten – aber was sei dann bitte Guttenberg?
Söder soll damals auch leidlich subtil gegen Guttenberg Stim-
mung gemacht haben, gut belegt ist ein Fall beim Nürnberger
»Ball der Union« 2009. Dort lobte Söder den Nürnberger
Wirtschaftsreferenten Roland Fleck mit den Worten: »Fleck

hat zwar nicht so viele Vornamen – aber er hat Kompetenz.« Guttenberg, der zehn Vornamen trägt, revanchierte sich ein paar Wochen später, als er in Nürnberg bei einem Mittelstandstag auftrat und von Söder als »lieber Karl-Theodor« begrüßt wurde. »Lieber Markus Söder«, entgegnete Guttenberg, »ich bin ja schon froh, dass du mich hier mit nur zwei Vornamen ansprichst – und nicht etwa mit zehn.«

Selbst Söder-Fans sagen im Sommer 2017, dass es neben ihrem Markus nur einen gebe in der CSU, einen Einzigen, der es im Kreuz hätte. Ein Comeback von Karl-Theodor zu Guttenberg? Absurd, finden manche. Zu hoch geflogen, zu tief gefallen. Doch wen die CSU liebt, den liebt sie heftig.

Jetzt macht sich Seehofer also an die Neuerfindung Guttenbergs – nicht zuletzt, um Söder zu verhindern. Man wüsste gern, was Söder in diesen Wochen so denkt. Da ackert er Tag für Tag durchs Land, dann kommt nach sechseinhalb Jahren ein Mann eingeflogen, der sich selbst Versagen bescheinigt, und wird gefeiert von der CSU. Fast trotzig verbreiten Söders Leute, dass der Finanzminister auch weiterhin seine Zelte fülle, manchmal sogar zwei am Tag. Zwei! Nur interessiere sich dafür ja gerade niemand.

Guttenberg wird der emotionalen Heimkehr von Kulmbach einen guten Auftritt auf dem Volksfest Gillamoos im niederbayerischen Abensberg folgen lassen, bei allen neun Auftritten seiner Tour wird er von der CSU-Basis bejubelt werden. Wenn er zurückwollte, er könnte. Aber will er?

Das Zeitfenster für die Rückkehr ist jedenfalls eng. Es öffnet sich nach der Bundestagswahl und schließt mit der Regierungsbildung. Und es ist Horst Seehofer allein, der Guttenberg zurückholen kann, kein anderer hat die Kraft. Seehofer braucht dafür nur ein gutes Ergebnis bei der Bundestagswahl.

4. Endspiel
Der Machtkampf in der CSU
nach der Bundestagswahl 2017

Es ist der Tag der Bundestagswahl, der 24. September 2017, der das Endspiel im Duell von Markus Söder und Horst Seehofer einläutet. Wenn die CSU ein gutes Ergebnis in Bayern erhält, kann Seehofer sitzen bleiben auf seinem Thron, egal wie sehr Söder daran rüttelt. Söder ist an diesem Nachmittag in Nürnberg, er will den Wahlabend mit seinen örtlichen Parteifreunden im Wirtshaus »Gutmann« am Dutzendteich verbringen. Das hat Tradition bei ihm – und den Vorteil, knapp zwei Autostunden entfernt zu sein vom Münchner Epizentrum eines politischen Bebens.

In der Landeshauptstadt haben sich Seehofer und sein engster Kreis in den vierten Stock der CSU-Zentrale zurückgezogen. Generalsekretär Andreas Scheuer ist da, Bundesverkehrsminister Alexander Dobrindt, die bayerische Wirtschaftsministerin Ilse Aigner. Eine Büste von Franz Josef Strauß wacht über die Runde, indes nicht sehr erfolgreich: Die CSU wird an diesem Abend auf 38,8 Prozent fallen. »Die haben sich verrechnet«, sagt einer aus der Gruppe, als die ersten Zahlen kommen. 10,5 Prozentpunkte weniger als 2013, ein Höllensturz. Viele in der Partei haben den Tiefschlag nicht kommen sehen, 47 Prozent hatte die letzte Umfrage ausgewiesen. Auf der Wahlfeier in der CSU-Zentrale sagt ein Parteimann zu einem anderen: »Warum stehen die Fotografen denn auf der Bühne?« Der andere sagt: »Weil sie unsere langen Gesichter fotografieren wollen.«

Um 17.59 Uhr an diesem Sonntagabend ist Horst Seehofer noch der Alleinherrscher seiner Partei. Um 18.00 Uhr beginnt sein Kampf ums politische Überleben. Und nicht nur seiner: Es geht um die Zukunft der CSU. Die selbst ernannte Staatspartei kann sich die Ergebnisse einer Provinzpartei nicht leisten. In dem Moment, in dem die Dinge ins Rutschen kommen, versteinern auch im Nürnberger Wirtshaus »Gutmann« die Mienen. Söder zeigt keine Regung. Er verschwindet mit den örtlichen Bundestagskandidaten in einem Nebenzimmer. Dann warten alle, dass Seehofer in München vor die Kameras tritt. Ein Nürnberger CSU-Mann sagt, der Parteichef müsse jetzt Verantwortung übernehmen. »Beckstein hat bei der Landtagswahl 2008 mit 44 Prozent gehen müssen.«

Aber Horst Seehofer geht nicht. Verantwortung übernehmen, sagt er seinen Getreuen im vierten Stock der CSU-Zentrale, bedeute für ihn: bleiben. Man einigt sich auf eine Strategie: Attacke. Seehofers Rede in der CSU-Zentrale ist dann von atemraubender Chuzpe. Er vertagt jede Diskussion über seine Fehler im Wahlkampf, und am Ende sagt er: »Ich danke euch für die große und ehrliche Zustimmung.« Seine Getreuen – Dobrindt, Scheuer, Aigner, Manfred Weber – bilden auf der Bühne eine Art menschliche Brandmauer. Im Wirtshaus in Nürnberg taucht Söder nur noch einmal kurz auf, dann ist er weg. Auf Söders offizielle Reaktion warten nun alle, in München wie in Nürnberg. Was tut er in Seehofers Moment der Schwäche? Greift er an? Oder ist ihm diese Chance nicht ganz geheuer, weil er sich viel lieber erst nach der schwierigen Landtagswahl 2018 als Retter anbieten würde? Im Vorfeld hatte er mehrere Interviews für den Abend zugesagt. Jetzt sagt er alle ab. Er schweigt so auffällig laut, dass man es bis nach München hört. Es gibt da diese alte Regel: Wer beim Königsmord den Dolch führt, wird selten selbst der neue König.

Auf der Münchner Wahlparty, die keine mehr ist, sagt ein CSU-Mann: »Wir haben jetzt zwei, drei Tage Unruhe, dann ist es wieder vorbei.« Er wird komplett danebenliegen mit der Prognose. Der Taktiker Seehofer hat im Konflikt mit der Kanzlerin um die Flüchtlingspolitik einen Haken nach dem anderen geschlagen. Zwischendrin schien das zu funktionieren. Aber am Ende steht er mit leeren Händen da, die AfD hat die CSU viele Stimmen gekostet. Das ist besonders blöd für einen, den immer nur eine einzige Frage interessiert: Was bringt den Sieg? Söder muss Seehofer an diesem Abend gar nicht selbst darauf hinweisen. Das erledigen andere.

Vor den Fernsehkameras macht etwa Ex-Parteichef Erwin Huber die Runde. Er kritisiert Seehofer für seine »Schaukelpolitik«: erst gegen Merkel, dann mit Merkel. Als die Kameras aus sind, sagt ein Mann aus dem Parteivorstand: »Jetzt geht der Scheiß wieder los.«

Was sich in den folgenden knapp drei Monaten entfaltet, ist Komödienstadel und Tragödie, ein Schauspiel, das es so nur in der CSU gibt, im Herrscherhaus der bayerischen Moderne. Und auch dort nur alle zehn Jahre, wenn die Partei sich in der Hoffnung auf eine Katharsis erneuert. Man weiß vorher nie, wie viele Akte das Drama vom Königsmord hat. Man weiß nur um das schlimme Ende. Die CSU war stets zu Grausamkeit fähig, wenn es darum ging, Anführer loszuwerden, denen sie die Sicherung ihrer Ausnahmestellung nicht mehr zutraute. Söder kennt diese Gesetze, er setzt auf sie. Seehofer war 2008 einer der Putschisten, er kennt die Gesetze auch. Er findet nur: Sie gelten für ihn nicht.

In Deckung

Günther Beckstein kommt nur noch selten in den CSU-Vorstand, doch an diesem Montagmorgen, dem 25. September, dem Morgen danach, ist er da. Er weiß, dass Seehofer sich jetzt fühlen muss wie er selbst nach dem Desaster 2008. Und er weiß, wie die Dinge sich entfalten in der CSU. Beckstein sagt einen bemerkenswerten Satz in die Mikrofone: »Am Montag früh war bei mir auch noch heile Welt.«

Als Horst Seehofer an jenem Morgen vor der CSU-Zentrale aus seiner Limousine steigt, sagt er, es habe sich »nichts geändert« an seinem Plan, noch mal als CSU-Chef und Ministerpräsident anzutreten: »Wenn jemand das anders sieht, dann soll er es sagen.« Nachfrage: Wie ist das mit seinem vor der Wahl gemachten Angebot, man könne ihn »köpfen«, wenn die Sache schiefgehe? Seehofer wiederholt einfach seinen letzten Satz: »Wenn jemand das anders sieht, dann soll er es sagen.« Er hat offenbar beschlossen, diesen Kampf wie im Western zu führen. Sein Rivale Söder hat sich nur noch nicht auf die Straße gewagt. Aber das muss nichts heißen.

Tatsächlich beweist ausgerechnet Markus Söder, der große Provokateur, jetzt große Disziplin. Was er bei seiner Ankunft vor der CSU-Zentrale in die Mikrofone spricht, bedeutet im Grunde, dass es so nicht weitergehen kann. Den Sound seiner Botschaft hat er freilich genau abgewogen: nicht zu forsch, aber schon bestimmt. Man müsse »jetzt sehr in die Partei hineinhorchen«, sagt Söder, die Stimmung der Basis aufnehmen. Man könne »logischerweise nicht zur Tagesordnung übergehen«. Er erinnert – sicher einfach so – an Seehofers Satz, dass eine erfolgreiche Bundestagswahl die Startrampe für eine erfolgreiche Landtagswahl sei. Er spricht von einer »epochalen Herausforderung«. Und er lässt noch fallen, dass »Hauruck- und Schnellanalysen« jetzt nicht weiterhelfen.

Die Umstände diktieren Söders Strategie. Wie so oft in seiner Karriere hat er nicht die Unterstützung des Parteiestablishments, im Vorstand hat er noch zu wenig Verbündete. Also probiert er es über die Basis. 2008 war es der Bezirksverband Oberbayern unter Seehofer-Freund Siegfried Schneider, der sich als Erster gegen Beckstein stellte. So kam alles ins Rollen. Den Schneider-Part könnte diesmal Söder-Kumpel Albert Füracker spielen, Chef des Bezirksverbands Oberpfalz. Am Wahlabend hatte Füracker nur gesagt: »Wenn man zehn Prozent verliert, müssen Fehler gemacht worden sein.«

Brodelt da was? Da sei nichts, sagen Seehofers Leute. Aber am Montag nach dem Wahlsonntag ist da halt doch ein bisschen was. Zwei Kreis- und zwei Ortschefs, die mehr oder minder direkt Seehofers Rücktritt verlangen. Alle vier kommen aus Nürnberg, Söders Heimat. Ist das eine kleine Warnung? Dass es der Beginn von etwas Größerem ist, wird man erst viel später wissen. Söder ist darauf angewiesen, dass sich eine Dynamik für ihn entwickelt – aus dem Frust der CSU-Leute, die am Sonntag nicht in den Bundestag gewählt wurden, und aus der Angst jener, die 2018 in den Landtag gewählt werden wollen.

Die Seehofer-Freunde nennen den Gegner Söder nicht beim Namen, sie raunen bloß von »Kriegsgewinnlern«. Und sie rühmen Seehofers Stärken. Ilse Aigner sagt: »Es gibt nur einen, der mit Wucht die Verhandlungen für die CSU in Berlin führen kann, und das ist Horst Seehofer.« Es darf kein »Weiter so« geben: Horst Seehofer meint damit nicht Personen, sondern Inhalte. Die CSU war im Wahlkampf in der Glaubwürdigkeitsfalle, so sieht er das. Viele Wähler hätten Merkel nicht abgenommen, dass sich die Grenzöffnung von 2015 nicht wiederholt. Und der CSU hätten sie nicht abgenommen, dass sie die Obergrenze durchsetzt. Deshalb hätten sie der AfD ihre Stimme gegeben.

Wenigstens da sind sich Seehofer und Söder einig. Journalisten und CDUler, heißt es in beiden Lagern, mögen ja glauben, dass die CSU besser gefahren wäre, wenn sie Merkel klarer unterstützt hätte. Aber für Seehofer genau wie für Söder steht fest: Das Problem war nicht zu viel Härte gegen Merkel. Sondern zu wenig. Mit Kompromisslosigkeit in der Flüchtlingspolitik hätte die CSU mehr Wähler auf rechts gebunden, als sie auf links verloren hätte. Das ist ihre Rechnung.

Seehofer hat Konsequenzen angekündigt. Die CSU werde in Berlin die Obergrenze für Flüchtlinge durchsetzen und die gesamte Union auf einen klaren »Mitte-rechts-Kurs« zwingen. Seine Ansage ist: Die CSU wird nur in eine Regierung eintreten, wenn es die Obergrenze gibt. Und ohne CSU, das sagen alle dazu, gibt es für eine Merkel-Regierung keine Mehrheit im Bundestag.

Kurz nach der Wahl gilt eine Jamaika-Koalition aus Union, FDP und Grünen als wahrscheinlich; SPD-Chef Schulz hat einer Großen Koalition eine an Deutlichkeit nicht zu übertreffende Absage erteilt. Wenn die Kommentatoren darüber nachdenken, woran Jamaika scheitern könnte, fallen ihnen CSU und Grüne ein. Auf die FDP kommt noch niemand.

Die Niederlage hat Seehofers Demut nicht wesentlich gesteigert. Klar, sagt er in der Vorstandssitzung am Montag, er übernehme die volle Verantwortung für das Wahlergebnis. Aber im Grunde verbittet er sich eine Personaldiskussion bis zum Ende der Sondierungen in Berlin. Es ist, als versuche er, dem Feuer das Brennen zu untersagen.

Auf Kriegspfad

In den Tagen nach der Wahl schreiten die ersten CSU-Bezirksvorstände zur Wahlanalyse. Oberbayern, München, die Oberpfalz: jeder Verband ein Teil im Machtpuzzle. Der erste wuchtige Hieb gegen Seehofer kommt, woher er kommen muss. Albert Füracker, Söders Staatssekretär, teilt mit, die Oberpfalz-CSU plädiere für einen »geordneten, personellen Übergang«. Bei seiner eigenen Bezirksvorstandssitzung in Nürnberg kann Markus Söder vor Kraft kaum stillsitzen, seine Knie pumpern rhythmisch an die Tischplatte. Einer seiner Kollegen fragt, ob er einen Antrag einbringen solle, der den »personellen Neuanfang« fordert. Söder sagt: »Nein, damit würdet ihr mir mehr schaden als nützen.«

Am Dienstag nach der Wahl gehen Söders Frankenindianer auf den Kriegspfad. Die ersten Abgeordneten aus Landtag und Bundestag stellen sich gegen Seehofer. Alexander König, Petra Guttenberger, Alexander Hoffmann: von der Heimatzeitung in die »Tagesthemen«. 15 Minuten Ruhm. Berliner Politikkorrespondenten googeln erst mal: Wo sind die Aufständischen her? Alle aus Söder-Land. CSU-Funktionäre, die Seehofer in diesen Tagen attackieren, bekommen für gewöhnlich eine SMS von Generalsekretär Scheuer: »Nicht gut. Wir sollten nicht öffentlich spekulieren. Wir können gerne telefonieren.« Ein Telefonat gibt es so gut wie nie. Man hat sich nichts mehr zu sagen.

Drei Tage nach dem Beben steht Seehofer der bislang schwerste Gang bevor. Die CSU-Vorstandssitzung am Montag, das war eine leichte Übung für ihn. Das Parteiestablishment, das sind seine Alliierten: Scheuer, Dobrindt, Aigner, Herrmann. Der Termin in der Landtagsfraktion an diesem Mittwoch, der ist weitaus gefährlicher. Hier hat er seine härtesten Gegner; Söder die treuesten Freunde, die er seit seiner Zeit als Generalsekretär hegt und pflegt.

Viereinhalb Stunden verbringt Seehofer bei den Abgeordneten, seine Strategie ist wieder: Attacke. Er nimmt sich Söders Spezi Füracker vor: Dieser zerstöre »das Wichtigste, das zwischen zwei Menschen in einer Regierung herrschen muss: das Vertrauen«. Im Großen und Ganzen ist so ein Machtkampf jedoch ein Stellvertreterkrieg, Seehofer und Söder halten sich mit Wortmeldungen zurück. Die übernehmen ihre Gesandtschaften. Am Ende hat das CSU-Drama einen groben Rahmen: Für Mitte November ist der Parteitag geplant, und bis dahin soll Ruhe sein in Personalfragen. Seehofer, darauf einigt man sich, dürfe nicht geschwächt werden, solange die Jamaika-Sondierungen laufen.

Söder hat sich für all das eine hübsche Sprachregelung zurechtgelegt: »Ich reiche die Hand«. Er wird so oft die Hand reichen in diesen Wochen, dass sie ihm sicher bald wehtut. Aber zweifellos: Markus Söder sieht seine Zeit gekommen, noch breitbeiniger als sonst baut er sich auf vor den Kameras. Durch seine Stärke hat er das Feld möglicher Seehofer-Nachfolger als Ministerpräsident oder Parteichef klar geordnet: Hier Söder, und da alle anderen. Herrmann, Dobrindt, Aigner, Weber. Vier Schachfiguren für den Spieler Seehofer, um Söder zu verhindern. Keine der Schachfiguren ist dafür alleine stark genug. Aber vielleicht in Kombination mit Seehofer selbst? Er selbst als Ministerpräsident und jemand anders als Parteichef? Das ist nun Seehofers Denksportaufgabe. Eines hat Seehofer in der Fraktion genau registriert: den herzlichen Applaus, den die Abgeordneten Joachim Herrmann spenden. Herrmann ist für sie offenbar nicht der geschlagene Spitzenkandidat. Sondern der tapfere Parteisoldat.

Söder ist weiterhin viel am Telefonieren und SMS-Schreiben. Auch wenn es ein paar Tage lang keine Eruptionen gibt, die nach außen sichtbar sind: Ein Machtkampf kennt keine Pausen. Und manchmal sind es kleine Dinge, die große Machtverschiebungen andeuten. Wenn zum Beispiel ein Journalist eine Nachricht von einem einflussreichen CSU-Mann bekommt: »Es ist uns besser, ein Mensch sterbe für das Volk, denn dass das ganze Volk verderbe« (Johannes 11, 50). Christlich gibt man sich in der CSU auch noch im Hauen und Stechen.

»Horst, es ist Zeit«

Söder kann bekanntlich nicht warten, aber jetzt muss er es. Zumindest in der Öffentlichkeit reißt er sich zusammen. Er greift Seehofer nicht offen an, er setzt nur kleine Zeichen. In der Allerheiligen-Hofkirche in München diskutiert Söder am 5. Oktober mit EU-Haushaltskommissar Günther Oettinger über Europa. Söder demonstriert wieder mal seine Kunst, eigentlich von sich zu reden, wenn er über andere spricht. Der Finanzminister Söder sagt über Oettinger: »Jetzt macht er Finanzen, aber wer weiß, was dann noch kommt. Finanzer sind für alles geeignet.« Bisher war so was Geplänkel. Jetzt ist es – wie winzig auch immer – ein Akt der Rebellion. Ein Raunen geht durch die Kirche.

Am Abend des 5. Oktober erscheint in der »Süddeutschen Zeitung« ein Interview, das Söder extrem gelungen findet. Peter Gauweiler, einer der alten Recken der Partei, sagt darin, es gebe von Rilke dieses schöne Gedicht über den Herbst, das beginnt mit den Worten: »Herr, es ist Zeit, der Sommer war sehr groß.« Gauweiler dichtet behutsam um: »Horst, es ist Zeit.« Horst Seehofer lässt sofort von Generalsekretär Scheuer zurückschlagen: Die CSU brauche keine »disziplinlosen Besserwisser«. Söders Leute funken ebenso flott eine kleine Handreichung zur Interpretation an alle greifbaren Journalisten: »Scheuers harsche Reaktion zeigt, wie nervös die sind.« Tatsächlich ist Gauweiler immer noch der Säulenheilige der Konservativen in der CSU. Und so strahlt sein Interview aus München hinaus, ins weite CSU-Land hinein.

Horst Seehofer ist da gerade auf dem Sprung nach Berlin, wo CDU und CSU einen Kompromiss in der Flüchtlingspolitik suchen wollen. »Ohne eine Lösung zur Obergrenze kann ich nicht zu meiner Basis zurück«, sagt Seehofer. Ein Verhandlungserfolg in Berlin würde zwar nicht die Rettung seiner Ämter garantieren. Aber ein Misserfolg den Verlust. Und eines ist klar: Markus Söder wird in der Jury sitzen.

Gleich im ersten Gespräch der Unionsschwestern am 9. Oktober kommt CDU-Chefin Merkel der Seehofer-Truppe entgegen. Den Begriff Obergrenze lehnt sie zwar ab, doch der Richtzahl von 200 000 Flüchtlingen pro Jahr stimmt sie zu. Die Verhandlungen ziehen sich trotzdem zehn Stunden. Und immer sitzt da dieser unsichtbare Mann mit am Tisch, Markus Söder. Mitten in die Verhandlungen kracht dann eine Nachricht aus Bayern: Auch der CSU-Bezirksvorstand Oberfranken spricht sich für einen »geordneten Übergang« aus. Seehofer wirkt getroffen: »Da verhandelst du – und das eigene Lager verweigert dir die Unterstützung.« Die Kanzlerin zeigt Anteilnahme auf ihre Art. Diese Oberfranken, sagt sie: »Sag mal, wer is 'n das?«

Am Montag fährt Seehofer zufrieden zurück nach Bayern; er lässt sich immer fahren, er fliegt nicht gern. Söder rollt dem Heimkehrer Seehofer generös den Teppich aus: »In dem Kompromiss von CDU und CSU steckt viel Gutes drin.« Aber was wird davon übrig bleiben nach den Koalitionsgesprächen mit FDP und Grünen? Seehofer braucht Jamaika, und er braucht es zu seinen Bedingungen, um sich Söder vielleicht vom Leib halten zu können. Er steht vor den Verhandlungen seines Lebens. Auf der Rückfahrt telefoniert er mit Journalisten, und einen Satz sagt er dabei, der wie ein Peitschenhieb gegen Söder klingt: »Wir denken ans Land, andere denken an sich – ganz einfach.«

Zwergenaufstand

Wie blank die Nerven liegen in der CSU, das merkt man in diesem Oktober 2018 an Winzigkeiten. Etwa, wenn Söders Leute sich empören, dass Seehofer »ohne Angabe von Gründen« eine Kabinettssitzung abgesagt habe. »Regiert man so ein Land?« Später dringt der Grund für die Absage nach draußen: Seehofer hat Rücksicht genommen auf Söder, dessen Schwiegervater Günter Baumüller an dem Tag beerdigt wurde.

Für ein paar Stunden ist Ruhe, dann gibt es schon neuen Stoff zum Motzen: Seehofer hat Söder nicht in sein Sondierungsteam gebeten. Bewusste Brüskierung, schimpfen die Söderianer. Ein Seehofer-Mann sagt: »In so einem Team muss Vertrauen herrschen. Deshalb ist der Markus nicht dabei.« Seehofer hat gut verhandelt mit Merkel, das erkennt Söder im kleinen Kreis klarer an als in der Öffentlichkeit. Seine Heckenschützen-Kompanie hält das freilich nicht davon ab, in einer internen Sitzung der CSU-Landtagsfraktion den Flüchtlings-Kompromiss zu diskreditieren. Fraktionschef Thomas Kreuzer fährt dazwischen: Man dürfe den CSU-Erfolg nicht schlechtreden. Ein Seehofer-Mann bilanziert: »Münchner Zwergenaufstand beendet.« Da hat er sich allerdings getäuscht.

Söders engster Zirkel ist zuversichtlich, dass Seehofers Autorität nun Stück für Stück erodiert. Aber kampflos geben sich Seehofer und seine Verbündeten nicht geschlagen. Innenminister Joachim Herrmann richtet eine Ansage an Söder und seine Truppe: Er sei bereit, als Innenminister nach Berlin zu gehen. Herrmann ist nun der letzte, beste Strohhalm des Seehofer-Lagers. Seine Stärke liegt darin, dass es ihm an Stärke mangelt. Mit Stärke gewinnt man Anhänger, mit Stärke macht man sich aber auch Feinde. Herrmann hat keine echten Fans und keine echten Feinde. Er ist der ideale Kompromisskandidat. Von Seehofers Leuten wird er erst als Parteichef gehandelt, dann als Spitzenkandidat für die Landtagswahl 2018. Herrmann ist eine Schachfigur, und er kann sich nicht mal aussuchen, welche.

Kurz darauf heißt es wieder, Herrmann scheue eine Kampfkandidatur gegen Söder. Es wird einem ganz schwindlig von
den vielen Szenarien, deren sicherer Vollzug mittags gemeldet
wird, und das überraschende Platzen dann abends. Ein CSU-
Mann sagt: »Man steckt im Joachim nicht drin.« Und in sonst
auch niemandem.

Hinter den Kulissen wird unablässig gerungen, obwohl ja
offiziell Waffenruhe herrscht bis zum Ende der Jamaika-Sondierungen. Die Seehofer-Clique hält sich auch einigermaßen
daran, Seehofer selbst wirft Parteifreunden und Journalisten
halt immer wieder mal ein paar zweideutige Brocken hin, an
denen sie dann kauen können. Offensivaktionen gehen praktisch immer von Söder-Leuten aus. Niemals allerdings von
Markus Söder. Nach außen ist ihm keine Nervosität anzumer-
ken. Jemand, der ihn im kleineren Kreis erlebt, sagt: »Er weiß,
dass das seine Chance ist. Und natürlich hat er Angst, sie zu
verpassen.«

Edmund Stoiber hat sich immer noch nicht erklärt, aus dem
Söder-Lager sind Spuren von Ungeduld zu vernehmen. Auf
was wartet Stoiber? Wahrscheinlich will er keinem wehtun.
Täglich erhält er zwei Interviewanfragen und viele Briefe, in
denen er zum Reden aufgefordert wird. Doch er schweigt.

In Berlin beginnen die Jamaika-Sondierungen, und Seehofer
lässt den CSU-Parteitag um einen Monat auf Mitte Dezember
verschieben. Die Partei soll dann nicht nur übers Personal ent-
scheiden, sondern auch über eine Regierung in Berlin. Die
CDU-Freunde in Sachsen haben übers Personal schon ent-
schieden, Ministerpräsident Stanislaw Tillich nimmt seinen
Hut. Tillich sei übel mitgespielt worden, sagt Seehofer am
Rand einer Berliner Verhandlungsnacht, sichtlich berührt.
»Brutal, das können Sie sich denken.« Söder-Freunde schicken
SMS an Journalisten, in denen der Tillich-Rücktritt etwas an-
ders analysiert wird: »Und der Tillich war sogar noch zehn
Jahre jünger als der Horst.«

Es gibt jetzt einen neuen Zeitplan: Mitte November – sofort

nach dem geplanten Ende der Sondierungen – will Seehofer die CSU-Gremien über das Ergebnis informieren. Dann wird die parteiinterne Friedenspflicht enden, dann wird Seehofer einen Personalvorschlag machen. Die magische Kombination, die Söder verhindern soll?

Während Seehofer in Berlin am großen Rad dreht, stellt Söder sicher, dass sich in Bayern die kleinen Rädchen für ihn drehen. Beim Herbstfest der CSU in Petersaurach bei Ansbach hat er ein fränkisches Heimspiel. »Ich reiche die Hand«, sagt Söder. Aber der örtliche Landtagsabgeordnete sagt: »Ich habe eine ganz klare Vorstellung, wie wir die Personaldiskussion in der CSU schnell beenden. Das würde heißen, dass der Markus künftig vorne steht.« Die Meuterei gegen Seehofer hat eine neue Stufe erreicht.

Wer Söder in diesen intensiven Wochen in Nürnberg in seinem Heimatministerium besucht, sitzt einem gelassenen Mann gegenüber. Oder einem mit Schauspieltalent. Söder liegt mehr auf seinem Stuhl, als dass er sitzt. In seinem Büro hängen Fotos von Strauß und Stoiber, in deren Reihe sich Söder ja gern begeben würde. Also, braucht die CSU nun eine personelle Neuaufstellung? Söder reicht wieder mal verbal die Hand: Er sei »für jede vernünftige und gemeinsame Lösung offen«, wobei vernünftig heiße: »gut bei der Landtagswahl 2018«. Söder brummt vor Zuversicht, aber er kennt den Taktiker Seehofer auch gut genug, um sich nicht in Sicherheit zu wiegen.

Schildbürger

Am Wochenende des 4. und 5. November nehmen die Dinge plötzlich Fahrt auf. Die Junge Union trifft sich im fränkischen Erlangen zu ihrer Landesversammlung. Ein Pflichttermin für jeden CSU-Chef. Doch Seehofer sagt ab, wegen der Sondierungen in Berlin. Dann erhält er einen Hinweis: Die JU plane eine Schilder-Aktion für Söder. Verhindern ließe sich das höchstens, wenn er doch noch komme. Seehofer, hört man viel später, sei aufgebracht gewesen: Ein Parteivorsitzender lasse sich nicht erpressen.

Die JU ist ebenfalls aufgebracht. Sie beschließt mit Zweidrittelmehrheit einen Antrag, der handschriftlich auf einem Notizzettel eingereicht wurde, natürlich aus Franken: Seehofer müsse einen geordneten Übergang einleiten.

In ruhigen Zeiten saß Seehofer gern mal daheim in Gerolfing auf der Terrasse und schickte SMS an Parteifreunde: »Wo bleibt die Revolution? Ist zu harmonisch.« Jetzt hat er seine Revolution. Bis zum Wochenende von Erlangen sind in der CSU eigentlich nur die bekannten Kraftverhältnisse sichtbar geworden, hier die Seehofer-Unterstützer, dort die Söder-Freunde. Das Votum der JU ist der erste unerwartete Tiefschlag für Seehofer.

Am Samstagabend schaut Söder ganz spontan beim JU-Delegiertenabend vorbei. Er wird mit »Markus, Markus«-Rufen empfangen. In diesem Augenblick wagt er sich zum ersten Mal öffentlich aus der Deckung. Er reicht nicht die Hand, er lobt indirekt den Anti-Seehofer-Beschluss der JU: »Ich habe großen Respekt davor, was ihr für Verantwortung zeigt, welchen Mut ihr habt, was ihr euch traut. Meinen Respekt davor, toll gemacht.« Nur die Delegierten aus Oberbayern verweigern Söder stehende Ovationen. Sofort bittet Söder den Oberbayern-Vorstand zu einer dreiviertelstündigen Audienz.

Nach seiner Rede am Sonntagvormittag entstehen die Bilder, die bleiben werden von diesem Wochenende. Söder steuert im Foyer auf etwa hundert JUler zu, die gedruckte »Ministerpräsident Söder«-Schilder hochhalten. Söder weiß, dass das jetzt ein schwieriges Ding ist. »Das gibt Ärger«, sagt er, zögert. Gefühle und Verstand ringen in ihm. Dazustellen oder nicht? Die Gefühle siegen. Söder tritt an die Seite der Schilderträger und lächelt. Kameras klicken. Entgleitet Söder die Choreographie? Überzieht er? In Teilen der Partei wächst das Unbehagen. In Seehofer, hört man, wächst die Entschlossenheit, Söder den Freistaat nicht anzuvertrauen.

Der Machtkampf in der CSU strebt auf sein Finale zu. Am

Wochenende des 18. und 19. November will Seehofer die Partei, die Landtags- sowie die Bundestagsabgeordneten über das Ergebnis der Jamaika-Sondierungen informieren. Damit soll die Waffenruhe in der CSU enden. Dann sollen die Personalfragen geklärt werden. Aber dazu kommt es erst mal nicht, weil die Sondierungen in Berlin in die Verlängerung gehen. Am Sonntagabend, kurz vor Mitternacht, sind sie dann jäh zu Ende. Die FDP bricht ab, und ihr Vorsitzender Christian Lindner, mit dem Söder recht eng ist, tritt vor die Kameras. »Es ist besser, nicht zu regieren, als falsch zu regieren«, sagt er.

Kommt jetzt doch die Große Koalition, obwohl die SPD sie ausgeschlossen hat? Eine Minderheitsregierung? Kommen gar Neuwahlen? In der Republik herrscht Ungewissheit, und in der CSU ist es kein bisschen anders.

Täuschungsmanöver

Der 23. November, ein Donnerstag, ist ein Tag, der sich ins Gedächtnis der CSU einbrennen wird. Es ist der Tag, an dem Seehofer seinen Rückzug antäuscht – und ihn dann einfach nicht vollzieht.

So hatten Söder und seine Leute sich das ausgemalt: Seehofer überlässt Söder das Amt des Ministerpräsidenten, das ist die Eilmeldung des Bayerischen Rundfunks, die um die Mittagszeit die CSU-Welt zum Vibrieren bringt. Es dauert eine Weile, dann zerfällt die angeblich harte Nachricht zu Staub. »Ich hoffe sehr«, sagt ein Söder-Mann, »dass der 23. November 2017 nicht als der Tag in Erinnerung bleibt, an dem Markus Söder für eine Stunde Ministerpräsident war.«

Die Geschichte dieses denkwürdigen Donnerstags ist eigentlich, dass die Söder-Leute den ganzen Tag über denken, die Sache laufe für sie. Seehofer habe es eingesehen, endlich, er teile die Macht mit seinem ungeliebten Kronprinzen Söder. Sie sind sich so sicher. Und dann ist es zu spät. Seehofer teilt noch gar nichts. Er vertagt die Entscheidung.

Söders Getreue hatten diesen Donnerstag im Vorfeld als Tribunal in zwei Teilen verstanden: Mittags sollte der Wahlverlierer Seehofer in der Landtagsfraktion zum Rapport antreten, wo Söder sein Machtzentrum hat. Und abends dann noch im CSU-Vorstand. Doch es gibt keinen Aufstand in der Fraktion. Söders Truppen lassen sich einlullen von Seehofers Freundlichkeit. Alle glauben, der Alte habe nachgegeben. Er wolle seinen Rückzug halt nur erst abends im Vorstand verkünden. Zumal Seehofer von »intensivem Kontakt« mit Söder berichtet. Was keiner weiß: Die beiden haben bis dahin nur ein paar SMS zur Terminabsprache ausgetauscht.

Noch mehr freut sich die Fraktion, dass Söder am Nachmittag zum Vieraugengespräch mit Seehofer in die Staatskanzlei gebeten wird. Ein vertraulicher Termin, niemand dürfe davon wissen. Söder weiht nur seinen allerengsten Kreis ein. Seehofer aber macht das Treffen öffentlich: »Die Atmosphäre war ernsthaft und gut.« Erst viel später werden Söders Leute schäumen, weil ihnen dämmert, dass ihr Chef unfreiwillig eine Hauptrolle in einem großen Schauspiel übernommen hat.

Nach dem Termin mit Söder fährt Seehofer in die Parteizentrale, es wartet sein Führungszirkel. Und nun ändert sich die ursprünglich vorgesehene Choreographie. Seehofer hatte zuvor wohl wirklich im Gespräch mit Vertrauten gesagt: Ich trete bei der Landtagswahl 2018 nicht mehr an. Und es gab wohl wirklich den Plan, dass er diesen Entschluss im Vorstand verkündet. Doch er tut es nicht. In der ganzen Vorstandssitzung sagt Seehofer zu seiner eigenen Zukunft einfach gar nichts. Die Söder-Freunde warten und warten, kauen immer nervöser auf ihrem Salat herum. Seehofer redet über Parteifinanzen. Und über einen Rat der Weisen mit Stoiber, Waigel und Landtagspräsidentin Barbara Stamm, der ihm in Personalfragen beistehen soll. Dieser Rat wird niemals zusammentreten, aber das weiß jetzt ja noch keiner.

Vielleicht, weil sie diese Chuzpe kaum fassen können, verpassen die Söderianer den Moment, in dem sie Seehofer noch

Kontra geben könnten. Der gefürchtetste Schützenverein der CSU vergisst einfach, die Waffen auszupacken. Söder selbst entscheidet offenbar auch, dass dies nicht der Moment ist für die offene Feldschlacht. Dabei soll in der Staatskanzlei angeblich bereits ein vorgefertigtes Rückzugsschreiben Seehofers deponiert gewesen sein.

Söder verlässt die laufende Vorstandssitzung, es ist kurz nach halb zehn am Abend. Er gibt dem »Heute-Journal« ein Live-Interview, es ist ein fast verzweifelter Entlastungsangriff. Die Fassade der Harmonie wahren, die notdürftig seine Niederlage verdeckt – das ist jetzt sein Ziel. Man habe einen »gemeinsamen Prozess« zur Klärung der Personalfragen »auf den Weg gebracht«, beteuert er. »Es ist keine gespaltene Partei, es gibt auch keine Lager.«

Die Moderatorin Marietta Slomka kann das Lachen nicht zurückhalten. Sie fragt ungläubig nach: Keine Lager, ernsthaft? Söder zögert. Eine Sekunde, zwei Sekunden, drei. Dann sagt er: »Genau.« Es ist so, als hätte Slomka gefragt, ob es zwischen dem FC Bayern und 1860 München keine Rivalität gebe, und Söder hätte geantwortet: »Genau.«

Aber was hat Seehofer nun wirklich zur Kursänderung getrieben?

Offenbar halten es Seehofer-Unterstützer wie Dobrindt und Scheuer für einen Fehler, würde er jetzt schon erklären, dass er 2018 nicht mehr als Ministerpräsident weitermache. Sie befürchten einen Flächenbrand in der CSU, womöglich Seehofers vorzeitige Ablösung. Und wer weiß: Vielleicht hat das Seehofer-Lager ja doch noch ein Ass im Ärmel.

Fünferrunde

Der Tag danach, Freitag, der 24. November, ist ein harter für Markus Söder, vielleicht der härteste in den gesamten drei Monaten. Der Unverhinderbare hat Angst, dass Seehofer ihn doch noch irgendwie verhindern kann. »Was hat der vor?«, fragt

Söder Vertraute. Er ist an diesem Tag viel daheim. »In schwierigen Zeiten muss man gut essen und gut schlafen«, das zitiert Söder oft als Hausregel seiner Mutter. Zu Mittag gibt es Gans mit Kloß, hernach ein paar Folgen von »Star Trek – The Next Generation«.

Am Montag, dem 27. November, kommt Seehofers engster Führungskreis nachmittags in der Staatskanzlei zusammen. Man könnte auch sagen: Es versammelt sich das Komitee zur Verhinderung von Markus Söder als Ministerpräsidenten. Es ist der letzte Versuch. Seehofer ist der Gastgeber, aber angeregt hat das Gespräch wohl Parteivize Manfred Weber. Die Teilnehmer fahren diskret und zeitversetzt in die Tiefgarage der Staatskanzlei ein – wenn ein Treffen den Zusatz »geheim« verdient, dann dieses. Weber ist da, Landesgruppenchef Alexander Dobrindt, Wirtschaftsministerin Ilse Aigner und Innenminister Joachim Herrmann.

Von Anfang an läuft alles schief. Weber, der Fahnenträger der Liberalen in der CSU, meldet dem Vernehmen nach vehement Anspruch auf den Parteivorsitz an – nur so könne man Söder den Weg verbauen. Dobrindt, der Fahnenträger der Konservativen, macht sehr deutlich, was er von der Idee hält: gar nichts. Weber und Dobrindt kriegen sich so heftig in die Haare, dass Seehofer tobt.

Weil sie sich in der Frage des Parteivorsitzes verkeilt haben, wenden sich die Anwesenden dem Amt des Ministerpräsidenten zu. Ihre letzten Hoffnungen ruhen jetzt auf Herrmann, dem Innenminister mit dem betonfesten Ruhepuls. Herrmann gilt im Seehofer-Lager als der Kandidat, der Söder am ehesten schlagen kann. In der Landtagsfraktion ist Söder zwar klarer Favorit. Aber die Söder-Skeptiker denken schon weiter. Das Votum der Fraktion ist nicht bindend, es ist nur eine Empfehlung – der Parteitag könnte sich darüber hinwegsetzen. Das ist die Überlegung: Wenn Herrmanns Niederlage in der Fraktion ehrenvoll ausfällt, könnte er sich am Parteitag zur Wahl stellen.

An der Zusammenkunft in der Staatskanzlei haben nur fünf

Personen teilgenommen, und dennoch dringt zwei Tage später, am Mittwoch, die Kunde nach draußen: Herrmann sei bereit, sich um die Spitzenkandidatur für die Landtagswahl 2018 zu bewerben. Sich Söder zu stellen, wenn die CSU-Landtagsfraktion am Montag darauf über ihren Favoriten abstimmt. Seehofer bliebe in diesem Szenario CSU-Chef.

Herrmann bestätigt die Meldung nicht, aber er dementiert sie auch nicht. Kurz nach fünf schlägt die Nachricht im Landtag ein. Die CSU-Abgeordneten starren gebannt auf ihre Handys, einer nach dem anderen verlässt das Plenum. In kleinen Gruppen halten sie Kriegsrat. Herrmann stellt sich den Kameras, sagt aber nur, dass er nichts sagt. Söder verlässt sofort das Gebäude. Später lässt er sich mit freundlichen Banalitäten zitieren: »Wir werden am Montag versuchen, das alles zusammenzuführen.«

Söders Anhänger schäumen vor Wut: Mit welchem Recht das Quintett sich da in der Staatskanzlei getroffen habe, wird gefragt, das sei »Trickserei«, »Hinterzimmerpolitik« oder gar »Verrat«. Seehofer unternehme offenbar alles, um Söder zu verhindern – und Herrmann lasse sich vor seinen Karren spannen. Es gibt aber auch einige, die haben in den Gängen des Landtags plötzlich ein Lächeln auf den Lippen. »Endlich Hoffnung«, schreibt ein Abgeordneter.

Glatteisfragen

Eines ändert die Nachricht vom Geheimtreffen in der Staatskanzlei für Söder. Bisher war er der Jäger. Jetzt ist er der Gejagte. Er reduziert seine öffentlichen Termine, er vermeidet – unerhört bei ihm –, vor eine Kamera zu laufen. Er darf keinen Fehler machen bis Montag, bis zur Fraktionsabstimmung. Dass es diese Abstimmung jetzt gibt, ist gut für ihn. Die Fraktion, sein Machtfundament, erzwingt eine Entscheidung.

Dem Vielleicht-Kandidaten Herrmann hilft nicht, dass seine Bewerbung öffentlich geworden ist. Viele in der CSU-Fraktion

sagen, dass die Sache ihm sogar massiv schade, weil sie Söders
Reihen noch fester schließe. Die Fraktion hat das Gefühl, dass
Seehofer sie aushebeln will. Dem Ministerpräsidenten wird be-
deutet: Wenn es eine Kampfabstimmung geben sollte und die
Partei gespalten werde, dann falle das auf ihn zurück.

Nach außen hält Herrmann weiter still, er absolviert unge-
rührt seine Ministertermine. Nach innen, heißt es, sei Herrmann
aber sehr wohl aktiv, er mache eine Inventur seiner Unterstützer. Einige sollen ihn regelrecht anfeuern, zu kandidieren. Aber
er erkennt sehr bald, dass es nicht zum Sieg reichen wird und
wahrscheinlich nicht mal zu einer knappen Niederlage.

Am Sonntag, dem 3. Dezember, treffen sich Seehofer und
Söder in der Münchner Parteizentrale, später heißt es von allen
Seiten, es sei das »erste Gespräch der beiden ohne jede Atti-
tüde« gewesen. Danach ziehen sich Söder und Herrmann zu
einem Vieraugengespräch zurück, später stößt auch Seehofer
hinzu. Am Abend dann wird Söder in den Kreis der Vize-Par-
teichefs gebeten – dieser war ihm bis dahin versperrt geblieben.
Ein Zeichen, dass er sich anschnallen darf für seine politische
Himmelfahrt.

Doch Herrmann will immer noch nicht endgültig erklären,
dass er auf eine Kandidatur verzichtet. Wenn die Sache in der
Fraktion entschieden werde, werde er sich auch erst in der
Fraktion dazu äußern. Er wolle noch einmal darüber schlafen.
Seehofer und Söder sind damit nicht zufrieden, getrennt voneinander sprechen sie noch einmal mit Herrmann. Söder geht
mit dem Wissen ins Bett, dass er Ministerpräsident werden
wird. Und Seehofer weiß es auch.

Am Ziel

Am Montag, dem 4. Dezember, hat es Markus Söder geschafft.
Er und Seehofer haben sich über Jahre bekriegt. Krieg, das
Wort ist nicht zu martialisch für dieses ebenso erbitterte wie
groteske Hörnerwetzen. Und jetzt ist die Entscheidungs-

schlacht einfach abgesagt. Seehofer hat die Waffen gestreckt, irgendwann im Lauf des Sonntags.

Was die CSU-Fraktion und später der Parteivorstand an diesem Montag im Dezember jeweils einstimmig beschließen, darf man einen politischen Wahnwitz nennen: die Doppelspitze Seehofer-Söder. Der Alte soll Parteichef bleiben und ein Ministeramt besetzen in Berlin. Der Junge soll Regierungschef werden in München. »Das Werk ist getan«, wird Seehofer nach der letzten Sitzung sagen. Und als Zuhörer fragt man sich: Wie viel Überwindung muss das hier diesen Mann kosten?

Nüchtern betrachtet hat Seehofer die Regelung seiner Nachfolge nicht nur verpasst; er hat sie verbockt. Mit einem grotesken Mix aus Patronage und Demontage hat er dafür gesorgt, dass kein ihm genehmer Kandidat stark genug wurde, es mit dem einzigen Kandidaten aufzunehmen, der ihm nicht genehm war: Söder. »Es hätte schon eine Chance gegeben, Söder zu verhindern«, sagt in der Rückschau ein Seehofer-Mann. Den anderen Kronprinzen habe es nur leider an Zähigkeit und Mut gefehlt. »Wenn Söder das Risiko gesehen hätte, auf einem Parteitag zu verlieren, hätte er sich nicht anzutreten getraut.«

Am Ende, das erkennt auch Horst Seehofer an, hat sich der durchgesetzt, der als Einziger »Ich will es« gesagt hat. Nicht nur mit diesen Worten, sondern mit jeder Faser seines Körpers. So ist es immer gewesen, seit den Tagen bei der Jungen Union in Nürnberg: Markus Söder will die Macht mehr als seine Konkurrenten. Deshalb bekommt er sie auch. Um kurz vor neun an diesem Montagmorgen spricht er im Bayerischen Landtag die Ambition seines politischen Lebens zum ersten Mal offen aus: »Ich bin bereit.« Er will Ministerpräsident werden.

Die Sache ist dann durch, noch bevor Joachim Herrmann für seinen Verzicht das Wort ergreift, Söders letzter Konkurrent. Jetzt lässt Seehofer persönlich die Luft raus. Er wendet sich an Söder und sagt, er werde »alles unternehmen, Markus, dass wir gut zusammenarbeiten«. Söder sichert Seehofer seine Unterstützung für den Parteivorsitz zu, er lobt Herrmann und Wirtschaftsministerin Ilse Aigner, seine Kontrahenten, die zu schwach waren, ihn zu stoppen. Er bittet um einen Vertrauensvorschuss, man müsse nun gemeinsam kämpfen. Um Gemeinsamkeit zu garantieren, wird über den Spitzenkandidaten per Handzeichen abgestimmt. Zu groß ist die Gefahr, dass Söders Feinde ihn in geheimer Wahl abstrafen. Die CSU geht kein Risiko mehr ein, der neue Spitzenmann soll nicht beschädigt werden.

Vor den Kameras sagt Söder dann: »Wir müssen vor der Geschichte bestehen. Vor der Geschichte der CSU und vor der Geschichte dieses Landes.« Bestanden hat Söder jedenfalls das irre Duell mit Seehofer. Bei einer Pressekonferenz singt er später ein Loblied auf Seehofer, als hätte seine Langspielplatte einen Sprung: großer Respekt, Würde und Anstand, großer Respekt, Mut und Demut. Man hört sich das an und fragt sich: Da hauen die beiden fast ein Jahrzehnt lang die Partei kurz und klein – für das hier? Hätten sie das nicht früher haben können und viel billiger? Der Söder-skeptische Teil der CSU kapituliert, Söder hat den Widerstand gegen seine Person erdrückt. Mit seiner Kraft, mit seinem Netzwerk, das er schon als Chef der Jungen Union und als Generalsekretär in noch nie dagewesener Feinmaschigkeit geknüpft hat. In seinen Ministerämtern – Europa, Umwelt und Gesundheit, nun Finanzen und Heimat – gelang ihm zwar die weitgehende Resozialisierung, aber Söder weiß, dass er von landesväterlicher Anmutung noch so weit entfernt ist wie von den inneren Ringen des Saturn.

Doch er feilt schon längst an neuer Salonfähigkeit, er versucht, die Scharfmacher-Rolle aus der Flüchtlingsdebatte abzustreifen. Einen Rechtsruck benötige die CSU gewiss nicht, sagt er, schon das Wort gefalle ihm nicht. Klingt gut. Aber werden die Leute ihm das abnehmen? Söder sagt: »Ich werde auf die Leute zugehen, die skeptisch sind. Ich werde versuchen, im persönlichen Gespräch den einen oder anderen Eindruck zu verbessern.«

Harmonie

Am Freitag, dem 15. Dezember, beginnt in Nürnberg, ausgerechnet in Nürnberg, der CSU-Parteitag, Söders Krönungsmesse. Und glaubt man einem CSU-Mann, der nah dran ist am Geschehen, könnte der Parteitag mit einem Paukenschlag beginnen. Denn als Seehofer und Söder sich diskret in einem Konferenzzimmer der Nürnberger Messe zum Gespräch treffen, wird der Alte dem Jungen völlig überraschend auch den Parteivorsitz anbieten. Söder könnte die ganze Macht für sich allein haben – lehnt aber ab. Ihm ist wohl ganz recht, dass Seehofer ihm vorerst den Berliner Ärger vom Hals hält.

Und so gehen sie als Duo in den Parteitag. Es wird ganz großes Staatsschauspiel: Der Alte klopft dem Jungen auf die Schulter und übergibt ihm – eher so virtuell – den Herrscherstab der CSU, den vor ihnen schon Strauß und Stoiber getragen haben. Unter dem Jubel des Parteivolks legen Seehofer und Söder die Hände ineinander und recken sie unters Hallendach, begleitend ballt Söder eine Faust.

Im Fernsehen boomt ein Genre, das sich »Scripted Reality« nennt: Es gaukelt eine Wirklichkeit vor, die in Wahrheit einem Drehbuch folgt. Der Zuschauer weiß, dass das, was er da sieht, nicht echt ist. Aber er will es trotzdem glauben. Und so ähnlich müssen sich nun die Delegierten fühlen. Söder und Seehofer lieben sich auf einmal so innig, dass der neutrale Betrachter ihres Versöhnungstheaters froh ist, dass es wenigstens nicht zum Bruderkuss kommt. Die CSU ist eine Partei mit Faible für das Kriegerische, doch am Wochenende von Nürnberg zeigt sie einen fanatischen Willen zum Frieden. Es ist ein Festival der Autosuggestion: Alle summen irgendwas von Harmonie und Liebe, Horst und Markus. Am Ende ist die CSU eine Partei unter Hypnose. Bleibt die Frage: Wann wacht sie auf? Und wie viel Liebe ist dann noch da?

Einigkeit üben können Söder und Seehofer beim Besuch der Bundes- und Flüchtlingskanzlerin, die ja laut CSU-Analyse praktisch allein verantwortlich ist für das Wahldebakel. Angela Merkel bietet in ihrer Rede geradezu mädchenhaften Charme auf, dem die Schwesterpartei dann umgehend und kampflos erliegt. »Marmor, Stein und Eisen bricht«, sagt sie zu Horst Seehofer, »aber unsere Liebe nicht« – das sei doch irgendwie ihr Lied. Da ahnen Seehofer, Söder und Merkel noch nicht, wie sehr die Liebe zwischen CSU und CDU ein halbes Jahr später im Asylstreit geprüft werden wird.

Seehofer sagt auf dem Parteitag zum Abschied: »Mit dem heutigen Tag leiten wir eine neue Ära in der Christlich-Sozialen Union ein.« Dann schlägt er Söder als neuen Ministerpräsidenten vor. In all seinen Ämtern habe Söder »vorzügliche, bravouröse Arbeit« abgeliefert. »Er kann es, und er packt es.« Seehofers Bemühen, die Feindschaft mit Söder zu bagatellisieren, nimmt mitunter Züge einer Satire an. Im Gegenzug schlägt Söder Seehofer zur Wiederwahl als Parteichef vor.

Über den Spitzenkandidaten Söder wird dann per Hand abgestimmt, nur vier Delegierte stimmen gegen ihn. Vier einsame Hände in der Luft, das ist übrig vom Widerstand der CSU gegen Markus Söder.

Der Parteitag kürt ihn mit überwältigender Mehrheit zum Spitzenkandidaten für die Landtagswahl 2018. So wie vor neun Jahren Horst Seehofer wird jetzt Markus Söder von der CSU gerufen, um ihr wieder Stärke und Stolz einzuhauchen.

Teil IV
Ministerpräsident –
am Ziel und doch am Anfang

1. Kreuzerlass und Asylstreit
Das Drama des Landtagswahlkampfes 2018

Markus Söder, dunkler Trachtenjanker, grüne Krawatte mit Rehlein darauf, muss warten am Eingang der Passauer Dreiländerhalle. Drinnen läuft noch das Vorprogramm. Es ist der 14. Februar 2018, Aschermittwoch in Passau. Der Politische Aschermittwoch ist oft ein leeres Ritual, aber nicht diesmal. Man wird diesen Tag erinnern als den gefühlten Moment, in dem die Macht in der CSU von Horst Seehofer überging auf Markus Söder.

Wer die Mimik des wartenden Söder aus der Nähe beobachtet, sieht, dass er schnaubt wie ein Rennpferd in der Startbox. Da ist Nervosität, da ist Erwartung. Unablässig nestelt Söder an Hemd und Trachtenjanker herum. Dann geht es los, die Passauer Stadtkapelle bläst den »Bayerischen Defiliermarsch«, eine Ehre, die im Freistaat dem Ministerpräsidenten vorbehalten ist. Der heißt bis März noch Seehofer, aber eben nur noch auf dem Papier.

Hinter Söder laufen andere CSU-Größen der Bühne entgegen, Andreas Scheuer, Alexander Dobrindt. Aber die Leute links und rechts des Ganges haben nur Augen für Söder, nur ihm klopfen sie auf die Schulter. Viele rufen: »Markus!« Die Leute von der Basis wirken befreit nach Jahren des inneren Streits. Vorn, am Fuß der Bühne, sind auch Ilse Aigner und Manfred Weber zum Klatschen aufgestanden. Auch sie hatten Söder verhindern wollen, bis er nicht mehr zu verhindern war. Sie wissen an diesem Aschermittwoch längst, dass sie verloren haben. Jetzt können sie mit ansehen, wie hoch ihre Niederlage ausfällt.

Es ist ein sehr guter Tag für Markus Söder. Im Jubel von Passau ahnt er noch nicht, dass es für ihn der beste Tag in einem wahren Horrorjahr bleiben wird.

Ministerpräsident, eigentlich ist Söder am Ziel seiner Träume – und doch wenig später schon gefangen in einem sehr realen Albtraum. Die Geschichte des Landtagswahlkampfes 2018 ist die Geschichte eines politischen Überlebenskampfes, für Söder persönlich und für die CSU. Der Boom der Grünen, die Bedrohung durch die AfD, die »Ausgehetzt«-Demos und der Asylstreit, in dem die CSU die Republik an den Rand des Abgrunds manövriert: Das ist der Hintergrund einer frenetischen Wahlkampagne, wie sie Bayern noch nie erlebt hat. Mit einigem Abstand wird Söder sagen: »Das war für mich eine politische Nahtoderfahrung. Die Wahrscheinlichkeit war nicht gering, dass ich der Ministerpräsident mit der kürzesten Amtszeit werden könnte.«

Aber das Schicksal wird gnädig sein mit ihm, jedenfalls gnädiger als mit Seehofer. Söder wird dem politischen Sensenmann gerade noch so von der Schippe springen. Er wird Ministerpräsident bleiben, und am Ende dieses Jahres wird klar sein, dass ihm auch noch der Parteivorsitz zufällt. Dass die CSU ihre Zukunft ganz und gar in seine Hände legt.

Das Erste, was man 2018 von Markus Söder hört, ist der Plan, die Amtszeit des Ministerpräsidenten auf zehn Jahre zu beschränken. Söder, der maßlose Machtmensch, übt sich damit scheinbar in Demut. Es ist ein PR-Coup, der erste Schritt bei der Neuerfindung als Landesvater. Söder will den Fehler von Günther Beckstein aus dem Jahr 2008 vermeiden: Dieser hatte die Staatskanzlei von Stoiber übernommen, ohne vorher ein Narrativ zu entwickeln. Seit der Entscheidung des CSU-Machtkampfes im Dezember zu seinen Gunsten erlebt der Freistaat einen ungewohnt weichen Söder, eine Verwandlung, die nicht komplett überraschend ist. Söder hat sich schon immer behände neuen Ämtern angepasst. Er war der bissige General, der große Europäer, der kleine Öko, der treue Kassenwart. Und als angehender Landesvater streift er nun noch ein wenig Härte ab. Geschmeidiger will er rüberkommen, gütiger, mehr Vater als Manager.

Zum Frankenfasching in Veitshöchheim kommt er als Prinzregent Luitpold, und allen, die gerade nicht parat haben, dass
der Prinzregent ein weiser, gütiger Herrscher war, hilft Söder
bei der Interpretation seiner Kostümwahl: Die Bayern, erklärt
er, seien Luitpold gegenüber ja erst mal skeptisch gewesen.
Aber dann hätten sie große Wertschätzung für ihn entdeckt.
Und das, obwohl dieser Luitpold ein gebürtiger Franke war!

Der Einzige, der Söders Harmonie-Show in diesen Tagen
stört, ist Seehofer, immer noch CSU-Vorsitzender und nun
auch Bundesinnenminister. »Ich bin ordentlich von Parteifreunden demontiert worden«, klagt er in einem Interview.
Deshalb kann Söder eine gewisse Anspannung auch nicht verhehlen, als er am 16. März im Landtag auf das Ergebnis der
Wahl zum Ministerpräsidenten wartet. Er hat die Angewohn-
heit, sich über die Krawatte zu streichen; nun walkt er das arme
Stück Tuch regelrecht durch. 99 CSU-Abgeordnete sind anwesend – und jede fehlende Stimme aus der eigenen Fraktion
würde Söders Start trüben. Nach quälenden 26 Minuten verkündet Landtagspräsidentin Barbara Stamm das Ergebnis: 99
Jastimmen. Vor Erleichterung schlägt Söder mit den Händen
auf den Tisch. Dann wird er vereidigt, als mit 51 Jahren jüngster Ministerpräsident der bayerischen Nachkriegsgeschichte.
Hinterher stürmt er auf den Balkon des Maximilianeums, er
wolle frische Luft schnappen, sagt er. Er will aber gewiss auch,
dass die Fotografen ihn an der Brüstung fotografieren, wie er
gravitätisch den Blick über München schweifen lässt, über das
Land, das nun irgendwie ihm gehört.

Markus Söder inszeniert zumindest schon mal das Bild von
einem Landesvater. Aber die entscheidende Frage ist eine andere. Söder hat mit jedem Atemzug auf dieses Amt hingearbeitet, Ministerpräsident. Nun, wo er es hat: Für was steht und
arbeitet er jetzt?

Wenige Tage nach seiner Amtseinführung hält er seine erste
Regierungserklärung. Für einen neuen Ministerpräsidenten ist
das der Moment der Bekenntnisse. Er bekennt sich zu seinen

Schwerpunkten und zu seinen Leuchtturmprojekten. Bei Markus Söder jedoch ist irgendwie alles Schwerpunkt, alles Leuchtturm. In einem atemlosen Jahr ist die grotesk überladene Rede der erste Augenblick, in dem den Zuhörern die Luft wegbleibt. Mehr als eine Stunde lang hat Söder schon das Füllhorn des Glücks über seinem Bayernland entleert, die Millionen an Investitionen haben sich zu einer guten Milliarde getürmt. Er hat ein Familiengeld angekündigt und ein Pflegegeld, dazu die Weltführerschaft bei Flugtaxis und Feldrobotern. Dann sagt er: »Dies ist keine Regierungserklärung. Dies ist auch eine Liebeserklärung an Land und Leute.« Seine neue Strategie scheint es zu sein, die Bürger mit seiner Liebe zu erdrücken.

Was er da vorträgt, ist ein Waschzettel des bayerischen Exzeptionalismus: »Familienland Nummer eins«, »Studentenland Nummer eins«, »Tourismusland Nummer eins«. Ein Festival der Superlative, das wohl den Stolz der Bürger stärken soll. Aber stärkt das auch Söders Glaubwürdigkeit? Bald kommt der Moment, in dem die Opposition Sauerstoffgeräte brauchen könnte. Söder will das Oberste Landesgericht wieder einrichten. Dieses hatte sein Ziehvater Stoiber 2006 abgeschafft, aus Kostengründen. Söder ruft trotzig: »Ein Oberstes Landesgericht gibt es nur in Bayern!« Hubert Aiwanger, der Fraktionschef der Freien Wähler, plärrt dazwischen, dass jetzt nur noch eine »eigene Währung« für Bayern fehle. Wenn nicht alles täuscht, gucken einige bei der CSU recht aufgeschlossen.

Während sich das Plenum noch von der Kunde erholt, dass Söder eine »bayerische Kavallerie« aufstellen will, verkündet der Ministerpräsident ein Raumfahrtprogramm für den Freistaat: »Bavaria One«. Wen man da wohl zeitnah zum Mond schießen könnte? Aiwanger hat mit Blick auf Söder eine Idee: »Da müssen die Besten ran!« Söder wirft weiter Bonbons unters Volk, »Hebammen-Bonus«, tausend Euro im Jahr, und auf der Pressetribüne fragen sich die Reporter, ob er gleich noch mit einem Journalisten-Bonus um die Ecke kommt.

In der CSU-Fraktion klatschen sie sich die Hände wund,

aber mindestens einen Abgeordneten sieht man leiden: Ludwig Spaenle, den früheren Kultusminister, den Söder überraschend nicht weiterbeschäftigt hat, um sein Kabinett jünger und weiblicher zu machen. Spaenle musste Marion Kiechle weichen, Spitzenärztin, Talkshowliebling und obendrein noch Ehefrau des prominenten Fußball-TV-Reporters Marcel Reif. Sie ist der neue Star in Söders Kabinett. Spaenle ist der Taufpate von Söders Sohn, und wenn man ihn da inmitten ekstatischer Fraktionskollegen lustlos und nur sehr gelegentlich auf den Tisch patschen sieht, kann man sich vorstellen, dass das Weihnachtsgeschenk für Söder junior dieses Jahr etwas kleiner ausfallen wird. Hat Markus Söder vor seiner Entscheidung das freundschaftliche Gespräch mit Spaenle gesucht? Oder hat er ihn eiskalt abserviert? Sind die beiden überhaupt noch Freunde? Ist ihr Verhältnis wieder gekittet, weil Söder Spaenle Monate später zum Antisemitismus-Beauftragten der Staatsregierung ernannte? Im Sommer 2020 hat Ludwig Spaenle auf all dies nur eine Antwort: »Kein Kommentar.«

Am Ende bekräftigt Söder noch seinen Plan, die Amtszeit des Ministerpräsidenten auf zehn Jahre zu begrenzen: »Das wird in die Verfassungsgeschichtsbücher eingehen.«

Zehn Jahre Söder? Im Frühjahr 2018 ist plötzlich denkbar, dass es nur ein halbes Jahr werden könnte. Söder stellt sich zwar gern in die Ahnenreihe von Strauß, Stoiber und – weniger enthusiastisch – Seehofer: jenen Männern, die den Stolz der CSU mit Landtagswahlergebnissen unterfütterten, welche die CSU alleine das Land regieren ließen. Aber schon zu seinem Amtsantritt ist die absolute Mehrheit weit weg, die CSU liegt in den Umfragen knapp über vierzig Prozent. Söder tut, was er körperlich tun kann, 300 Termine in hundert Tagen, 40 000 Autokilometer, landauf, landab. Seine Geldgeschenke treffen alle, die nicht schnell genug in Deckung gehen. Wer im Freistaat als Drilling zur Welt kommt, wird der Patenschaft des Ministerpräsidenten nicht entrinnen. Doch die Umfragezahlen bewegen sich nicht.

Die Söder-CSU kämpft an zwei Fronten, sie verliert Wähler in der Mitte und Wähler rechts der Mitte. Die Flüchtlingsfreunde gehen zu den Grünen, die Grenzzaunfans zur AfD. Beide zugleich an die CSU binden: das schließt sich aus. Söders neue Sanftheit verhüllt notdürftig, dass er eine klare strategische Entscheidung fällt: Er setzt auf die Stammkundschaft der CSU, er strebt nach einer konservativen Mehrheit. Im Grunde hat er zwei Ideen, mit denen er die Landtagswahl gewinnen will: Erstens will er Wähler von der AfD durch rhetorische Anbiederung zurückholen. Und zweitens will er die Gunst vieler Bürger mit milden Gaben wie Familien- und Pflegegeld erkaufen, die er mit der ganz großen Gießkanne über dem Land ausschüttet, ohne auf soziale Steuerungswirkung zu achten. Der Söder des ersten Halbjahres 2018 ist ein Mann, der das Wort »Asyltourismus« im Munde führt, der in Amtsstuben Kreuze aufhängen lässt, der gegen Berliner Geldverschwender poltert, gegen Erdoğan, Kommunisten und grüne Spinner. Es ist der alte Söder, der sich nur als Prinzregent Luitpold verkleidet hat.

Doch sein Plan geht nicht auf. Söder hetzt Tag für Tag von Kundgebung zu Kundgebung, von Bierzelt zu Bierzelt, aber wenn er dann abends seinen Generalsekretär Markus Blume anruft und sich nach den neuesten Umfragen erkundigt, hat der immer nur schlechte Nachrichten. In der Rückschau spricht Söder von einer »brutalen« Erfahrung. »Nach meinem Amtsantritt war die Zeit bis zur Wahl unglaublich knapp. Leider blieb wegen des innerparteilichen Wahlkampfes vieles liegen«, sagt er im Sommer 2020, es ist Selbstkritik, wie man sie von ihm selten hört. »Daher wollten wir viele Themen so schnell wie möglich anstoßen, dadurch ist eine gewisse Grundhektik entstanden.« Womöglich habe er auch zu sehr auf die Bedürfnisse der eigenen Partei geachtet und zu wenig auf die der gesamten Bevölkerung. Und zu sehr vom traditionellen CSU-Stammland Oberbayern her gedacht und zu wenig vom modernen München – oder von Franken aus. »In diesem Wahlkampf habe ich gelernt, dass Bayern sich fundamental verändert hat. Wir waren nicht überall in der Mitte der Gesellschaft. Ich habe daraus die Konsequenz gezogen, dass sich auch die CSU verändern muss.« Aber in diese Einsicht wird Söder sich im Sommer 2018 erst fügen, als es gar nicht mehr anders geht.

Zunächst wirkt es, als hätte Söder das Gespür dafür verlassen, was die Leute wollen. Katharina Schulze, die grüne Co-Spitzenkandidatin, sagt in der Rückschau: »Söder ist am Lebensgefühl der Bayern komplett vorbeigelaufen.« Dazu leistet er sich auch noch handwerkliche Fehler, die man so nicht von ihm kennt. Im April 2018 kommt beides bei seinem Kreuzerlass zusammen: In jeder bayerischen Behörde solle ein Kreuz hängen, fordert er. Es ist ein Signal an die alte katholische Kernklientel, der Versuch, an das Jahr 1995 anzuschließen, als die Stoiber-CSU Seit an Seit mit der Kirche für das Kruzifix in Klassenzimmern kämpfte. Aber es ist 2018. Zudem patzt Söder in der Kommunikation: Er deutete das Kreuz kurzerhand zu einem kulturellen Symbol für den Freistaat um. Erst nach massiver Kritik dreht er bei: Das Kreuz sei natürlich vor allem ein religiöses Symbol. Und dann missrät ausgerechnet dem Foto-Inszenierungskünstler Söder auch noch das Begleitbild zum Kreuzerlass. Es zeigt ihn, wie er im Zwielicht der Staatskanzlei ein Kreuz an die Wand hängt. Sein Amtskollege Winfried Kretschmann aus Baden-Württemberg lässt wissen, er fühle sich an »Vampir-Filme« erinnert.

Ablehnung und Spott ergießen sich über Söder. Selbst mit der Kirche eng verwobene CSU-Veteranen wie der langjährige Landtagsfraktionschef Alois Glück und Hans Maier, ehedem bayerischer Kultusminister und Präsident des Zentralkomitees der deutschen Katholiken, kritisieren die Entscheidung öffentlich. Söder muss auf die harte Tour lernen, dass die Menschen, die sich den Kirchen verbunden fühlen, nicht mehr automatisch CSU-Wähler sind, dass sie nicht länger als ein homogener Block ansprechbar sind. Gerade aus Kirchen-nahen Milieus kommt die schärfste Kritik an seinem plumpen Versuch der

Vereinnahmung. Der schwerste Schlag: Kardinal Reinhard Marx, der Vorsitzende der Deutschen Bischofskonferenz, teilt mit, durch den Kreuzerlass seien »Spaltung und Unruhe« entstanden. In der CSU klammert man sich an andere Bischöfe, die sich freundlicher äußern. Söder macht geltend, dass er schon bei einer Rede vor der Evangelischen Landessynode gesagt hatte, das Kreuz sei ein Symbol für Bayern – ohne dass das irgendwen von freundlichem Schlussapplaus abgehalten hätte. Aber er weiß selbst, dass ihm die Sache entglitten ist. Zwei Jahre später sagt er: »Manches würde ich heute anders machen, gerade auch in der Form.«

Söders Wahlkampf gerät also früh in Schieflage, und bis zum Wahltag werden ihm deshalb noch mehr Dinge verrutschen. Bei der Münchner Fronleichnamsprozession winkt Söder ständig den Leuten am Wegesrand. »Wir sind doch nicht beim Oktoberfestumzug«, schimpft ein bekannter Katholik. Aber nicht immer braucht es eigene Fehler. Als ihn die Junge Union bei einer Veranstaltung mit einem selbst entworfenen, durchaus witzigen »Bavaria One«-Logo empfängt, Söder-Astronauten-Gesicht vor Sternenhimmel, geht das Bild in der ganzen Republik sofort viral. Viele halten das Logo für offiziell und denken sich: Jetzt ist der Typ endgültig größenwahnsinnig geworden! Wieder einmal schlägt da ein altes Söder-Problem durch, das er sich in seinen langen Jahren als politischer Hallodri selbst bereitet hat: Manche trauen ihm einfach alles zu.

Dass ihn das Glück nicht gerade verfolgt, merkt er auch bei einem seiner berüchtigten Foto-Termine im Hofgarten vor der Staatskanzlei. Söder posiert gut gelaunt zwischen Flugtaxi-Modellen und Transport-Drohnen, die bald in Schwärmen den weiß-blauen Himmel erfüllen sollen. Dann schreitet ein Drohnen-Entwickler zur Vorführung, Söder dirigiert die Foto- und Fernsehreporter in Position (»Kommt mal hier rüber!«). Die Drohne hebt ab, und im sanften Wind entrollt sich eine Bayernfahne, die an der Unterwand befestigt ist. Ahs und Ohs aus dem Publikum, was für ein Bild mal wieder. Da reißt die Fahne ab und fällt zu Boden, dem Ministerpräsidenten praktisch vor die Füße. Mit einer Sekunde Verzögerung schlagen auch noch zwei Metallteilchen auf, pling, pling.

Aufstand gegen die CSU

Als neutraler Beobachter könnte man die Einlagen des fränkischen Entertainers mit Gelassenheit betrachten, wenn die Republik nicht gerade mal wieder am politischen Abgrund stünde. Und wenn sich nicht die Frage stellte, wie viel Söder damit zu tun hat. Die CSU schlägt eine Art Entscheidungsschlacht gegen Bundeskanzlerin Angela Merkel in der Flüchtlingspolitik. Bei Söder hat sich die Eskalation zuletzt auch rhetorisch vollzogen: Neuerdings gehen ihm die Begriffe »Asyltourismus« und »Asylgehalt« geschmeidig über die Lippen, und dem Kontrollfreak Söder passiert das gewiss nicht zufällig. Söder will damit wohl beschreiben, dass es Asylbewerber gibt, die innerhalb Europas nach dem für sie attraktivsten Land suchen. Die Grüne Katharina Schulze sagt: »AfD-Sprech vom Ministerpräsidenten, das ist ein Schaden für unser Land.«

Die Opposition ist empört, sie schöpft aber auch Hoffnung. Schon gegen das scharfe Polizeigesetz der Staatsregierung haben im Mai am Münchner Odeonsplatz 30 000 Menschen demonstriert – wieder waren bei Söder mangelndes Gespür und handwerkliche Fehler eine ungute Melange eingegangen. Lange nach der Landtagswahl wird Söder sich gezwungen sehen, das Gesetz, das eine Präventivhaft ohne zeitliche Begrenzung gestattet, zu korrigieren. Fürs Erste tut er die Demonstranten jedoch als »Feuilletonisten« ab. Der Begriff, hat Timo Frasch in der »FAZ« mal schön festgestellt, umfasse für Söder alle, »die schlau daherreden, aber eigentlich keine Ahnung haben«. Ahnung hat demnach nur Söder, und er macht keinen Wahlkampf für Feuilletonisten, die ihn eh nicht wählen. Aber muss ein Ministerpräsident nicht für alle da sein? Eine Einsicht, die zu diesem Zeitpunkt bei Söder noch aussteht.

Im Juli 2018 gehen in München ein weiteres Mal an die 30 000 Menschen gegen die CSU auf die Straße, diesmal gegen eine »Politik der Angst« in der Flüchtlingsfrage. »Ausgehetzt« lautet das Motto. Wer alt genug ist, fühlt sich an die Achtzigerjahre erinnert, an die historischen Proteste gegen die nukleare Wiederaufbereitungsanlage (WAA) im oberpfälzischen Wackersdorf. »Stoppt Strauß« stand ehedem auf den Buttons, nun liest man auf Aufklebern: »Söder stoppen«. Auf einem Plakat steht: »A Mass statt Hass«. Wenn man als Journalist Söder Schmerzen bereiten will, muss man nur schreiben, das »Wackersdorf-Gefühl« sei wieder da.

Söder, Seehofer, Dobrindt, Landtagsfraktionschef Thomas Kreuzer – sie alle haben dazu beigetragen, dass die Volkspartei CSU einen Teil des Volkes gegen sich aufgebracht hat. Und sie unterschätzen, wie bunt und breit dieser Protest ist. Auf den Straßen von München entlädt sich die Wut über die Flüchtlingspolitik der CSU, aber es hat sich auch sonst einige Unzufriedenheit aufgestaut. Viele junge Menschen wollen sich nicht mehr von einer einzigen Partei vorschreiben lassen, welches Bild sie von ihrer Heimat haben. »Reclaim Bavaria«, ist einer der Slogans dieses alternativen, hippen Bayerns zwischen Tracht und Tattoo: Holt euch Bayern zurück. Eines ihrer Hauptärgernisse fällt direkt auf Söder zurück: sein Landesentwicklungsprogramm, das noch mehr Gewerbegebiete auf vormals grünen Wiesen begünstigt.

Auf die »Ausgehetzt«-Demo reagiert die CSU mit einer Art Gegen-Demo und pflastert die Route mit Plakaten: »Ja zum politischen Anstand. Nein zu #ausgehetzt. Bayern lässt sich nicht verhetzen«. So weit ist es gekommen: Die selbst ernannte Staatspartei CSU führt sich auf wie die außerparlamentarische Opposition. Anstatt die entfremdeten Bürger zurückzugewinnen, stößt sie diese noch weiter weg. Offiziell verantwortet Generalsekretär Markus Blume das seltsame Manöver, aber es darf als unwahrscheinlich gelten, dass er ohne Zustimmung des Wahlkämpfers Söder handelt. Eine faire Betrachtung muss freilich berücksichtigen, dass Differenziertheit auch nicht gerade zu den Stärken einiger Demonstranten gehört. Ist die CSU wirklich »braun« und ein »Faschistenpack«, wie manche skandieren? Der Kabarettist Bruno Jonas sagt der »FAZ« alles Nötige: »Die Verrohung der Sprache gibt es auf beiden Seiten.«

Die CSU hat es immer als ihr Erfolgsrezept und als ihre Aufgabe verstanden, den rechten Rand der Parteienlandschaft ins demokratische Spektrum zu integrieren. Im Fall der AfD ist das böse schiefgegangen. Seehofer und Söder, die starken Männer der CSU, haben in den Jahren 2015 bis 2018 beide die Balance verloren. Sie berücksichtigten kaum mehr, was die CSU immer zur Volkspartei gemacht hat: das breite Dach, unter dem sich Grenzzaunfreunde und Flüchtlingshelfer gleichermaßen tummeln konnten. Die CSU hat sich treiben lassen von der AfD – und der Parteivorsitzende Seehofer vom Wahlkämpfer Söder. Mitten hinein in eine der größten Krisen der Parteigeschichte.

Erst mit Verspätung hatte die CSU die AfD überhaupt als brandgefährlichen politischen Feind erkannt; auch Söder wird nachgesagt, in den Anfangsjahren der AfD die neue Euro-kritische Kraft insgeheim eher für hilfreich als für schädlich gehalten zu haben. Als sich das 2015 ändert, findet die zunehmend panische CSU quälend lange keine Strategie gegen die Rechtspopulisten. Söder und Seehofer sind sich einig darin, die AfD zu ignorieren und sie nicht durch direkte Angriffe aufzuwerten. Eine rhetorische Annäherung, glauben sie, werde die AfD letztlich überflüssig machen. Bei der Bundestagswahl führt das zu einem AfD-Ergebnis von 12,4 Prozent der Zweitstimmen in Bayern. Die CSU muss erkennen, dass ihr Konzept gegen die AfD offenbar schlecht ist. Wie reagiert sie? Sie macht das schlechte Konzept noch schlechter, sie dreht 2018 noch stärker nach rechts.

Man muss der CSU zugutehalten, dass sie da einen Versuch unternommen hat, mit dem sich etwa die Grünen die Finger nicht schmutzig machen würden: AfD-Wähler zurückzuholen in die Mitte. Und nüchtern betrachtet war die Position, es kämen zu viele Flüchtlinge zu ungeordnet ins Land, natürlich legitim, zumal Bundeskanzlerin Angela Merkel ihre Politik lange nicht hinreichend zu erklären vermochte. Doch durch verbale Entgleisungen und Unbeherrschtheiten im Konflikt mit Merkel haben Söder wie Seehofer der Öffentlichkeit den Blick auf Sachfragen verstellt. Dass das Gesicht der CSU 2018 zu einer Fratze verzerrt wird, haben sie sich selbst zuzuschreiben.

Söder spricht im Landtagswahlkampf 2018 oft vom »bürgerlichen Lager«, das er zu mobilisieren gedenke. Er übersieht allerdings, dass sein Ton nicht wirklich der ist, den sich das bürgerliche Lager von einem bayerischen Ministerpräsidenten wünscht. So richtig funktionieren seine Reden nur noch im Bierzelt; das Bierzelt, wo traditionell kräftig ausgeteilt und nicht intellektuell debattiert wird, wird sein Zufluchtsort. Dort holt er sich die Sicherheit, auf gutem Kurs zu sein. Es ist eine trügerische Sicherheit. Das Bierzelt ist im Bayern der Gegenwart nicht mehr der Ort, an dem die politische Wahrheit liegt. Wenigstens nicht die ganze.

Söder rechnet den Leuten im Bierzelt gern vor, was man alles mit dem Geld anfangen könnte, das für Flüchtlinge ausgegeben werde: »Davon könnte man zwei Universitäten bauen oder 100 000 Kita-Plätze einrichten.« Abschiebung ist eines seiner Lieblingsthemen: »Wir setzen Recht konsequent durch, mehr und härter als woanders.« Sein Kernsatz lautet: »Der Schutz der einheimischen Bevölkerung steht für mich an erster Stelle.« Und auch dafür erhält er häufig donnernden Applaus: »Wer bei uns falsch parkt, bekommt einen Strafzettel. Der Rechtsstaat funktioniert super, wenn es um uns geht! Aber er scheint nicht die gleiche Durchsetzungskraft zu haben, wenn es um andere geht.« Hier die Einheimischen, dort die anderen. Dazwischen: nichts.

Ein Problem des Ministerpräsidenten Söder ist es, dass er auch Bierzeltreden hält, wenn er sich gerade nicht in einem Bierzelt befindet. Seine Sprüche und Witze bringt er weitgehend unverändert an, selbst wenn er bei der Bayerischen Wirtschaftsnacht vor der Unternehmer-Elite steht. Das Steuer-Eintreiben vergesse der Staat nie, empört sich Söder, aber Einreiseverbote auszusprechen, das sei tabu: »Glauben Sie nicht, dass wir uns als Rechtsstaat lächerlich machen?« Als er erklärt, eine Amtszeitbegrenzung auf zehn Jahre »wäre nicht nur für Bayern ein Vorbild«, wogt ein Raunen durch die Reihen. Ein Giftpfeil gegen die seit mehr als einem Jahrzehnt regierende Angela Merkel. Bei allem Streit mit Merkel, sagt ein Wirtschaftsmann hinterher, so spreche man nicht über eine Bundeskanzlerin. Als Minister habe er sich so was erlauben können. Aber als Ministerpräsident? Söder kennt es nicht anders, er macht seit jeher Politik im Konflikt. So gewinnt man Aufmerksamkeit, klar. Aber gewinnt man so Verbündete?

Showdown mit der Kanzlerin

Söders Debüt auf der Berliner Bühne gerät zum Debakel. In der Ministerpräsidentenkonferenz (MPK), die er eineinhalb Jahre später während der Corona-Krise leiten wird, pflegt man einen kollegialen Umgang. Söder, berichtet einer, der bei dessen erstem Auftritt dort dabei war, habe einen ganz anderen Ton angeschlagen: Bayern hier, Bayern dort – und Abgang. Vorher hinterließ Söder noch eine Protokollerklärung, in der er Zustimmung zum Asylplan der CSU forderte. Abstimmungsergebnis: 1:15. Horst Seehofer hatte beim Länderfinanzausgleich ein 16:0 für den bayerischen Vorschlag organisiert. Nachher hätten sich viele Regierungschefs »am Tisch und beim Kaffee über Söder mokiert«, sagt der Beobachter. Söder habe offenbar nicht verstanden, dass allein der Konsens in der Gruppe den Bundesländern Macht verleiht.

Selbst in der CSU fragen sich inzwischen einige, ob das alles wahr sein kann. Eines Tages lautet die Frage zum Beispiel: Hat Söder wirklich das Ende des Multilateralismus verkündet? Eine Interviewformulierung war jedenfalls missverständlich genug, dass man diesen Eindruck haben könnte. Alois Glück, Söder-Kritiker der ersten Stunde, schreibt einen Brandbrief, in dem er ihn indirekt in eine Reihe mit Putin und Trump stellt. Aber sonst begehrt offen kaum jemand auf. Es steht ja eine Wahl bevor.

Langsam wird Markus Söder nervös. Er glaubt zwar wirklich, dass die Sache erst in den letzten vier Wochen vor der Wahl entschieden wird. Aber die Ablehnung, das gibt er zwei Jahre später zu, sei ihm schon nahegegangen. Bei der Eröffnung des Münchner Filmfests wird er in einem vollen Saal ausgebuht – wann ist das zuletzt einem bayerischen Ministerpräsidenten in solch einem Rahmen passiert? Er habe an die Fernsehserie »The Crown« gedacht, erzählt Söder, die er kurz zuvor gesehen hatte. Er habe es also gemacht wie die Queen im Fernsehen: einfach nichts sagen und lächeln.

In seiner Partei munkeln sie derweil, was wohl passieren werde, wenn er bei der Wahl unter vierzig Prozent landet. Günther Beckstein schickt vorsorglich eine Botschaft in die CSU: »Auch wenn es nicht zur absoluten Mehrheit reicht, sollte Markus Söder Ministerpräsident bleiben und eine Koalition führen.« So weit ist es gekommen für den Siegertypen Söder: Vier Monate vor der Wahl wird über die Folgen einer Niederlage verhandelt.

Es ist dann eine winzige Sachfrage, an der sich Mitte Juni die große Schlacht zwischen CSU und CDU entzündet. An einigen glühend heißen Sommertagen wird die CSU alles aufs Spiel setzen: nicht nur einen Erfolg Söders bei der Wahl, sondern auch die Fraktionsgemeinschaft mit der Schwesterpartei im Bundestag.

Es ist eine bewährte Masche der CSU, aus kleinen Themen große Symbole zu machen. Beim Betreuungsgeld oder der Pkw-Maut hat sie damit in Berlin durchaus spektakuläre Siege errungen, vorläufig zumindest. Den spektakulärsten, symbolischsten Sieg von allen hat Seehofer für den Sommer 2018 eingeplant. Es ist das Schlusskapitel eines Streits mit Merkel, in den sich Seehofer über die Jahre sehenden Auges verrannt hat. Söder ist jedoch voll an Bord: Wie Seehofer erklärt er die Flüchtlingspolitik zum Prüfstein der Glaubwürdigkeit der CSU. Und er akzeptiert es auch, dass eine winzige Sachfrage zum Prüfstein dieser Flüchtlingspolitik wird. Es geht um die Zurückweisung von Asylbewerbern, die schon in anderen EU-Staaten Asyl beantragt haben. Nach den Dublin-Regeln ist jenes EU-Land für Schutzsuchende zuständig, in dem sie zuerst europäischen Boden betreten haben. Seehofer will also bereits Registrierte an der deutschen Grenze abweisen, notfalls in einem nationalen Alleingang. Merkel besteht auf einer europäisch abgestimmten Lösung. Ein großer Knall liegt in der Luft.

In der Sache hätte die CSU eigentlich viele Unterstützer, wahrscheinlich sogar eine Mehrheit in der Bundestagsfraktion der Union. Doch weil sie stilistisch überzieht, wenden sich im Lauf des Konflikts immer mehr Leute von ihr ab. Das verärgert die Christsozialen umso mehr: Wieder einmal hat es Merkel mit ihrer Disziplin und Hartnäckigkeit geschafft, die Stimmung gegen die Schwestern und Brüder aus Bayern zu drehen. Die CSU wird im Auge der meisten Deutschen zum Aggressor. Dabei können die Christsozialen schon auch Gründe nennen für ihren Zorn: Merkel schere sich offensichtlich nicht um die Landtagswahl in Bayern – obwohl sich die CDU im Bund ohne die Stimmen aus Bayern längst in SPD-Nähe bewege. Manche glauben, Merkel arbeite vielleicht nicht gezielt darauf hin, die CSU kleinzuhalten, aber sie nehme es billigend in Kauf.

Zur Deeskalation trägt Söder in diesen Wochen zunächst absolut nichts bei. »Merkel muss weg«, zitieren ihn Parteifreunde aus kleinen Runden. Öffentlich sagt er: »Bei der Zuwanderung dürfen wir keine halben Sachen mehr machen. Wir sind im Endspiel um die Glaubwürdigkeit.« Was Söder am Ende von Seehofer unterscheiden wird: Er wird den Moment erkennen, in dem die CSU ihr Endspiel besser absagen sollte.

Die Lage spitzt sich zu, als die CSU der Kanzlerin eine Art Ultimatum stellt. Ende Juni ist EU-Gipfel, und von dort müsse

Merkel Zusagen der Partner mitbringen, die »wirkungsgleich« mit Zurückweisungen an der Grenze seien. Es ist Freitag, der 29. Juni, als Merkel aus Brüssel wiederkommt. Sie hat mehr erreicht, als die meisten zu hoffen wagten: immerhin den Anfang jener »europäischen Lösung«, die Seehofers Zurückweisungen unnötig machen würde. Die Kanzlerin stellt bilaterale Vereinbarungen mit mehreren Staaten in Aussicht, sie sollen die Rückführung von Asylbewerbern beschleunigen. Reicht das der CSU? Es wird viel telefoniert in der Parteispitze. Klare Tendenz: Die EU wolle jetzt die Asylwende, das sei doch was. Und die CSU könne es als ihren Erfolg verkaufen. »Bayern hat da viel bewegt«, sagt Söder. Für einen Augenblick am Samstag, den 30. Juni, scheint ein Showdown abgewendet zu sein.

Dann lässt die Kanzlerin über einen Sprecher präzisieren, dass unilaterale Zurückweisungen von der Brüsseler Einigung explizit nicht gemeint seien. In der CSU wachsen wieder Sorge und Wut. CSU-Landtagsfraktionschef Thomas Kreuzer, ein Hardliner, nordet seine Abgeordneten in interner Runde ein. Er spricht von einem »großen Bluff« Merkels. Die Liberalen in der CSU, Leute wie Theo Waigel, hoffen dennoch auf einen Formelkompromiss: Merkels Ergebnisse seien gut genug, dass Seehofer sich damit gesichtswahrend zufriedengeben könne. So sieht die Sache auch Söder: Eine eher anlasslose Sprengung der Bundesregierung würden viele CSU-Wähler kaum goutieren. Aber was ist mit Seehofer?

Söder und Seehofer sind die Doppelspitze der CSU. Doch das heißt keineswegs, dass sie in ständigem oder wenigstens regelmäßigem Kontakt stünden. Für Sonntag, den 1. Juli, ist in München eine CSU-Vorstandssitzung angesetzt – spätestens da wird auch Söder erfahren, was Seehofer denkt. Am Abend vor der Sitzung besucht Söder das Schlossgartenfest in Erlangen. Weiß gedeckte Tafeln unter Bäumen, Menschen tanzen im Schein der Lampions – aber so richtig kann Söder das alles nicht genießen. Und dann meldet sich um kurz nach 21 Uhr auch noch seine engste Mitarbeiterin und sagt: Das Fernsehen zeige Bilder von Seehofer und Merkel auf dem Balkon des Kanzleramts. Söder weiß nichts von einem Treffen. Haben sie den großen Knall doch noch abgewendet? Und wenn ja, warum erfährt es Söder dann nicht? Noch auf dem Schlossgartenfest erhält Söder einen Anruf des österreichischen Bundeskanzlers. Auch Sebastian Kurz will wissen, was da los ist in Berlin. Aber Söder weiß es ja selbst nicht. Seehofer ist nicht zu erreichen.

Als Markus Söder am Sonntagvormittag beim »Tag der Franken« die Ansbacher Altstadt durchschreitet, verbreitet er Zuversicht für die CSU-Vorstandssitzung am Nachmittag in München. Es gehe jetzt um alles, und im Nachhinein weiß man, dass Söders Lockerheit nur gut gespielt war. Um 15 Uhr beginnt in der CSU-Zentrale eine Sitzung, die in die Geschichtsbücher der Partei eingehen wird. Mehr als acht Stunden wird sie dauern.

Merkels Gipfelergebnisse, sagt Seehofer laut Sitzungsteilnehmern, seien nicht wirkungsgleich mit Grenzkontrollen und Zurückweisungen. Viele Vorstandsmitglieder haben jetzt keinen Zweifel mehr: Die Sache eskaliert, Seehofer wird als Innenminister die Zurückweisungen anordnen. Für das Ende der Sitzung kündigt Seehofer eine »persönliche Erklärung« an. Eine persönliche Erklärung des Parteichefs – das kann eigentlich nur seinen Abschied bedeuten.

Doch bis dahin gibt es noch 56 Wortmeldungen. Manfred Weber und einige andere plädieren für eine gütliche Einigung mit der CDU, aber viele andere Redner lassen kein gutes Haar an Merkels Vorschlag. Dann spricht der eine, auf den alle warten. Es sei nicht entscheidend, wer recht behalte, sagt Markus Söder, sondern was richtig sei. »Die Leute spüren, ob wir aus Angst oder Überzeugung handeln. Und wenn ich vor der Wahl stehe, fällt die Entscheidung eindeutig aus«, wird Söder zitiert. Man wolle die Regierung nicht stürzen: »Wir sind keine Hasardeure.« Söders Beitrag wird im Gegensatz zu Seehofers als besonnen wahrgenommen. Im Rückblick weiß man, dass Söder in diesem Moment einbiegt in die Kurve, die zu einem ziemlich tollkühnen Imagewechsel führt.

Es ist kurz vor 23 Uhr an jenem 1. Juli 2018, als Seehofer zu seiner persönlichen Erklärung ansetzt. Es wird eine emotionale Generalabrechnung mit Merkel. Seehofer, dringt aus dem Saal, weist Merkel die komplette Verantwortung zu. Die Kanzlerin habe mit ihrer Flüchtlingspolitik Europa und die Union gespalten, sie habe das Aufblühen der AfD erst ermöglicht. Am Ende seiner Tirade sagt Seehofer irgendetwas mit Rücktritt. Aber ob er ihn angekündigt, angeboten oder nur angedroht hat, das könnte auch Söder in diesem Moment nicht mit Sicherheit sagen.

Die CSU-Zentrale steht unter Schock, die Führungsriege der Partei zieht sich um kurz vor Mitternacht in den zweiten Stock zurück. Seehofer und Söder sind dabei, Dobrindt, Blume, der Ehrenvorsitzende Stoiber. Seehofer, hört man später, skizziert der Runde die Optionen. Erstens: Nachgeben und die Glaubwürdigkeit der CSU für immer zerstören. Zweitens: Stehen bleiben und so die Bundesregierung sprengen. Oder drittens: Seehofer geht als Parteichef und Innenminister. Stoiber ergreift als einer der Ersten das Wort: Das Ende der Fraktionsgemeinschaft mit der CDU, sagt er, wäre auch »das Ende der Volkspartei CSU«. Söder schließt sich dem an. Die zweite Option ist demnach ausgeschlossen. Recht viel weiter führt die Debatte nicht. Irgendwann ruft Dobrindt die Bundeskanzlerin an. Er berichtet der Runde anschließend, Merkel sei bereit, am nächsten Tag noch einen letzten Anlauf für eine Verständigung zu nehmen.

Am Montag, dem 2. Juli, befindet sich das politische Deutschland in einem Schwebezustand. Den Ton in der CSU gibt nicht mehr Horst Seehofer vor – ein halber Rücktritt ist für den Geschmack der Öffentlichkeit ein ganzer –, sondern Markus Söder. Bei einem Termin am Vormittag in Niederbayern sagt er, die Stabilität der Bundesregierung stehe für die CSU nicht zur Debatte. Auch ein Verlassen der Fraktionsgemeinschaft mit der CDU sei nicht der richtige Weg. »Man kann in einer Regierung viel erreichen, aber nicht außerhalb«, sagt Söder. Da hat einer die Tonspur gewechselt. »Der Horst hat uns alle überrascht mit seiner Entscheidung«, sagt Söder noch.

War es das jetzt für Seehofer? Formal ist er an diesem Montag noch Parteichef, er ist Teil der Gruppe, die Merkel am Abend beim Krisengipfel in der CDU-Zentrale gegenübersitzen soll. Doch die CSU beginnt schon, sich neu zu sortieren. Zu früh, wie sich einige Stunden später zeigen wird. Aus dem CDU-Vorstand, der am Vormittag tagt, dringt ein Satz von Bundestagspräsident Wolfgang Schäuble: »Wir stehen am Abgrund.«

Söder und Stoiber, der ebenfalls Teil der CSU-Delegation ist, fliegen am Nachmittag zusammen nach Berlin. Söders Limousine hat sie gerade vom Flughafen abgeholt, da lesen sie online ein frisches Seehofer-Zitat, das eher nicht zu unverkrampften Verhandlungen beitragen dürfte. »Ich lasse mich nicht von einer Kanzlerin entlassen, die nur wegen mir Kanzlerin ist«, hat er der »Süddeutschen Zeitung« gesagt. Seehofer meint die Wahlergebnisse der CSU in Bayern, die viel besser sind als die der CDU im Rest Deutschlands. Hinter Seehofers Ausbruch, das wird man später verstehen, steckt keine geniale Taktik, sondern nur Verletzung und Wut. Söder sagt im Auto zu Stoiber: »Drehen wir wieder um?« Die beiden sind kurz davor, genau das zu tun, als Alexander Dobrindt sie anruft und bittet, trotzdem zu kommen.

Zur Lösung des Konflikts zwischen Seehofer und Merkel können Söder und Stoiber jedoch nichts beitragen. Im Gegensatz zu Wolfang Schäuble. Der Bundestagspräsident, der häufig mit Merkels Flüchtlingspolitik haderte, gibt den Vermittler. In seinem Büro treffen sich vor dem offiziellen Krisengipfel die CDU-Chefin und der CSU-Chef. Und tatsächlich: Die beiden einigen sich.

Um kurz nach 22 Uhr an diesem Montag tritt Seehofer vor die Kameras und verkündet den Durchbruch. Es gebe nun eine klare Vereinbarung, um illegale Migration an der deutsch-österreichischen Grenze zu verhindern. Drei Punkte habe man festgeschrieben: Transitzentren, Rücknahmeabkommen mit möglichst vielen Staaten, Zurückweisungen in Absprache mit Österreich. So gelungen sei dieser Kompromiss, dass er ihm, Seehofer, erlaube, als Innenminister weiterzumachen. Stoiber, Dobrindt, Scheuer und Dorothée Bär umringen ihren Parteichef. Nur einen sieht man nicht: Markus Söder. Der ist schon wieder auf dem Weg nach Bayern. Diesen Wahnsinn, denkt er sich vielleicht, sollen bitte andere erklären.

Frontalangriff auf die AfD

Eine Hoffnung bleibt Söder nach dem Asylstreit: Es sind noch drei Monate bis zur Wahl. Drei Monate, in denen die Wähler vergessen können. Und sich – vielleicht beim Baden in kristallklaren Seen, in denen sich Alpengipfel spiegeln – daran erinnern, in welchem Paradies sie leben und wem sie das zu verdanken haben. Wenn es den Leuten gut geht, wird die Regierung bestätigt, diese alte Regel haben die CSU-Strategen immer wieder angeführt, erst belehrend, dann beschwörend. Und als schließlich der Herbst kühl und unerbittlich übers Land kommt, beinahe verzweifelt.

Wer sich durch den Wahlkampf treiben lässt, der kann mit ansehen, wie einer Volkspartei das Volk von der Stange geht. Söder ist ein fast tollwütiger Handelsreisender seiner selbst, 18 Stunden am Tag ist er unterwegs, 250 000 Menschen haben allein seine Bierzelt-Auftritte erlebt, so hat das sein Team ausgerechnet. Im Endspurt geht Söder dazu über, sogar noch die wenigen freien Minuten vor oder nach Auftritten für eine CSU-Variante von Guerilla-Marketing zu nutzen. Das ist das Bild dieses Wahlkampfes: Der Ministerpräsident bricht in Fußgängerzonen über verdutzte Wähler herein und stalkt sie mit Geschenken. Brezen und »Söder-Water«, ergänzend zu Familien-, Pflege- und Baukindergeld, die Anträge waren schon in der Post. Die Menschen bedanken sich artig, und dann wählen sie die AfD oder die Grünen.

Die bayerischen Grünen besitzen 2018, was der CSU schmerzlich fehlt: Lockerheit, Optimismus, Lebensnähe. Und in Katharina Schulze und Ludwig Hartmann zwei sympathische Spitzenkandidaten. Die Grünen können es sich bei den schwierigen Themen einfach machen, sie müssen keine Wähler zurückholen von der AfD. Sie müssen überhaupt niemand holen. Die Leute kommen ja von selbst. Und dann gibt es da noch die Freien Wähler und ihren Chef Hubert Aiwanger, Fleisch vom Fleische der CSU, auch sie sind solide in Form in diesem Wahlkampf. Wer nicht CSU wählen will, hat Möglichkeiten am 14. Oktober. Söders Leute legen also die Messlatte tiefer: Die 38,8 Prozent, die Seehofer bei der Bundestagswahl 2017 holte, die wären doch unter diesen widrigsten Umständen schon ein Erfolg.

Auch Söder selbst muss sich bewegen. Und tatsächlich gelingt es ihm irgendwie, plötzlich den Feuerwehrmann zu geben, obwohl er gerade selbst noch Brandstifter war. Allerdings hat er früher als andere erkannt, dass die CSU beim Feuerschüren überzogen hat. Zwei große Zäsuren hat Söders Wahlkampf, und die erste dieser Kurskorrekturen, eigentlich Vollbremsungen, vollzieht er im Münchner Landtag. Es ist spät am Abend, das Plenum ist nur noch mager besetzt. Söder spricht über Dinge, die viele nicht auf Anhieb mit ihm verbinden: Stil, Respekt, Anstand.

Er hat registriert, dass die CSU in diesen Wochen von Austritten gebeutelt wird, weil viele den Streit mit der CDU nicht mehr ertragen. Langjährige Mitglieder schreiben an hohe Funktionäre, dass sie sich schämen für ihre Partei. Söder sieht die Zeit für seine Metamorphose gekommen. Gerade beschimpften ihn manche noch als fränkischen Donald Trump. Jetzt will er ein Staatsmann sein. Die Menschen, hebt er im Landtag an, hätten von Machtspielen genug. Die Opposition biegt sich vor Lachen – so was vom Machtmenschen Söder!

Der gibt sich unbeirrt. Er werde das Wort »Asyltourismus« nicht mehr verwenden, verspricht er. Niemand solle verletzt werden, er wolle eine sachliche Debatte führen. Was Söder nicht über die Lippen kommt: das Eingeständnis, dass die Wendung Ressentiments gegen Asylbewerber bedient hat.

Söder gibt sich geläutert. »Wir alle haben zur Verschärfung des Asylstreits beigetragen, auch ich«, sagt er auch zwei Jahre später. »Ich habe mich dann aber auch korrigiert.« Überhaupt habe die CSU im Wahlkampf 2018 »das optimistische Lebensgefühl in Bayern zu wenig repräsentiert. Durch den Streit in Berlin entstand der Eindruck, wir stünden mehr auf der ›dunklen Seite der Macht‹. Das hat sich einfach nicht gut angefühlt.« Aber auch das habe man ja »konsequent korrigiert«.

Söder erzählt die Geschichte einer erst inneren und dann auch äußeren Umkehr. Es ist eine ziemlich gute Geschichte, aber wie so oft bei ihm ist es eine sehr individuelle Entscheidung, ob oder inwieweit man sie ihm abnimmt. Katharina Schulze, die Grünen-Spitzenkandidatin 2018, hat zwei Jahre danach ihre Zweifel: »Was ich verstörend finde: Was wäre passiert, wenn Söders rechtsgerichteter Wahlkampf verfangen hätte? Hätte er das dann weiter so durchgezogen? Ich bezweifle, dass er dann heute Bäume umarmen würde.« Wenn Söder und die CSU damals ihren Kurs nicht geändert hätten, hätten sie die Wahl verloren, sagt Schulze. »Das war einfach eine kühle Abwägung.« Aber klar, natürlich sei sie schon auch froh gewesen, »dass die Regierung endlich die Brandmauer gegen rechts hochgezogen hat«.

Eigentlich hätte der Wahlkämpfer Söder den Bauplan für diese Brandmauer schon im Mai zur Hand gehabt. CSU-Generalsekretär Blume hatte in einem Strategiepapier vorgeschlagen, die AfD als »unbayerisch« zu brandmarken. »Die AfD ist ein Feind von allem, für das Bayern steht«, ist da zu lesen, und: »Brauner Schmutz hat in Bayern nichts verloren.« Aber im Frühjahr waren weder Söder noch Seehofer so weit. Heute erkennt Söder das auch an: Es sei die »falsche Strategie« gewesen, zu denken, man könnte Wähler von der AfD zurückholen. »Es war eine Fehleinschätzung, die AfD nicht schon früher hart anzugreifen.«

Die Landtagswahlkampagne der AfD wirbt mit dem Slogan »Islamfreie Schulen« und mit Bildern von finsteren Gestalten, vor denen sich »unsere Frauen und Töchter« angeblich fürchten. Einen Wettlauf um Wähler, die sich von so etwas beeindrucken lassen, konnte die CSU nicht gewinnen. Die Partei hätte diesen Wettlauf, das hat Söder auf dem Höhepunkt des Asylstreits immerhin erkannt, nie aufnehmen dürfen.

Mit Verspätung zieht Markus Söder die Brandmauer schließlich hoch. Am 1. September, einem Samstag, ruft die AfD in Chemnitz zu einer Großveranstaltung auf, gemeinsam mit der fremdenfeindlichen Pegida-Bewegung. 8000 Menschen treffen sich zu einem sogenannten Trauermarsch für Daniel H., der kurz vorher mutmaßlich von einem Asylbewerber erstochen wurde. Führende AfD-Politiker marschieren bei der Demonstration ungeniert mit dem vorbestraften Pegida-Gründer Lutz Bachmann. Es ist ein symbolischer Schulterschluss und eine gezielte Provokation.

Chemnitz, sagt Markus Söder im Rückblick, sei der »letzte Impuls« gewesen, den Kurs gegenüber der AfD zu ändern. Da seien AfD und Pegida zusammen marschiert – »mit weißen Rosen am Revers. Das war die bewusste Pervertierung eines Symbols des Widerstands gegen den Nationalsozialismus. Da habe ich mich endgültig entschlossen, klare Kante zu zeigen und die AfD direkt zu attackieren.« Es ist die zweite große Zäsur in seiner Kampagne.

Am Montag nach der rechten Verbrüderung von Chemnitz spricht Söder auf dem Volksfest Gillamoos im niederbayerischen Abensberg. Bis dahin hat er es vermieden, die AfD bei Bierzeltreden überhaupt zu erwähnen. Jetzt, im Schatten von Chemnitz, kommt er daran nicht mehr vorbei.

Söder attackiert die AfD namentlich und frontal. Die AfD eine Protestpartei? »Meiner Meinung nach ist sie das nicht.« Es

gebe da eine versteckte Agenda, ruft Söder: »AfD, NPD, Hoo-
ligans: Seit' an Seit' sind sie marschiert.« Söder rückt die AfD
in die Nähe des Nationalsozialismus, und man darf davon ausgehen, dass er seine Worte bewusst wählt. »Der heimliche Führer der AfD ist Herr Höcke«, sagt er. Nicht Anführer. Führer.
Söder meint den Thüringer Fraktionschef Björn Höcke, den
bekanntesten Vertreter des rechtsnationalen Flügels der AfD.
Ein Gericht hat entschieden, dass man ihn einen Faschisten
nennen darf.

Auf dem Gillamoos gibt Söder seinen Leuten das Signal zum
Angriff auf die AfD. Es ist eine Entscheidung, die den Wahlkampf verändert. Die Werte der CSU in den Umfragen sinken
zwar weiter. Aber auf einmal spüren die Christsozialen wieder
Boden unter den Füßen. Die Partei wirkt jetzt ein Stück weit
befreit, der Umgang mit der AfD ist nicht mehr verdruckst,
sondern klar. Am Ende könnte die neue Strategie die AfD zumindest einige Prozentpunkte kosten.

Der Überlebenskünstler

Mitte September, vier Wochen vor der Landtagswahl, versammelt sich die CSU zum Parteitag im Münchner Postpalast, der
temperaturmäßig einer Sauna gleicht. Für Söder hat seit seinem
Amtsantritt im März wenig richtig funktioniert, nicht mal die
Überraschungsnummer mit seiner Starministerin Marion
Kiechle, deren glückloser Ausflug in die Politik nach der Wahl
schon wieder zu Ende gehen wird. Der Untersuchungsausschuss zum umstrittenen Verkauf der GBW-Wohnungen endet
zwar mehr oder minder ergebnislos, hat Söder aber gewiss
auch nicht zu Imagegewinn verholfen. Im Postpalast jedoch
erlebt er einen der erquicklicheren Tage seiner Kampagne. Die
Optimisten in der CSU träumen sogar von einem Wendepunkt.

Erst wird Söder von Seehofer mit Komplimenten umschmei-
chelt (»erstklassiger Ministerpräsident«), die diesem einst nicht
mal unter Folter über die Lippen gegangen wären. Und Söder

selbst merkt man an, dass er nach irrlichterndem Suchen eine Balance gefunden hat in seinen Reden. Er appelliert an den Stolz der Basis: Es sei doch die CSU, die Bayern vom Agrar- zum Industrie- und schließlich zum Hightech-Land gemacht habe. Es sei doch die CSU, die sich um Forscher genau wie um Bauern kümmere: »Wir sind die letzte verbliebene Volkspartei.« Der emotionalste Moment kommt, als Söder sich die »Strauß würde AfD wählen«-Wahlplakate vornimmt, mit denen die Rechtsaußen-Partei Bayern tapeziert hat. Er gerät nun fast ins Schreien: »Franz Josef Strauß würde diese AfD bekämpfen, und wir sollten es auch tun.« Markus Söder kämpft, und die Partei weiß das zu schätzen.

Aber ein Wendepunkt? Na ja. Zwar folgt ein solides TV-Duell mit dem grünen Spitzenkandidaten Ludwig Hartmann, bei dem es für Söder durchaus ein Erfolg ist, als seriöser Herr mittleren Alters rüberzukommen. In den Umfragen schlägt sich das freilich nicht nieder – im Gegensatz zur Affäre um die Entlassung des Verfassungsschutzpräsidenten Hans-Georg Maaßen, die dem zuständigen Bundesinnenminister Seehofer höchst unwillkommene Schlagzeilen bringt. Es ist, als hätte das Schicksal Söder und Seehofer besonders gründlich aneinandergefesselt. Kurz vor der Wahl notiert dann der »Bayerntrend« des Bayerischen Rundfunks die CSU bei 33 Prozent. Es ist ein historischer Tiefpunkt, und für Markus Söder das Ende aller Gewissheiten.

Als Söder am Morgen des 14. Oktober 2018 in Nürnberg mit seiner Frau ins Wahllokal geht, ist er, so berichtet er im Rückblick, eher pessimistisch. Er hält es sogar für nicht ausgeschlossen, dass die CSU unter die Dreißig-Prozent-Marke fällt. Auch sein Generalsekretär Blume, der die Umfragezahlen kennt wie niemand sonst in der CSU, strahlt nicht unbedingt Zuversicht aus. Ein paar Stunden verbringt Söder noch zu Hause, dann lässt er sich nach München fahren. In der Staatskanzlei wartet er zusammen mit seinen engsten Vertrauten auf die ersten Ergebnisse. Seine Sprecherin Tanja Sterian ist da, Amtschefin Ka-

rolina Gernbauer, Staatskanzleichef Florian Herrmann und
Finanzminister Albert Füracker. Sie erzählen sich Geschichten
von vergangenen Wahlen und starren auf ihre Handys. Soll es
hier zu Ende gehen? 33, 34 Prozent brauche die CSU, damit
Söder sich in der eigenen Partei halten kann, glauben sie. Oder
reichen auch 31 oder 32? Söder legt sich, für den Fall der Fälle,
die alte Weisheit zurecht, die ihm einst der Parteifreund Oscar
Schneider mit auf den Weg gegeben hat: Anstand wahren, Haltung zeigen, Pflichten erfüllen.

Irgendwann leuchtet die erste Nachwahlumfrage auf Söders
Handy auf. 35 Prozent für die CSU. Wie eine Explosionswelle
verbreitet sich Erleichterung im Raum. Söder redet immer gern
von Demut: Vielleicht ist das ja der Moment, in dem er sie
wirklich spürt. 37,2 Prozent verzeichnet die CSU nach Aus-
zählung aller Stimmen. Die CSU abwählen, wird Söder später
sagen, wollten viele dann halt doch nicht.

Es ist ein großes politisches Schauspiel, das an diesem Abend
im Landtagsgebäude am Hochufer der Isar geboten wird – in
die Stille der Christsozialen hinein dringen von fern die Jubel-
schreie der Grünen. Bei 17,6 Prozent liegen sie. Aus dem Maximilianeum blickt man über Münchens Dächer und Türme,
und natürlich auch in den vorbildlich weiß-blauen Himmel,
den die untergehende Sonne mit perfektem Timing dramatisch
rötet. Mit Hängen und Würgen hat es die Söder-CSU geschafft,
sie wird eine Koalitionsregierung führen können. Doch die
christsoziale Herrlichkeit, ihr Nimbus der Unverwundbarkeit,
der 2008 schon Risse bekommen hatte, stürzt in sich zusammen. Und es gibt jetzt das, was es nach dem Diktum des CSU-
Übervaters Franz Josef Strauß nie geben durfte: eine demokra-
tisch legitimierte Partei rechts von der CSU. Die AfD zieht mit
10,2 Prozent in den Landtag ein.

Die drängendste Personalfrage in der CSU betrifft schon am
frühen Abend nicht mehr Söder. Er hat ein paar Sicherheitssei-
le angelegt, ist zuerst zur Fraktion geeilt, dem Fundament seiner Macht, sie wählt den Ministerpräsidenten. Ein Trio stützt

sich jetzt gegenseitig: Thomas Kreuzer, intern nicht unumstritten, soll Fraktionschef bleiben. Im Gegenzug soll er Söder wieder als Ministerpräsidenten vorschlagen. Ilse Aigner, Vorsitzende des größten CSU-Bezirks Oberbayern, soll Landtagspräsidentin werden. Aber was ist mit Horst Seehofer?

Söder und Seehofer treten am Abend getrennt auf. Söder sagt, es sei nicht leicht gewesen, sich vom Bundestrend abzukoppeln. Nach massivem Rückhalt für den Bundespolitiker Seehofer klingt das nicht. Es gibt dann noch eine kuriose Szene, als sich die zwei, die sich eigentlich aus dem Weg gehen wollten, im Getümmel des Steinernen Saals zufällig treffen. Im Blitzlichtgewitter geben sie sich die Hand. Beide wissen, dass die Partei die Schuld für das schlechte Ergebnis nicht dem jungen Söder zuweisen wird. Sondern dem alten Seehofer.

Der letzte Akt des Machtkampfs zwischen Söder und Seehofer ist kein echter Kampf mehr, zu sehr ist Seehofers Macht schon geschwunden. Er rettet sich trotzdem bis in den November, und ein letztes Mal gelingt es dem politischen Houdini Seehofer sogar da noch, seiner Partei die Angst zu machen, er wisse doch noch einen Fluchtweg. Aber es gibt keinen mehr. Horst Seehofer kündigt seinen Rückzug vom Parteivorsitz für Januar 2019 an. Bundesinnenminister darf er bleiben.

Bei der Suche nach einem neuen Parteichef handelt die CSU in den Wochen nach der Landtagswahl drei Namen: Söder, Weber und Dobrindt. Dobrindt gegen Weber, konservativer Hardliner gegen liberalen Europäer, das ist inzwischen ein moderner Klassiker in der CSU. Zumindest wenn es um den Parteivorsitz geht, hat Weber in diesem Duell klare Vorteile: Er ist in der Partei gefühlt viel populärer als Dobrindt, er hat in den CSU-Granden Theo Waigel, Erwin Huber und Alois Glück einflussreiche Förderer. Weber-Skeptiker dagegen sehen seinen Dienstort Brüssel als Handicap: Wie wolle er in Berlin wirklichen Einfluss auf die Große Koalition entwickeln? Weber hält sich lange auffällig zurück, obwohl er doch nur ein Jahr zuvor sehr gern CSU-Vorsitzender geworden wäre. Will er gerufen werden? Oder hat er Bedenken? 2019 wird Weber Spitzenkandidat der Europäischen Volkspartei bei der Europawahl sein, der erste Anwärter auf die EU-Kommissionspräsidentschaft.

Trotzdem scheint alles für Weber zu laufen. Mit den 37,2 Prozent der Landtagswahl, so sehen das viele in der CSU, werde Söder nicht stark genug sein, die ganze Macht in der CSU an sich zu reißen. Und will er das überhaupt? Söders Leute beteuern, dass es ihm nicht unlieb wäre, mit der Konzentration aufs Land seinem Image etwas mehr Solidität zu verleihen. Und tatsächlich sind in der CSU nicht die üblichen Bewegungen vernehmbar, mit denen Söder zeit seiner Karriere hinter den Kulissen Mehrheiten organisierte. Aber er weiß auch, dass es in der Politik Momente gibt, in denen man nicht Nein sagen kann.

Was also will Söder? Wie immer bei ihm hängt das sehr davon ab, wann man ihn fragt. Gegen Ende des Wahlkampfs waren sich Söder und Seehofer mal bei einer Kundgebung im Theater Ingolstadt begegnet. Für einige Minuten hatten sie sich zu zweit in eine Garderobe zurückgezogen, sieben Sicherheitsleute standen davor, man fragte sich, ob die Security drinnen nicht dringender gebraucht würde. Unter Seehofers Freunden hält sich die Version, Söder habe Seehofer damals versichert, der Parteivorsitz interessiere ihn nicht, Hand drauf. In den Wochen nach der Landtagswahl habe das schon wieder ganz anders geklungen, hört man aus der CSU. Da habe Söder vielen Gesprächspartnern mehr oder minder elegant reingedrückt, dass er sich der Verantwortung nicht entziehen würde. Söder ist ein Mann, der Gelegenheiten zu nutzen und möglicherweise auch herbeizuführen weiß.

Aus Söders Umfeld heißt es, man habe Weber signalisiert, dass Söder ihm nicht im Weg stehen würde. Aber relativ bald sei zu spüren gewesen: Er macht es nicht. Weber befürchtet, dass ihn der Parteivorsitz beim Griff nach der EU-Kommissionspräsidentschaft nicht beflügeln würde, sondern belasten.

Söder und Weber sind alte Rivalen, sie haben sich einigermaßen zusammengerauft, aber auch jetzt haben sie keinen engen Kontakt. An einem Samstag im November teilt Weber auf Facebook mit, dass er sich nicht um den Parteivorsitz bewerben wird. Söder, sagen seine Leute, wusste von nichts.

Damit ist der Weg frei für Söder, tags darauf kündigt er seine Kandidatur auf dem Parteitag im Januar an. Die Größen der CSU hat er vorab informiert, die meisten telefonisch: Seehofer, die mächtigen Bezirkschefs, die Ehrenvorsitzenden. Und wer keinen Anruf bekam, erhielt am Sonntag eine SMS. Söder ist bekannt für seine Handy-Rundbriefe: »Wollte dich informieren. Nachdem Manfred gestern seinen Verzicht erklärt hat, werde ich mich um den Vorsitz bewerben. Schönen Sonntag noch. MS.« Söder sei ein Taktiker, sagt einer aus der Partei, aber er habe schon auch einen gewissen Sinn für Etikette.

Auf den ersten Blick sind das höchst paradoxe Entwicklungen in der CSU. Die Partei setzt ihre ganze Hoffnung auf Söder, einen Mann, der gerade ein historisch schlechtes Landtagswahlergebnis eingefahren hat, der unter den Mitgliedern immer umstritten war – und an dessen Charakter manche auch weiterhin zweifeln.

Wenn Markus Söder daheim in Nürnberg auf der Couch sitzt, reibt er sich ja vielleicht manchmal die Augen und kann sein Glück nicht fassen.

2. Grüner wird's nicht
Wie Söder sich 2019 als Baum- und Bienenfreund neu erfindet

Von den vielen Bildern, die der gelernte TV-Journalist Markus Söder im Laufe seiner politischen Karriere von sich gemacht hat oder hat machen lassen, verblassen die allermeisten längst in Archivkellern oder in den Tiefen seines Instagram-Accounts. Aus dem Sommer 2019 allerdings gibt es ein Foto, das schon jetzt als Klassiker in Söders Schaffen gelten darf. Es zeigt ihn im Hofgarten hinter der Münchner Staatskanzlei, nach einer hochgradig symbolischen Outdoor-Sitzung seines »Klimakabinetts«. Söder legt seine Hände so zärtlich um einen Baumstamm, dass selbst ein Koala sich beim bayerischen Ministerpräsidenten noch etwas abschauen könnte.

Es ist nicht weniger als ein Schlüsselbild – ein Schlüsselbild für die wundersame Ergrünung des schwarzen Söder, und sicher auch ein hübscher Ausdruck seines ausgeprägten politischen Überlebensinstinkts. Die Landtagswahl im Herbst 2018 hat er mit viel Glück und ein wenig Geschick überstanden, nun zündet er die zweite Stufe seiner ganz persönlichen Imageerneuerung. Der neue Söder ist ein Softie, der seine Partei moderner und digitaler, weiblicher, offener und vor allem grüner machen möchte.

Was es heißt, wenn sich das politische Tier Söder in ein Thema verbeißt, können die Bayern 2019 besichtigen. Ein bayerisches Volksbegehren zum Wohl der Biene nimmt er nicht einfach an, er überholt förmlich die Initiatoren und macht ein »Volksbegehren plus« daraus. Er posiert mit Grand-Canyon-großen Sorgenfalten vor dem schwindenden Zugspitzgletscher. Und fast täglich traktiert er das Land mit Vorschlägen zum Klimaschutz, den er selbstverständlich im Grundgesetz festschreiben will. Kohleausstieg? Acht Jahre früher! Windkraft,

Sonnenkraft, mehr, mehr, mehr. Millionen neue Bäume für Bayerns Wälder, der Freistaat soll das erste klimaneutrale Land werden – und die CSU-Landesleitung im Münchner Norden bis Ende 2020 die erste klimaneutrale Parteizentrale der Republik. Der christsoziale Online-Shop offeriert unter dem neuen Parteichef Söder keine Plastikkugelschreiber mehr, sondern Lineale aus Zedernholz. Es gibt Tage, da kann Söder praktisch keinen Satz mehr ohne das Wort »Blühstreifen« bilden.

Wie immer, wenn Söder in einer neuen Rolle aufgeht, provoziert er damit auch diesmal die Frage, die ihn schon seine ganze Karriere lang verfolgt: Kann das alles echt sein?

Wenn der neue Söder nicht gerade mit schönen Worten den Planeten rettet, spricht er bevorzugt über Respekt, Würde und Stil. Diese Eruptionen von Milde und Landesväterlichkeit anstelle politischer Rauflust hatten schon begonnen, als er im März 2018 in die Staatskanzlei einzog; sie nahmen an Intensität zu, nachdem die CSU im Sommer um Haaresbreite den ganz großen Crash im Asylstreit vermieden hatte. Söder war bereits im ersten Jahr ein Ministerpräsident des Wandels, wenngleich nur des Wandels seiner selbst. Die Fortschritte waren bescheiden – auch, weil die politischen Realitäten Söders Rhetorik konterkarierten. Karrierist, Lautsprecher, Hallodri, Scharfmacher? 2019 ist das Jahr, in dem Söder wild entschlossen ist, die uncharmanten bis hässlichen alten Bilder endlich vergessen zu machen.

Um die Ehrlichkeit seiner Anstrengungen zu belegen, erzählt Söder von einer einschneidenden Begegnung im Wahlkampf, um den Asylstreit herum. Ein junger Journalist, der nicht aus Bayern stammt, aber dort arbeitet, habe ihm von der Sorge seiner Eltern in Hamburg berichtet: Was da los sei im Süden? Was die CSU da mache? Geht's dir gut da, bist du sicher? Dass ihm der junge Mann das so offen ins Gesicht sagte, habe ihm imponiert, sagt Söder. Er habe sich beinahe ein bisschen geschämt.

»Wir müssen wegkommen vom Ego First«, fordert er jetzt

also mit Nachdruck. Einander wieder mehr zuhören und offen sein für Argumente! Es wirkt fast ein wenig, als hätte der erwiesenermaßen humorbegabte Söder mehr als zwei Jahrzehnte lang auf diese eine Pointe hingearbeitet – und sich das teuflische Image eines Egomanen bloß aufgeladen, damit das Publikum vom Stuhl fällt, wenn er eines Tages plötzlich singt wie ein Engel. Markus Söder übertreibt es immer und mit allem, selbst mit der Mäßigung.

Die »Spezi«-Koalition

Für Söder geht 2018, das Jahr seines Missvergnügens, so richtig erst Mitte Januar 2019 zu Ende, beim CSU-Parteitag in München. Da löst er Seehofer als Parteichef ab, da endet der wahrscheinlich längste, vielleicht erbittertste Machtkampf in der Geschichte der CSU. Die Delegierten in der Kleinen Olympiahalle treffen ihre Entscheidung für Söder spürbar nicht mit Euphorie und großer Begeisterung, sondern aus kühlem Pragmatismus. Sie wählen ihn ganz einfach, weil er gerade der stärkste Wolf im schwarzen Rudel ist.

Vor der Wahl sitzen Söder und Seehofer mit ihren engsten Vertrauten in einem Aufenthaltsraum zusammen. So richtig viel zu sagen haben sie sich immer noch nicht, berichtet einer, der dabei war. Aber für ihre Verhältnisse zeigen sie guten Willen. »Wie fühlst du dich?«, fragt Söder. Seehofer sagt: »Der Wechsel gehört zum Leben.«

Jetzt, wo es vorbei ist, sehen sie im Söder-Lager deutlicher, wie viel die ehemaligen Rivalen gemeinsam haben. Beide sind höchst talentierte, aber auch höchst egozentrische Männer aus kleinen Verhältnissen, die es gegen große Widerstände in der Politik ganz nach oben gebracht haben. Im Rückblick wird Markus Söder sagen: »Von Horst Seehofer habe ich mehr gelernt, als ich lange zugeben wollte. Wahrscheinlich sind wir auf bestimmte Art enger verbunden, als wir beide es geglaubt haben.« Auf dem Parteitag trägt Söder Seehofer den Ehrenvorsitz der CSU an, die Partei wertet es als ein Signal der Versöhnung. Und für Seehofer ist es doch auch eine Ehre. Aber es ist eine Ehre, die nur Leuten zuteilwird, die es hinter sich haben.

Markus Söder hat noch viel vor sich. Er besitzt jetzt die ganze Macht, aber auch die ganze Verantwortung. Und das in einer Phase, in der die CSU wie nie zuvor darum kämpfen muss, Volkspartei zu bleiben.

Die Rahmenbedingungen für die Neuerfindung seiner Partei und seiner Person hat Söder mit der Wahl eines Koalitionspartners abgesteckt. Er hat sich für ein bürgerliches Bündnis mit den Freien Wählern entschieden, die noch mehr als die CSU auf Bayern fixiert sind und sich in Berlin allenfalls als Anwalt des Freistaats verstehen. Schwarz-Orange, die »Spezi-Koalition«, das ist – trotz vieler kleiner Reibereien – eine weiß-blaue Komfortzone, fast so etwas wie die Simulation einer absoluten Mehrheit. Ein bisschen provinziell, aber auch sehr praktisch. So praktisch, dass der angehende Bienen-, Baum- und Blühstreifen-Fan Söder den konservativen niederbayerischen Landwirt und FW-Landeschef Hubert Aiwanger den Grünen vorgezogen hat, obwohl er mit ihnen bei der Weltenrettung sicher weitergekommen wäre.

Aber Söder wollte sich auch den Berliner Ärger sparen, den ein grüner Koalitionspartner mitgebracht hätte, etwa bei Abstimmungen im Bundesrat. Dazu kam, dass beide Seiten im polarisierten Wahlkampf ihre Wunden davongetragen haben. In Söders Umgebung fanden sie es etwa unangemessen, dass die grüne Spitzenkandidatin Katharina Schulze die CSU »autoritär« nannte, so wie man das Orbán-Regime in Ungarn autoritär nennt. Aiwanger dagegen soll Söder schon am Wahlabend, als sie sich im Gedränge des Maximilianeums begegneten, ein beherztes »Pack' ma's« zugerufen haben.

Dennoch, sagen Söders Leute, sei der Ministerpräsident nach der Wahl offen in das Sondierungsgespräch mit den Grünen gegangen. Dort sei die Grünen-Delegation jedoch gleich mit Großspurigkeit und Maximalforderungen aufgefallen;

wenn man es richtig versteht, hat auch die bloße Anwesenheit der Grünen-Bundespolitiker Claudia Roth und Anton Hofreiter die Christsozialen verstört. Katharina Schulze hat jenen Oktobernachmittag 2018 etwas anders im Gedächtnis: »Obwohl eine Mehrheit der Bayern Schwarz-Grün wollte, hat Söder schnell signalisiert, dass er nicht wirklich offen dafür ist. Es war bei der CSU kein ernsthaftes Interesse da.«

Die Wahrheit ist wahrscheinlich, dass auch der neue Söder sich im Umgang mit den Grünen einen sehr großzügigen Spielraum gewährt. Für ihn gibt es gute Grüne und böse Grüne. Mit den bösen Grünen, die ihm in Bayern Konkurrenz machen, will er nichts zu schaffen haben. Mit den guten Grünen, zum Beispiel dem Baden-Württemberger Ultra-Realo Winfried Kretschmann (aus Söders Sicht der beste Grüne von allen), will er selbstverständlich gemeinsam die Zukunft gestalten. Wenn man Söder so zuhört, könnte man meinen, Schulze und Kretschmann würden zwei verschiedenen Parteien angehören.

Söder will natürlich verhindern, dass sich in Bayern vollzieht, was im Nachbarland Baden-Württemberg längst vollzogen ist: der Aufstieg der Grünen zur Volkspartei. Im Land sind die mittigen Grünen für ihn eine strukturelle Bedrohung der CSU-Dominanz; im Bund sind sie sein favorisierter Partner. Während Kretschmann eine schwarz-grüne Koalition in Berlin immer schon für erstrebenswert hielt, hält Söder sie inzwischen zumindest für unvermeidlich. Für Kretschmann ist Schwarz-Grün eine Sache des Herzens, für Söder eine des Kopfes. Die SPD ist im Eimer, die FDP zu schwach und eh ein wenig sonderbar. Bleiben ja nur die Grünen. Und klar, ein Zukunftsprojekt wäre Schwarz-Grün schon auch.

Söder bereitet seine Partei nun behutsam auf das neuartige Bündnis vor, was eine dialektische Herausforderung bedeutet: An der CSU-Basis gibt es ja weiterhin den kräftigsten Applaus für Witze über Toni Hofreiters Frisur. Die Grünen, wettert Söder 2019, seien kein Partner, solange sie die Rückführung von Flüchtlingen in sichere Herkunftsstaaten blockierten. Und außerdem: Wenn sie es sich aussuchen könnten, würden die Grünen in Berlin doch lieber mit der Linken und der SPD regieren. Anderseits umschwänzelt Söder bei jeder Gelegenheit seinen neuen Kumpel Kretschmann, im Juli treffen sie sich am Bodensee zu einem bildstarken Südgipfel. Es ist ein für beide lohnendes Arrangement: Söder bekommt ein bisschen Grün ab, Kretschmann ein bisschen Schwarz.

Söder schmückt sich mit dem Stuttgarter Philosophenkönig auch, indem er ihn in einem fort zitiert. Besonders gern greift er auf ein Bruchstück aus einem Doppelinterview der beiden in der »Süddeutschen Zeitung« zurück. Da hatte Kretschmann gesagt, die CSU sei »in Bayern eine der genialsten Erfindungen«, und meinte damit die Sonderrolle einer Regionalpartei mit Bundesanspruch. Söder behauptet seitdem mit bemerkenswertem Mut zur Freiheit und ohne jeden Kontext, selbst Kretschmann sage, die CSU »ist die genialste Erfindung der Bundesrepublik Deutschland«. Wer bei den guten Grünen ist, kann sich Söders Umarmung manchmal nicht entziehen.

Grün ist die Hoffnung

Fakt ist, dass Söder nun häufig klingt, wie früher nur Grüne geklungen haben: »Wenn wir den Klimaschutz nicht mit Entschlossenheit, Energie und Klugheit anpacken, dann haben wir versagt.« Wer schreibt ihm diese Texte? Spiegeln sie Söders tiefste Überzeugungen? Oder, mal andersrum: Was ist wirklich grün an Markus Söder?

Wenn man auf seine Karriere blickt: wahrscheinlich mehr, als die meisten erwarten würden. Da ist der Rüffel, den er sich 1994 – frisch im Landtag – von CSU-Generalsekretär Protzner einfing, weil er forderte, die CSU müsse »grüner werden«. Da ist die Analyse des Generalsekretärs Söder von 2003, Bio und Öko seien »in der Mitte der Gesellschaft« angekommen und die CSU sei die »eigentliche Umweltschutzpartei«. Da ist das Nein des Umweltministers Söder zum Anbau gentechnisch veränderter Pflanzen und zum Donau-Ausbau 2009, da ist sein Ja zum Atomausstieg 2011.

Schon richtig, sagt die langjährige Grünen-Chefin Theresa Schopper, die sich mit dem jungen Söder im Landtag oft gefetzt, aber unterm Strich auch nicht schlecht verstanden hat. Söder habe »immer wieder grüne Farbtupfer« gesetzt. Aber: »Man hatte oft den Eindruck, es geht ihm vor allem darum, sich von anderen in der CSU abzusetzen.« Hat sich Söder also nur immer grün angemalt, wenn das gerade schick war?

Jetzt jedenfalls erklärt Söder die Umwelt zu einem Lebensthema. In seiner Zeit als Umweltminister hätte man das schon mal fast glauben können. Doch dann war er mit dem Lebensthema in drei Jahren durch. In der CSU sagen sie: Söder fülle einfach stets die Rolle, die er innehabe, ganz egal, welche. So sei es zu erklären, dass der Mann, der als Umweltminister eben noch die Alpen als »Regenwald Europas« retten, als Heimatminister plötzlich für das Skigebiet am Riedberger Horn den Alpenschutzplan aufweichen wollte. Der Umweltminister kümmert sich halt um die Berge, der Heimatminister um den Tourismus in den Bergen, so einfach ist das.

Die These vom radikalen Rollenspieler verdichtet sich, wenn man mit Söder selbst über die vielen inhaltlichen Volten seiner Laufbahn redet. »In einem langen politischen Leben verändern sich die Themen und Ämter«, sagt er. »Jeder Politiker kann sich die Aufgaben nicht aussuchen, die ihm die Zeit stellt. Er muss sie nur bestehen.«

Verkompliziert wird die Sache von etwas, das man als Opportunismus-Faktor bezeichnen könnte. Seine Unterstützung für eine Skischaukel am ökologisch sensiblen Riedberger Horn im Allgäu fällt in eine Zeit, in der Söder im Ringen um die See-hofer-Nachfolge niemanden in der CSU-Landtagsfraktion verprellen wollte. Schon gar nicht Fraktionschef Thomas Kreuzer, einen Allgäuer, dessen Lieblingsprojekt vor der eigenen Haustür zufällig die Skischaukel am Riedberger Horn war. Für die Wirkkraft des Opportunismus-Faktors spricht, dass der Ministerpräsident Söder das sturmumtoste Projekt, das für ihn mehr und mehr zur Belastung wird, nach seinem Amtsantritt schnell auf Eis legt.

Ob beim Riedberger Horn, der Atomkraft, dem Donauausbau, der Gentechnik – immer hat Söder auf Stimmungen und sich abzeichnende Mehrheiten in der Bevölkerung reagiert. Und das schneller als andere: Meistens ist er lange vor seiner Partei dem Strom der öffentlichen Meinung gefolgt. Wenn man ihn fragt, ob es zwingende Sachgründe für seine Kurswechsel nicht schon früher gegeben habe, antwortet Söder meistens recht poetisch: Gewiss wolle man doch niemandem verbieten, klüger zu werden?

CSU-Kenner datieren die Geburtsstunde des grünen Ministerpräsidenten Söder auf eine Sitzung des »Arbeitskreises Umwelt« Mitte Januar 2019, wenngleich er selbst dem Termin in der Rückschau weniger Bedeutung zumisst. Der Ministerpräsident war Gast jener Sitzung in der CSU-Zentrale. Dem Vernehmen nach wirkte er gut unterhalten – von den Dingen, die er auf seinem Handy erledigte, während die Umweltpolitiker seiner Partei über Klimaschutz sprachen und über das nahende Volksbegehren »Rettet die Bienen«. Mit diesem verlangte ein Bündnis von ÖDP, Naturschutzverbänden bis hin zu den Grünen mehr und einen besseren Artenschutz. Die CSU hatte damals noch keinen Schimmer, wie sie mit dieser nervigen Bienenkiste umgehen sollte. Dann ergriff der Ehrenvorsitzende des AK Umwelt das Wort. »Markus«, hob Josef Göppel in seinem weichen Fränkisch an. »Über eines musst du dir im Klaren sein …« Söder, so bezeugen es Teilnehmer, legte das Handy beiseite.

Göppel, 69, Förster und bis 2017 Bundestagsabgeordneter, war schon ein grüner Schwarzer, als diese Gattung noch als Fabelwesen galt. 1970 hat er am selben Tag zwei Mitgliedsanträge unterschrieben: einen bei der CSU und einen beim Bund Naturschutz. 1980 brachte er zur Landesversammlung der Jungen Union eine kranke, nadelnde, fast gelbe Fichte aus seinem Familienforst mit, er wollte vor dem Waldsterben warnen. Einen »Querdenker« hießen ihn manche, einen »Spinner« die meisten in der CSU.

Göppel wandte sich also direkt an Söder: »Wenn du eine glaubwürdige Figur werden willst, musst du Dinge, die im Zug der Zeit liegen, auch gegen den Widerstand der Partei durchsetzen.« So wie Franz Josef Strauß 1968 das Ende der Bekenntnisschule. Bis dahin waren Schüler in Bayern nach Konfessionen getrennt unterrichtet worden, was viele frömmelnde CSU-Leute für eine vernünftige Regel hielten. Strauß dagegen ahnte, dass sich die gesellschaftliche Moderne mit oder ohne Hilfe der Christsozialen den Weg bahnen würde. Die CSU war schon immer eine Partei, die gelegentlich von starken Anführern zu ihrem Glück gezwungen werden musste. Söder hat Göppels Strauß-Vergleich gern angenommen.

Was den Artenschutz betrifft, nennen seine Leute einen anderen Moment der Erkenntnis. Die Geschichte hat ein bisschen mehr Glamour als die aus dem AK Umwelt: Beim Deutschen Filmball Ende Januar 2019 sei es gewesen, im Hotel Bayerischer Hof in München. Da sei die Moderatorin Nina Eichinger ganz begeistert auf den Ministerpräsidenten zugekommen, mit einem »Rettet die Bienen«-Button und der Frage: Sie unterschreiben doch auch? Söder hat da wohl messerscharf gefolgert, dass das Schicksal der Biene nicht nur Latzhosenträger berührt.

1,7 Millionen Menschen unterschrieben schließlich für die Biene, 18,3 Prozent der Bayern. Söder erkannte, dass es den Leuten da nicht nur um ein paar Insekten ging. Etwa zeitgleich erreichte auch die Fridays-for-Future-Bewegung den Freistaat, Zehntausende Schüler gingen auf die Straße. Die 1,7 Millionen Unterschriften, die Schülerdemos – all das war ein Auftrag an die Politik, die Themen Umwelt und Klima endlich entschlossen anzupacken.

Söder nahm den Auftrag an, seitdem redet er gern über die »Jahrhundertaufgabe« Klimaschutz. Seine Regierung akzeptierte die Forderungen des Volksbegehrens eins zu eins – und sattelte noch einige Artenschutz-Maßnahmen obendrauf. Söder traf sich auch mit Vertretern des Fridays-for-Future-Protests, es war ein diskreter Termin in der Staatskanzlei. Und das, obwohl er die Mühe des Sprechens doch sonst oft nur auf sich nimmt, wenn mindestens eine Kamera läuft. Hinterher wirkte er ehrlich beeindruckt vom Engagement der Jugendlichen, aber auch ein wenig erschrocken von ihrer Radikalität.

Nachfrage bei Ludwig Sothmann, jenem weithin anerkannten Artenschützer, der als langjähriger Vorsitzender des Landesbunds für Vogelschutz (LBV) einer der ersten und wichtigsten Ansprechpartner des jungen Umweltministers Söder war. Wie bewertet dieser große, alte Mann der bayerischen Naturschutzbewegung die Ergrünung des Ministerpräsidenten Söder?

»Ich nehme es ihm ab, dass Artenschutz, Biodiversität und Klimaschutz für ihn die entscheidenden Zukunftsthemen sind, die auch seinen weiteren politischen Werdegang beeinflussen werden«, sagt der inzwischen achtzigjährige Sothmann im Sommer 2020. »Ich habe das Gefühl, dass es ihm damit ernst ist und er da vorankommen will.« Dabei spiele »sicher auch die Erkenntnis des Realpolitikers Söder eine Rolle, der sieht, dass das Thema Umwelt- und Klimaschutz auch für immer mehr Menschen Zukunft hat«. Wenngleich, auch das sagt Sothmann, es darauf ankomme, dass der Erkenntnis nicht nur Symbolik, sondern auch konsequentes, praktisches Handeln folge. Beispiel 10-H-Regelung. Sie besagt, dass ein Windrad in Bayern mindestens zehnmal so weit von einem Wohnhaus entfernt sein muss, wie das Windrad hoch ist. Seit diese Regelung noch unter Ministerpräsident Seehofer eingeführt wurde, werden im Freistaat kaum noch Windräder aufgestellt. »Dabei sind sie für eine Energiewende klimapolitisch unabdingbar«, sagt Sothmann. An solchen Fragen müsse sich die Glaubwürdigkeit des Öko-Söders langfristig messen lassen.

Wenn die grüne Landespolitikerin Katharina Schulze zurückblickt auf die plötzliche Ergrünung – oder genauer: die

Wieder-Ergrünung – des Markus Söder, ist sie nur mäßig beeindruckt. »Es ist easy, auf einer gesellschaftlichen Welle mitzureiten.« Das Volksbegehren habe er wohl einfach nur »abräumen« wollen. Natürlich sei sie »froh über Söders verbale Signale« für Umwelt- und Klimaschutz. Aber: »Er handelt nicht entschlossen genug. Er geht nicht in den Fight, wenn es darum geht, der Windkraft wieder eine Chance zu geben in Bayern.« Dafür fehle ihm offenbar die Überzeugung. Söders gefeierte Wandlungsfähigkeit? Sie finde das eher »flatterhaft«. Schulze fragt: »Müsste ein Politiker nicht ein paar Überzeugungen haben? Was waren die zwei, drei Themen, wegen denen er vor vielen Jahren in die Junge Union gegangen ist?«

Abschied vom Bierzelt

Vor einigen Jahren hat Markus Söder auf die Frage, was ihn einst mit 16 Jahren in die Politik getrieben hat, zweigeteilt geantwortet. Der erste Teil: Er habe es gar nicht erwarten können, sich auf Strauß' Seite in den deutschen Kulturkampf zwischen Konservativen und Linken zu werfen. Der zweite Teil: Er habe mithelfen wollen, die kleinen Probleme in seinem Nürnberger Stadtteil zu lösen – was halt so anfiel. Den Kulturkampf hat Söder seine ganze Karriere lang betrieben, bis er ihn als Ministerpräsident umständehalber aufgeben musste. Und er ist auch seine ganze Karriere lang Generalist geblieben, selbst wenn er auf dem Papier mal dieser und mal jener Fachminister war. Heute strahlt Söder eine Allzuständigkeit aus, die es ihm geradezu verbietet, für irgendetwas ein schnöder Experte zu sein.

Söder ist ein Kind der CSU, und die CSU war niemals eine besonders programmatische Partei. Auf ihren Parteitagen wird selten in nennenswerter Tiefe inhaltlich diskutiert. Sie war und ist eine Partei der Staatsräson und der sehr selbstverständlichen Machtausübung, erlernt und tradiert in 75 Jahren, in denen sie in Bayern nur in drei Jahren nicht regierte, von 1954 bis 1957.

Sie ist – unter den Leitsternen Tradition und Fortschritt – eine Partei des Pragmatismus und des politischen Managements. Wenn nun die Frage im Raum steht, ob das alles echt sein kann beim Öko-Söder, ob die Bienchen wirklich einen Platz haben in seinem Herzen – dann denken Schwarze und Grüne darüber in gänzlich unterschiedlichen Kategorien nach. Die Grünen vermissen den Idealismus. Wie es den Schwarzen geht, hat Erwin Huber, der frühere CSU-Chef, der nicht umsonst heute Philosophie studiert, so auf den Punkt gebracht: »Den Ergebnissen ist die Motivation wurscht.«

Die CSU, sagt Markus Söder heute, habe immer »den Grundcharakter Bayerns repräsentiert«. Im Landtagswahlkampf 2018 sei das jedoch nicht gelungen. Vom Bierzelt-Freund Söder darf man das als Selbstkritik verstehen: »Das Bierzelt ist nicht mehr der einzige politische Ort, an dem alles zusammenkommt.« Die bayerische Gesellschaft sei heterogener geworden. Das »Bayern-Gefühl« existiere heutzutage nicht mehr nur als »Mia san mia«, sondern in vielen Variationen. »Wir haben vielleicht erst spät auf Veränderungen in der Gesellschaft reagiert«, sagt Söder. »Vor allem in den Großstädten.« Bayern sei »liberal-konservativ«, das heiße leben und leben lassen. »Die CSU darf sich nicht auf das Konservative einengen.« Söder hat für dieses offene Bayern natürlich einen schmucken Vergleich parat: »Bayern ist vielleicht wie Kalifornien: Alle sollen hier ihr Glück finden.«

Auch in Bayern ist das Volk kein einheitliches Gebilde mehr, dessen politische Gunst man auf Jahrzehnte pachten könnte. Früher hat sich Söder nur für die »Stammkundschaft« der CSU interessiert; nun scheint er zu erkennen, dass er für Mehrheiten auch die einst verachteten »Feuilletonisten« braucht. Söder sagt: »Die Bevölkerung erwartet zu Recht, dass die Staatsregierung nicht nur für die Wähler einer Partei da ist, sondern für alle Bürger.« Man kann ihm beinahe dabei zuschauen, wie er versucht, den Geist des grünen Erfolgs wieder zurück in die Flasche zu stopfen und fest zuzuschrauben. Er versucht, das breite Dach der Volkspartei CSU zu stabilisieren, das auch er erst mit ins Wanken gebracht hat – durch seine scharfe Rhetorik in der Flüchtlingsdebatte.

Impulse aus der Bevölkerung müsse man aufnehmen, sagt Söder, wie eben beim Artenschutz: »Zwei Millionen Menschen, die ein Volksbegehren unterschreiben, kann man nicht einfach ignorieren.« Gegen den gesellschaftlichen Konsens, so darf man das wohl verstehen, kann man nicht regieren. Und schon gar nicht Volkspartei bleiben. Söder sagt: »Die CSU ist ein Spiegelbild von Bayern. Wenn Bayern sich verändert, muss sich auch die CSU verändern.« 2019 hat er sogar mal explizit gesagt, die CSU müsse stets den »Mehrheitswillen« der Bevölkerung »annehmen«. Wenn man nett ist, kann man das so verstehen, dass die CSU stets ein höheres Bayernwohl im Blick hat. Doch wenn man bedenkt, dass in der Geschichte der Menschheit auch Mehrheiten schon auf dumme Ideen kamen, ist das ein krasser Satz.

Ob ein Politiker nicht ein paar Überzeugungen haben müsste, hat Katharina Schulze gefragt. Markus Söder hat sicher welche. Was er offensichtlich nicht hat, zumindest nicht im Maße der Grünen, ist die Ambition, die Gesellschaft danach zu gestalten.

Söder ist ein Rollenspieler, und im Rahmen seiner jeweiligen Rolle tut er sehr wohl, was er glaubt, tun zu müssen. Auch gegen Widerstand. Als Ministerpräsident und Parteivorsitzender glaubt er, dass er die CSU in eine grüne Zukunft wuchten muss, um ihren Untergang als Volkspartei zu verhindern. Das schmerzt und provoziert unter anderem all jene in der CSU, die ihre Partei immer noch als Schutzpatronin von Bauern und Jägern verstehen. Die Landwirte, einst Kernklientel der CSU, begehren nun massiv gegen die Staatsregierung auf, weil sie sich in der Umweltschutzdebatte als giftspritzende Sündenböcke abgestempelt fühlen. Egal, wo Söder hinkommt: die protestierenden Bauern haben ihre Traktoren schon zur Begrüßung aufgefahren.

Viele in der CSU fühlen sich überrollt von Söders Tatendrang und Tempo. Warum müsse man bitte die Grünen kopieren? Waren nicht stets Wirtschaft und Wohlstand die Pfeiler der CSU-Hegemonie? Mit seiner Kehrtwende beim Artenschutz hat Söder die skeptische Landtagsfraktion regelrecht überrumpelt: Im Fraktionssaal warb Söder um Zustimmung zum Volksbegehren, aber offen war da rein gar nichts mehr – nebenan wartete bereits die Presse, vor der er die Sache als beschlossen zu verkünden gedachte.

Es gebe ihm Zuversicht, sagt Söder heute, dass die CSU in der Vergangenheit »immer wieder Modernisierungsprozesse durchlaufen« habe, ob bei Strauß oder bei Stoiber. »Natürlich tut sich manch einer zunächst schwer, neue Wege zu gehen. Aber das ist normal. Wenn ein Prozess nicht auch Diskussionen auslösen würde, wäre er nicht ernsthaft.« Er beruft sich nun nicht nur auf die grünen Tupfer in seiner eigenen Vergangenheit, sondern auch auf die grünen Linien in der Geschichte seiner Partei. Die »Bewahrung der Schöpfung«, das sei doch schon immer ein Kernanliegen gewesen. Und hatte Bayern nicht 1970 das erste Umweltministerium in Deutschland? Den ersten Nationalpark? Das erste Naturschutzgesetz in Europa? Alles richtig, aber Söder unterschlägt, dass Umweltschutz von CSU-Regierungen stets auf der Grundlage von Freiwilligkeit betrieben wurde. Die Interessen von Naturschützern und CSU gingen folgerichtig in den Siebzigerjahren dort auseinander, wo es um aktive Eingriffe in die Landschaft ging. Wenn es hart auf hart kam, entschied sich die CSU verlässlich für die Infrastruktur: mehr Straßen, mehr Kanäle, mehr Fabriken.

Überfordert Söder die CSU? Peter Gauweiler, der große Unbequeme der Partei, stellt ein paar Gegenfragen: »Hat Strauß die CSU mit dem Milliardenkredit [für die DDR] überfordert? Hat Ludwig II. Bayern mit seinen Prachtbauten überfordert?« Sicher, gibt er die Antwort gleich selbst, »aber Leistung bedeutet immer auch Überforderung. Einer muss vorangehen, anders klappt es nicht.«

Es ist ein schmaler Grat, an dem Markus Söder da fröhlich pfeifend entlangtanzt: hier das Klima retten, dort die Wirtschaft stärken. »Ökosoziale Markwirtschaft«, in dem Begriff sollen sich alle wiederfinden. »Klima und Konjunktur, das ist für uns ein Paket«, sagt Söder. Und trotzdem: Den Fridays-for-Future-Aktivisten geht alles zu langsam. Vielen Parteifreunden geht alles zu schnell.

Mit seinem überbordenden Selbstbewusstsein ist Söder ein typischer CSU-Mann. Untypisch ist er in seiner Fähigkeit, komplett unsentimental zu sein, wenn es um harte Richtungsentscheidungen geht, die er als notwendig erkannt hat. Die CSU war immer stolz auf ihre Lufthoheit über Bierzelt und Stammtisch, auf ihre viel beschworene Grasverwurzelung im ganzen Land. Um diese Vorteile in eine neue Zeit zu retten, sagt Söder, müsse die CSU schleunigst und rigoros eine digitale Partei werden. »Näher am Menschen«, wie es der Parteislogan verspricht, ist man heute im Internet. »Glasfaserverwurzelung« nennen das Andreas Glas und Lisa Schnell in der »Süddeutschen Zeitung«. Aber das kostet Geld, und damit die CSU sich das leisten kann, müsste sie sich eigentlich von ihrer legendären Parteizeitung trennen, dem »Bayernkurier«, dem legendären Zentralorgan des Franz Josef Strauß und seines journalistischen Büchsenspanners Wilfried Scharnagl. Wenn Söder Melancholie spürt, lässt er sich das nicht anmerken: Er verfügt die Einstellung der Druckausgabe zum Jahresende 2019.

Die CSU hat Söders Wandlungsfähigkeit immer bewundert, aber jetzt, wo er ihr Vorsitzender ist, hat sie Mühe, ihm zu folgen. Manche traditionelle Christsoziale sehen sogar den konservativen Grundbestand ihrer Partei bedroht, sie fürchten, dass Söder die CSU entkernen könnte wie Merkel die CDU. Thomas Kreuzer, der knorrige Fraktionschef, grummelt, »dass wir durch falsche Klima-Aktivitäten den Wirtschaftsstandort gefährden«. Aber er trägt alle Beschlüsse mit. Söder ist der starke, entschlossene Anführer, den die CSU ersehnt hat – wegen ein paar inhaltlicher Differenzen will ihn niemand beschädigen.

Und doch sucht die Partei zumindest ein kleines Ventil. Sie findet es am Parteitag im Herbst 2019 in München. Wenn die CSU wirklich das Volk widerspiegeln will, wie es ist, dann braucht sie vor allem: Frauen. Viele Frauen, und zwar schnell. 2019 sind von den etwa 139 000 Mitgliedern nur 21 Prozent weiblich – bei den Grünen sind es 40,5 Prozent. Söder weiß, dass das ein verheerendes Bild abgibt. Er, der bislang nicht wirklich als Frauenförderer hervorgetreten war, hatte nach seinem Einzug in die Staatskanzlei im März 2018 gelobt, der Gleichstellung Schwung zu verleihen. Was seine Minister betrifft, wird er Wort halten: Nach einigen Rochaden Anfang 2020 sitzen fünf CSU-Männern fünf CSU-Frauen gegenüber. Geschlechtliche Parität, das gab es noch nie in Bayern.

Perspektivisch noch wichtiger ist freilich die Ausweitung der innerparteilichen Frauenquote, bis hinunter in die Orts- und Kreisverbände. Die Parteitagsdebatte darüber läuft jedoch völlig aus dem Ruder. Die aufgebrachte CSU-Basis (nicht nur die Männer übrigens) will sich eine Quote nicht von oben zwangsverordnen lassen. Die Parteispitze um Söder scheitert mit ihrem Vorschlag. Söder weiß jetzt, dass man die Identität einer Partei nicht mit ein paar Federstrichen ändern kann.

Ich und die anderen

Vieles andere läuft für Söder. So unerfreulich 2018 für ihn war, so erfreulich entwickelt sich 2019. Er hat eine milliardenschwere »Innovationsoffensive« gestartet, mit der Bayern im globalen Wettbewerb bestehen will, bei Digitalisierung und Künstlicher Intelligenz. Es ist ein Programm, das sich wenigstens in Größe und Anspruch nahtlos in die bayerische Erfolgserzählung fügt, von der die CSU seit Langem gut lebt. Am Anfang stand demnach Strauß mit der Industrialisierung, erste Stufe. Dann kam Stoiber mit »Laptop und Lederhose«, zweite Stufe. Und jetzt will Söder seinen Namen mit einer dritten Stufe verbinden.

In Berlin will Söder nun ein ernsthafter Bundespolitiker sein. Ein Teilnehmer der Ministerpräsidentenkonferenz, die sich vor Jahresfrist noch über Söders Rüpelhaftigkeit entrüstete, berichtet jetzt, wie umgänglich der neue Söder sei, zugewandt und auf Konsens bedacht. In der Großen Koalition trägt er sachdienlich zur Einigung bei der Grundrente bei, die soziale Härten abfedern soll. Söder gibt den Teamspieler, und seine zentrale Mission ist die Aussöhnung der CSU mit der CDU. Ständig betont er, wie gut er sich mit CDU-Chefin Annegret Kramp-Karrenbauer verstehe, obwohl das Jahr für sie nicht ganz so glücklich läuft wie für ihn. »Ich habe die Aufgaben in Berlin angenommen und mich um ein konstruktives Miteinander bemüht«, sagt Söder in der Rückschau. »Natürlich finde ich mich in Berlin heute politisch anders zurecht als noch vor einigen Jahren.«

Es gibt auch eine Wahl 2019, die natürlich ein erster, kleiner Test für Söders Kurs ist. 40,7 Prozent erreicht die CSU Ende Mai bei der Europawahl in Bayern. Das ist alles, was Söder braucht: ein Ergebnis, das über den 37,2 Prozent der Landtagswahl liegt und als Beleg dafür interpretiert werden kann, dass der Weg wieder nach oben führt. Der zarte Erfolg hat indes schon auch mit Manfred Weber zu tun, der als Spitzenkandidat der Europäischen Volkspartei (EVP) Präsident der EU-Kommission werden will. Söder untermauert die immer noch gewagte Behauptung, er sei jetzt Teamspieler, indem er etwa das Rampenlicht beim Politischen Aschermittwoch in Passau mit Weber teilt. Bis zur Europawahl hat die CSU eigentlich zwei Anführer, Söder und Weber. Als Webers Hoffnungen auf den Spitzenjob in Brüssel im Geschacher der europäischen Staats- und Regierungschefs zerrieben werden, ist nur mehr ein Anführer übrig.

Der neue Söder ist um Disziplin im sanften Auftritt bemüht, um eine »Wohltemperiertheit in Ausdruck und Inhalt«, stellt Timo Frasch in der »FAZ« fest. Er kann da auch durchaus Landgewinn verzeichnen. Früher machte er sich gern Feinde, nun macht er sich systematisch Freunde. Landtagsabgeordnete stellen erstaunt und erfreut fest, dass Söder sie auf einmal aussprechen lässt. Ein Minister registriert, dass er vom Ministerpräsidenten bei einer Fotogelegenheit nicht wie früher weggeschickt, sondern dazugebeten wird.

Seine ehemaligen Kritiker Theo Waigel und Alois Glück bindet Söder beim Artenschutz ein: Glück überträgt er die Leitung eines Runden Tischs zum Thema; Waigels Rat, erzählt Söder allerorten, sei für ihn wertvoll und entscheidend gewesen. Edmund Stoiber darf sich derweil freuen, dass sein Ziehsohn mit seinem Forschungsprogramm an seine eigene Ära anknüpft. Bei fast allen CSU-Granden jenseits der siebzig sprießen Vatergefühle. Und wenn die hochbetagte SPD-Legende Hans-Jochen Vogel die Staatskanzlei um eine Akte aus den Fünfzigerjahren bittet, weil er an einem Buch arbeitet, lässt Söder das Schriftstück mit herzlichen Grüßen und Blumen für Frau Vogel von seinem Staatsminister Florian Herrmann persönlich im Seniorenstift vorbeibringen, wo Vogel bis zu seinem Tod im Juli 2020 lebte.

Gut, ab und an kommt der Söder von früher noch durch. Sein robustes Selbstbewusstsein mit fließendem Übergang zur Arroganz, sein Hang zur Übertreibung, seine Hemmungslosigkeit in der Vermarktung seiner selbst. Bei einer Handvoll Anlässen merkt man, dass auch der neue Söder noch der alten CSU-Welt verhaftet ist. Im Januar 2019 etwa wird im Prinzregententheater der Bayerische Filmpreis vergeben, ausgezeichnet wird auch der Spielfilm »Wackersdorf«. Für die Übergabe des Preises an den Regisseur ist Hans Schuierer eingeladen, jener SPD-Mann, der als Landrat des Kreises Schwandorf einst den Widerstand gegen die atomare Wiederaufarbeitungsanlage anführte. 87 ist er mittlerweile. Die Zuschauer im Saal stehen auf zum donnernden Applaus, sie verneigen sich vor einem großen kleinen Mann der bayerischen Geschichte. Markus Söder bleibt sitzen und klatscht pflichtschuldig in einer Langsamkeit, als wäre er zur geriatrischen Gruppengymnastik hier.

Ähnlich kleinmütig hatte sich Söder schon kurz zuvor beim offiziellen Festakt zum hundertsten Gründungstag des Freistaats gezeigt. In seiner Rede vollbrachte er ein bemerkenswertes Kunststück: Den Gründer dieses Freistaats, Kurt Eisner, erwähnte er mit keinem Wort. Söder mag Fortschritte machen bei der Überwindung von »Ego First«. Aber Glanz und Gloria der bayerischen Geschichte mit einem Sozialisten teilen? So weit ist er offenbar noch nicht.

Markus Söder gehört nicht zu den Menschen, die eine so freundliche Grundanmutung haben, dass ihre Mitmenschen sie vom Fleck weg sympathisch finden. Dafür kann er selbstverständlich nichts, aber er hat in weiten Teilen seiner Karriere auch wenig dafür getan, den Aspekt der Freundlichkeit zu stärken. Er kommt tief aus dem Image-Minus, und auch wenn er in Bayern Anfang 2020 bereits Zustimmungswerte zu seiner Arbeit von mehr als sechzig Prozent erreicht, bleibt die Frage, ob die Leute wirklich ein Urvertrauen in ihn fassen. Und weil die CSU sich Söder auf Gedeih und Verderb ausgeliefert hat, entscheidet sich an der Vertrauenswürdigkeit ihres Vorsitzenden auch die Vertrauenswürdigkeit der Partei.

Eine »Heiratsschwindler-Ausstrahlung« hat die Grüne Theresa Schopper diesem Söder zugeschrieben, der nun nach Kräften daran arbeitet, diese loszuwerden. Edmund Stoiber, Söders alter Mentor, ist überzeugt, dass das gelingt: »Ich habe das ja selber erlebt: Ich war zuerst ein konsequenter Innenminister, ein harter Hund.« Auch Stoiber musste nach seinem Amtsantritt 1993 ein schwieriges Image loswerden, »das hat mir mancher nicht zugetraut«. Er habe es dennoch geschafft. Ein Ministerpräsident müsse »breiter angelegt sein«, sagt Stoiber, für alle Bürger da sein. »Das hat Markus Söder verstanden.«

Manchen Vorwurf gegen Söder hält Stoiber eh für übertrieben. Das Etikett »Machtpolitiker« zum Beispiel, das sei in Deutschland zu Unrecht so negativ belegt: »Wer gestalten will, braucht Macht.« In Amerika oder Frankreich werde Macht »völlig anders bewertet«. Wenn jemand nach oben strebt, ist ein gewisses Maß an Ich-Bezogenheit, Lautsprecherei und vielleicht sogar Skrupellosigkeit wahrscheinlich auch hierzulande akzeptiert, wenngleich Söder die Grenzen des Akzeptierten gründlich ausgetestet hat. Jetzt, wo er im Ministerpräsidentenamt angekommen ist, ist die Zuschreibung dieser Eigenschaften nicht mehr ganz so hilfreich. Also hat Söder dem politischen Randalierertum abgeschworen. Alles ganz logisch, findet Stoiber.

Politikberater sagen, dass bei der Imageveränderung eines Politikers allein schon das Älterwerden helfe, jedes zusätzliche Jahr. Bei manchen helfe auch jedes zusätzliche Kilo – Stoiber war als Manager der Bayern AG ein Asket, aber die stilprägenden Landesväter Alfons Goppel und Franz Josef Strauß demonstrierten schon auch ihre Bereitschaft zum Genuss. Und noch etwas halten Politikberater für günstig: die Fähigkeit, Rückschläge wegzustecken. Die hat Söder zweifellos unter Beweis gestellt. Edmund Stoiber sagt, dass es ja kein festgeschriebenes Profil gebe, wie ein Landesvater auszusehen habe. Entscheidend sei schlicht, dass man »als Person glaubwürdig« sei.

Söders Leute versichern, es sei ihrem Chef klar, dass er jetzt »durchziehen« müsse. Dass er durch Konsequenz und langen Atem die alten Bilder von sich mit neuen übermalen müsse. Der softe Söder, der grüne Söder. Bis sich an den Egomanen von einst irgendwann nur noch beleidigte Sozialdemokraten und verbiesterte Journalisten erinnern.

Als sich das Jahr 2019 zum Ende neigt, stellt Markus Söder fest, dass seine Neuerfindung viel schneller verfängt, als er das selbst zu hoffen gewagt hatte.

Am 23. November reist er nach Leipzig zum CDU-Parteitag, auf dem er ein Grußwort halten soll. Morgens hat er sich zu Hause in Nürnberg ein paar Notizen gemacht, nicht viele, er hat nur seine üblichen Rede-Bausteine hier und da ergänzt. Söder spricht in Leipzig eine gute halbe Stunde lang, und was als Grußwort geplant war, gerät zu einer Art Ruckrede: »Ich finde nicht, dass unser Akku leer ist!«, ruft er den CDU-Delegierten zu. Bis dahin hatte sich der Parteitag tatsächlich eher nach Stromsparmodus angefühlt. »Wir sind eigentlich eine ganz starke Truppe! Immer wenn die Herausforderungen am größten waren, waren wir doch eigentlich am besten!«

Wie häufig bei Söder ist nicht jeder Satz geschliffen, aber er ist mal nachdenklich und mal lustig – als Ganzes entfaltet die Rede erstaunliche Wucht. In der Leipziger Messe verdichtet sich die aktuelle Lage der Union: Die CDU stolpert eher orientierungslos durch die Gegend. Die CSU gibt selbstgewiss die Richtung vor. Die Delegierten lassen sich mitreißen von Söder, dem Mann, der eben noch der Schurke im Asylstreit war. Am Ende feiern sie ihn frenetisch. Vermutlich weiß Söder gar nicht recht, wie ihm geschieht: In Bayern kennt man die meisten der Sprüche und Witzchen, die er gerade vorgetragen hat, doch schon seit Jahren. Markus Söder hat sich 2019 geändert, aber geändert hat sich schon auch der Blick auf ihn. Söder konnte schon immer reden, was viele bloß lange nicht gemerkt haben, weil Söder-Analysen sich oft in der Feststellung seiner absoluten Fürchterlichkeit erschöpften. Nun hat Markus Söder das seltene Privileg, mit Anfang fünfzig neu entdeckt zu werden.

EXKURS Der innere Kreis
Wie der Ministerpräsident Söder regiert

Bevor Markus Söder das Büro des Ministerpräsidenten in der Bayerischen Staatskanzlei bezog, war in dem Kuppelbau am Münchner Hofgarten nicht gerade sein Fanclub zu Hause. Aus seinen bisherigen Ministerien eilte Söder der Ruf voraus, nicht nur ein fordernder Chef zu sein, sondern auch einer, der Beamten eher wenig Wertschätzung entgegenbringt. Sicher, auch Horst Seehofer hatte gern mal deutlich gemacht, dass die Politik regiert und nicht die professionellen Bedenkenträger aus dem Apparat. Aber bei Söder zweifelten manche Beamte hinter vorgehaltener Hand nicht nur an seinen Umgangsformen, sondern auch an der politischen Seriosität.

Nun ist es zwar nicht so, dass nach Söders ersten Amtsjahren als Ministerpräsident alle Zweifel zerstreut wären. Aber die schlimmsten Befürchtungen haben sich auch nicht bewahrheitet. Was Unmut hervorruft bei manchen in der Regierungszentrale, ist in erster Linie die unverhohlene PR-Fixierung des Ministerpräsidenten. Söder wird dem Vernehmen nach auch immer noch schnell ungeduldig und bisweilen laut, wenn Beamte für sein Dafürhalten die Dinge eher verlangsamen als beschleunigen. Da falle dann schon mal ein Wort wie »Flasche«, behaupten einige, die mit Söder zu tun haben. Auch seinen grundsätzlichen Hang zu derben Sprüchen habe er nicht ganz abgelegt. Andere beteuern: »Flasche«, so was hätten sie nie von ihm gehört. Langjährige Wegbegleiter sagen, er habe sich inzwischen besser im Griff als früher. Zumindest werfe er keine Stifte oder Aktenordner mehr durchs Zimmer.

Richtig ist vermutlich, dass Söder weiterhin extremen Einsatz von seinen Leuten verlangt – eine SMS morgens um halb sieben sollte lieber gleich beantwortet werden. Er hat keinen Langmut für Mitarbeiter, die mit ihrem politischen Instinkt und Tempo nicht mit ihm mithalten können. Das gilt auch für die Mitglieder seines Kabinetts, was etwa in der Corona-Krise Gesundheitsministerin Melanie Huml zu spüren bekommt. Weil sowohl Huml als auch ihre Amtschefin Ruth Nowak zu Beginn der Krise eher Ruhe als Dynamik ausstrahlen und Söder etwa bei der Beschaffung von Schutzmasken den Nachdruck vermisst, krempelt er das ganze Ministerium um.

Söders Kabinett ist definitiv kein Wellnessbereich, die Minister und ihre Häuser versteht der Regierungschef vor allem als großen Zulieferbetrieb. Jeden Montag werden alle Pressesprecher der Ministerien in die Staatskanzlei einbestellt. »Das ist kein Koordinationstermin«, sagt einer, der die Runde kennt: »Das ist ein reiner Abfragetermin.« Söder pickt sich dann die schönsten Termine heraus, seine Minister bestreiten, was übrig bleibt. Wenn der Ministerpräsident neue Projekte vorstellt, sind selbst die zuständigen

Minister oft bis zuletzt ahnungslos. Ihren Beamten – den eigentlichen Fachleuten – bleiben dann nur wenige Stunden, gelegentlich bis tief in die Nacht, um die Stellungnahmen zu den Kabinettsvorlagen zu Papier zu bringen.

Privilegien genießen nur drei Minister. Da ist Florian Herrmann, der Sohn des ehemaligen Münchner TU-Präsidenten Wolfgang Herrmann. Seine zentrale Rolle als fleißiger Staatskanzleichef, Söders inoffizieller Leibjurist und überhaupt rechte Hand wurde während der Corona-Krise erstmals öffentlich richtig wahrgenommen. Dann ist da Michaela Kaniber, die ehrgeizige und clevere Landwirtschaftsministerin, an der Söder allein schon ihre überschwängliche Bewunderung für ihn schätzt. Und schließlich Finanzminister Albert Füracker, Söders bester Buddy und Radtour-Begleiter, die beiden kennen sich seit fast dreißig Jahren. Die Rollenverteilung war immer gleich: Söder war Landeschef der Jungen Union, Füracker sein Stellvertreter. Söder war Finanzminister, Füracker sein Staatssekretär. Der Oberpfälzer, hört man, sei einfach robust genug, um es lange an Söders Seite auszuhalten. Inzwischen ist er aber schon auch zum Politiker von Statur gereift, klar und offen, in der CSU breit respektiert. Wann immer Söder die Staatskanzlei räumen wird, Füracker dürfte zu den Nachfolgekandidaten gehören.

Wie sein Mentor Edmund Stoiber versucht Söder, sich inhaltlich eine gewisse Unabhängigkeit von Kabinett und Apparat zu verschaffen. Er lädt Wissenschaftler und andere Experten zu Gesprächen in die Staatskanzlei. »Stoiber hatte für seine Hightech-Offensive Experten an einen Tisch zusammengeholt. Da wissen dann alle alles«, hat Uli Bachmaier festgestellt, der Landtagskorrespondent der »Augsburger Allgemeinen«. »Söder führt überwiegend Einzelgespräche. Da weiß nur einer alles.«

Söder zentralisiert Wissen und Macht in der Staatskanzlei. Sie ist, klar vor der CSU-Parteizentrale, die wichtigste Säule seiner Herrschaftsarchitektur. Die Parteiorganisation hat er ziemlich radikal auf seine Bedürfnisse zugeschnitten, manches eingespart und vor allem die Kampagnen- und Kommunikationsfähigkeit gestärkt;

mit Florian Hahn hat er einen Loyalisten als Vize-Generalsekretär installiert. Sein sehr kleiner Kreis enger Vertrauter sitzt indes in der Staatskanzlei. Nach allem, was man weiß, wird in diesem Kreis eine ziemlich offene Diskussionskultur gepflegt. Söder hört sich Meinungen immer an, legt aber Wert darauf, am Ende allein zu entscheiden. Er hat auch keinen prägenden Redenschreiber, sondern arbeitet die Entwürfe seiner Beamten eigenhändig um. Schlüsselstellen in seinem kleinen, exklusiven Kosmos nehmen Gregor Biebl und Tanja Sterian ein, die beide schon mehr als zehn Jahre in Söders Diensten stehen. Biebl, der aus einer bayerischen Beamten- und Politikerfamilie stammt, leitet sein Büro, Sterian, die wie Söder aus Nürnberg kommt, ist seine persönliche Sprecherin. Eine Jobbeschreibung, die ihrem Einfluss nicht ansatzweise gerecht wird. Ihr gilt im Normalfall Söders erster Anruf am frühen Morgen. »Wer schnell und schnörkellos wissen will, was Söder denkt, fragt Sterian«, schreibt Christian Deutschländer vom »Münchner Merkur«. Selbst Abgeordnete täten das. Sterian dürfte auch die Einzige sein, von der sich Söder immer völlig ungeschminkt sagen lässt, was sie denkt. Im Frühjahr 2020 kam mit dem ehemaligen »SZ«-Journalisten Wolfgang Wittl ein neuer Regierungssprecher hinzu, dessen Wort bei Söder ebenfalls Gewicht hat.

Zum kleinen Kreis gehört auch die Amtschefin der Staatskanzlei, Karolina Gernbauer, die Söder von Seehofer übernommen hat. Gernbauer ist die höchste Beamtin des Freistaats, die erste »Staatsrätin« der Geschichte; als Bayerns Bevollmächtigte beim Bund, heißt es, genieße sie auch die ausdrückliche Wertschätzung der Kanzlerin. Ihr hohes Ansehen in München kann man daran erkennen, dass sie, wenn es sein muss, auch mal einen Minister ermahnt – und sich keiner zu widersprechen traut.

Söder, hört man, habe schon als Minister die Arbeitsabläufe in einem Dreieck gedacht: Da ist der Amtschef, der alle Strukturen kennt; da ist der Büroleiter, der das engste Umfeld koordiniert; und da ist eine große Presseabteilung für die externe Kommunikation. Dem Zufall hat Söder auch in früheren Ämtern nichts überlassen. Als er 2011 ins Finanzministerium wechselte, war in der landespolitischen Szene von einer »Hausbesetzung« die Rede, weil er so viel Personal mitbrachte. Söder war dabei stets klug genug, sich mit kühleren Köpfen zu umgeben, als er selbst einen hat. Neben Biebl und Sterian traf das über viele Jahre auf seinen Amtschef Wolfgang Lazik zu, der 2018 ausschied. »Markus Söder braucht niemand, der ihn antreibt«, sagt ein langjähriger Mitarbeiter. »Sondern jemand, der ihn einbremst.«

Deshalb hatten in München viele mit der Stirn gerunzelt, als er 2015 den ehemaligen »Bild«-Journalisten Michael Backhaus an seine Seite holte, eindeutig eine Offensivkraft. Kritiker in der CSU beschwerten sich bald, Backhaus verstärke Söders Schwächen, statt sie einzudämmen. Sein Einfluss wurde aber oft überschätzt. Backhaus ist ein Profi, aber so richtig warm wurde er nicht mit der bayerischen Landespolitik. 2017 beendete er die Tätigkeit schon wieder – offiziell mit der Begründung, die Pendelei zur Familie nach Berlin werde ihm zu viel. Bei Söders alter Mannschaft hielt sich die Trauer über die Demission des angeblichen »Chefberaters« in Grenzen.

Söder, sagt ein CSU-Mann, fahre bis heute »auch bei Menschen auf Verschleiß«. Immer wieder gebe es Mitarbeiter, die es nicht lange mit ihm aushielten. Dagegen spricht, dass Tanja Sterian und Gregor Biebl nicht die einzigen sind, die ihm schon lange treu sind. Die Dienstälteste ist Edda Probst, eine frühere Nürnberger CSU-Stadträtin, die seit Söders Landtagseinzug 1994 sein Stimmkreis-Büro betreut. Seit 2004 ist sein Fahrer Michael Kastner bei ihm. Gabriele Römer war seit 2005 seine Sekretärin und arbeitet jetzt in der Protokollabteilung der Staatskanzlei. Öffentlichkeitsarbeiter Stefan Feldmann hat ebenfalls bereits beim Generalsekretär Söder angefangen und seitdem alle Jobwechsel mitgemacht. Gut möglich, dass Söders Veteranen nun darüber nachdenken, was es wohl für sie heißen würde, wenn ihr Chef 2021 nach Berlin umziehen sollte.

3. »Corona-Kanzler«
Der nationale Durchbruch 2020

Keine Woche braucht Markus Söder im neuen Jahr 2020, um seine gewachsene Statur in der Bundespolitik vorzuführen. Im Januar versammeln sich traditionell erst die Bundestagsabgeordneten und dann die Landtagsabgeordneten der CSU zu ihren Klausuren, mittlerweile nicht mehr im legendären Kreuth, sondern im oberbayerischen Kloster Seeon, vor idealerweise verschneiter Bergkulisse. Während andere Parteien erst langsam die Feiertagsstimmung abschütteln, bestimmt die CSU die ersten politischen Schlagzeilen des Jahres. Für seine neuen Freunde in der CDU hat Söder diesmal ein ganz spezielles Knallbonbon vorbereitet: Er verlangt eine Umbildung und Verjüngung von Angela Merkels Kabinett – und das noch vor dem Sommer.

Für die Bundestagswahl 2021, sagt Söder, brauche die Union eine »Zukunftsmannschaft«. Angezählt fühlen dürfen sich die beiden CSU-Minister Andreas Scheuer und Horst Seehofer, aber auch die schwächelnden Peter Altmaier und Anja Karliczek von der CDU. Weder mit deren Parteichefin Annegret Kramp-Karrenbauer noch mit der Bundeskanzlerin hat Söder seinen Vorstoß abgestimmt. Es ist ein Affront, der nicht besser wird dadurch, dass der CSU-Chef seine Forderung in den nächsten Wochen bei jeder Gelegenheit wiederholt. Gerade war Söder noch der Rockstar auf dem Leipziger Parteitag der Christdemokraten, jetzt geht er ihnen ganz enorm auf den Zeiger. Es ist seine Art, auf Münchner Mitsprache in Berlin zu pochen. Nicht nur Söders Statur ist gewachsen, sondern auch sein Sendungsbewusstsein.

Es ist Mitte Januar und die zweite Klausur von Seeon gerade vorbei, als Söder im Fernsehen eine Reportage über ein mysteriöses Virus sieht, das im chinesischen Wuhan die Krankenhäuser überfordert. »Corona?«, fragt einer in Söders Umgebung. »Ist das nicht ein Bier?« China ist weit weg – und doch näher, als alle denken. In der dritten Januarwoche findet beim Autozulieferer Webasto in der Nähe von München eine Schulung statt. Auch eine chinesische Mitarbeiterin nimmt teil. Webasto hat eine Fabrik in Wuhan.

Am 28. Januar wird ein Webasto-Mitarbeiter positiv auf Corona getestet. Deutschland hat seinen »Patienten null«, und er kommt aus Bayern. Insgesamt erkranken 14 Menschen in Verbindung mit Webasto. Alle erleben einen milden Verlauf. Also alles ganz harmlos? Eine trügerische Sicherheit macht sich breit, bevor das Virus im Frühjahr über Deutschland hereinbricht, Geschäfte zum Schließen und Fließbänder zum Stehen bringt, Tausende Menschen tötet.

In einer Krise lernen die Bürger ihre Politiker neu kennen. Söders Karriere hat bislang ein identitätsstiftender Moment gefehlt, eine bestandene Bewährungsprobe, die es den Wählern gestattet, Vertrauen in ihn zu fassen. Mit dem Corona-Virus ist diese Bewährungsprobe plötzlich da. Kaum je war das Resultat verblüffender: Markus Söder, der Mann der vielen Rollen, der Aufwiegler im Asylstreit, avanciert innerhalb weniger Wochen zum Krisenmanager der Nation. Die Bekämpfung des Virus, vor allem das Herunterfahren der Gesellschaft, leuchtet für viele Deutsche erstmals Söders Stärken aus: entschlossenes Handeln, klare Kommunikation, gutes politisches Handwerk. Klänge es nicht zynisch, müsste man feststellen: Die Corona-Krise ist wie gemacht für ihn.

Ausgerechnet in diesen extremen Zeiten findet Söder wie nie zuvor zu Maß und Mitte. Er kommt rüber als einer, der das Nötige tut und es auch erklären kann. »Der Kümmerer«, »Energischer Krisenmanager«, »Der Faktor Söder«, »Der Anti-Viren-Politiker«: fast täglich könnte er sich in den frühen Wochen der Pandemie den Pressespiegel seiner Staatskanzlei auf ein Kissen sticken lassen. »So, jetzt ist das Unmögliche eingetreten«, twittert ganz ernst der Comedian Micky Beisenherz,

der Söder in der Flüchtlingsdebatte einen »Widerling« genannt
hatte. »Entgegen meiner jahrelangen Abneigung halte ich Markus Söder derzeit für denjenigen in Deutschland, dem ich in
der Krise am ehesten meine Existenz anvertrauen würde.«

Wie gut Söders Krisenmanagement wirklich ist, wird später
im Jahr zwar noch hinterfragt werden. Davon unbenommen
bleibt, dass es sehr viele Leute gut finden.

Erdbeben bei der CDU

Bevor das Virus die deutsche Politik ganz in seinen Bann
zwingt, wird die CDU kräftig durchgeschüttelt. Die Dinge
nehmen ihren Lauf, als am 5. Februar der FDP-Mann Thomas
Kemmerich im Erfurter Landtag zum Thüringer Ministerpräsidenten gewählt wird, mit den Stimmen von FDP, CDU – und
AfD. Es ist ein Tabubruch. Ein Vertreter einer demokratischen
Partei lässt sich von einer Rechtsaußen-Partei ins Amt hieven –
das hatte es im Nachkriegsdeutschland noch nicht gegeben.

CDU-Chefin Annegret Kramp-Karrenbauer hat an diesem
Nachmittag wieder mal Pech. Als die Nachricht einschlägt,
dass ihre Thüringer CDU-Kollegen mit der AfD gestimmt haben, nimmt sie als Verteidigungsministerin an einer wichtigen
Sitzung teil. Auch deshalb braucht sie eine Weile, bis sie sich
äußert. So lange will Markus Söder nicht warten, auch wenn
die Etikette es gebieten würde, der CDU den Vortritt zu lassen.
In der Sache sagt Söder, was zu sagen ist: Er spricht von einem
»inakzeptablem Dammbruch« und fordert Neuwahlen in
Thüringen.

Das Glück kehrt nicht mehr zurück zu Annegret Kramp-Karrenbauer. Es ist zu spät, ihre Partei überzeugend zu einen in
der Ablehnung der AfD. Am 10. Februar kündigt sie an, den
CDU-Vorsitz abzugeben und auch auf die Kanzlerkandidatur
der Union zu verzichten. Alles, was notdürftig geregelt zu sein
schien in der CDU, ist jetzt wieder offen. Im April soll ein Parteitag den Nachfolger von Kramp-Karrenbauer bestimmen, es

werden sich der Außenpolitiker Norbert Röttgen, der ehemalige Bundestagsfraktionschef Friedrich Merz und der nordrhein-westfälische Ministerpräsident Armin Laschet bewerben. Laschet tritt im Gespann mit Bundesgesundheitsminister Jens Spahn an, der sein Vize werden will. Corona-bedingt wird die Entscheidung dann auf Dezember verschoben werden. Fast ein Jahr haben die Kandidaten nun Zeit, sich ihrer Partei zu empfehlen. Das ist eine Chance, aber im Angesicht der Pandemie auch ein Risiko.

Eigentlich ist klar, dass im Dezember mit dem CDU-Vorsitzenden faktisch auch der nächste Kanzlerkandidat der Union gewählt werden wird. Die CDU ist die größere der Schwesterparteien, ihr Vorsitzender hat ein Vorrecht auf die Kandidatur. Doch schon am Tag von Kramp-Karrenbauers Ankündigung handeln die Medien auch Markus Söder für den Kanzlerjob. Er hat zwar das falsche Parteibuch. Aber er hat das Momentum.

Am Samstag, den 22. Februar, beginnen die Faschingsferien in Bayern. Tausende Menschen brechen zum Skifahren auf, nach Tirol in Österreich und nach Südtirol in Italien. Noch an jenem Samstag spitzt sich die Corona-Lage in Italien zu, in der Lombardei riegelt die Regierung mehrere Städte ab. Söders Frau, Karin Baumüller-Söder, erzählt ihrem Mann von einem Bekannten, der nach Venedig gefahren sei und sie hinterher gefragt habe: Kann man schon machen, oder? Markus Söder findet das unmöglich. Ihn habe da ein »sehr mulmiges Gefühl« beschlichen, sagt er später.

Söder wird im Rückblick für sich beanspruchen, die Bedrohung durch das Virus früher als andere erkannt zu haben. Das ist grundsätzlich richtig: Er setzte Schulschließungen durch, als der Kollege Volker Bouffier aus Hessen diesen Schritt noch »irre« nannte. Er erließ die ersten Ausgangsbeschränkungen, und die schärfsten. Aber Söder wäre nicht Söder, wenn er seiner Weitsicht nicht noch ein bisschen Weite hinzufügen würde. Schon beim Politischen Aschermittwoch am 26. Februar in Passau habe er keine Hände mehr geschüttelt, sagt er. Da dürfte ihn seine Erinnerung täuschen: Mehrere Aschermittwochs-Besucher erinnern sich an einen Handschlag mit Söder. Ist ja auch egal: Nicht mal die Virologen ermessen zu diesem Zeitpunkt die Gefahr.

Die Kundgebung in Passau ist noch in anderer Hinsicht interessant. Söder hat sich für seine Rede einen kleinen Spagat vorgenommen: Inmitten der Turbulenzen bei der CDU will er als wahrer Anführer der Union gewürdigt werden, jedoch (noch?) nicht so sehr, dass irgendwer auf die Idee kommen könnte, er müsse selbst den Kanzlerkandidaten geben: »Mein Platz ist in Bayern und nicht in Berlin.«

Söders Karriereplan sieht nach allem, was man weiß, erst mal vor, mit einem Sieg bei der Landtagswahl 2023 ein Ministerpräsident von historischem Gewicht zu werden, bevor er sich etwaigen Aufgaben im Bund stellt. »Ohne die CSU wird es keinen Kanzlerkandidaten geben«, ruft er, »und ohne die Stimme aus Bayern kann kein Unions-Mann gewählt werden.« Am Aschermittwoch darf man für gesichert halten: Söder will nicht Kanzler werden. Sondern Kanzlermacher.

Aber für wen? Sämtliche Aspiranten für den CDU-Vorsitz seien »hochkompetente Persönlichkeiten«, beteuert Söder, wobei man darauf tippen darf, dass er Armin Laschet notgedrungen für noch hochkompetenter hält als Friedrich Merz und Norbert Röttgen. Merz gilt im Söder-Lager als rückwärtsgewandt, Röttgen als blass. Im Fall eines Merz-Sieges, sagt ein Söder-Getreuer, wäre die CSU dann ja so etwas wie das liberale Korrektiv zur CDU – eine kuriose Versuchsanordnung.

Exit-Laschet und Lockdown-Söder

Wenige Tage nach dem Politischen Aschermittwoch steht in Bayern der Schulbeginn nach den Faschingsferien bevor, am 2. März kehren Tausende Schüler in die Klassenzimmer zurück, die gerade erst aus Tirol oder Südtirol heimgekommen sind. In Söders Kabinett machen einzelne Minister noch immer

Corona-Witze. Der Ministerpräsident weist sie zurecht. »Da macht man keine Witze«, sagt er. Die Meldungen aus Italien haben ihn alarmiert, das Virus verbreitet sich rasant. In seiner Münchner Wohnung lässt er neue Videotechnik installieren – für den Fall, dass er selbst erkrankt und Bayern vom Wohnzimmer aus regieren muss.

Nun ist auch Söders Verzicht aufs Händeschütteln verbürgt. Seinen Ministern empfiehlt er das auch – dringend. Als ihn bei einem Treffen im oberfränkischen Hof der sächsische Amtskollege Michael Kretschmer mit ausgestreckter Hand begrüßt, schüttelt Söder den Kopf. Selbst ein bayerischer Oppositionspolitiker stellt fest: »Seine Sorge ist echt.«

Was aber tun angesichts der vielen Schülerinnen und Schüler, die in Risikogebieten im Urlaub waren? Schulschließungen sind zu diesem Zeitpunkt noch kein Thema. Söder sagt heute: »Hätten wir das damals beschlossen, hätte es die Bevölkerung nicht verstanden und nicht akzeptiert.« Das ist der Doppelschritt für Politiker in Corona-Zeiten: Sie müssen selbst zu einer Einsicht kommen. Und dann müssen sie diese Einsicht den Menschen vermitteln.

Spätabends liest Söder oft Bürgerpost. Viele Mails und Briefe von Eltern sind dabei. Die einen schreiben, es sei doch Wahnsinn, wenn Kinder in die Schule dürften, *obwohl* sie in Südtirol im Urlaub waren. Die anderen schreiben, es sei doch Wahnsinn, wenn Kinder *nicht* in die Schule dürften, *nur* weil sie in Südtirol im Urlaub waren.

Eine der letzten größeren Veranstaltungen, die Söder noch besucht, kurz bevor das Virus das Land lahmlegt, ist am 3. März ein Empfang der mittelfränkischen Industrie- und Handelskammer in Nürnberg. Alle, die in Söders Heimatstadt etwas zu sagen haben, sind da. Es ist ein Abend, an dem zu spüren ist, dass Söder sich verändert hat – dass ihm der Zuspruch, den er für seine Wandlungen erfährt, eine gewisse Souveränität verleiht. Die Bestätigung, die ihm an jenem Abend zuteilwird, bedeutet ihm besonders viel. Jahrzehntelang hat die vermeintlich bessere Nürnberger Gesellschaft mit ihm gefremdelt, dem politischen Parvenü aus der Weststadt. Auch noch, als er längst zum Minister aufgestiegen war. Ministerpräsident, das hat die alten Bekannten dann schon beeindruckt, aber als er 2018 strauchelte, sagten sie hinter seinem Rücken: War ja klar, er kann's nicht. Und nun haben ihm genau diese Leute ein Sympathiebad eingelassen. Jedes noch so kleine Söder-Späßchen wird von der seligen Fangemeinde mit Verzückung belohnt.

»In seinem Innersten«, sagt einer, der ihn lange kennt, »hat er sich das immer gewünscht, diese Anerkennung, diese Sympathien.« Selbst in Zeiten, in denen er den Krawallmacher gab. »Sein Hunger und sein Antrieb, gemocht zu werden, sind riesig, viel größer, als die Leute glauben.« Die Entkrampfung des Markus Söder, berichtet der Wegbegleiter, habe sich in Etappen vollzogen. Schon nach dem Sieg im Machtkampf mit Seehofer sei »viel Verspanntheit« von ihm gewichen. Doch die Zustimmung, die er dann für seine Angriffe auf die AfD und für seinen grünen Kurs bekommen habe – die habe ihn regelrecht befreit. »Jetzt ist er endlich einmal der good guy.« Und nie zuvor war er so gut wie in der Corona-Krise.

Die ersten Märztage sind Tage der Verwirrung, es gibt noch keine einheitliche, lückenlose Linie, wie mit Veranstaltungen umzugehen ist. Weder in Bayern noch anderswo. Am 6. März wird der Starkbieranstich am Nockherberg abgesagt, eine feste Marke im politischen Kalender des Freistaats. Aber am 7. März, einem Samstag, gehen im ganzen Land noch zahlreiche Starkbierfeste über die Bühne. Manche von ihnen werden sich wenig später als Corona-Hotspots erweisen. Bei einem dieser Feste, in Ismaning bei München, erklärt Söders Vize-Ministerpräsident Hubert Aiwanger von den Freien Wählern den Gästen, Starkbier sei der natürliche Feind des Corona-Virus. Am Tag darauf spielt auch der FC Bayern noch in seiner Arena gegen Augsburg, vor 75 000 Zuschauern.

Im Nachhinein werden manche da einen Vorwurf an Söder formulieren: Hätte er nicht die Starkbierfeste unterbinden müssen? Corona, das ist in Deutschland jetzt auch eine Anklage. Irgendwer muss doch etwas falsch gemacht haben. Oder? Eine klare Antwort gibt es nicht. Auch an jenem Wochenende begriff noch kaum jemand das Ausmaß der Bedrohung – die Politiker nicht und schon gar nicht die meisten Bürger. Und zuständig für Veranstaltungen waren die örtlichen Gesundheitsämter.

Persönlich beschäftigt Söder dann aber die Frage, ob eine Woche später, am 15. März, die bayerischen Kommunalwahlen stattfinden können. Er entscheidet sich letztlich, sie durchzuziehen. Weil die Wahlen die Funktionsfähigkeit der Kommunen sicherten, sagen Söders Leute. Und weil nicht mal die Opposition etwa anderes gefordert hatte. Vielleicht hat Söder einfach Glück, dass nachher keine Infektionen aus Wahllokalen gemeldet werden.

Der 12. März ist dann der Tag, an dem der Vorsichtsgigant Söder erstmals auf bundesweiter Bühne auftritt. In Berlin kommt die Ministerpräsidentenkonferenz zusammen, zufällig ist Söder gerade einem Rotationsprinzip folgend ihr Vorsitzender. Diese Position garantiert ihm in den kommenden Monaten eine hohe Kanzel – und bei Pressekonferenzen den Platz neben Angela Merkel. Die Bundeskanzlerin war lange kein Söder-Fan. Es heißt, sie sei nie warm geworden mit dem jungen Generalsekretär und als Söder später bayerischer Finanzminister wurde, sei sie erst mal enttäuscht gewesen, weil sie seinen Vorgänger Georg Fahrenschon so schätzte. Erst jetzt im Zeichen des Virus finden Merkel und Söder zueinander. »Sie ist die Ruhe, er die Kraft«, schreibt der »Spiegel«.

Die Länderchefs haben an diesem 12. März nur ein Thema: Was soll mit den Schulen passieren? Am Morgen, so berichten es Teilnehmer, war nur ein einziger der 16 Regierungschefs für eine Schließung: Markus Söder. Bayern müsse wegen der Nähe zu Österreich und Italien einfach handeln, sagt er: »Wir werden nicht warten.« Kollegen wie Volker Bouffier mögen Schulschließungen für »irre« halten, aber als die Runde am Nachmittag ins Kanzleramt umzieht, haben neben Bayern auch Baden-Württemberg, Niedersachsen und das Saarland angekündigt, notfalls allein voranzugehen. Es steht, wenn man so will, vier zu zwölf.

In Anwesenheit von Angela Merkel kommt ein Gast in die Sitzung, dessen Namen viele Ministerpräsidenten auf der Tagesordnung gar nicht registriert hatten: Christian Drosten, führender Virologe an der Berliner Charité, der Schulschließungen bislang nicht für nötig gehalten hatte. Nun sagt Drosten, er habe eine neue Studie gelesen und müsse sich korrigieren: Die Schulen schließen, das mache Sinn. Einige Regierungschefs fühlen sich überrumpelt. Aber sie fügen sich nach und nach, als auch Merkel und SPD-Vizekanzler Olaf Scholz unterstreichen, man müsse Deutschland jetzt herunterfahren. Armin Laschet aus Nordrhein-Westfalen sagt: »Ich bin im Moment gegen das Schließen, aber mir bleibt dann gar nichts mehr anderes übrig.«

Einer rennt voraus, die anderen hinterher, und der, der vorausrennt, ist Markus Söder. Überall wird der »Macher« Söder gelobt. In anderen Parteien, vor allem in der CDU, sind aber auch einige genervt. Nicht zuletzt die Laschet-Anhänger. Sie sprechen von einer »Macher-Pose«, Söder profiliere sich auf Kosten anderer. Das Misstrauen scheint enorm. Hatte nicht dieser Söder lange als Spaßpolitiker gegolten, dem es ernst allein mit seinem persönlichen Fortkommen gewesen war? Auch in der Flüchtlingsdebatte hatte sich zunächst nicht der Eindruck aufgedrängt, dass er von der Verantwortung für das große Ganze beseelt wäre. Und das sollte sich plötzlich geändert haben? In der CSU halten sie mit einer Frage dagegen: Ob es wirklich so unglaublich sei, dass ein Ministerpräsident seinem Amtseid gerecht werden und Schaden von seinem Volk abwenden wolle? Und überhaupt: Angesichts der Zufriedenheit der Bürger laufe das Gemotze ins Leere.

An manchen Tagen wird Söder jetzt in fünf Nachrichtensendungen befragt, hinter ihm blenden die Fernsehsender die Türme und Dächer der schönen Landeshauptstadt München ein. »Es gibt keinen Anlass zur Panik, aber es gibt Anlass zur Sorge«, das ist einer der Söder-Standardsätze. Maß und Mitte. Seine regelmäßigen Pressekonferenzen zur Mittagszeit, bei denen er über den Stand der Dinge informiert, schauen auch Leute, die sonst nur noch Netflix gucken. Innerhalb Bayerns kann man im März und April praktisch nicht mehr telefonieren, ohne gefragt zu werden: Hast heut' den Söder gehört? Er ist omnipräsent, er drängt sich der Republik als Krisenbegleiter fast auf.

Markus Söder macht auf einmal so viel richtig, dass man beinahe erleichtert ist, wenn seine alten Macken zum Vorschein kommen. Das permanente Selbstlob, die Überheblichkeit. Wenn er betont, dass Bayern »etwas vorangegangen« sei, er »ein Stück weit auch Tempo« gemacht habe und kein Bundesland »so schnell und so groß Hilfen« gewähre wie seines. Natürlich trägt er auch eine Maske mit weiß-blauen Rauten. Bei den Regierungspressekonferenzen stehen die Minister neben dem im Krisenmodus bebenden Söder nur dekorativ herum.

Einmal, Ende März, besucht Söder in Eitting bei München eine Logistikhalle von Rewe Süd. In zwölf Meter hohen Regalen und auf orangefarbenen Gabelstaplern lagert Klopapier, so weit das Auge reicht. Was hätte der alte Söder wohl bildtechnisch mit all dem Klopapier angestellt? Die Enttäuschung ist groß, als er keine einzige Rolle in die Hand nimmt. Ja, am Ende gibt es noch hübsche Fotos, Söder vor einem Mittelgebirge aus Klopapier. Und ja, natürlich ist auch das eine Inszenierung. Aber für seine Verhältnisse eine bescheidene. Dass von diesem Ort und dieser Stunde und vor allem diesem Mann das beruhigende Signal ausgeht, dass die Deutschen auch weiterhin mit einem reibungslosen Toilettengang planen können – das ist doch ein Zweck, den niemand ernstlich bekritteln kann, der vor allem zu Beginn der Corona-Krise mal in einem Supermarkt war.

Bisweilen sind der alte und der neue Söder nicht voneinander zu trennen. Wenn er über die Corona-Monate spricht, fehlt nie die Bemerkung, er habe die Opposition ja immer eng eingebunden. Das stimmt in Teilen schon auch: Ludwig Hartmann, der Grünen-Fraktionschef im Landtag, simst Söder etwa den Vorschlag, Corona-Patienten aus Italien in bayerischen Kliniken aufzunehmen. Söder schreibt zurück: »Danke für den Hinweis. Machen wir.« Das ist schön für die Patienten, vielleicht für die Grünen und auf jeden Fall für Söder, der Journalisten nun mit stichfestem Beleg einimpfen kann, er lasse sich von guten Ideen immer überzeugen. Dass die Opposition bitterlich über eine Entmachtung des Landtags bei den Corona-Verordnungen klagt? Zum Wohle der Bürger, heißt es in der CSU, müsse man in der Krise »schnell und konsequent« handeln.

Söder schläft oft schlecht in diesen Wochen, so wird er es später berichten. »Immer, wenn du denkst, jetzt könnte es laufen, taucht ein neues Problem auf.« Und nun bricht schon wieder ein einschneidender Tag an. Er wacht gegen halb fünf auf, mit einer Frage im Kopf, die größer kaum sein könnte: Freiheit oder Sicherheit? Kann man den Menschen Ausgangsbeschränkungen zumuten? Die 16 Ministerpräsidenten, so hört man das aus Söders Umgebung, waren sich am Abend zuvor bei einer Telefonschalte nicht einig geworden. Man müsse noch zehn Tage die Lage beobachten, hätten einige verlangt. Oder zumindest zwei, drei. Markus Söder glaubt, dass man diese Zeit nicht mehr hat. Um 8 Uhr betritt er die Staatskanzlei, kurz darauf ruft er Angela Merkel an: »Ich mache das.«

Dass die Bürgerinnen und Bürger ohne triftigen Grund nicht mehr aus dem Haus dürfen – wer hätte das am Anfang dieses Jahres für möglich gehalten? Wer hätte das jemals für möglich gehalten? Zwei Dinge, sagt Söder heute, müsse man irgendwie in Balance halten: »was wirksam, aber auch angemessen ist«.

Dieses Solo bei den Ausgangsbeschränkungen treibt den Keil zwischen ihm und Armin Laschet tiefer. Laschets Leute werfen Söder hinter den Kulissen vor, in der Telefonschalte vor der Sitzung versprochen zu haben, nicht allein vorzupreschen. Und sich dann nicht daran gehalten zu haben, noch dazu als Vorsitzender der Runde. »Was ist denn das für eine Auffassung von Kollegialität?«, fragt ein Christdemokrat. Söders Leute bestehen hingegen darauf, dass er sich die Option für schnelleres Handeln ausdrücklich vorbehalten habe – das habe das Infektionsgeschehen in Bayern schlicht erfordert. Es gibt unbeteiligte Zeugen für diese Version. Anderseits: Wer ist hier noch unbeteiligt?

Laschet strebt jedenfalls eine etwas mildere Variante der bayerischen Ausgangsbeschränkungen an, ein »Kontaktverbot«. Er schreibt diesen Vorschlag mit anderen Länderchefs in einem Papier nieder, ohne Wissen des Konferenzvorsitzenden Söder – das wiederum findet dieser höchst unfein. Am Ende sorgt Merkel für einen Kompromiss.

Das Duell, das sich da entwickelt, ist erst mal kein Duell um die Kanzlerkandidatur. Aber es ist ein Duell um den besten Kurs in der Krise. Söder hält harte Maßnahmen für unabdingbar, um einen medizinischen Notstand zu verhindern; Laschet fürchtet die sozialen Folgen dieser Maßnahmen. Und es ist auch ein Duell politischer Stile: hier Söder, der schnell zupackt; dort Laschet, der erst einmal abwägt. Söder eher laut, Laschet eher leise. Söder bestimmend, Laschet gemütlich. Dass Söder 22 Zentimeter größer ist als Laschet, passt im Übrigen auch ins Bild.

Das Duell ist persönlich und emotional, ohne große Vorgeschichte, es werden keine alten Rechnungen beglichen. Höchstens neue aufgemacht. Also denkt Laschet laut darüber nach, dass in Bayern sicher auch die Kinder bald Betreuung bekämen, wo doch schon die Biergärten öffnen dürften. Also lässt Söder fallen, dass die Deutschen am liebsten in Nord und Süd Urlaub machten: »West ist da nicht dabei.« So geht es weiter. Das ist ein wenig pubertär, aber sicherlich kein Krieg der Kanzleraspiranten.

Als es von Ende April an langsam mehr um Lockerungen geht als um Einschränkungen, stellt sich den Deutschen die Frage, mit wem man es hält: Mit »Mr. Exit-Laschet oder Lockdown-Söder?«, wie eine ARD-Reportage hübsch zuspitzt. Wer wird recht haben mit seinem Öffnungsansatz – der forsche Laschet oder der vorsichtige Söder?

Die Politiker sollten einfach auf die Virologen hören, heißt es oft. Söder spricht regelmäßig mit Ulrike Protzer von der TU München und mit Michael Hoelscher von der Ludwig-Maximilians-Universität. Gleich nach dem Aufstehen lässt er sich die aktuellen Infektionszahlen des Landesamtes für Gesundheit geben, das bis August 2020 sein früherer Bundeswehrarzt Andreas Zapf leitet. Aber auf die Virologen zu hören ist gar nicht so einfach, weil auch diese täglich dazulernen und ihre Einschätzungen ändern. Viele Wissenschaftler etwa machen anfangs Hoffnung, dass die warme Witterung dabei helfen werde, das Virus einzudämmen. Irgendwann schwenken fast alle um: Einen »Sommereffekt« werde es nicht geben.

Einen ähnlichen Meinungswandel gibt es beim Sinn von Schutzmasken. Auch Söder gerät da ins Rudern: Erst warnt er, sie versprächen falsche Sicherheit. Dann ruft er die Maskenpflicht aus. Söder sagt: »Kein Experte weiß es zu hundert Prozent. Am Ende kann niemand die Politik aus der Verantwortung lassen.«

Ihm ist natürlich bewusst, dass auch er Widersprüche und Unschärfen hat in der Kommunikation. Zeitweise schien es im Freistaat verboten zu sein, allein auf einer Parkbank ein Buch zu lesen. Söder sagt: »Es ist doch klar, dass wir alle täglich dazulernen. Das galt auch für die Parkbank.« Allen könne man es eh nicht recht machen, das sei seine Erfahrung. Den Friseuren etwa. Die hätten ihm zuerst geschrieben: Wie lange müssen wir noch arbeiten? Als sie nicht mehr arbeiten durften, schrieben sie: Wann dürfen wir endlich wieder ran?

Parkbänke, Friseure – abgesehen von kleinen Fehlern und Widersprüchen ist der Politiker Markus Söder wie gemacht für diese Krise. Oder diese Krise für ihn. Wenn man mit Wegbegleitern spricht, ergibt sich das Bild eines Mannes, der seine persönliche Gesundheit seit vielen Jahren proaktiv verteidigt. Beim Thema Vorsorgeuntersuchungen, hört man, mache Söder keiner was vor. Bei Impfungen auch nicht. Einer sagt: »Der Mann ist ein Hypochonder«, und im Jahr 2020 ist das ein Kompliment.

Wenn jemand in den Corona-Tagen in Söders Nähe hustet, kann er nicht auf die Nachsicht des Ministerpräsidenten hoffen – selbst dann nicht, wenn es der stellvertretende Ministerpräsident ist. Einmal läuft Hubert Aiwanger von den Freien Wählern bei einem Presseauftritt die Nase, und Söder wirkt ganz und gar nicht so, als würde ihm das entgehen. Vielleicht kann man sagen: Söder kämpft um das Leben seiner Bürger, als ginge es um sein eigenes. Es kommt ihm dabei sicher zugute, dass er mal bayerischer Gesundheitsminister war und mit der Schweinegrippe zu schaffen hatte, übrigens schon damals im Duett mit Karolina Gernbauer, der einflussreichen Amtschefin der Bayerischen Staatskanzlei.

»Er ist in seinem Element«, sagt einer, der ihn gut kennt, »Ärmel hochkrempeln, was bewegen, so war er schon immer.« Wenn man sich die Trivialitäten ansieht, mit denen Söder früher umständehalber seine Tage füllte, kann man fast den Eindruck gewinnen: Endlich hat er eine Aufgabe, die seiner Energie gerecht wird. Söders dominante, raumgreifende Art wirkte vor Corona manchmal ein bisschen auf der Zeit gefallen. Jetzt ist die Zeit für einen wie ihn plötzlich wiedergekommen.

Zur Ironie der Situation gehört der Umstand, dass Söder sich bei seiner Krisenerklärung anfangs mit »Whatever it takes« ausgerechnet des Satzes eines Mannes bemächtigt hat, der in der CSU in etwa die Beliebtheit eines guten, alten Brechdurchfalls hat: des Ex-Präsidenten der Europäischen Zentralbank, Mario Draghi. Alles zu tun, was nötig ist – das hatte Draghi einst bei der Euro-Rettung versprochen, nun verspricht es Söder bei der Virusbekämpfung.

Der Stresstest

Bei einer Bewertung von Söders Krisenmanagement tut Gelassenheit gut – wie bei dem anderer Politiker natürlich auch. Söder verdient traditionell Abzüge in den Stilnoten, das ist jetzt nicht anders: Man wäre wirklich dankbar, würde er nicht in jedem zweiten Satz darauf hinweisen, wo Bayern wieder am tollsten ist. Und auch, dass ihm Misstrauen entgegenschlägt, hat Tradition. In seinen drei Jahrzehnten in der Politik hat er ja auch viel dafür getan, sich dieses Misstrauen zu erwerben. Das führt dazu, dass ihm manche bis heute immer und überall die schlimmsten Absichten unterstellen. In diesem Fall: Selbst in der Krise wolle er sich bloß profilieren, das Kanzleramt fest im Blick.

Man könnte dagegenhalten, dass Söder anders als Laschet, der mindestens CDU-Chef werden will, sich aktuell nicht in einem Wahlkampf befindet. Wenn man Söder Profilierungsversuche unterstellt, muss man sie Laschet eigentlich auch unterstellen – etwa bei der Heinsberg-Studie seines Leibvirologen Hendrik Streeck. Eine gelassene Betrachtung wäre: Politiker sind alle Taktiker, alle wollen gut aussehen, übrigens auch Angela Merkel oder Winfried Kretschmann. Nur hat halt jeder seine eigene Art dabei, und Söder eben nicht die feinsinnigste. Aber niemand muss sein Charakterurteil über ihn ändern, um ihm glauben zu können, dass er – wie wohl jeder andere, der hierzulande politische Verantwortung trägt – in den frühen Wochen der Pandemie zuallererst ein großes Sterben verhindern wollte, ein deutsches Bergamo.

Bei den Wählern kommt der Krisenmanager Söder jedenfalls an, um es zurückhaltend zu formulieren. Anfang April 2020 bewerten im BR-Bayerntrend, der wichtigsten Umfrage im Freistaat, 94 Prozent der Befragten die Arbeit des Ministerpräsidenten positiv. 94 Prozent, das hätte bislang selbst in den feuchtesten Fieberträumen der CSU etwas maßlos geklungen. Man muss sich das auf der Zunge zergehen lassen: Der Mann, den einst der SPD-Politiker Florian Pronold durchaus unter

Applaus den »größten Kotzbrocken der deutschen Politikszene« nannte, hat jetzt die höchste jemals in Deutschland für einen Politiker gemessene Zustimmung.

Natürlich ist der Wert, wie die Krise selbst, ein Ausnahmezustand. Aber ein Ausnahmezustand, den andere Ministerpräsidenten nicht haben. Laschet kommt in NRW auf 74 Prozent, immerhin. In den bundesweiten Umfragen liegt Söder im Sommer 2020 klar vorn: Laut ZDF-Politbarometer im Juli können sich 64 Prozent der Befragten Deutschen einen Kanzler Söder vorstellen. Alle anderen? Weit dahinter. Merz: 31 Prozent. Laschet: 19 Prozent. Röttgen: 14 Prozent. Das hat Corona geschafft: Bei Söder wachsen die Hoffnungen, bei den anderen die Zweifel.

Wer 94 Prozent Zustimmung bekommt und nicht Nordkorea regiert, muss irgendetwas richtig gemacht haben. Söder trifft den Ton, selbstsicher und energisch, aber nie panisch. Er spricht auch langsamer als früher, deutlicher, er hat seinen fränkischen Dialekt zurückgefahren. Und in der Sache – bei den schnellen Schulschließungen und harten Ausgangsbeschränkungen – betet offensichtlich keine Mehrheit der Bayern dafür, doch bitte bald von Armin Laschet regiert zu werden.

Den Vorwurf, Söder habe durch sein Vorpreschen in der Ministerpräsidentenkonferenz die Einigkeit der Bundesländer sabotiert, kann man natürlich erheben. Aber was ist Einigkeit wert, wenn man einig nur in einer suboptimalen Lösung ist? Nun haben viele Bayern stets eine absonderliche Freude daran, wenn die Republik gefühlt mehr in München als in Berlin regiert wird. Dennoch ist die Stunde des Virus schlicht auch die Stunde des Föderalismus: Es ist legitim und sinnvoll, dass Bayern angesichts seiner Nähe zu den Infektionsherden in Österreich und Italien schnellere und härtere Maßnahmen ergriffen hat als andere Länder.

Die gewichtigste Kritik an Söders Krisenmanagement ist eine andere. In einem Punkt war Bayern nämlich sicher nicht das viel gepriesene Vorbild-Land: Lange gab es in Alten- und

Pflegeheimen nicht genug Schutzausrüstung und Tests. Ein ernsthaft selbstkritisches Wort von Söder ist dazu nicht überliefert. Künftig, beteuert er immerhin, soll alles besser werden: Er will Lager für Schutzausrüstung einrichten, Pflegekräfte sollen mehr verdienen, kommunale Krankenhäuser gestärkt werden. Auch an diesen Ankündigungen wird sich Söder messen lassen müssen – und das, wo durch Corona auch in Bayern die finanziell fetten Jahre erst mal vorbei sind. Mancher Christsoziale murrt sogar in der Krise schon leise, dass ihr Ministerpräsident Hilfsgelder verteile wie früher Freibier.

Söder habe das alles »ordentlich« gemacht, sagt Katharina Schulze, die Fraktionschefin der Grünen im Münchner Landtag, das ist ihre vorläufige Bilanz. »Aber ist das nicht auch sein Job als Ministerpräsident?« Für das resolute Herunterfahren der Gesellschaft waren Söders persönliche Stärken passgenau. Das Herauffahren ist für ihn schon schwieriger: die Moderation der Ungeduld und widersprüchlicher Interessen. Söder hat viele Maßnahmen früher als andere ergriffen und sie später gelockert. Er ist geleitet von Vorsicht, aber auch getrieben vom Freiheitsdrang der Menschen.

Schulze findet auch, dass Söder in dieser Phase verrät, wie schwer er sich immer noch tue, ein Ministerpräsident für alle Bürger zu sein: »Man hat gemerkt, wo Söder hinschaut und wo nicht: Die Spielplätze waren noch zu, da hat er schon über Geisterspiele in der Bundesliga geredet. Auch um die vielen Soloselbstständigen und die Künstlerinnen und Künstler hat er sich lange nicht gekümmert.«

Söder sieht das natürlich alles komplett anders. Die Corona-Krise, sagt er, sei nicht nur ein »Stresstest« für das System, sondern auch ein »Charaktertest« für die Gesellschaft, für jeden Einzelnen. Und die Krise ist ja noch nicht vorbei, vielleicht kommt eine zweite Welle, wahrscheinlich kommt eine Rezession. Söder ist bislang gewachsen in der Krise, aber ihr Ausgang ist ungewiss. Er weiß vermutlich, dass das auch für ihn selbst gilt.

Mitte August gibt sich Söder erstmals in der Corona-Krise eine echte Blöße. Bayern hat an seinen Autobahnraststätten als erstes Land mit Corona-Tests für Urlaubsrückkehrer begonnen – und Zehntausende Menschen tage- oder gar wochenlang auf ihre Ergebnisse warten lassen. Darunter mehr als 900 positiv Getestete. Ein »eklatantes Versagen des Supercoronamatadors Söder« erkennt nicht nur SPD-Politiker Ralf Stegner. Es ist ein Moment der Schwäche, auf den alle Söder-Skeptiker gewartet haben.

Im Lager von Armin Laschet sind sie eh davon überzeugt, dass Söder kein besseres Krisenmanagement betreibt als ihr eigener Chef. Sondern dass er seines nur besser zu verkaufen weiß. Einmal in diesem Sommer langt Herbert Reul, Laschets Innenminister, tüchtig hin: Söders »pseudo-restriktive Strategie« bestehe doch nur aus »heißer Luft«, sagt er dem »Kölner Stadt-Anzeiger«, ihm sei »unerklärlich«, wie jemand glauben könne, dass Söder ein guter Kanzlerkandidat wäre.

Laschets Leute sind schon lange vor Söders Test-Debakel irritiert darüber, dass Söder medial als »Corona-Kanzler« gefeiert wird – die Zahlen in Bayern, sagen sie, gäben das wirklich nicht her. Bayern hat, zumindest im frühen Sommer, wesentlich mehr Corona-Fälle als NRW. Söder erklärt das mit den vielen Tests, die im Freistaat gemacht würden. Und damit, dass das starke Infektionsgeschehen vom Anfang der Pandemie – bedingt durch die Nähe zu Österreich und Italien – sich statistisch immer noch fortsetze. In Düsseldorf sagen sie, dieser Effekt habe sich längst ausgewachsen. Und außerdem verzeichne Bayern ja auch wesentlich mehr Tote als NRW, obwohl dort mehr Menschen leben. Team Söder entgegnet, dass in Bayern im Gegensatz zu anderen Ländern bei Toten genau geprüft werde, wer an Corona gestorben sei, weshalb natürlich auch mehr Todesfälle erfasst würden als anderswo.

Solche Vergleiche sind schwierig, die Debatte ist ein wenig absurd. Aber sie kommt nicht von ungefähr. Söder hat in der Corona-Krise so etwas wie einen nationalen Durchbruch erlebt. Und er hat im Laufe dieses Jahres Gefallen gefunden am großen Kanzlerspiel.

Das heißt nicht zwingend, dass er das Spiel zu Ende spielen wird. Aber fürs Erste will er mitspielen. Kanzlerkandidat der Union könne nur werden, wer sich in der Krise »bewährt« habe, dieses Anforderungsprofil setzt Söder Ende Juni in einem »Tagesspiegel«-Interview in die Welt. Röttgen und Merz scheiden damit praktisch aus, sie haben keine Regierungsämter, in denen sie sich bewähren könnten. Und Laschet? Kann Söder ja eigentlich nicht meinen. Nach seiner Test-Panne fällt Söders Gestichel auf ihn selbst zurück.

In der CDU haben sie dessen fabelhafte Umfragewerte zunächst noch mit Sympathie verfolgt, seine neue Beliebtheit würde ja am Ende einzahlen auf das gemeinsame Unionskonto. Inzwischen beobachten manche das alles nicht mehr so wohlwollend. Vor einem guten halben Jahr hatten sie noch um die Gunst des Kanzlermachers Söder gebuhlt, jetzt wächst er heran zu einem immer unheimlicheren Konkurrenten. CDU-Chefin Annegret Kramp-Karrenbauer hat ihn in einer Videoschalte wegen des Bewährungs-Satzes zur Ordnung gerufen: Zurückhaltung sei gefragt, die Kanzlerfrage dürfe nicht zum Sommertheater werden.

Wer Markus Söder kennt, egal ob den alten oder neuen, darf es allerdings für unrealistisch halten, dass er sich von einer noch dazu scheidenden CDU-Vorsitzenden zur Ordnung rufen lässt. Und ein funkelndes Stück Sommertheater hat er sowieso schon auf dem Spielplan: Am 14. Juli empfängt er Angela Merkel in der Prunkkulisse von Schloss Herrenchiemsee. Merkel gewährt ihm diese Gunst, diese Nähe, diese Bilder. Trifft da die Bundeskanzlerin auf ihren Nachfolger? Markus Söder liegt vorn in allen Umfragen, er habe das erst gar nicht gewollt, aber jetzt sei er im Spiel, »und er genießt es sehr«, sagt jemand, der ihn gut und lange kennt. »Ich frage mich nur, wie er da wieder rauskommt.«

Schluss
Ein Bayer im Kanzleramt?

Wenn Markus Söder seinen CSU-Ahnen Franz Josef Strauß und Edmund Stoiber in einem schon jetzt ebenbürtig ist, dann in der Kunst des luftigen Dementis. »Mein Platz ist in Bayern«, das ist sein Satz des Sommers 2020. Er benutzt ihn ständig. Oder in der Langform: »In Bayern ist mein Standort und mein Anker.« Sehr hübsch, das mit dem Anker. Strauß hatte einst beteuert, lieber wolle er »eine Ananas-Farm in Alaska« betreiben, als Kanzlerkandidat der Union zu werden. Stoiber hatte versichert, er werde eher »Trainer von Bayern München« als Kanzlerkandidat. Am Ende wurden beide: Kanzlerkandidat.

In Söders Karriereplan war das Amt des Bundeskanzlers glaubhaft nicht vorgesehen – wenigstens nicht so früh. Sein Ziel war es immer, in Bayern in einer Reihe zu stehen mit den legendären Ministerpräsidenten, mit Strauß und Stoiber. Wer in München regiert, muss nichts mehr werden – der ist schon was. Edmund Stoiber sagt: »Für einen bayerischen Ministerpräsidenten ist das Amt des Bundeskanzlers nichts Höheres. Es ist etwas anderes.« Und doch ist Stoiber 2002 dem Lockruf aus Berlin gefolgt, hinein in eine ebenso knappe wie bittere Wahlniederlage gegen Gerhard Schröder.

Markus Söder hat sich in seiner bisherigen Karriere als extrem diszipliniert und risikoscheu erwiesen, er wagt sich nur aus der Deckung, wenn er weiß, dass er gewinnt. Ein Sprung in instabile Berliner Verhältnisse würde für ihn ein beträchtliches Risiko bedeuten. Wenn er verliert (gegen, nur mal zum Beispiel, Annalena Baerbock von den Grünen), wäre sein Renommee schwer beschädigt. Und wenn er gewinnt, müsste er das

Ministerpräsidentenamt, nach dem er beinahe ein ganzes Leben lang strebte, nach nur drei Jahren wieder aufgeben – und damit die Chance, sich in die Ahnengalerie der großen bayerischen Landesväter einzureihen. Er könnte das, was er gesät hat im Freistaat, nicht ernten. Es beeindrucke ihn auch, sagen Vertraute, dass die Bayern sich in Umfragen wünschen, er solle in München bleiben. Mit einem Wechsel würde er ja womöglich auch seinen Auftrag unterminieren, die CSU als Volkspartei zu erhalten. Einen natürlichen Nachfolger für die Staatskanzlei hat die CSU derzeit nicht. Dazu kommt: Als Kandidaten-Kandidat wird Söder gefeiert. Als Kandidat würde er schonungslos durchleuchtet werden – vom politischen Gegner und den Medien.

Markus Söder hat viel zu verlieren, aber auch unendlich viel zu gewinnen. Ein Bayer im Kanzleramt? Da hat es nur den Fürther Ludwig Erhard gegeben, ein Franke wie Söder, aber der war unter CDU-Fahne unterwegs gewesen. »Mein Platz ist in Bayern«, diesen Satz hat Söder einst in sein Vokabular aufgenommen, als Horst Seehofer ihn nach Berlin wegloben wollte. Berlin, das war für ihn vor allem Aufzeichnungsort diverser Fernsehsendungen. Dass sein Platz genau dort sein könnte, in Berlin, noch dazu im Kanzleramt, das hätte vor Kurzem noch lächerlich geklungen. Nun klingt es realistisch. Und Söder weiß natürlich, dass er gerade das Momentum seines Lebens hat. Wenn er jetzt nicht springt, wann dann? Wird sich das Fenster der Gelegenheit je wieder derart weit öffnen?

Auch den CSU-Vorsitz hat Söder nicht mit aller Macht angestrebt – und trotzdem hat er ihn bekommen. Leute, die nah dran sind an ihm, haben den Eindruck, dass er mit dem Grübeln begonnen hat. Und nicht nur er: »Mach es, wir mischen Berlin auf«, soll jemand aus seinem Umfeld ihm geraten haben.

Söder hat immer vom Gegenwind gelebt, jetzt treibt ihm Corona die Sympathien zu. Es ist neu für ihn, aber er kann damit umgehen. »Natürlich schmeichelt ihm das«, sagt ein Wegbegleiter. Söder habe gemerkt, dass da unverhofft noch etwas Größeres auf ihn warten könnte. »Das arbeitet jetzt in ihm.« Denn Söder sei so gestrickt, dass er immer weiterwolle, niemals stehen bleiben: »Tempo als Flucht nach vorn, auch aus Angst vor eigenen Fehlern.« Will er Kanzler werden? »Ja, unbedingt!« Aber traut er sich auch in eine Auseinandersetzung um die Unionskandidatur? Da ist sich der Wegbegleiter nicht so sicher.

Söder intensiviert zumindest den Flirt mit der Idee, auch öffentlich. »Die Krise zeigt, wem die Deutschen in schwierigen Zeiten vertrauen«, sagt er – und erklärt hinterher, er habe natürlich Merkel gemeint. Die doppeldeutigen Interviews, die prachtvollen Bilder mit der Kanzlerin in Schloss Herrenchiemsee: vielen geht die Söder-Show im Sommer 2020 schon wieder ziemlich auf den Geist. Es ist Söders altes Problem: sein fatales Faible für Übertreibung. Anfang August merkt er das selbst. In mehreren Interviews tritt er auf die Bremse: »Mein Platz ist in Bayern«, das meine er sehr ernst.

Hinzu kommt: Söder allein kann sich schlecht zum Kandidaten küren. Bei der Frage, ob er nach dem Kanzleramt greift, muss man die Frage anschließen, unter welchen Umständen ein CSU-Mann überhaupt Kanzlerkandidat der Union werden kann. Die CSU ist unter den Unionsparteien nur die kleine Schwester – die sehr kleine. Die Kanzlerkandidatur liegt für gewöhnlich bei der großen Schwester, das Vorschlagsrecht in jedem Fall. Ein CSU-Vertreter kommt eigentlich nur zum Zug, wenn bei der größeren Schwester CDU keiner will. Oder wenn die, die wollen, zu schwach sind. So war das 1980 bei Franz Josef Strauß, dem der CDU-Vorsitzende Helmut Kohl den Vortritt ließ. Strauß setzte sich unionsintern gegen den B-Kandidaten der CDU durch, den niedersächsischen Ministerpräsidenten Ernst Albrecht. Und so war es mit Einschränkung auch 2002 bei Edmund Stoiber, dem Merkel die Kandidatur als Frühstücksgabe überbrachte. Kohl wie Merkel verzichteten nicht ganz ungern: Sie hielten die etablierten SPD-Kanzler Helmut Schmidt und Gerhard Schröder für schwer schlagbar.

Für sie beide hat sich der vorläufige Verzicht langfristig gelohnt.

Mit einem etablierten SPD-Kanzler bekäme es Söder nun immerhin nicht zu tun. Aber in der CDU wollen mindestens zwei der drei Bewerber um den Parteivorsitz auch Kanzlerkandidat werden: Armin Laschet und Friedrich Merz, die beiden Favoriten. Nur der Außenseiter Norbert Röttgen kann sich vorstellen, Parteichef neben einem anderen Kanzler zu sein – eine Bereitschaft, die mehr aus Not geboren ist als aus Überzeugung. Zu klären ist: Ist einer der beiden Starken stark genug? Laschet oder Merz?

Söder käme ins Spiel, wenn die CDU sich in der Kanzlerfrage komplett verkrachen würde. Oder wenn die Partei den Glauben an ihre Chefaspiranten völlig verlieren würde. Sollte das christdemokratische Establishment von Laschet und Merz abrücken, dann dürfte es auf der Suche nach einem starken Mann beim Umfragekönig Söder landen. »Söder muss es machen«, diese Stimmen hört man im Corona-Jahr 2020 zwar schon aus der CDU. Aber sie müssten zu einem Chor anschwellen. Eine Schlüsselrolle könnte dabei die Bundestagsfraktion der Union spielen. Auch viele CDU-Abgeordnete könnten aufgrund der Umfragelage eine kühle Abwägung vornehmen: Mit welchem Kandidaten habe ich die beste Chance, mein Mandat zu behalten? Dieses Kalkül könnte im Zweifel schwerer wiegen als manches Ressentiment gegen die CSU.

Im Unterschied zu Strauß und Stoiber hat es Söder nicht mit einem amtierenden CDU-Chef zu tun, der aus einer Position relativer Stärke seine Ansprüche anmelden könnte. Erst die Kalamitäten der Schwesterpartei in der Abenddämmerung der Ära Merkel haben Söder ins Rampenlicht gerückt. In der öffentlichen Wahrnehmung ist er der Anführer der Union, so ähnlich, wie es Stoiber in den Turbulenzen der CDU nach dem Ende der Ära Kohl war. Und doch ist der Weg vom Schattenkanzler zum tatsächlichen Kanzlerkandidaten der Union weit.

Söders Kontakte in die CDU sind relativ überschaubar, abgesehen von einigen alten Bekannten aus der Jungen Union. Söder hat diesen Teil seines Netzwerks nie wirklich gepflegt. Erst in jüngster Zeit hat er einen engeren Draht zu einer Handvoll junger CDU-Ministerpräsidenten entwickelt. Vor allem zu Michael Kretschmer aus Sachsen und Tobias Hans aus dem Saarland – und, ein zartes Pflänzchen noch, zu Daniel Günther aus Schleswig-Holstein, den viele in der CSU für einen verkappten Sozi halten. »Genosse Günther« nennen sie ihn. Im Sommer 2020 planen Söder und Günther eine gemeinsame Wattwanderung, die Söder dann kurzfristig wegen der bayerischen Corona-Testpanne absagen muss.

Man braucht trotzdem viel Phantasie, um sich vorzustellen, dass Laschet oder Merz nach einer Wahl zum CDU-Chef im Dezember Söder die Kandidatur überlassen würden. Söders Stunde könnte eigentlich nur schlagen, wenn es noch vor dem Dezember-Parteitag der Christdemokraten zu einer Verständigung käme – etwa auf ein Duo Spahn/Söder. Die Idee nimmt durchaus Kontur an im Corona-Sommer: Jens Spahn kann gut mit Söder, vor lauter Begeisterung für Stoiber ist er 2002 »Gastmitglied« der CSU geworden. Vor allem wäre der Gesundheitsminister der einzige profilierte CDU-Mann, der jung genug ist, um als Parteichef ohne Gesichtsverlust die Kandidatur an Söder abtreten zu können. Doch dafür müsste sich Spahn erst mal aus dem Tandem mit Laschet lösen, ohne dass ihm der Ruch des Verrats anhaftet.

Voraussetzung für all diese Überlegungen: anhaltend hervorragende Umfragewerte für Söder, anhaltend traurige für Laschet und Merz.

Es bleiben viele Fragezeichen. Wenn Spahn sich wirklich des Partners Laschet entledigte – würde er dann nicht doch gleich selbst die Kanzlerschaft anstreben? Wie entwickelt sich die Pandemie? Und wem nützt das politisch? Söder hat 2020 massiv an Statur zugelegt, aber die Krise ist ja noch nicht vorbei. Man wird sehen müssen, ob er sein Retterimage bewahren kann, wenn irgendwann die wirtschaftlichen und sozialen Folgen des Virus in den Vordergrund rücken.

Bereits die Probleme bei den bayerischen Corona-Tests für Reiserückkehrer im August haben Söders Ansehen Kratzer zugefügt. Die Sache war peinlich, aber nüchtern betrachtet nicht wirklich dramatisch: Bayern hatte Betroffene nur mit großer Verzögerung über ihre Testergebnisse informiert – andere Bundesländer hatten das Testen da freilich noch nicht mal angefangen. In seinem Ansatz, heimkommende Urlauber zu testen, durfte sich Söder sogar bestätigt fühlen. Und dennoch war die Test-Panne gleich zweifach ein logischer Fehler des Systems Söder. Erstens, weil Söder mit ständig neuen Ideen und sportlichen Zielvorgaben sowohl den Verwaltungsapparat als auch seine Gesundheitsministerin Melanie Huml latent überfordert. Zweitens, weil Söder natürlich an seinen bisweilen großmäuligen Ankündigungen gemessen wird. Seinen Gegnern hat er nun Munition geliefert, die ihnen bislang gefehlt hatte.

Und dann ist da noch eines der großen ungelösten Rätsel deutscher Politik: Kann ein Bayer überhaupt Kanzler werden? Strauß und Stoiber sind gescheitert, an Stoibers Kampagne war Söder als CSU-Generalsekretär sogar beteiligt. Die Frage ist, welche Lehre Söder aus den vergeblichen Versuchen der beiden zieht. Lässt er lieber die Finger von einer Sache, die nur schiefgehen kann? Stoiber hat Söder öffentlich von einer Kanzlerkandidatur abgeraten, sagt aber auch ganz klar: »Natürlich kann ein Bayer Kanzler werden. Mir hat mein Bayersein 2002 nicht geschadet.« Das Unionsergebnis sei mit ihm als Spitzenkandidaten im Vergleich zur vorherigen Bundestagswahl 1998 in fast allen Bundesländern gewachsen. »Auch in den ostdeutschen Ländern.« Stoiber war wirklich nah dran, ein paar Stunden durfte er sich als Sieger fühlen, am Ende lag die Union 0,01 Prozent hinter der Schröder-SPD. 1980 war die Strauß-Union mit 44,5 Prozent sogar stärkste Kraft.

Aber hätten diese Ergebnisse nicht noch besser sein können?

Gab es nicht doch so etwas wie ein Bayern-Handicap? Veteranen aus Stoibers Kampagne berichten etwa, dass ihr Kandidat ausgerechnet in Baden-Württemberg hinter ihren Erwartungen zurückgeblieben sei. Unerklärlich? Na ja. Bayern ruft im Rest der Republik eben widersprüchliche Reaktionen hervor. Einerseits: Bewunderung für den Erfolg und die Schönheit des Landes. Andererseits: Herablassung gegenüber diesen separatistischen Alm-Öhis. Ein erfolgreicher CSU-Ministerpräsident wird schnell auf ein Podest gehoben – an dessen Beinen dann sofort gesägt wird. Das weiß auch Söder, der einmal dem »Münchner Merkur« sagte: »Wäre ein CSUler Kanzler, würde die halbe Welt glauben, aus dem Hofbräuhaus regiert zu werden.« Auch die »Liberalitas Bavariae«, von der bayerische Ministerpräsidenten in ihrem bisweilen sorglosen Daherreden weidlich Gebrauch machen, würde Söder in Berlin nicht mehr schützen.

Nachfrage bei einem Kenner der Bundespolitik, der die CSU seit 1994 im Bundestag erlebt und fast zehn Jahre Grünen-Chef war. Cem Özdemir sagt: »Mit der CSU ist es wie mit dem FC Bayern: So wie du geliebt wirst, wirst du auch abgelehnt.« Özdemir denkt grundsätzlich schon, dass ein CSU-Kandidat Kanzler werden könnte. Aber Söders Stärke sei auch seine Schwäche: »Dieses ewige ›In Bayern ist alles super‹, das überzieht er, das wird den Leuten zu viel. Wenn du bundesweit gewählt werden willst, brauchst du auch in den anderen 15 Ländern Zustimmung. Die Leute wollen nicht, dass ihnen ständig jemand unter die Nase reibt, wie schlecht bei ihnen alles ist«, sagt Özdemir. »Und stimmen tut's ja auch nicht.«

Das Problem ist auch Söders Leuten schon aufgefallen, aber offenbar haben sie es ihrem Chef bisher nicht austreiben können. Selbst dem Verwandlungskünstler Söder dürfte es schwerfallen, plötzlich Empathie für die Lausitz oder das Ruhrgebiet zu entwickeln. »Es gäbe sicher Zweifel, ob ein CSU-Kandidat wie Söder das Land wirklich einen kann«, glaubt Özdemir. »CSU-Kandidaten eignen sich immer auch gut für eine Gegen-

mobilisierung. Das wäre wahrscheinlich das Gegenteil des ein-
lullenden Merkel-Wahlkampfes.«

Anderseits haben sich die groben Rahmenbedingungen zuletzt eher zugunsten eines CSU-Kandidaten verändert. Früher
vertrat die CSU einen offensiveren Konservatismus als die
CDU – damit band sie geneigte Wähler in ganz Deutschland an
die Union, bewegte sich aber doch stets etwas abseits des
Mainstreams. Stoiber ahnte damals, dass er als bayerischer Pol-
tergeist nicht in der ganzen Republik würde reüssieren können. Im Wahlkampf unternahm er deshalb allerlei strategische
Bewegungen Richtung Mitte, die ihn sogar auf den Dancefloor
eines Berliner Szeneclubs führten.

Söder hat den Vorteil, dass er die eigene Neuerfindung schon
längst hinter sich hat. Für ihn könnte auch wirken, dass er als
Franke und als Protestant leichter vermittelbar ist als Strauß
und Stoiber.

Die CSU hätte allerdings auch selbst Grund, an der Klugheit
einer Söder-Kandidatur zu zweifeln. Stellte die CSU den Kanzler, würde sie sich ihrer zentralen politischen Waffe berauben.
In Berlin Beute für Bayern zu machen, Teil der Regierung zu
sein und sich gleichzeitig als Opposition aufzuführen – das
würde nicht mehr funktionieren. Eine Ministerpräsidentin Ilse
Aigner, die im Streit um Straßenbaumittel mit dem Bundeskanzler Markus Söder aneinandergerät: was für eine skurrile
Vorstellung. Edmund Stoiber sieht darin dennoch kein un-
überwindbares Hindernis: »Die CSU würde die Verantwortung annehmen. Am Ende ist die CSU immer auch eine deutsche Regierungspartei. Bayern ist ein besonderes Stück
Deutschland, aber es ist Deutschland.«

Eine weitere Frage bleibt zu beantworten in der Hitze der
Spekulationen. Wahrscheinlich die wichtigste. Kann er das?
Hat Söder das Zeug zum Kanzler? Edmund Stoiber hat ihm,
wie gesagt, ja abgeraten. Aber mal hypothetisch, Herr Stoiber:
Hätte Markus Söder das drauf? »Ja, ohne Zweifel«, sagt Stoi-
ber ohne langes Nachdenken. »Er hat die Kraft, er hat die

Kompetenz. Aber die Entscheidung, ob er das will, muss er für sich und gemeinsam mit der CDU treffen.« Cem Özdemir billigt Söder durchaus zu, dass er es »nicht schlecht gemacht« habe in der Corona-Krise. »Er hat Führungskraft gezeigt und die Dinge auch gut erklärt.« Die große Frage sei jedoch: »Kann er auch Staatsmann, jenseits der Inszenierung? Wenn ich nach Markus Söder google, kommen zuerst immer Fotos von ihm in seinen lustigen Kostümen aus dem Veitshöchheimer Fasching.« Da rätsele man schon: »Kann der uns wirklich in Brüssel und Washington vertreten? Kann der einem Putin die Stirn bieten?«

Söder selbst spricht derzeit viel davon, dass die Union eine »Philosophie für Deutschland« entwickeln müsse, eine »moderne Vision«, wo das Land in zehn Jahren stehen solle. Philosophien und Visionen sind indes immer noch nicht das, womit man Söder gleich in Verbindung bringen würde. Ihm fehle die »Substanz«, sagen seine Kritiker, der »innere Kompass«. Im Landtagswahlkampf 2018 hat er diesen Verdacht nicht widerlegen können. Als er Ministerpräsident wurde, war seine erste Idee, Kreuze aufhängen zu lassen und die Gunst der Wähler mit milden Gaben zu erkaufen. Seine zweite Idee war, im Asylstreit die Wähler rechts der Mitte zu mobilisieren. Klare Kante gegen die AfD, Umwelt- und Klimaschutz, eine »ökosoziale Marktwirtschaft« – das war erst seine dritte Idee gewesen. Wenn auch die beste.

Dieser Idee folgt er jetzt, mit Konsequenz und Geschick, und wenn er es lange genug durchhält, könnten sich die Zweifel an seiner Glaubwürdigkeit irgendwann erschöpfen. Das ist seine Rechnung. Kann sie aufgehen? Aus dem Söder-Lager hört man da eine bemerkenswerte Gegenfrage: Regiert Angela Merkel dieses Land nicht seit 15 Jahren mit erstaunlicher Biegsamkeit?

Der alte Drängler Söder müsste gerufen werden von der CDU, zum ersten Mal in seiner Karriere würde der noble Erwin-Teufel-Satz stimmen: Das Amt kommt zum Mann. Man darf getrost davon ausgehen, dass Söder sich für geeigneter hält als Laschet, Merz oder Röttgen. Und dass es an ihm nagen würde, am Fernseher den Kanzler Laschet beim Staatsbesuch im Weißen Haus zu sehen. Das wäre ein emotionaler Grund, zu springen. Aber Söder ist sehr kühl und nüchtern, wenn es an die Abwägung von Risiken geht. Strauß, der im Gegensatz zu Söder immer vom Kanzleramt geträumt hat, musste von seinen Getreuen in die Kandidatur regelrecht geschoben werden. Schieben wird bei Söder nicht reichen. Eine CDU-Delegation müsste ihn wohl mit der Sänfte in München abholen, damit er sich sicher fühlt. Dann würde er springen, vielleicht.

Söder weiß, dass er nicht Kanzler werden muss, um Macht zu haben in Berlin. Die hat er auch jetzt schon, als Chef einer Regierungspartei und Ministerpräsident eines starken Landes. Eigentlich, sagt ein Parteifreund, »kann es dem Markus egal sein, wer unter ihm Kanzler ist«. Wen immer die CDU aufbietet: Er wird langfristig gegen Söder bestehen müssen, den heimlichen Unionschef, den Schattenkanzler. Und je länger er jetzt im Spiel um die Kandidatur bleibt, desto größer wird sein politisches Gewicht werden – auch als Kanzlermacher.

Bis Corona kam, war das die Rolle, die er für sich vorgesehen hatte. Bundeskanzler, das war nicht Markus Söders Ziel. Aber das ist jetzt seine Versuchung. Über 2021 hinaus.

Anhang

Dank

Dieses Buch wäre nicht erschienen, hätten uns nicht zahlreiche Menschen zum Teil außerordentlich unterstützt. Schon für die Vorgänger-Biographie »Markus Söder – Politik und Provokation« (2018) haben wir in zwei Jahren Recherche mit weit mehr als hundert Personen gesprochen, die mit Markus Söder zu tun hatten oder noch haben – von bekannten Politikern über Ministerialbeamte bis zu Jugendfreunden. Für diese umfassend aktualisierte und erweiterte Neuausgabe haben wir einige von ihnen erneut befragt. Auch neue Gesprächspartner sind dazugekommen.

Manche waren einverstanden damit, dass wir sie in diesem Buch namentlich zitieren. Andere gaben Zitate und Informationen nur anonym frei. Allen sei gleichermaßen für ihr Vertrauen gedankt.

Einige ganz wichtige Unterstützer möchten wir besonders hervorheben, zuvorderst die Landtagskorrespondenten der »Süddeutschen Zeitung«, Lisa Schnell und Andreas Glas. Unser Dank gilt all den »SZ«-Kollegen, mit denen wir bei Recherchen zusammenarbeiten durften, die in das Buch eingeflossen sind, oder die uns großzügig von ihrem Wissen über die CSU im Allgemeinen und Markus Söder im Besonderen haben profitieren lassen: Katja Auer, Sebastian Beck, Daniel Brössler, Peter Fahrenholz, Nico Fried, Cerstin Gammelin, Alexander Gorkow, Anna Günther, Max Hägler, Jan Heidtmann, Claudia Henzler, Hans Holzhaider, Hans Kratzer, Alexander Mühlauer, Johann Osel, Klaus Ott, Olaf Przybilla, Annette Ramelsberger, Nicolas Richter, Robert Roßmann, Christiane Schlötzer-Scotland, Jens Schneider, Christian Sebald, Kassian Stroh und Mike Szymanski.

Wir erinnern uns auch dankbar an den großen »SZ«-Journalisten Christian Krügel, der im April 2018 verstorben ist.

Unseren Ressortleitern und Teamkollegen danken wir für den Freiraum, den sie uns für das Verfassen dieses Buches gewährt haben, und für die Motivation: Tomas Avenarius, Marc Beise, Pia Ratzesberger, Ulrich Schäfer, Thorsten Schmitz, Karin Steinberger und Martin Wittmann.

Auch viele Kollegen anderer Medien haben uns geholfen; stellvertretend seien Rainer Büschel, Jan Engelhardt, Martin Kessler, Christiane Krodel, Reinhold Michels, Manfred Otzelberger, Helmut Reister, Henning Sußebach und Klaus Weisenbach genannt.

Margit Ketterle und Florian Fischer von Droemer Knaur danken wir für die höchst engagierte Begleitung dieser Neuausgabe. Heike Gronemeier danken wir für das schnelle und umsichtige Lektorat. Großer Dank gilt auch Stefan Ulrich Meyer, der die frühere Ausgabe angestoßen und betreut hat. Für gute Zusammenarbeit danken wir zudem Justiziar Ralf Reuther, Herstellerin Sibylle Dietzel und dem Bildredakteur von Droemer Knaur, Markus Röleke.

Markus Söder und seinen Mitarbeitern Tanja Sterian und Wolfgang Wittl danken wir für den stets professionellen Kontakt. Als Wolfgang Wittl noch für die »Süddeutsche Zeitung« arbeitete, war er wesentlich an vielen Recherchen und Texten über den Machtkampf zwischen Söder und Seehofer beteiligt, auf deren Grundlage 2018 die entsprechenden Kapitel der früheren Ausgabe dieses Buches entstanden sind. Für diesen Beitrag sind wir ihm dankbar, auch wenn er inzwischen – um es in der Sprache des »Star Wars«-Fans Söder auszudrücken – auf die dunkle Seite der Macht gewechselt ist.

Zu guter Letzt danken wir Nina und Elisabeth für ihre Geduld. Schon wieder.

Bildnachweis

S. 13 u.   picture alliance/dpa/Peter Kneffel
S. 14 o.   picture alliance/dpa/Peter Kneffel
S. 14 u.   picture alliance/dpa/Bernd von Jutrczenka
S. 15   picture alliance/dpa/Armin Weigel
S. 16 o.   picture alliance/ASSOCIATED PRESS/Peter Kneffel
S. 16 u.   picture alliance/dpa/Peter Kneffel

Register

Markus Söder im Alter
von drei Jahren.

Der junge Markus ist im Kinder-
fasching als Pirat unterwegs.

In Nürnberg

Der Zweijährige 1969 mit seinen Eltern Max und Renate Söder.

Markus Söder mit
Anfang zwanzig vor dem
Nürnberger Fernsehturm.

Markus Söder mit 23 Jahren
vor dem Strauß-Plakat in seinem
Jugendzimmer.

Der Abgeordnete Söder auf
Fahrradwahlkampf vor der
Landtagswahl 1998.

Landtagskandidat Söder in seinem ersten Wahlkampf 1994 mit (von links) den Parteifreunden Günther Beckstein, Dagmar Wöhrl, Christl Schweder, Renate Blank, Theo Waigel und Petra Guttenberger.

Am Start

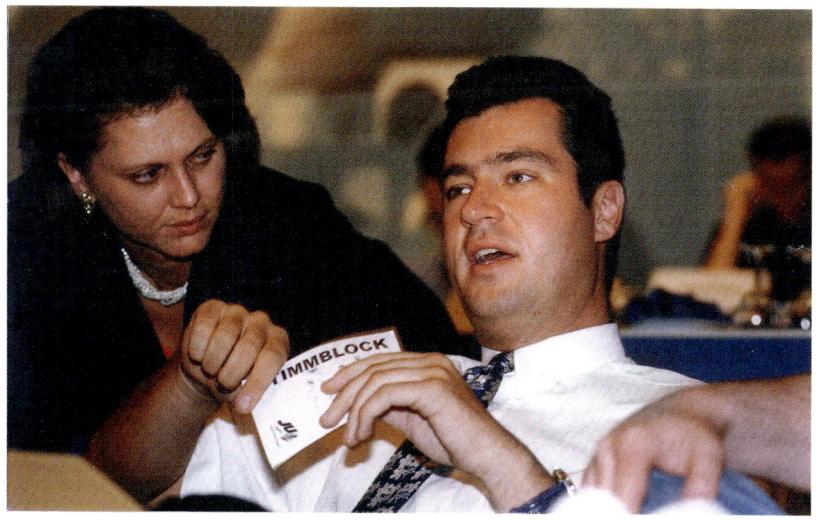

Landesvorsitzender Söder und seine Stellvertreterin Ilse Aigner 1997 auf einer Versammlung der bayerischen Jungen Union.

CSU-Generalsekretär Söder mit seinem Parteichef und politischen Ziehvater Edmund Stoiber.

Söder mit Christine Haderthauer, die als Einzige in der jungen CSU-Riege seinen Machtinstinkt teilte.

In Gesellschaft

Söder auf einem CSU-Parteitag mit Karl-Theodor zu Guttenberg, der ihm vorübergehend den Status als größtes Talent der CSU streitig machte.

Erster Auftritt als Klimaschützer:
Umweltminister Söder auf Norwegen-Reise (2009).

Im Aufwind

Finanzminister Söder wirft sich 2015 auf einer neuen Gondel
im Nymphenburger Kanal in München in Pose.

Auf dem Berchinger Rossmarkt 2016 mit zwei Prachtpferden.

»Hab ich euch«: Söder badet bei einem Empfang
für neue deutsche Staatsbürger 2016 in der Menge.

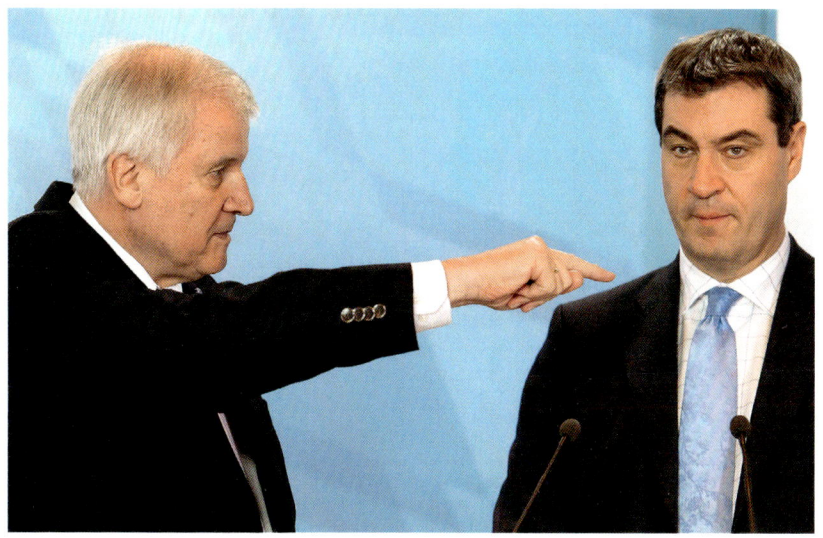

Ministerpräsident Horst Seehofer gibt Söder die Richtung vor –
was mit den Jahren immer weniger funktioniert.

Im Machtkampf

Mit Unterstützern bei der Landesversammlung der
bayerischen Jungen Union im November 2017 in Erlangen.

Im Fasching

Verkleidungskünstler Söder bei der Frankenfastnacht in Veitshöchheim als Punker, mit seiner Ehefrau Karin Baumüller-Söder als Prinzregent Luitpold, als Edmund Stoiber, Marilyn Monroe und Zeichentrick-Held Shrek.

Staatsschauspieler: Auf dem CSU-Parteitag im Dezember 2017 in Nürnberg demonstrieren Seehofer und Söder Einigkeit.

Am Ziel

Angekommen: Am 16. März 2018 wird Söder im Bayerischen Landtag als Ministerpräsident vereidigt.

Das Foto zum Kreuz-Erlass: Söder im Foyer seiner Staatskanzlei.
»Wie im Vampirfilm«, findet der Kollege Winfried Kretschmann.

Am Abgrund

Das (unbemannte) Raumfahrtprogramm »Bavaria One« gibt es wirklich.
Das Logo ist aber nur eine lustige Aktion der Jungen Union.

Schlüsselmomente des Landtagswahlkampfs 2018.
Links: Söder auf dem Höhepunkt des Asylstreits, am 1. Juli
vor einer CSU-Vorstandssitzung in München.
Rechts: Am 3. September ändert Söder beim Volksfest Gillamoos in
Abensberg seinen Kurs – volle Attacke auf die AfD.

14. Oktober 2018, der Abend der Landtagswahl:
37,2 Prozent für die CSU, ein Debakel.
Aber das Ergebnis reicht Söder, um sein Amt zu retten.

Kritischer Blick auf Hubert Aiwanger, den Koalitionspartner von den Freien Wählern.

Im Wandel

19. Januar 2019, CSU-Parteitag: Seehofer tritt ab, Söder wird zum neuen CSU-Chef gewählt.

Mein Freund, der Baum:
Im Sommer 2019 zeigt Söder im Hofgarten hinter der Staatskanzlei
seinen grünen Daumen.

Genug Klopapier da: Im März 2020, zu Beginn der Corona-Krise,
inspiziert Söder ein Warenlager bei München.

In der Krise

Auf dem Sprung?

Wird die Bundeskanzlerin da von ihrem Nachfolger empfangen?
Am 14. Juli 2020 gewährt Merkel Söder auf Herrenchiemsee
prächtige zweisame Bilder (oben: bei der Überfahrt).
Am 13. August muss ein zerknirschter Söder jedoch
eine Corona-Testpanne erklären (unten).

Bei der Bekämpfung des Coronavirus erlebt Söder 2020
seinen Durchbruch auf großer Bühne. Links unten: Im Bundeskanzleramt
in Berlin mit (von links) Angela Merkel, Jens Spahn und Armin Laschet.
Links oben: Die Bayern-Maske ist Standard im Corona-Jahr.
Und für Masken-Nachschub ist gesorgt: Söder im April beim Besuch einer
Produktionsstätte in Niederbayern (oben).